D1749438

Böhlau

Schriftenreihe des Forschungsinstitutes
für politisch-historische Studien der Dr.-Wilfried-Haslauer-Bibliothek, Salzburg

Herausgegeben von
Robert Kriechbaumer · Franz Schausberger · Hubert Weinberger

Band 26

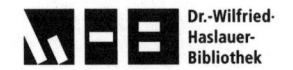

Franz Schausberger

Alle an den Galgen!

Der politische »Takeoff« der »Hitlerbewegung«
bei den Salzburger Gemeindewahlen 1931

Böhlau Verlag Wien · Köln · Weimar

Gedruckt mit der Unterstützung durch:

Bundesministerium für Bildung, Wissenschaft und Kultur
Amt der Salzburger Landesregierung

Bibliografische Information Der Deutschen Bibliothek:

Die Deutsche Bibliothek verzeichnet diese Publikation in der Deutschen Nationalbibliografie;
detaillierte bibliografische Daten sind im Internet über http://dnb.ddb.de abrufbar.
ISBN 3-205-77340-3

Das Werk ist urheberrechtlich geschützt. Die dadurch begründeten Rechte, insbesondere die der Übersetzung, des Nachdruckes, der Entnahme von Abbildungen, der Funksendung, der Wiedergabe auf fotomechanischem oder ähnlichem Wege, der Wiedergabe im Internet und der Speicherung in Datenverarbeitungsanlagen, bleiben, auch bei nur auszugsweiser Verwertung, vorbehalten.

© 2005 by Böhlau Verlag Ges.m.b.H. und Co.KG, Wien · Köln · Weimar
http://www.boehlau.at
http://www.boehlau.de

Gedruckt auf Munkenbook creme

Druck: Salzburger Druckerei, 5020 Salzburg

Inhaltsverzeichnis

Vorwort 7

1. Theoretische Einleitung, Vorgeschichte und Periodisierung 9
   1.1. Forschungsstand, Quellenlage 9
   1.2. Das Trugbild von der »unpolitischen« Gemeindepolitik 13
   1.3. Periodisierung der Geschichte der Nationalsozialisten in Salzburg 15

2. Das gesamtpolitische Umfeld 21
   2.1. Die politische und wirtschaftliche Entwicklung Anfang der
        Dreißigerjahre 21
   2.2. Die rechtlichen Grundlagen der Gemeindewahlen 30
   2.3. Das Parteienangebot – nur in 60 Prozent der Gemeinden hatte man eine
        Auswahl 32

3. Der Wahlkampf in den Landgemeinden 35
   3.1. Periodisierung der nationalsozialistischen Geschichte in Salzburg 35
   3.2. Die »Wirtschaftsparteien« – ungeliebte Waffe gegen die Sozialdemokratie.. 40
   3.3. Der Wahlkampf der Sozialdemokraten – steiniger Weg in die Dörfer 43
   3.4. Der Wahlkampf der Großdeutschen Volkspartei – ein Abgesang 49
   3.5. Der Wahlkampf der Nationalsozialisten – niemand wurde im Unklaren
        gelassen 52
   3.6. Andere Parteien und Wählergruppierungen 74

4. Der Wahlkampf in der Landeshauptstadt Salzburg 77

5. Analyse des Wahlergebnisses 101
   5.1. Das Gesamtwahlergebnis – Zersplitterung des »bürgerlichen Lagers« .. 101
   5.2. Die Christlichsoziale Partei – Frauen sicherten den Erfolg 103
   5.3. Die Wirtschaftsparteien – von Bauern dominiert 105
   5.4. Die Großdeutsche Volkspartei – ab zu den Nationalsozialisten 106
   5.5. Der Ständeblock – das Hoch ist vorbei 106
   5.6. Die Österreichische Volkspartei – ein ehrenvoller Versuch 107
   5.7. Die Bauern- und Mittelparteien – bürgerlich-nationale Einzelkämpfer .. 107
   5.8. Die Sozialdemokratische Arbeiterpartei – mutig in die Stagnation 109
   5.9. Die Schulz-Nationalsozialisten – am Verschwinden 111
   5.10. Die Hitlerbewegung – »Takeoff« zur Massenmobilisierung 112

5.11. Die Kommunistische Partei – »Männerpartei« ohne Chance 126
5.12. Die Einheitsparteien – senkten die Wahlbeteiligung 126
5.13. Arbeiter- und Beamtenparteien – zaghafter Versuch gegen Wirtschaft und Bauern 127
5.14. Andere wahlwerbende Gruppen – Ergebnis lokaler Querelen 127
5.15. Mehrheitswahlen – Männer wählen direkt 128

6. Die Wahlbeteiligung 129

7. Die Bürgermeister – es dominierten die Bauern 135

8. Die Detailergebnisse in den einzelnen Gemeinden 137

9. Zusammenfassung 209

10. Anhang 213
    10.1. Die Bürgermeister und ihre Berufe 213
    10.2. Die Kandidatenlisten in der Landeshauptstadt Salzburg 217
    10.3. Dokumente Christlichsoziale Partei 219
    10.4. Dokumente Sozialdemokratische Arbeiterpartei 224
    10.5. Dokumente Nationaler Wirtschafts- und Ständebund 225
    10.6. Dokumente Deutsche Nationalsozialistische Arbeiterpartei (Schulzgruppe) 227
    10.7. Dokumente Nationalsozialistische Deutsche Arbeiterpartei (Hitlerbewegung) 230
    10.8. Wahlberechtigte und abgegebene gültige Stimmen in den Salzburger Gemeinden 253

11. Abkürzungsverzeichnis 259

12. Quellen- und Literaturverzeichnis 260
    12.1. Unveröffentlichte Quellen 260
    12.2. Veröffentlichte Quellen 260
    12.3. Handbücher und Nachschlagewerke 261
    12.4. Zeitungen und Zeitschriften 261
    12.5. Literatur 261

13. Bildnachweis 271

14. Personenregister 272

15. Ortsregister 277

Vorwort

Zum Jahreswechsel 1930/31 schickten die Linzer Telegrafenbeamten an ihre Salzburger Kollegen folgenden in Gedichtform gehaltenen Neujahrswunsch:

> *Heb unsre Wirtschaft, bring' den Frieden!*
> *Sei nicht, wie's unheilvoll verfloss'ne Jahr,*
> *Das uns viel Schlimmes hat beschieden,*
> *Ein Jahr der Zwietracht und des Kampfes war.*
>
> *Gib Kraft den Herren, die uns leiten*
> *In Land, Gemeinde und Parlament,*
> *Und uns in jeder Lag, zu allen Zeiten,*
> *Zum Ausharren Geduld und das Talent!*[1]

So holprig es formuliert war, es beinhaltete genau das, was sich die Menschen zu dieser Zeit sehnlichst wünschten: eine Verbesserung der wirtschaftlichen Situation und ein Ende der katastrophalen Auswirkungen der Weltwirtschaftskrise, Frieden in und außerhalb Österreichs, ein Ende der politischen Kämpfe, Kraft den Politikern, die sie leiteten und – ein Ausdruck der politischen Kultur des harmoniebedürftigen, untertänig duldenden Österreichers[2] – die Geduld und das Talent zum Ausharren!

Der Wunsch sollte auch in diesem Jahr nicht in Erfüllung gehen. Es wurde ein turbulentes Jahr, die politischen Kämpfe nahmen zu, die Banken krachten, die wirtschaftliche Not und die Arbeitslosigkeit stiegen an, braune Wolken zogen am Himmel auf.

Nach der Nationalratswahl vom November 1930 waren die Gemeindewahlen in Salzburg Ende März die ersten Wahlen des Jahres 1931. Die Hitlerianer, gestärkt durch die Wahlerfolge ihrer Parteigenossen im Deutschen Reich, führten auch in Salzburg völlig neue Propagandamethoden ein, denen die anderen politischen Parteien hilflos gegenüberstanden.

Für den Historiker ist es faszinierend, Entwicklungen in der Rückschau nachzuvollziehen und zum Verstehen so mancher unverständlicher Geschehnisse beizutragen.[3] Wer im reißenden Strom der Ereignisse steht, kann vieles nicht erkennen, es nicht richtig be-

---

1 SChr. 2. 1. 1931. S. 4.
2 Vgl. Ernst Hanisch: Der lange Schatten des Staates. Österreichische Gesellschaftsgeschichte im 20. Jahrhundert. Wien 1994. S. 31.
3 Ernst Hanisch: Ein Versuch, den Nationalsozialismus zu »verstehen«. In: Anton Pelinka, Erika Weinzierl (Hrsg.): Das große Tabu. Österreichs Umgang mit seiner Vergangenheit. Wien 1997. S. 154–162.

urteilen. Das geht auch uns so, die wir heute mitten im Fluss des Geschehens stehen. Gabriel Jackson hat es das »Dilemma des politischen Verfahrens« bezeichnet: »Wie sollte man Parteien begegnen, die alle Rechte der Demokratie für sich in Anspruch nahmen in der Absicht, die Demokratie zu zerstören?«[4] Nach meinen Arbeiten über die Landtagswahlen 1932, nach interessanten Forschungen zum Nationalsozialismus auf Bezirks- und Gemeindeebene in Salzburg etwa von Laurenz Krisch, wollte ich das Neuland einer Gemeindewahl betreten. Ich meine, die Arbeit hat sich gelohnt. Viel Bekanntes wurde bekräftigt und untermauert, so manches Neue kam heraus. Ich hoffe, es wurde damit wieder ein kleiner Beitrag zur Beantwortung der Frage geleistet: Wie konnte es so weit kommen?

* * *

Ich habe zu danken: Meinem Freund und Lehrer, Univ.-Prof. Dr. Ernst Hanisch, der durch sein wissenschaftliches Wirken immer wieder die Flamme des Forschens in mir entzündet, für seine vielen wertvollen Anregungen. Dem Leiter des Salzburger Landesarchivs, Hofrat Dr. Fritz Koller, und seinem Mitarbeiter Dr. Oskar Dohle, die mir in der Benützung ihrer wertvollen Bestände immer sehr entgegengekommen sind und mir viele Hinweise gegeben haben. Ganz besonders danken möchte ich Herrn Dr. Laurenz Krisch, der sich nicht nur ähnlichen wissenschaftlichen Bereichen widmet wie ich, sondern mir wertvolles, von ihm mühsam gesammeltes Datenmaterial zur Verfügung gestellt hat. Er hat mir geholfen, viel wertvolle Zeit zu ersparen.

Schließlich danke ich meiner Frau, Mag. Heidi Schausberger, die wieder meine Arbeit vor allem auf stilistische Verbesserungen durchgesehen hat.

Ich widme dieses Buch meinem verstorbenen Vater, der heuer seinen 100. Geburtstag gefeiert hätte. Er ist 1999 im Alter von 94 Jahren verstorben – er hat fast das ganze 20. Jahrhundert durchlebt. Er war nie Mitglied der NSDAP oder einer ihrer Organisationen, aber er war manchen der Hitler'schen Faszinationen erlegen. In jugendlicher Rebellion hatte ich oft mit ihm, der aus dem christlich-bäuerlichen Milieu kam, heftige Auseinandersetzungen, die mich zur wissenschaftlichen Beschäftigung mit dem Nationalsozialismus führten. Auch die vorliegende Arbeit machte mir manches klarer, ohne es deshalb gutzuheißen.

Salzburg, im März 2005　　　　　　　　　　　　　　　　　　　　*Franz Schausberger*

---

4 Gabriel Jackson: Zivilisation und Barbarei. Europa im 20. Jahrhundert. Frankfurt am Main, Leipzig 1999. S. 251.

1.
Theoretische Einleitung, Vorgeschichte und Periodisierung

1.1. Forschungsstand, Quellenlage

Die historische Wahlforschung beschäftigt sich mit dem Phänomen der Wahl – gleich auf welcher Ebene – in seiner Gesamtheit und unter verschiedenen Blickwinkeln. Sie hat die Multifunktionalität von Wahlen im Auge zu behalten und deshalb auf der Basis der Methoden der Geschichtswissenschaft Ansätze, Fragestellungen und Methoden anderer Disziplinen einzubeziehen.[5] Auch diese Arbeit greift Gegenstände der (historischen) Wahlrechtsforschung auf und bedient sich der Aggregatdaten der Wahlgeografie und der Wahlökologie. Dabei werden nicht die komplizierten, quantitativen, EDV-gestützten Methoden der empirischen Wahlforschung angewendet, aber selbst die einfachen Methoden der historischen Wahlforschung ergeben interessante historische Aussagen. Die Art des Wahlsystems, die Frage der Auswahl und Herkunft der Kandidaten und Aktivisten, Wahlkampfthemen, Organisation und Art des Wahlkampfes, unterstützende Organisationen und Wahlhilfe von außen, genaue Analysen der lokalen Wahlergebnisse, politische, soziale und wirtschaftliche Einflussfaktoren, Wahlbeteiligung, geschlechtsspezifische Faktoren …, alles das sind wichtige Bereiche der historischen Wahlforschung.[6] Ohne die Berücksichtigung dieser Bereiche begäbe man sich in eine ahistorisch betriebene Wahlforschung, die mit einem bedauerlichen Wirklichkeitsverlust verbunden wäre.[7]

Wahlen und die ihnen vorangehenden Phasen des kritischen Wettbewerbs, das sind die Wahlkämpfe, haben in einer Demokratie im Prozess der Willensbildung und der Zuteilung der Macht auf Zeit eine zentrale Bedeutung.[8] Wahlkampfmonographien stellen daher einen möglichen methodischen Zugang für die historische Wahlforschung dar.[9]

---

5 Vgl. Rainer-Olaf Schulze: Wahlforschung. In: Dieter Nohlen, Rainer-Olaf Schulze: Politikwissenschaft. Theorien – Methoden – Begriffe. Nation-building – Zweiparteiensystem. Pipers Wörterbuch zur Politik. 1. München, Zürich 1989. S. 1114.
6 Vgl. Ernst Hanisch: Regionale Zeitgeschichte. Einige theoretische und methodologische Überlegungen. In: Zeitgeschichte. Heft 7/1979. S. 52 f.
7 Vgl. Karl Rohe: Historische Wahlforschung. In: Dieter Nohlen, Rainer-Olaf Schulze: Politikwissenschaft. Theorien – Methoden – Begriffe. Abhängigkeit – Multiple Regression. Pipers Wörterbuch zur Politik. 1. München, Zürich 1989. S. 336.
8 Vgl. Herbert Dachs: Wahlkämpfe in Österreichs Bundesländern 1945 bis 1970. In: Jahresbericht 1998. Dr.-Wilfried-Haslauer-Bibliothek. Forschungsinstitut für politisch-historische Studien. Salzburg 1999. S. 167.
9 Vgl. Karl Rohe: Historische Wahlforschung. In: Dieter Nohlen, Rainer-Olaf Schultze (Hrsg.): Politikwissenschaft. S. 336.

Anhand des Studiums von Wahlkämpfen können wichtige politische Konfliktlagen, Positionierungen von politischen Parteien und Akteuren und der Gesamtzustand eines politischen Systems überhaupt abgelesen und analysiert werden.[10] Nach wie vor muss bei der historischen Wahlkampf- und Wahlpropagandaforschung im Hinblick auf die österreichischen Bundesländer in der Ersten Republik Neuland betreten werden. Durchgehende systematisch/vergleichende politikwissenschaftlich/zeitgeschichtliche Analysen fehlen weitgehend. Daran hat sich seit meinen ersten, versuchsweisen Wahlkampfmonographien der Landtagswahl 1932 in Salzburg Anfang der 1990er Jahre wenig geändert.[11] Was die Wahlmonographien der österreichischen Landtagswahlen in der zweiten Republik betrifft, so ist der Forschungs- und Dokumentationsstand wesentlich besser, übergreifende Analysen aber fehlen auch hier noch weitgehend. Noch schlechter ist die Forschungslage, was die Kommunalwahlen in der Ersten Republik in Österreich betrifft. Ansätze davon sind etwa für die Stadt Salzburg vorhanden.[12] In seiner Arbeit über die Großdeutsche Volkspartei in Salzburg in der Ersten Republik geht Richard Voithofer auch auf die regionalen und kommunalen Wahlkämpfe ein.[13] Sabine Falch hat die Erfolge der Nationalsozialisten bei den Gemeindewahlen in Tirol 1932 und 1933 (Hötting, Innsbruck und Landeck) untersucht.[14] Diese fanden jedoch schon nach dem Durchbruch der nationalsozialistischen Massenmobilisierung bei den Landtagswahlen im April 1932 statt. Dirk Hänisch ist in seiner Untersuchung über die österreichischen NSDAP-Wähler kurz auch auf die Salzburger Gemeindewahlen 1931 als »Testwahlen« eingegangen.[15] Eine sehr gründliche Arbeit über Kirche und Nationalsozialismus im Bezirk Lungau, in der auch auf die Wahlagitation der Nationalsozialisten eingegangen wird, stammt von Ignaz Steinwender.[16]

---

10 Franz Schausberger: Von der radikalen Sprache zum gewaltsamen Radikalismus – Regionale Wahlkämpfe in der Ersten Republik im Bundesland Salzburg. In: Robert Kriechbaumer, Oswald Panagl (Hrsg.): Wahlkämpfe. Sprache und Politik. Wien, Köln, Weimar 2002. S. 49–74.
11 Vgl. Franz Schausberger: Die Salzburger Landtagswahl vom 24. April 1932. 1. Teil. In: Salzburg. Geschichte & Politik. 1991/2. S. 53–82. Ders.: Krise, Protest und Propaganda. Der Landtagswahlkampf 1932 im Bundesland Salzburg. In: Salzburg. Geschichte & Politik. 1992/1. S. 5–90. Ders.: Ins Parlament, um es zu zerstören. Die Nationalsozialisten in den österreichischen Landtagen 1932/33. Wien, Köln, Weimar 1995.
12 Vgl. Ludwig Netsch: Gemeinderatswahlen in der Stadt Salzburg. Phil. Diss. an der Universität Salzburg. Salzburg 1987. Ebenso Franz Schausberger: Eine Stadt lernt Demokratie. Bürgermeister Josef Preis und die Salzburger Kommunalpolitik 1919–1927. Salzburg 1988.
13 Vgl. Richard Voithofer: Drum schließt Euch frisch an Deutschland an … Die Großdeutsche Volkspartei in Salzburg 1920–1936. Wien, Köln, Weimar 2000.
14 Sabine Falch: »Legaler Sturz des Systems von unten her auf dem Wege über die Länder und Gemeinden.« Zu den NS-Erfolgen bei den Gemeinderatswahlen in Tirol 1932 und 1933. In: Zeitgeschichte. Heft 5/6. 22. Jahrgang. Mai/Juni 1995. S. 188–210.
15 Dirk Hänisch: Die österreichischen NSDAP-Wähler. Eine empirische Analyse ihrer politischen Herkunft und ihres Sozialprofils. Wien, Köln, Weimar 1998. S. 90 ff.
16 Ignaz Steinwender: Die Geschichte einer Verführung. Kirche und Nationalsozialismus im Salzburger Bezirk Lungau, 1930–1945. Frankfurt am Main 2003.

Publikationen über Gemeindevertretungswahlen der Landgemeinden fehlen praktisch überhaupt. Das kommt wohl auch daher, dass der Kommunalpolitik vor allem in den ländlichen Regionen sowohl in der Zeitgeschichte als auch in der Politikwissenschaft lange Zeit die Eigenart »echter« Politik abgesprochen wurde.[17] Der Handlungs- und Entscheidungsspielraum in den Landgemeinden sei sehr gering, die Kommunalpolitik dürfe lediglich vorgegebene Entscheidungen übergeordneter staatlicher Instanzen ausführen. Wenn überhaupt kommunalpolitische Untersuchungen, dann stand die (Groß-)Stadtpolitik im Zentrum. Aber auch bei den Menschen in den Gemeinden stand (und steht) »politisch« für »große« Politik, die assoziiert wird mit der als negativ eingeschätzten Parteipolitik, die sich auf der Bundes- und Landesebene abspielt.[18] Daraus lässt sich vielleicht erklären, dass das Interesse von Zeitgeschichte und Politikwissenschaft so lange großstadtzentriert war und die ländliche Kommunalpolitik so lange ihr Stiefkind blieb.

Vereinzelt erkannten Wissenschafter, dass Politik allgemein »gesellschaftsbezogenes Planen, Entscheiden und Realisieren ist«[19], dass sich dies auf allen Ebenen abspielt und dass es daher bei Politik nicht nur um die »große« Politik gehen könne.

In einer sehr umfassenden und gründlichen Arbeit über die Entwicklung des Nationalsozialismus in Bad Gastein bis 1938 befasst sich Laurenz Krisch auch mit den Gemeindewahlen in Bad Gastein in der Ersten Republik.[20] Vom selben Autor liegt eine detaillierte Untersuchung über die Wahlerfolge der Nationalsozialisten Anfang der 1930er Jahre in den Salzburger Bezirken Pongau und Pinzgau vor.[21] Darin wird die Struktur der nationalsozialistischen Wählerschaft anhand der Wahlergebnisse der Nationalratswahl 1930 und der Landtagswahl 1932 in den beiden genannten Bezirken empirisch analysiert. Neben vielen interessanten Detailergebnissen, die für die Betrachtung der Bezirke Pongau und Pinzgau in der vorliegenden Arbeit von Relevanz sind, kommt Krisch zum Gesamtresümee, dass es einen auffälligen Zusammenhang zwischen den Hochburgen der Nationalsozialisten und der Herkunft ihrer (prominenteren) Landtagskandidaten gibt. Er äußert daher die Vermutung, dass engagierte nationalsozialistische Führerpersönlichkeiten starken Einfluss auf die Wählerschaft sogar in agrarisch dominierten, katholisch-

---

17 Vgl. Rüdiger Voigt: Kommunalpolitik im ländlichen Raum. In: Aus Politik und Zeitgeschichte. Beilage zur Wochenzeitung Das Parlament. B 46–47/86. S. 4.
18 Vgl. Albert Alien, Urs Jeggle: Die Dorfgemeinschaft als Not- und Terrorzusammenhang. In: Hans-Georg Wehling (Hrsg.): Dorfpolitik. Opladen 1978. S. 38 ff.
19 Lutz-Rainer Reuter: Kommunalpolitik im Parteienvergleich. In: Aus Politik und Zeitgeschichte. Beilage zur Wochenzeitung Das Parlament. B 34/76. S. 8.
20 Vgl. Laurenz Krisch: Zersprengt die Dollfußketten. Die Entwicklung des Nationalsozialismus in Bad Gastein bis 1938. Schriftenreihe des Forschungsinstitutes für politisch-historische Studien der Dr.-Wilfried-Haslauer-Bibliothek, Salzburg. Wien, Köln, Weimar 2003.
21 Vgl. Laurenz Krisch: Die Wahlerfolge der Nationalsozialisten in der Spätphase der Ersten Republik im Pongau und Pinzgau. In: Mitteilungen der Gesellschaft für Salzburger Landeskunde. 140. Vereinsjahr. Salzburg 2000. S. 215–267.

konservativen, aber auch sozialdemokratisch dominierten Gemeinden ausübten.[22] Dieser Vermutung soll auch in der vorliegenden Arbeit über die Gemeindewahlen 1931 nachgegangen werden.

Laurenz Krisch wählt in seiner Untersuchung der Nationalsozialisten in Bad Gastein den mikrohistorischen Ansatz, »um den Nationalsozialismus vor Ort in seiner konkreten Form erfassen zu können«[23], in seiner Arbeit über die Bezirke Pongau und Lungau begibt er sich auf die kleine Gebietseinheit, weil »die statistische Auswertung von Wahldaten auf kleinerer Aggregatebene eine größere Annäherung an das tatsächliche Individualverhalten ermöglicht als großräumige Analysen«[24], die schon in großer Zahl vorliegen.

Die vorliegende Untersuchung über die Gemeindewahlen 1931 bezieht sich auf die regionale Ebene unter Verwendung der vorhandenen landesweiten Daten. Es wird sozusagen der nächste Schritt von der lokalen Ebene einer Einzelgemeinde über die Bezirksebene nach oben zur Landesebene getan. Jürgen W. Falter verweist darauf, dass vor allem die Wirkung lokaler und regionaler Traditionen für den Wahlerfolg der NSDAP von beträchtlicher Bedeutung zu sein scheinen. »Dies legt es nahe, die künftige Forschung … wieder stärker auf die lokalen und regionalen Bedingungen des nationalsozialistischen Aufstiegs zu legen.«[25] Beiträge der historischen Wahlforschung für Gemeindewahlen in einer landesweiten Gesamtbetrachtung sind bisher äußerst selten. Es soll daher diese Untersuchung neue Erkenntnisse über die Gesamtentwicklung des Nationalsozialismus bringen, im Sinne der Überzeugung, dass »Mikrohistorie als erkenntnisförderndes Element von Makrohistorie« dient.[26]

Was die Frage der HISTORISCHEN QUELLEN betrifft, so muss man vor allem auf die lokalen Zeitungen zurückgreifen, sie sind noch immer die ergiebigsten Quellen, vor allem, wenn man auch Vereinsnachrichten, Anzeigen etc. heranzieht.[27] Es sind dies im Fall dieser Untersuchung die »Salzburger Chronik« (christlichsozial), die »Salzburger Wacht« (sozialdemokratisch), das »Salzburger Volksblatt« (deutschnational) sowie der »Eiserne Besen« (nationalsozialistisch).[28] Sie stellen, bei aller notwendigen quellenkritischen Hinterfragung, die Hauptquellen dieser Arbeit dar. »Der Nachweis von Aktionen politischer

---

22 Vgl. Laurenz Krisch: Die Wahlerfolge der Nationalsozialisten, a.a.O. S. 248.
23 Laurenz Krisch: Zersprengt die Dollfußketten, a.a.O. S. 11.
24 Laurenz Krisch: Die Wahlerfolge der Nationalsozialisten, a.a.O. S. 215.
25 Jürgen W. Falter: Hitlers Wähler. München 1991. S. 13.
26 Winfried Schulze: Mikrohistorie versus Makrohistorie? Anmerkungen zu einem aktuellen Thema. In: Christian Meier, Jörn Rüsen: Historische Methode. Theorie der Geschichte. Beiträge zur Historik. Band 5. München 1988. S. 341.
27 Vgl. Ernst Hanisch: Regionale Zeitgeschichte. Einige theoretische und methodologische Überlegungen. In: Zeitgeschichte. Heft 7/1979. S. 46.
28 Vgl. Waltraud Jakob: Salzburger Zeitungsgeschichte. Salzburg Dokumentationen Nr. 39. Salzburg 1979. S. 189–221.

Parteien auf der untersten Organisationsebene, die Auswirkungen politischer Entscheidungen auf die unmittelbar Betroffenen, die Nachwirkungen und Auswirkungen der ›großen‹ Geschichte und der Politik auf den eng umgrenzten Lebensbereich des einzelnen, aber auch der Nachweis der Tätigkeit politischer Kleingruppen wird in vielen Fällen nur über die Auswertung der Lokalpresse möglich sein.«[29] Ein umfassendes Studium der regionalen Presse bietet nicht nur die notwendigen Fakten und Daten, sondern auch den Nachweis für Einstellungen, Emotionen, Verhaltensweisen, Vorurteile, Abneigungen, also generell gesprochen für die »politische Kultur« einer regionalen Gesellschaft.

Die Wahlakten der Gemeinderatswahlen der Zwischenkriegszeit in der Landeshauptstadt Salzburg sind alle in den 1960er Jahren der Vernichtung zum Opfer gefallen.

Die Präsidialakte des Salzburger Landesarchivs enthalten Polizeiberichte über nationalsozialistische Wahlveranstaltungen, die sehr aufschlussreich sind und das Auftreten der nationalsozialistischen Politiker und die politische Stimmungslage illustrieren. Von den Akten der Bezirkshauptmannschaften sind ausschließlich jene des Lungaues ergiebig, kleine Bestände gibt es aus der Bezirkshauptmannschaft Zell am See, alle anderen fehlen.

1.2. Das Trugbild von der »unpolitischen« Gemeindepolitik

Es muss klar sein, dass sich Wahlkämpfe auf kommunaler Ebene weitgehend von Wahlkämpfen auf Bundes- oder Landesebene unterscheiden. Die Auffassung, dass Kommunalpolitik ihrer Natur nach unpolitische Sachpolitik ist, hat eine lange Tradition, sie entspricht vor allem auch der politischen Kultur des Landes, die vom Typus des »unpolitischen Österreichers« mit einem hohen Harmoniebedürfnis, geprägt ist.[30] Dieses populäre Trugbild einer »unpolitischen« Gemeindepolitik hält sich unter anderem aus zwei Gründen so hartnäckig:

- wegen eines untergründigen, latenten Antiparteienaffektes, der in der Zwischenkriegszeit besonders ausgeprägt war und
- wegen des stark ausgeprägten, subjektiven Bedürfnisses nach sozialer Harmonie im engeren örtlichen Lebensumfeld, vor allem in kleineren Gemeinden.

Ideologiefrei, harmonisch, rein sachlich, das ist ein weitverbreitetes Idealbild kommunaler Politik. Wenn auch für die Gemeindepolitik tatsächlich die sachbezogene Einzelfall-

---

29 Peter Malina: Lokalkommunikation und Regionalgeschichte. Zur Annäherung an die Geschichte lokaler Räume und ihrer Kommunikationsstrukturen: In: Zeitgeschichte. 2/14. Jahrgang. 1986. S. 81.
30 Vgl. Ernst Hanisch: Der lange Schatten des Staates. Österreichische Gesellschaftsgeschichte im 20. Jahrhundert. Wien 1994. S. 31.

entscheidung typisch ist und richtungspolitische Programmentscheidungen relativ selten vorkommen, so darf trotzdem nicht übersehen werden, dass politische Einflussinteressen auch auf kommunaler Ebene handfest vorhanden sind und mit steigender Gemeindegröße zunehmen. Die Ansicht, der »Parteienstreit« sei der Kommunalpolitik wesensfremd, ist ein naiver Glaube.[31]

Tatsache ist, dass bundes- und landespolitische Themen eine untergeordnete Rolle, sehr spezifische kommunale Themen bzw. die politischen Akteure auf der Gemeindeebene eine große Rolle spielen und ganz andere Wahlergebnisse bringen können als bei Bundes- oder Landeswahlen in ein und derselben Gemeinde. Daraus lässt sich erkennen, dass lokale Politik nicht bloßes »Abbild« der »großen« Politik ist, sondern eine eigene Ebene darstellt, die für die politisch-historische Betrachtung von Interesse ist. Gerade aber am Beispiel der Gemeindewahlen 1931 in Salzburg zeigt sich, dass die Bestimmungsgrößen für die Kooperationen bei der politischen Kandidatur, für die Gestaltung des Wahlkampfes und schließlich für das Wahlverhalten nicht ausschließlich von der lokalen Ebene geprägt sind. Die

- allgemeine Parteiidentifikation,
- die politische Großwetterlage und
- die Zufriedenheit mit Bundes- und Landesregierung

üben einen Einfluss aus.[32] Es wird also der Frage nachzugehen sein, ob auch damals das Wahlverhalten bei der Gemeindewahl eine Entscheidung über lokale Interessen und eine Abstimmung über die »große« Politik darstellte.

Die Gemeindewahlen vom 29. März 1931 sind deshalb von besonderem wissenschaftlichem Interesse, weil sie – so die These – nach den ersten vereinzelten Erfolgen bei der Nationalratswahl vom 9. November 1930 den Zeitpunkt des Abhebens (»takeoff-point«) der Nationalsozialisten – Hitlerpartei – zum Aufstieg und Durchbruch 1932 darstellten. Historische Wahlanalysen von Gemeindewahlen Anfang der Dreißigerjahre tragen zur Erhellung der Frage nach den Motiven des Erstarkens der Nationalsozialisten bei. Von besonderem Interesse sind dabei die in vielen österreichischen Gemeinden kandidierenden Wirtschafts- und Einheitslisten. Diese Listen, auf denen Kandidaten der Christlichsozialen, Großdeutschen, des Landbundes, nicht selten aber auch der Heimwehren und der Nationalsozialisten gemeinsam gegen »den Marxismus« kandidierten, führten vermutlich zu einer Senkung der »Hemmschwelle« gegenüber den Nationalsozialisten und könnten daher als »Durchgangslager« vom bürgerlichen Lager zum Nationalsozialismus

---

31 Vgl. Karl-Heinz Naßmacher: Parteien in der Lokalpolitik. In: Sozialwissenschaftliche Studien für Unterricht und Studium. 1981. Ausgabe 1. S. 21.
32 Vgl. Everhard Holtmann: Kommunalpolitik im politischen System der Bundesrepublik. In: Aus Politik und Zeitgeschichte. Beilage zur Wochenzeitung Das Parlament. B 25/90. S. 12.

angesehen werden. Denn es war wohl den Wählern schwer verständlich zu machen, dass der oftmalige »Listenpartner« nun plötzlich bei den Gemeindewahlen und bei den folgenden überregionalen Wahlen, bei denen die NSDAP als eigenständige Liste kandidierte, als besonders gefährlicher politischer Feind angesehen werden sollte.[33]

Es ist im Zusammenhang mit diesen Wirtschaftsparteien die Frage zu stellen, inwieweit deren breite Akzeptanz nicht auch die Folge der Ablehnung der Parteiendemokratie und der Ausdruck einer schwach ausgeprägten demokratischen bzw. sogar antidemokratischen Kultur ist[34], denn es ist wohl unbestritten, »dass es für eine stabile Fundamentierung demokratischer politischer Kultur nicht unerheblich ist, ob die parteienstaatliche Konkurrenzdemokratie auch für die kommunale Ebene akzeptiert wird.«[35]

1.3. Periodisierung der nationalsozialistischen Geschichte in Salzburg

Die entscheidende Frage ist immer: Wie konnte es so weit kommen? Am Beispiel der Gemeindewahlen vom 29. März 1931 in Stadt und Land Salzburg soll in dieser Arbeit der politische Start, das politische Abheben der Nationalsozialisten – damals noch mehrheitlich »Hitlerpartei« genannt – dokumentiert und analysiert werden. Es soll damit zur Erhellung der Frage nach den Voraussetzungen für den weiteren Aufstieg des Nationalsozialismus beigetragen werden.

Um die Geschehnisse rund um die Gemeindewahlen 1931 in Salzburg richtig einordnen zu können, ist es notwendig, sich die längerfristige Entwicklung der nationalsozialistischen Bewegung in diesem Bundesland vor Augen zu führen, sich zu vergegenwärtigen, auf welcher Stufe der historischen Leiter man bei der Betrachtung der politischen Ereignisse im Jahr 1931 steht, d. h. mit welcher Phase einer historischen Periodisierung des Nationalsozialismus in Salzburg man es zu tun hat. Die Periodisierung ist ein wichtiges Instrument der historischen Analyse, der Unterteilung der historischen Phänomene in überschaubare Zeitabschnitte und in einen zeitlichen und sachlichen Gliederungszusammenhang, und erleichtert damit das Durchschauen komplexer Geschehensverläufe ganz wesentlich.[36]

Der Versuch einer Periodisierung der Geschichte des Nationalsozialismus in Salzburg muss sich zwangsläufig an der Gesamtentwicklung der nationalsozialistischen Bewegung in Österreich unter Berücksichtigung der Geschehnisse in Deutschland orientieren.

---

33 Vgl. Franz Schausberger: Ins Parlament, um es zu zerstören. S. 193.
34 Vgl. Franz Schausberger: Antiparlamentarisches Denken und Nationalsozialismus in der Ersten Republik. In: Salzburg. Geschichte & Politik. Mitteilungen der Dr.-Hans-Lechner-Forschungsgesellschaft. 1994/1. S. 25 f.
35 Everhard Holtmann: Politisierung der Kommunalpolitik und Wandlungen im lokalen Parteiensystem. In: Aus Politik und Zeitgeschichte. B 22–23/1992. S. 13.
36 Vgl. etwa Erwin Faber, Imanuel Geis: Arbeitsbuch zum Geschichtsstudium. Heidelberg 1983. S. 117 f.

Unter Berücksichtigung dieser Aspekte wird folgende Periodisierung vorgeschlagen[37]:

1. Ca. 1880–1918: Vorläuferphase

Salzburg war in der zweiten Hälfte der 80er Jahre des 19. Jahrhunderts neben Graz »ein Subzentrum des radikalen Deutschnationalismus«[38] und des Antisemitismus. Die Anhänger waren unter der jüngeren Intelligenz, Beamten, Ärzten, Advokaten, Lehrern und Eisenbahnern und später auch unter den Kleingewerbetreibenden zu finden. Die radikalen deutschnationalen und antisemitischen Ideen des Georg Ritter von Schönerer fanden den großen Anklang. Dazu kamen in Salzburg noch die Nähe zu Bayern, eine gewisse Aversion gegen »Österreich« (speziell gegen Wien) und ein Antiklerikalismus (begründet in der Dominanz der Fürsterzbischöfe).[39]

1898 wurde der »Reichsbund deutscher Arbeiter« in Salzburg gegründet.

1903 wurde in Aussig die »Deutsche Arbeiterpartei« (DAP) gegründet. Sie ist eine deutsch-völkische, kämpferische, intolerante Gewerkschaft im Zentrum des tschechischen Nationalitätenkampfes. 1905 gründete in Salzburg Hans Prodinger die »Ortsgruppe Salzburg des Deutschnationalen Handelsgehilfen-Verbandes«. 1909 erfolgte in Salzburg die Gründung des »Deutschen Arbeitervereines«, der die Grundlage für die »Deutsche Arbeiterpartei« bildete, die nach dem Ersten Weltkrieg erstarkte und zur Keimzelle des Nationalsozialismus wurde.[40]

2. 1918–1920: National-liberale, demokratische, vorfaschistische Phase

1918 fand die Gründung der »Deutschen Nationalsozialistischen Arbeiterpartei« (DNSAP) unter der Führung von Walter Riehl statt, es erfolgte die ideologische Erweiterung in Richtung einer demokratischen, sozialreformerischen, nicht-faschistischen Ar-

---

37 Zur Geschichte der Nationalsozialisten in Österreich bis zum Verbot vgl. Gerhard Jagschitz: Der Putsch. Die Nationalsozialisten 1934 in Österreich. Graz, Wien, Köln 1976. S. 20–32. Gerhard Jagschitz: Zur Struktur der NSDAP in Österreich vor dem Juliputsch 1934. In: Das Jahr 1934: 25. Juli. Protokoll des Symposiums in Wien am 8. Oktober 1974. Herausgegeben von Ludwig Jedlicka und Rudolf Neck. Wien 1975. S. 9–20. Bruce F. Pauley: Der Weg in den Nationalsozialismus. Ursprünge und Entwicklung in Österreich. Wien 1988.
38 Hanns Haas: Vom Liberalismus zum Deutschnationalismus. In: Heinz Dopsch, Hans Spatzenegger (Hrsg.): Geschichte Salzburgs. Stadt und Land. Band II. Neuzeit und Zeitgeschichte. 2. Teil. Salzburg 1988. S. 848.
39 Vgl. Ernst Hanisch: Zur Frühgeschichte des Nationalsozialismus in Salzburg (1913–1925). In: Mitteilungen der Gesellschaft für Salzburger Landeskunde. 117. Vereinsjahr/1977. Salzburg 1978. S. 375.
40 Vgl. Hanns Haas: Arbeiterschaft und Arbeiterbewegung. In: Heinz Dopsch, Hans Spatzenegger (Hrsg.): Geschichte Salzburgs. Stadt und Land. Band II: Neuzeit und Zeitgeschichte. 2. Teil. Salzburg 1988. S. 986 f. Die DAP war schon vor dem Ersten Weltkrieg in der Stadt Salzburg stärker als die christliche Arbeiterbewegung. Vgl. Ernst Hanisch, Ulrike Fleischer: Im Schatten berühmter Zeiten. Salzburg in den Jahren Georg Trakls (1887–1914). Salzburg. 1986. S. 78.

beiterpartei. Die meisten Mitglieder waren deutsch sprechende Eisenbahner, Angestellte, mittlere und niedrige Staatsbeamte, vorwiegend in Böhmen und Mähren.

Bei einem Parteitag am 7. und 8. August 1920 in Salzburg endete der Versuch der organisatorischen Zusammenfassung der nationalsozialistischen Parteien in Österreich, Tschechoslowakei, Polen und Deutschland mit der Gründung einer gemeinsamen »Deutschen Nationalsozialistischen Partei« unter der Führerschaft von Walter Riehl.

Im Juni 1921 übernimmt Adolf Hitler den Vorsitz der NSDAP in München und erhebt sofort den alleinigen Führungsanspruch.

Es ist die Phase der Wahlbündnisse etwa bei der Nationalratswahl im Oktober 1920 mit der Großdeutschen Volkspartei und dem Katholischen Bauernbund und bei der Landtagswahl im April 1922 mit der Christlichsozialen Partei und dem Freiheitlichen Salzburger Bauernbund.

3. 1920–1926: *Kampf um die Vorherrschaft*

Auf dem Salzburger Parteitag vom 13. bis 15. August 1923 unterliegt Riehl mit seiner Ablehnung der Unterstützung eines Putsches Hitlers in Deutschland und legt den Vorsitz zurück, sein Nachfolger wird Karl Schulz. Der Kampf um die Vorherrschaft geht weiter. Die programmatischen Aussagen verschieben sich, die Abwendung von der parlamentarischen Demokratie hin zum Putschismus nimmt zu. Es geht zunehmend in Richtung Faschismus.

Vorher hatte es intensive Verhandlungen über eine Listengemeinschaft der Nationalsozialisten mit der Großdeutschen Volkspartei gegeben. Die Salzburger Nationalsozialisten waren bereit dazu. Beim Parteitag fiel eine andere Entscheidung: Im Beisein von deutschen und tschechischen Delegierten – der prominenteste ausländische Delegierte war Adolf Hitler – wurde nach langen Beratungen entschieden, kein Wahlübereinkommen einzugehen. Es war letztlich ein Befehl Hitlers, nicht an den Wahlen teilzunehmen.[41] Hitler hatte bereits am 28. Juni 1923 im Salzburger Kurhaus gesprochen.

Die Frage der Beteiligung an Wahlbündnissen mit anderen Parteien war eine sehr grundlegende, die die Hitlerbewegung von den anderen nationalsozialistischen Richtungen trennte und schließlich zur Spaltung führte. Beim Landesparteitag am 6. April 1925 wurde Nikolaus Schlam zum Obmann gewählt.

4. 1926–1931: *Spaltungs- und Konkurrenzphase*

Am 4. Mai 1926 wurde der »Nationalsozialistische Arbeiterverein – Hitlerbewegung« gegründet und direkt Hitler unterstellt.

---

41 Vgl. Richard Voithofer: Drum schließt Euch frisch an Deutschland an ... Die Großdeutsche Volkspartei in Salzburg 1920–1936. Wien, Köln, Weimar 2000. S. 217 f.

In Salzburg erfolgte am 26. September 1926 die Gründung der Ortsgruppe der NSDAP-Hitlerbewegung. Die Organisation war so schwach, dass sie mit Tirol und Vorarlberg in einem »Westgau« zusammengefasst wurde.

Stark waren die Nationalsozialisten in den »völkischen« Gewerkschaften mit einem deutlichen Übergewicht der Eisenbahner und durch den »Deutschen Handels- und Industrieangestelltenverband«, der bei den Arbeiterkammerwahlen 1926 in Salzburg bei den Angestellten 56 Prozent (!) erreichte.[42] Der Tischler Erich Wagner hatte schon 1922 begonnen, nationale Betriebsgruppen zu organisieren, in den Jahren 1928 und 1929 konnten schon erste Erfolge der Deutschen Arbeitergewerkschaft gegenüber den Sozialdemokraten erzielt werden. In der Baufirma Gebrüder Wagner gingen alle Betriebsratsmandate an die Deutschen Gewerkschafter, in den Solvaywerken in Hallein und in der Konkordiahütte in Tenneck wurden Erfolge verzeichnet. Im Jahr 1931 gab es bereits aktive nationalsozialistische Betriebszellen u. a. in den Eisengroßhandlungen Steiner und Roittner, bei der Firma Gehmacher, bei der Albus, in der Stadtgemeinde Salzburg, bei der Ischlerbahn, in der Bayernbank, bei Wüstenrot, in der Arbeiter-Unfallversicherung, in der Polizeidirektion, im Steueramt, bei der Baufirma Schweinberger und im Schotterwerk Tagger in Golling. Es konnte an die Errichtung der NS-Betriebszellen-Organisation (NSBO) geschritten werden.[43]

5. 1931–1933: »Takeoff- und Durchbruchsphase«

Die Monopolstellung der »Hitlerbewegung« wurde erreicht, die Konkurrenz, die Schulzpartei und die Großdeutsche Volkspartei wurde weitgehend zerrieben und aufgesogen. Die Gemeinderatswahlen im März 1931 in Salzburg wurden zum »Takeoff-point« der Nationalsozialisten, bei den Landtagswahlen im April 1932 gelingt endgültig der Durchbruch und Aufstieg zur Massenpartei. Auf Grund der großen Erfolge wurde 1932 im Zuge der grundlegenden Neuorganisation der österreichischen NSDAP Salzburg als eigene Gauorganisation unter dem Gauleiter Karl Scharitzer eingerichtet.

6. 1933–1938: Phase der Illegalität

Nach dem Verbot der NSDAP im Juni 1933 begann eine nationalsozialistische Terrorwelle. Grenzprovokationen der NSDAP, Schmuggel und Verbreitung illegalen nationalsozialistischen Propagandamaterials aus Deutschland, besonders in Salzburg auf Grund

---

42 Vgl. Gerhard Botz: Faschistische Bewegungen und Lohnabhängige in Österreich. In: Arbeiterbewegung und Faschismus. Der Februar 1934 in Österreich. Internationale Tagung der Historiker der Arbeiterbewegung (»X. Linzer Konferenz« 1974). Wien 1976. S. 339.

43 Vgl. Anton Resch, Gaubeauftragter für die DAF (Hrsg.): Von der NS-Betriebszellen-Organisation zur Deutschen Arbeitsfront. Gau Salzburg. O. J. (1939). S. 12 f.

der Grenznähe, Böller- und Bombenanschläge waren an der Tagesordnung. Das politische Ziel dieses Terrors war, den Fremdenverkehr zu stören und damit die Regierung Dollfuß zu schwächen. Die Regierung antwortete mit drakonischen Strafmaßnahmen, Einlieferungen von Nationalsozialisten in Anhaltelager und mit vielen kleinen Schikanen. Der Höhepunkt dieser Terrorphase war im Juli 1934 der Nazi-Putsch, der im Land Salzburg im Flachgau seinen Ausgang nahm.[44]

Mit dem Scheitern der nationalsozialistischen Terrorstrategie begann die Phase der Unterwanderung und Zersetzung des Regierungsapparates. Die Zahl der illegalen Nationalsozialisten im Beamtenapparat nahm besonders auch in Salzburg zu.

Das Juliabkommen von 1936 brachte eine gewisse Entspannung und für die Nationalsozialisten eine Erleichterung für ihre Aktivitäten. Salzburg wurde zu einer der wichtigsten Drehscheiben der Verbindungen zwischen der illegalen NSDAP und den verschiedenen deutschen Parteistellen.[45] Als 1937 das so genannte Volkspolitische Referat im Rahmen der Vaterländischen Front eingerichtet wurde, war dies praktisch eine Organisation der Nationalsozialisten.[46]

Zu Beginn des Jahres 1938 war der Regierung auf Bundes- und Landesebene die Macht bereits weitgehend entglitten. Am Vormittag des 12. März 1938 wurden die deutschen Truppen von der Bevölkerung der Stadt Salzburg mit brausendem Jubel begrüßt.

---

44 Reinhard Mittendorfer: Nationalsozialistische Aufstandsversuche im Land Salzburg und ihre Abwehr. Hausarbeit aus Geschichte. Universität Salzburg. 1976.
45 Vgl. Ernst Hanisch: Gau der guten Nerven. Die nationalsozialistische Herrschaft in Salzburg 1938–1945. Salzburg, München 1997. S. 19.
46 Vgl. Ernst Hanisch: Die Erste Republik. In: Heinz Dopsch, Hans Spatzenegger (Hrsg.): Geschichte Salzburgs. Stadt und Land. Band II. Neuzeit und Zeitgeschichte. 2. Teil. Salzburg 1988. S. 1117 ff.

2.
Das gesamtpolitische Umfeld

2.1. Die politische und wirtschaftliche Entwicklung Anfang der Dreissigerjahre

Das gesamtpolitische Umfeld, in das die Gemeindewahlen eingebettet waren, kurz zu umreißen, ist notwendig, weil es sich hier nicht um ein punktuell auf einen bestimmten Zeitraum beschränktes Ereignis handelt, sondern weil es im Rahmen eines längerfristigen Entwicklungsprozesses und eines größeren Zusammenhanges stattfindet. »Da sich die regionale Gesellschaft nicht autonom entwickelt, sondern jeweils im Kontext übergreifender gesellschaftlich-politischer Rahmenbedingungen ereignet, kann die Mikro-Gesellschaft der Region nicht von der Makro-Gesellschaft der nächsthöheren Ebene getrennt werden.«[47]

Den Gemeindewahlen vom 29. März 1931 im Bundesland Salzburg waren rund fünf Monate zuvor die Nationalratswahlen vom 9. November 1930 vorangegangen. Das Ergebnis dieser Wahlen war für die Christlichsoziale Partei ein Fiasko. Die Sozialdemokraten erreichten 41,1 Prozent (72 Mandate), die Christlichsozialen 35,7 Prozent (66 Mandate), der Schober-Block 11,6 Prozent (19 Mandate), die Heimwehr 6,2 Prozent (8 Mandate). Die Hitler-Bewegung blieb mit 3 Prozent ohne Mandate. Damit waren die Sozialdemokraten klar zur stärksten Partei geworden, die Wähler hatten den autoritären Kurs von Bundeskanzler Vaugoin, der wenige Wochen eine Minderheitsregierung angeführt hatte, deutlich abgelehnt. Mit der nun folgenden neuen Regierung Ender trat wieder eine Wendung zugunsten der Konsensdemokratie ein, es deutete sich eine politische Zusammenarbeit über die Klassengegensätze hinweg ab. So vergingen die ersten Monate des Jahres 1931 in einer Atmosphäre relativer politischer Ruhe. Die Regierung Ender/Schober arbeitete mit der sozialdemokratischen Opposition recht einträchtig zusammen, die Opposition stimmte der Finanzausgleichsnovelle zu, gab ihren Widerstand gegen die Novellierung des Wohnbauförderungs- und Mietengesetzes auf und eine Zustimmung zur Sanierung der Creditanstalt zeichnete sich ab. Bundeskanzler Ender trat klar für die parlamentarische Demokratie ein und äußerte öffentliche Kritik an Seipel und den Heimwehren.

Unterbrochen wurde diese Ruhe gleich zu Beginn des Jahres 1931 durch schwere nationalsozialistische Ausschreitungen in Wien im Zusammenhang mit der Aufführung des

---

47 Peter Malina: Lokalkommunikation und Regionalgeschichte. Zur Annäherung an die Geschichte lokaler Räume und ihrer Kommunikationsstrukturen. In: Zeitgeschichte. 2/14. Jahrgang/1986. S. 71.

amerikanischen Filmes »Im Westen nichts Neues« nach dem Weltkriegsroman von Erich Maria Remarque. Vor allem die Sozialdemokraten in Wien forcierten die Aufführung dieses Filmes. Als er am 3. Jänner im Apollokino um 23 Uhr aufgeführt werden sollte, zogen rund zweitausend Demonstranten, organisiert von den Nationalsozialisten, von vier Protestversammlungen in die Richtung des Kinos, das von der Polizei abgeschirmt war. Schließlich kam es zu heftigen Ausschreitungen zwischen Demonstranten und der Polizei, es gab mehrere Verletzte, Beschädigungen von Straßenbahnen und Geschäften sowie zahlreiche Verhaftungen. Als der Wiener Bürgermeister Seitz die Aufführung des Filmes weiter zuließ, gab es auch in den nächsten Tagen Ausschreitungen der NSDAP, rund zweitausend Polizeibeamte waren im Einsatz. Viele Kriegsteilnehmer fühlten sich von dem ihrer Meinung nach einseitig alle Schuld Deutschland und Österreich zuweisenden Film brüskiert. Die Solidarität gegen diesen Film war parteiübergreifend. Als die Aufführung des Filmes schließlich am 9. Jänner unter dem Druck der Demonstrationen vom Innenminister für ganz Österreich verboten wurde, konnte die NSDAP dies als ihren Erfolg verbuchen, was ihr von vielen Seiten durchaus Sympathien einbrachte.[48]

Kurz vor den Gemeindewahlen brach die Diskussion um eine deutsch-österreichische Zollunion auf. Vom 3. bis 5. März 1931 war der deutsche Außenminister Curtius auf offiziellem Besuch in Wien. Bei dieser Gelegenheit führte er geheime Verhandlungen mit dem österreichischen Außenminister Dr. Johannes Schober über eine gemeinsame Zollunion. Am 19. März wurde der Zollunionsvertrag in Wien auf drei Jahre unterzeichnet und am 23. März veröffentlicht. Ab diesem Zeitpunkt dominierte dieses Thema die Titelseiten der Salzburger Zeitungen. Es setzten heftige Proteste von Seiten Frankreichs, Italiens, der Tschechoslowakei und Englands ein. Die Zollunion sei mit dem Genfer Protokoll vom 4. Oktober 1922 nicht vereinbar, die Siegermächte sahen darin nur eine versteckte Form des »Anschlusses«. Natürlich war es der Versuch Schobers, »auf wirtschaftspolitischem Umweg der zunehmenden Radikalisierung von rechts durch die ›Quasi‹erfüllung eines so genannten nationalen Anliegens entgegenzukommen.«[49] In Österreich brach eine heftige Diskussion los: Die Sozialdemokraten unterstützten nach einer anfänglichen Skepsis dieses Projekt, Seipel trat wieder ins politische Rampenlicht, sprach sich gegen die Zollunion aus und brachte neuerlich seine Idee einer »Donauföderation« ins Spiel. Das Projekt der Zollunion, das schließlich im September 1931 aufgegeben wurde, spielte natürlich auch in der letzten Phase des Gemeindewahlkampfes eine Rolle. Das von außen gesetzte Verbot einer Zollunion mit Deutschland verstärkte

---

48 Vgl. SChr. 5. 1. 1931. S. 4, SChr. 9. 1. 1931. S. 3, SChr. 10. 1. 1931. S. 5.
49 Ludwig Jedlicka: Die Außenpolitik der Ersten Republik. In: Ludwig Jedlicka, Rudolf Neck: Vom Justizpalast zum Heldenplatz. Studien und Dokumentationen 1927 bis 1938. Wien 1975. S. 108. Vgl. auch Siegfried Beer: Der »unmoralische« Anschluß. Britische Österreichpolitik zwischen Containment und Appeasement 1931–1934. Wien, Köln, Graz 1988. S. 21–100. Roman Sandgruber: Ökonomie und Politik. Österreichische Wirtschaftsgeschichte vom Mittelalter bis zur Gegenwart. Wien 1995. S. 400 f.

die Krise der Identität der österreichischen Bevölkerung und half letztlich auch den Nationalsozialisten.⁵⁰

Im Land Salzburg war Landeshauptmann Franz Rehrl in seiner zweiten Amtsperiode. Er stand den Aktivitäten der Heimwehren sehr reserviert gegenüber und suchte den Konsens mit den Sozialdemokraten. Er versuchte die Verschärfung des politischen Kampfes so gut es ging von Salzburg abzuhalten, vor allem auch, weil er die Durchführung seiner weitreichenden ökonomischen Pläne nicht stören lassen wollte. Es ging um die Errichtung der Gaisbergstraße, die am 16. Mai 1929 eröffnet wurde, um die Großglockner-Hochalpenstraße, die im August 1930 begonnen wurde und das Tauernkraftwerk, dessen Realisierung größere Schwierigkeiten machte.⁵¹ Die Projekte wurden vor allem von den Nationalsozialisten heftig kritisiert.

Wirtschaftlich gesehen schwappte im Jahr 1930 die Weltwirtschaftskrise auch auf Österreich über, die Depression breitete sich aus und in fast allen Industriezweigen waren Rückgänge in der Produktion festzustellen. Die Arbeitslosigkeit in Österreich stieg ständig an, die Zahl der Arbeitslosen betrug 1930 fast 350.000.⁵² Damit war im Dezember 1930 die Zahl der unterstützten Arbeitslosen um 30 Prozent höher als 1929 und um fast 50 Prozent höher als im Dezember 1928. Gerade zur Zeit der Salzburger Gemeindewahlen im Frühjahr 1931 schlug die wirtschaftliche Depression auf Grund der internationalen Konjunktureinflüsse voll auf Österreich durch. Die Arbeitslosenrate betrug 15,4 Prozent.⁵³ In Salzburg wurden Ende Jänner 1931 9.729 unterstützte Arbeitslose verzeichnet, das waren um acht Prozent mehr als Ende Jänner 1930.⁵⁴ Ende Februar 1931 gab es in Salzburg bereits 9.915 unterstützte Arbeitslose, das waren um sieben Prozent mehr als ein Jahr zuvor. Dazu kamen noch die so genannten Ausgesteuerten, also jene, die nach einer bestimmten Zeit keine Arbeitslosenunterstützung mehr bekamen. Die

---

50 Vgl. Charles A. Gulick: Österreich von Habsburg zu Hitler. Wien 1976. S. 366 f. Ebenso Franz Schausberger: Ins Parlament, um es zu zerstören. Die Nationalsozialisten in den österreichischen Landtagen 1932/33. Wien, Köln, Weimar 1995. S. 43.
51 Vgl. Ernst Hanisch: Franz Rehrl – sein Leben. In: Wolfgang Huber (Hrsg.): Franz Rehrl. Landeshauptmann von Salzburg 1922–1938. Salzburg 1975. S. 21 f.
52 Die amtlichen Zahlen aus dieser Zeit nennen nur die behördlich unterstützten Arbeitslosen, nicht aber die so genannten Ausgesteuerten, die keine Unterstützung mehr erhielten und auf die öffentliche Fürsorge angewiesen waren. Die Zahl der Ausgesteuerten lag bei etwa 40 bis 50 Prozent der Unterstützten. Vgl. Franz Schausberger: Ins Parlament, um es zu zerstören. Die Nationalsozialisten in den österreichischen Landtagen 1932/33. Wien, Köln, Weimar 1995. S. 41. Ende Februar 1931 wurden 334.000 unterstützte Arbeitslose verzeichnet. Vgl. SVBl. 9. 3. 1931. S. 3.
53 Arbeitslose in Prozent der Arbeitnehmer. Vgl. Fritz Weber: Hauptprobleme der wirtschaftlichen und sozialen Entwicklung Österreichs in der Zwischenkriegszeit. In: Franz Kadrnoska (Hrsg.): Aufbruch und Untergang. Österreichische Kultur zwischen 1918 und 1938. Wien, München, Zürich 1981. S. 614. Ebenso Dieter Stiefel: Arbeitslosigkeit. Soziale, politische und wirtschaftliche Auswirkungen – am Beispiel Österreichs 1918–1938. Berlin 1979. S. 29.
54 Vgl. SVBl. 5. 2. 1931. S. 6.

Zahl dieser Notstandsempfänger war im gleichen Zeitraum auf das Doppelte gestiegen. Damit war ein neuer Höhepunkt der Arbeitslosigkeit in Salzburg erreicht. Betroffen waren vor allem Angehörige des Baugewerbes und des Gastgewerbes.[55] Viele Pfarren und Gemeinden versuchten, durch Sammlungen die sozialen Probleme der Arbeitslosen und Ausgesteuerten zu lindern. In der Gemeinde Anif wurde z. B. 1931 im Pfarrhof eine Getreidekammer für arbeitslose durchreisende Handwerksburschen hergerichtet, die sehr häufig benutzt wurde.[56]

Dem Gemeindeprotokoll von Großgmain kann entnommen werden, dass in den Jahren zwischen 1930 und 1932 die »Armenansuchen« von Kranken, Invaliden und Arbeitslosen, die von der Gemeinde Unterstützung erwarteten, derart anstiegen, dass die Gemeinde nicht mehr in der Lage war, die Hilfe zu gewähren.[57]

Ganz besonders in der Stadt Salzburg drängten sich die Notleidenden vor dem Arbeitslosenamt und mussten oft wochenlang warten, bis sie ihre Arbeitslosenunterstützung bekamen, weil die Zuteilung der Arbeitslosengelder aus Wien lange auf sich warten ließ. Die Wärmestube in der Glockengasse war »vollgestopft mit Frierenden, die in fadenscheinigen Kleidern Schutz vor der grimmigen Kälte suchen und sich im herrschenden Gedränge nicht einmal irgendwo niederkauern können, um mit apathischer Ruhe über ihr Elend nachzugrübeln«. Der Leiter des Arbeitsamtes sagte gegenüber dem Salzburger Volksblatt, das auf Grund der herrschenden Not zur »Volksgemeinschaft« aufrief und eine Spendenaktion startete: »Die meisten Salzburger haben gar keine Ahnung, welch *fürchterliche Not* derzeit auch in unserer Stadt besteht. Sie ahnen nicht, wie viele ratlos und mutlos durch die Straßen irren und nicht mehr wissen, woher sie das Allerdringendste und Notwendigste nehmen sollen.«[58] Eine solche Situation bereitete natürlich den Nährboden für die Erfolge der Nationalsozialisten.

---

55 Vgl. SVBl. 28. 2. 1931. S. 8 und SVBl. 9. 3. 1931. S. 3.
Aufteilung der Arbeitslosen (Auszug):

Baugewerbe	3.500
Gastgewerbe	1.250
Öffentliche Arbeiter	900
Holzindustrie	500
Papierindustrie/Graphik	400
Steine und Erden	400
Eisen-, Metallindustrie	350
Verkehr	350

56 Vgl. Ewald Hiebl: Dörfliches Leben vor den Toren der Stadt – Anif von 1848 bis 1945. In: Heinz Dopsch, Ewald Hiebl (Hrsg.): Anif. Kultur, Geschichte und Wirtschaft von Anif, Niederalm und Neu-Anif. Anif 2003. S. 173.
57 Vgl. Johannes Lang, Max Schneider: Auf der Gmain. Chronik der Gemeinden Bayerisch Gmain und Großgmain. Bayerisch Gmain, Großgmain 1995. S. 417.
58 SVBl. 13. 1. 1931. S. 1.

Die Weltwirtschaftskrise wirkte sich, mit einer gewissen Verzögerung, auf die Salzburger Bauern hart aus. Der Getreidekrise folgte eine Holzkrise und im Jahr 1930 ein Verfall der Viehpreise.[59] Große bäuerliche Not und große Unzufriedenheit vor allem in den Gebirgsgauen waren die Folge. Eine Resolution der Lungauer Bürgermeister vom 1. Oktober 1931 an den Bezirkshauptmann des Lungaues zur Weiterleitung an seine vorgesetzten Stellen bringt die drückende Not der Bevölkerung zum Ausdruck: »Die Bürgermeistervereinigung sieht es als ihre Pflicht, auf die geradezu verzweifelte Lage der Bewohnerschaft unseres Gaues die kompetenten Behörden aufmerksam zu machen, da die Not der Lungauer Bauernschaft aufs höchste gestiegen ist und soweit geht, daß dieselbe erklärt, jeglicher Barmittel entblößt und nicht mehr in der Lage zu sein, ihre fälligen Steuern in Geld zu bezahlen, es sei denn Gemeinden und Steuerbehörden nehmen die nicht mehr abzusetzenden Produkte der Landwirtschaft, wie Vieh und Holz als Zahlungsmittel an ... Die Not der Bauernschaft ist bis zur Verzweiflung gestiegen.«[60] Viele landwirtschaftliche Betriebe waren hoch überschuldet und mussten versteigert oder verkauft werden. Gütermakler und private Geldverleiher machten als »Lehenabschlepper« ihre Geschäfte.[61]

Für die Wirtschaft, insbesondere für verschiedene Bereiche des Handwerks, des Baugewerbes und der direkt davon betroffenen Branchen wirkte sich die Weltwirtschaftskrise auch in Salzburg bis zur existenziellen Bedrohung aus.[62] Auch im Industriebereich gab es zum Teil schwere Einbrüche, die zum Beispiel zur Reduzierung und letztlich zur Schließung der Mitterberger Kupferwerke im August 1931 führten.[63]

Auch wenn die Nationalratswahl vom 9. November 1930 noch einmal eine Stärkung der demokratischen Kräfte gebracht hatte, so darf man doch nicht übersehen, dass der große Wahlsieg der Nationalsozialisten bei der Reichstagswahl 1930 in Deutschland auch seine Auswirkungen auf Österreich hatte.

Nach der verhängnisvollen Auflösung des Deutschen Reichstages wurden Reichstagswahlen für den 14. September 1930 angesetzt. Nach den Erfolgen der Nationalsozialisten bei einer Reihe von Kommunalwahlen und bei den Landtagswahlen in Thüringen im Jänner 1930 und bei den Landtagswahlen in Sachsen im Juni 1930 hätte man eigentlich die Gefahr erkennen können.[64] Und tatsächlich: Bei der Reichstagswahl im September

---

59 Vgl. Franz Schausberger: Josef Hauthaler. Salzburger Bauernführer in schwersten Zeiten. Salzburg 1990. S. 32.
60 Salzburger Landesarchiv, BH Tamsweg, L–1 1070/1931.
61 Vgl. Steinbacher Gottfried (Hrsg.): Hüttau. Der alte Bergwerksort an der Römerstraße im Fritztal. Ortschronik Hüttau. Hüttau 1998. S. 335.
62 Ursula K. M. Resch: Das Aufbäumen der Handwerker gegen die Proletarisierung. Eine Wirtschafts- und Sozialgeschichte des Salzburger Handwerks in der Ersten Republik. In: Salzburg. Geschichte & Politik. Mitteilungen der Dr.-Hans-Lechner-Forschungsgesellschaft. 1994/2–3.
63 Vgl. Wilhelm Günther u. a.: 5000 Jahre Kupferbergbau Mühlbach am Hochkönig – Bischofshofen. Mühlbach am Hochkönig. O. J. S. 186.
64 Vgl. Jürgen W. Falter: Hitlers Wähler. München 1991. S. 33.

1930 schnellte die Zahl der NSDAP-Abgeordneten von 12 auf 107 Sitze empor, die Hitlerpartei war die große Siegerin und zweitstärkste Partei. Hitler war der entscheidende Durchbruch gelungen, seine Bewegung war zu einem Faktor der deutschen Politik geworden, mit dem in Hinkunft gerechnet werden musste.[65] Die nationalsozialistischen Wahlerfolge bei der Reichstagswahl waren bei der Nationalratswahl zwei Monate später, im November 1930, noch nicht spürbar. Der zeitliche Abstand war noch zu kurz. Aber bald darauf wirkten sich diese Wahlerfolge der NSDAP in Deutschland äußerst motivierend für die österreichischen Nationalsozialisten aus. Der Wahlerfolg im Reich löste überall eine Siegeseuphorie aus, es entstand eine »optimistische Grundeinstellung innerhalb der Bewegung, eine Art nationalsozialistische Heilserwartung.«[66]

Der exzessiv geführte Wahlkampf der NSDAP bei der Reichstagswahl und bei den folgenden deutschen Landtagswahlen fand auch in den österreichischen Medien seinen ständigen Niederschlag und hatte eine beträchtliche Wirkung auf die österreichischen Wähler. Österreichs Nationalsozialisten, die bislang das Dasein einer Splitterpartei geführt hatten, übernahmen in ihrer Wahlpropaganda wesentliche moderne Elemente der Wahlpropaganda der deutschen Nationalsozialisten, ohne jedoch an deren perfekte Propagandamaschinerie heranzukommen.

Eine besondere Motivation für die nationalsozialistische Bewegung auch in Salzburg brachte das Ergebnis der Kommunalwahlen in Braunschweig am 1. März 1931. Im protestantischen Braunschweig mit einem kaum ausgeprägten Zentrum wurden in rund 400 Gemeinden die Kommunalvertretungen gewählt, in rund 140 Gemeinden fanden keine Wahlen statt, weil sich die politischen Gruppen auf Einheitslisten geeinigt hatten. »Nationale Welle in Braunschweig« betitelte das Salzburger Volksblatt seinen Aufmacher auf der ersten Seite.[67] Es wurde bejubelt, dass die Nationalsozialisten die Zahl ihrer Mandate

---

65 Vgl. Heinrich August Winkler: Weimar 1918–1933. Die Geschichte der ersten deutschen Demokratie. München 1993. S. 382.
66 Peter Longerich: Der rasche Aufstieg der NSDAP 1929/30. In: Christoph Studt (Hrsg.): Das Dritte Reich. Ein Lesebuch zur deutschen Geschichte 1933–1945. München 1998. S. 27.
67 SVBl. 3. 3. 1931. S. 1.
Für die Stadtverordnetenversammlungen wurden 208 Sitze vergeben, die sich folgendermaßen aufteilen (in Klammer die Mandatszahlen der Kommunalwahlen 1928):

Sozialdemokraten	72 (94)
Bürgerliche Mitte	62 (105)
Nationalsozialisten	47 (2)
Kommunisten	21 (4)
Stahlhelm	6

Für die Kreistage wurden insgesamt 102 Mandate vergeben, die sich wie folgt aufteilten:

Sozialdemokraten	42 (53)
Nationalsozialisten	32 (2)
Bürgerliche Mitte	21 (46)
Kommunisten	7 (1)

in den Stadtverordnungen von zwei auf 47 erhöhen konnten. Dazu kamen noch sechs »Stahlhelm«-Mandate. Die Mandate der bürgerlichen Mitte sanken von 105 auf 62, die der Sozialdemokraten von 94 auf 72. Die Kommunisten zählten zu den großen Siegern: Die Zahl ihrer Mandate stieg von vier auf 21. Von den Landgemeinden wurde nicht berichtet, da dort die Nationalsozialisten keine besonderen Erfolge erzielen konnten.

Aber auch in den Kreistagen vervielfachten die Nationalsozialisten die Zahl ihrer Mandate, Bürgerliche und Sozialdemokraten verloren empfindlich. In der Stadt Braunschweig selbst gab es zwar weiter eine linke Mehrheit, aber die Sozialdemokraten verloren von ihren bisherigen 19 Mandaten fünf, die Kommunisten erreichten vier Mandate (bisher eines). Die bürgerliche Einheitsliste sank von zwölf auf sieben Mandate, die Nationalsozialisten schnellten von einem auf zehn Mandate.

Die Salzburger Chronik und die Salzburger Wacht sahen das Ergebnis natürlich ganz anders als das deutschnationale Salzburger Volksblatt. Das christlichsoziale Parteiorgan verglich die Ergebnisse mit der Reichsratswahl 1930 und stellte nationalsozialistische Verluste in den Landgemeinden und nur bescheidene Gewinne der Nationalsozialisten in den Städten fest und resümierte: »Es sieht also eher danach aus, daß die nationalsozialistische Welle ihren Scheitelpunkt erreicht hat«.[68]

Dem sozialdemokratischen Blatt waren die Wahlen in Braunschweig überhaupt nur einen einspaltigen Artikel wert, es meldete die »völlige Zersetzung des Bürgertums« und konstatierte, »daß die Welle des Nationalsozialismus nicht ganz abgeebbt ist, aber längst nicht mehr so ansteigt, wie noch vor wenigen Monaten.«[69]

Wie immer man nun das Ergebnis interpretierte, die Propagandisten der Hitlerbewegung schlachteten es für sich und für die Mobilisierung der eigenen Anhängerschaft aus.

Die österreichische Nationalratswahl im November 1930 hatte bei den Salzburger Christlichsozialen eine Ernüchterung gebracht. Die Christlichsoziale Partei hatte ihr bisher schlechtestes Nationalratswahlergebnis hinnehmen müssen. Vor allem in der Landeshauptstadt Salzburg war sie mit 23,5 Prozent nach den Sozialdemokraten und dem Schober-Block nur mehr drittstärkste Partei. Aber auch die Sozialdemokraten verloren landesweit gegenüber 1927 etwas mehr als zwei Prozent und erreichten nur ein durchschnittliches Ergebnis. Der Nationale Wirtschaftsblock (»Schober-Block«) erzielte ein respektables Ergebnis. 1927 hatten Christlichsoziale und Großdeutsche gemeinsam 60,44 Prozent erreicht, 1930 nur mehr 54,2 Prozent. Der Landbund kandidierte in Salzburg (so wie in Oberösterreich) nicht im Schober-Block sondern selbstständig. Die Nationalsozialisten der

---

In der Stadt Braunschweig selbst sah die neue Mandatsverteilung folgendermaßen aus:

Sozialdemokraten	14 (19)
Nationalsozialisten	10 (1)
Bürgerliche Mitte	7 (12)
Kommunisten	4 (1)

68 SChr. 2. 3. 1931. S. 2. SChr. 3. 3. 1931. S. 2.
69 SWa. 3. 3. 1931. S. 3.

Abb 1. Plakat der NSDAP-Hitlerbewegung bei der Nationalratswahl am 9. November 1930. (Landesarchiv Salzburg, Plakatarchiv)

Hitler-Richtung erzielten 3,73 Prozent, aufhorchen ließ vor allem ihr Ergebnis im Pinzgau mit 8,34 Prozent. In der Landeshauptstadt erreichte die NSDAP 4,4 Prozent.

Die Ergebnisse der Nationalratswahlen 1927 und 1930 im Bundesland Salzburg

Partei	1927	1930	Differenz
CS + GD	60,44		
CS		41,51	– 6,24
GD		12,69	
SD	32,10	29,98	– 2,12
LB	6,37	5,49	– 0,88
KP	0,27	0,61	+ 0,34
HB		5,69	+ 5,69
NSDAP		3,73	+ 3,73
Völkischer Block	0,49		
Ude-Partei	0,33		
Öst. Volkspartei		0,30	+ 0,30

Das Erstarken der nationalsozialistischen Hitlerpartei zeichnete sich in weiterer Folge deutlich ab. Am 8. Februar 1931, also nicht einmal zwei Monate vor den Gemeindewahlen in Salzburg, fand die Gemeindewahl in Klagenfurt statt. Die Nationalsozialisten erzielten ein beängstigendes Ergebnis von 21 Prozent und gewannen vier Mandate im Vergleich zur Gemeindewahl 1926. Christlichsoziale und Großdeutsche, die 1926 auf einer Einheitsliste kandidiert hatten, verloren 21,1 Prozent und acht Mandate. Die Sozialdemokraten erlitten leichte Verluste in der Höhe von 1,7 Prozent und wurden stärkste Partei. Die Wahlbeteiligung sank merkbar von 80 Prozent auf 71 Prozent.

Ergebnis der Gemeindewahl in Klagenfurt am 8. 2. 1931[70]

Partei	1926	1931	Differenz
SD	4318 (30,7 %) 11 M	4145 (29,0 %) 11 M	– 1,7 %
EL (CS+GD)	8109 (57,6 %) 21 M*		–21,1 %
CS		3559 (24,8 %) 9 M	
GD		1682 (11,7 %) 4 M	
NS	1210 (8,6 %) 3 M	3006 (21,0 %) 7 M	+12,4 %
StB+HB		1508 (10,5 %) 4 M	
KP	444 (3,2 %) 1 M	444 (3,1 %) 1 M	– 0,1 %
	14081 36 M	14344 36 M	

* Davon entfielen auf die Christlichsozialen 10 Mandate und auf die Großdeutschen 11 Mandate.

---

70 Vgl. SChr. 9. 2. 1931. S. 1.

Es war also für jeden zu bemerken: Die Nationalsozialisten Hitlers standen ante portas. Ihre guten Wahlergebnisse mussten zu ernster Besorgnis Anlass geben.

2.2. Die rechtlichen Grundlagen der Gemeindewahlen

Die rechtliche Grundlage für die Gemeindewahlen in Salzburg bildeten die Landesgesetze zur Ortsgemeindewahlordnung und die Wahlordnung zum Gemeinderat der Landeshauptstadt Salzburg.[71] Sie legten fest, dass die Gemeindevertretungen in allen Salzburger Gemeinden alle drei Jahre neu gewählt werden müssen. Die Wahlen wurden über Beschluss der Landesregierung vom Landeshauptmann ausgeschrieben.[72] Der Wahlvorschlag einer politischen Partei musste von einer bestimmten Anzahl von Wählern schriftlich unterstützt sein. Die Anzahl der notwendigen Unterstützungserklärungen richtete sich nach der Einwohnerzahl der jeweiligen Gemeinde[73]:

Bis 600 Einwohner	15 Unterstützungserklärungen
601 bis 1200 Einwohner	20 Unterstützungserklärungen
mehr als 1200 Einwohner	25 Unterstützungserklärungen

Die Anzahl der zu wählenden Gemeindevertreter in den einzelnen Gemeinden richtete sich ebenso nach der Einwohnerzahl[74]:

Bis 200 Einwohner	6 Gemeindevertreter
Von 201 bis 600 Einwohner	8 Gemeindevertreter
Von 601 bis 1200 Einwohner	12 Gemeindevertreter
Von 1201 bis 2500 Einwohner	18 Gemeindevertreter
Über 2500 Einwohner	24 Gemeindevertreter

In einer Vielzahl von vor allem kleineren Gemeinden war es Usus, keinen Wahlkampf zu führen und die Kandidaten nicht auf Parteilisten, sondern ad personam zu wählen. Dazu gab es die Möglichkeit der so genannten Mehrheitswahl.[75] Sofern in einer Gemeinde spätestens zwei Wochen vor dem Wahltag kein gültiger Wahlvorschlag eingebracht worden war, wurde eine Mehrheitswahl durchgeführt. Es wurden keine Parteien oder Listen gewählt, sondern der Wähler schrieb auf den Stimmzettel die Namen von Personen, die

---

71 LGBl. Nr. 45 /1922.
72 Vgl. § 32 Abs. 1.
73 Vgl. § 23 Abs. 3.
74 Vgl. § 21 Abs. 3.
75 Vgl. § 50, § 51 und § 52.

er als Mitglied bzw. Ersatzmitglied in der Gemeindevertretung wünschte. Es konnten höchsten so viele Namen genannt werden wie in die Gemeindevertretung zu wählen waren. Je nach der Anzahl der Nennungen wurden die genannten Personen gereiht und zogen in den Gemeinderat ein. Die große Zahl von Mehrheitswahlen macht eine nachträgliche Analyse des gesamten Wahlergebnisses deshalb sehr schwierig, weil es unmöglich ist, die einzelnen auf diese Weise gewählten Gemeindevertreter einer bestimmten politischen Richtung zuzuordnen. Es ist zum Beispiel durchaus möglich, dass einige den Nationalsozialisten nahe stehende Personen in Gemeindevertretungen gewählt wurden, ohne dass diese Zuordnung amtlich bekannt war.

Die Wahlordnungen spielten vor den Gemeindewahlen noch eine aktuelle politische Rolle im Salzburger Landtag. Im Dezember 1930 lagen nämlich dem Landesparlament Novellen zur Ortsgemeindewahlordnung, zur Wahlordnung für die Stadt Salzburg und der Landtagswahlordnung zur Beratung und Beschlussfassung vor[76], denn die 2. Novelle der österreichischen Bundesverfassung hatte Auswirkungen auf die Landesverfassungen gebracht, die angeglichen werden mussten.

Das neue Wahlrecht brachte das aktive Wahlrecht für all jene, die das 21. Lebensjahr vollendet hatten und das passive Wahlrecht für jene, die vor dem 1. Jänner des Wahljahres das 29. Lebensjahr überschritten hatten. Damit wurde das passive Wahlalter von 24 auf 29 Jahre hinaufgesetzt.[77] Außerdem wurden die Wahlkarten eingeführt.

Ein politischer Streit entbrannte um die in der Bundesverfassung nun vorgesehene Möglichkeit der Ausschließung von der Wahl in eine Gemeindevertretung. Dies sollte Personen betreffen, die sich noch nicht ein Jahr in der betreffenden Gemeinde aufhielten und deren Aufenthalt offensichtlich nur vorübergehend war. Der Hintergrund war, dass in manchen kleinen Landgemeinden, in denen Großbauprojekte durchgeführt wurden, zahlreiche fremde Arbeiter beschäftigt waren, die Vertreter aus ihren eigenen Reihen in die Gemeindestube wählen konnten. Das prominenteste Beispiel war die Gemeinde Fusch, wo sich im Zuge der Errichtung der Großglockner-Hochalpenstraße viele nicht einheimische Arbeiter aufhielten. Vor allem die Christlichsozialen befürchteten dadurch eine »Überfremdung« und eine Stärkung der Sozialdemokraten bei den bevorstehenden Gemeindewahlen. Die Gemeinde Fusch hatte unter normalen Umständen rund 300 Wahlberechtigte. Bei der Nationalratswahl im November 1930 hatte es schon 406 Wahlberechtigte gegeben, dazu waren noch 167 Wahlkarten gekommen.

Die Sozialdemokraten wehrten sich gegen eine generelle Einschränkung des Wahlrechtes, anerkannten aber, dass man in Einzelfällen, wie etwa in Fusch, wo die Gefahr

---

76 Vgl. Verhandlungen des Salzburger Landtages. 4. Session der 3. Wahlperiode 1930/31. 5. Sitzung am 10. 12. 1930. S. 258–261.
77 Vgl. SVBl. 7. 3. 1931. S. 14.
78 Vgl. Verhandlungen des Salzburger Landtages. 4. Session der 3. Wahlperiode 1930/31. 7. Sitzung am 19. 12. 1930. S. 464–476.

einer Überfremdung« bestand, Ausnahmen schaffen sollte. Das sollte jeweils durch eine gesonderte gesetzliche Regelung für einzelne Gemeinden geschehen. Nach mehreren Zwischenberatungen stellten die Sozialdemokraten fest, dass es ihnen gelungen sei, die Anpassung an die Bundesverfassung so zu gestalten, dass es für das Land Salzburg »nicht so schädlich ist«. Die Änderung der Landesverfassung wurde schließlich einstimmig beschlossen.[78]

Gleich nach den Gemeindewahlen, schon am 1. April, richtete Landeshauptmann Dr. Rehrl an alle Gemeindevertretungen auf Grund eines Landtagsbeschlusses vom 19. Dezember 1930 die schriftliche Anfrage, was sie von einer Verlängerung der Funktionsperiode der Gemeindevertretungen von drei auf vier Jahre hielten.[79] Das Ergebnis ist nicht bekannt, es wurde auch nicht mehr relevant, weil neun Jahre lang in Salzburg keine Gemeindewahlen mehr durchgeführt wurden.

2.3. Das Parteienangebot – nur in 60 Prozent der Gemeinden hatte man eine Auswahl

Politische Wahlen bieten nach den allgemein geltenden Wahlrechtsgrundsätzen der Wählerschaft die Möglichkeit der Stimmabgabe für eines von mehreren, miteinander konkurrierenden Parteiangeboten. Politische Wahlen auf der Basis der allgemeinen, gleichen, geheimen und direkten Stimmabgabe sind »das umfassendste politische Beteiligungselement, mit dem in demokratischen Systemen die Herrschaftszuweisung auf Zeit erfolgt und damit der zentrale Legitimationsmechanismus dieser politischen Ordnungsform.«[80] Eine wesentliche Voraussetzung für Wahlen im herkömmlichen Sinne ist also die Kandidatur von mindestens zwei unterschiedlichen, konkurrierenden politischen Gruppierungen, um den Wählern eine echte Wahlmöglichkeit zu bieten. Wie sah das Angebot für die Wähler bei den Gemeindewahlen in Salzburg Anfang der Dreißigerjahre aus? Es gab folgende Kategorien von Angeboten:

1. *Die Mehrheitswahl*: Die landesgesetzlichen Bestimmungen erlaubten es, dass in einer Gemeinde gar keine Parteienliste eingebracht wurde und die Wähler die Möglichkeit hatten, einfach Namen von Personen, die sie im Gemeinderat sehen wollten, auf einen Stimmzettel zu schreiben. Gewählt waren die, die die meisten Nennungen erhielten. Keine Listenwahl, sondern eine Persönlichkeitswahl in reinster Form, sofern sie als solche gedacht war. Wenn in einem Land in 46 von 156 Landgemeinden, also in rund

---

79 Vgl. Salzburger Landesarchiv. B.H. Zell am See/1931. J/6–11/K/1+2.
80 Bettina Westle: Wahlen. In: Axel Görlitz, Rainer Prätorius (Hg.): Handbuch Politikwissenschaft. Grundlagen – Forschungsstand – Perspektiven. Reinbek bei Hamburg. 1987. S. 624.

30 Prozent der Gemeinden, von der Möglichkeit dieser Mehrheitswahl Gebrauch gemacht wird, so ist dies ein beträchtlicher Anteil. Die Zahl der Gemeinden mit Mehrheitswahl war im Vergleich zu den Gemeindewahlen 1928 um vier angestiegen.

2. *Die Einheitslisten:* In drei Gemeinden des Landes, nämlich in Kuchl, Kaprun und Wald, fanden sich *alle* Parteien zu einer gemeinsamen Liste zusammen und nur diese Liste kandidierte. In diese Listen waren auch Vertreter der (sozialdemokratischen) Arbeiterschaft integriert. Sie waren damit eine ungewöhnliche Form der Konsenspolitik. Bei der Gemeindewahl 1928 gab es nur eine Gemeinde, nämlich Kuchl, mit einer Einheitsliste.

3. *Nur eine Partei kandidiert:* Das demokratische Auswahlangebot war in jenen Gemeinden nicht gegeben, in denen nur eine Partei kandidierte. Dies war in 14 Gemeinden der Fall. Es waren überwiegend Wirtschaftsparteien, die als einzige eine Liste einbrachten. In einigen Gemeinden war es nur die Christlichsoziale Partei, die als einzige Partei kandidierte. Die Zahl der Gemeinden, in denen nur eine einzige Partei kandidierte, sank im Vergleich zur Gemeindewahl 1928 mit 28 auf die Hälfte.

4. *Zwei Parteien kandidieren:* Das »demokratische Mindestangebot« bei Wahlen besteht aus zwei kandidierenden Parteien. Dies war 1931 in 51 Gemeinden der Fall, 1928 in 65 Gemeinden. In den überwiegenden Fällen handelte es sich um folgende Konstellation: Entweder eine Wirtschaftspartei oder die Christlichsoziale Partei kandidierte gegen die Sozialdemokratische Partei.

5. *Mehr als zwei Parteien kandidieren:* Die Zahl jener Gemeinden, in denen mehr als zwei Parteien Listen einbrachten, stieg im Vergleich zu 1928 von 20 auf 42. Dazu trug wesentlich bei, dass neben den beiden traditionellen Lagern, dem bürgerlichen und dem sozialdemokratischen Lager nun in einigen Gemeinden erstmals die Hitler-Nationalsozialisten kandidierten.

Das Parteienangebot bei den Gemeindewahlen 1928 und 1931 im Vergleich (in Klammer die Zahlen von 1928)

	Flachgau	Tennengau	Pongau	Pinzgau	Lungau	Gesamt
Mehrheitswahl	10 (10)	1 (1)	13 (13)	5 (4)	17 (14)	46 (42)
Einheitsliste	–	1 (1)	–	2 –	–	3 (1)
Eine Partei	5 (6)	3 (5)	2 (3)	1 (6)	3 (8)	14 (28)
Zwei Parteien	17 (20)	8 (8)	13 (13)	10 (21)	3 (3)	51 (65)
Mehr als zwei P.	12 (8)	3 (1)	8 (7)	17 (4)	2 –	42 (20)

Zählt man nun die Zahl der Gemeinden mit einem echten demokratischen Auswahlangebot an Parteien zusammen, also jene mit zwei oder mehr kandidierenden Parteien, so kommt man 1931 auf 93 Gemeinden, das sind 59,6 Prozent. 1928 waren es 85 Gemeinden bzw. 54,4 Prozent. Addiert man die Gemeinden mit einer Einheitsliste und jene mit nur einer einzigen kandidierenden Partei, so weisen 17 Gemeinden oder 10,9 Prozent kein ausreichendes demokratisches Auswahlangebot für die Wähler auf. Die Gemeinden mit Mehrheitswahl bieten dem Wähler zwar nicht die Auswahl an Parteien, aber immerhin die Möglichkeit, selbst Personen für den Gemeinderat auszuwählen. Man kann also zusammenfassend festhalten, dass bei den Gemeindewahlen 1931 nur in 60 Prozent der Salzburger Landgemeinden ein ausreichendes demokratisches Auswahlangebot an Parteien für die Wähler vorhanden war. Immerhin aber war dieses Angebot im Vergleich zu 1928 um fünf Prozent höher.

Ganz anders sieht natürlich das Ergebnis aus, wenn man die Frage stellt, wie hoch der Anteil der Gesamtwahlberechtigten war, der kein ausreichendes Parteienauswahlangebot hatte. 10,4 Prozent aller Wahlberechtigten waren in Gemeinden zu Hause, in denen die Mehrheitswahl durchgeführt wurde, nur 7,1 Prozent aller Wahlberechtigten hatten nicht die Möglichkeit zwischen mehreren Parteien auszuwählen. Das bedeutet, dass 82,5 Prozent aller Wahlberechtigten unter zwei oder mehr Parteien wählen konnten. Insofern hält sich das demokratiepolitische Defizit, was das Auswahlangebot betrifft, in Grenzen.

3.
Der Wahlkampf in den Landgemeinden

Generell kann festgestellt werden, dass bei den Gemeindewahlen kein so intensiver Wahlkampf geführt wurde wie etwa bei Nationalrats- oder Landtagswahlen. Die Last des Wahlkampfes lag in erster Linie bei den Kandidaten auf Gemeindeebene, wiewohl aber in den größeren Gemeinden durchaus Landespolitiker und auch Bundespolitiker oder auch Politiker aus Deutschland als Referenten bei den Versammlungen eingesetzt wurden. Mit Ausnahme der Hitler-Nationalsozialisten, »die zum Generalsturm« bliesen, »haben sich die Parteien hauptsächlich in Besprechungen und kleineren Zirkeln mit ihren Wählern auseinandergesetzt.«[81] Das galt nicht überall: In politisch wild umkämpften Gemeinden, wie in der Stadt Salzburg und in Hallein, z. T. auch in Zell am See und in Badgastein, gab es manchmal heftige Auseinandersetzungen bei politischen Veranstaltungen, die nicht selten in Handgreiflichkeiten endeten. In Hallein kam es zwischen den Hitlerleuten und den Kommunisten immer wieder zu tätlichen Auseinandersetzungen.

3.1. Der Wahlkampf der Christlichsozialen Partei – Verteidigung in alle Richtungen

Die Christlichsoziale Partei Salzburgs war – wie Ernst Hanisch in einer Studie feststellt – zwar als *Massenpartei* gegründet worden, gehörte aber wegen ihrer schlechten Durchorganisierung eher zum Typus einer *Wählerpartei*.[82] Die entscheidende Rolle spielten die christlichsozialen Teilorganisationen und unter ihnen wieder ganz besonders der Katholische Bauernbund. Von allen Parteien in der Ersten Republik entsprach die Christlichsoziale Partei am ehesten dem Typus einer Volkspartei, indem sie versuchte, Bauern, Gewerbetreibende, Arbeiter zu integrieren. Dies gelang in Wirklichkeit nur bei den Bauern und Gewerbetreibenden, Arbeiter und Frauen blieben nur schwach vertreten. Politisch, ökonomisch und organisatorisch hatte der Bauernbund das größte Gewicht in der Partei. Die Partei selbst war auf Bezirks- und Ortsebene nur schlecht durchorganisiert und auf die Organisation vor allem des Bauernbundes und der Katholischen Frauenbewegung sowie auf die katholische Kirche angewiesen. Die Parteieliten auf der Landesebene waren deutlich vom Bauernbund, von den Gewerbetreibenden, vom öffentlichen Dienst

---
81 SChr. 21. 3. 1931. S. 4.
82 Vgl. Ernst Hanisch: Die Christlich-soziale Partei für das Land Salzburg 1918–1934. In: Mitteilungen der Gesellschaft für Salzburger Landeskunde. 124. Vereinsjahr. Salzburg 1984. S. 480.

und von den Priestern geprägt.[83] Auf der Ortsebene war die Dominanz des Bauernbundes – wie wir noch sehen werden – noch erdrückender. Der Bauernbund, der fest im katholischen Milieu verankert war, verfügte über das dichteste und schlagkräftigste organisatorische Netz in der Christlichsozialen Partei. Obwohl es auf der dörflichen Ebene zwischen dem Katholischen Bauernbund und seiner politischen Konkurrenz, dem Freiheitlichen Bauernbund bzw. dem Landbund oft zu heftigen Konfrontationen kam, fand man sich in der gemeinsamen Kandidatur in den »Wirtschaftsparteien«, um den sozialdemokratischen Marsch ins Dorf zu verhindern, was auch überwiegend gelang. Aber trotz aller Vereinigungsbemühungen blieben beide Seiten ihrem angestammten Lager, dem agrarisch-christlichsozialen und dem deutschnationalen, verbunden. Es gab also zwar zwei Säulen, bürgerlich und sozialdemokratisch, aber drei Lager: christlichsozial, deutschnational und sozialdemokratisch.[84]

Als Folge der schweren Agrardepression am Ende der Zwanzigerjahre schwand die Integration des Katholischen Bauernbundes. Ein dramatischer Preisverfall bei Vieh, Milch- und Fleischprodukten und beim Holz traf die Bauern, eine Kerngruppe der Christlichsozialen, geradezu existentiell. Allein im Pongau reduzierte sich zwischen 1930 und 1934 die Anzahl der Landwirtschaften um 43 Prozent, was viele zusätzliche Arbeitslose zur Folge hatte.[85] Eine unabhängige Bauernbewegung um Jörg Steinbacher aus St. Martin am Tennengebirge entstand, die bäuerliche Bevölkerung wurde stark radikalisiert und die Nationalsozialisten nützten die Agrarkrise in einer geschickten und aggressiven Propaganda.[86]

Die Christlichsoziale Partei sah sich den Angriffen aller anderen Parteien ausgesetzt. Sie betonte immer wieder, dass sie sich dadurch nicht beirren lassen wolle und einen ruhigen Wahlkampf führen wolle.

Mit Jahresbeginn 1931, also mit Beginn der Wahlvorbereitungen, gab es in der Christlichsozialen Partei eine organisatorische und eine personelle Veränderung. Landesparteisekretär Josef Hackl beendete seine Tätigkeit in der Partei und wurde Leiter der amtlichen Nachrichtenstelle des Landes. Sein Nachfolger wurde der bisherige Stadtparteisekretär Gemeinderat Heinrich Seibert. Gleichzeitig wurde das Stadtparteisekretariat mit dem Landesparteisekretariat im Haus Kapitelplatz 7, 1. Stock, zusammenge-

---

83 Vgl. Ernst Hanisch: Die Christlich-soziale Partei für das Land Salzburg 1918–1934. S. 481 f.
84 Vgl. Ernst Hanisch: Die Politik und die Landwirtschaft. In: Ernst Bruckmüller, Ernst Hanisch, Roman Sandgruber, Norbert Weigl: Geschichte der österreichischen Land- und Forstwirtschaft im 20. Jahrhundert. Wien 2002. S. 103.
85 Vgl. Fritz Hörmann (Hrsg.): Chronik Bischofshofen. Vom Markt zur Stadt. Band II. Bischofshofen 2001. S. 160. Vgl. auch Siegfried Mattl: Krise und sozialer Protest. Die Widerstandshandlungen österreichischer Bauern gegen das behördliche Exekutionssystem in den Jahren 1931 bis 1933. In: Zeitgeschichte. Jänner/Februar 1993. Heft 1/2. S. 3. Ebenso Roland Floimair (Hrsg.): Von der Monarchie zum Anschluß. Ein Lesebuch zur Geschichte Salzburgs. Salzburg 1993. S. 204.
86 Vgl. Ernst Hanisch: Die Christlich-soziale Partei für das Land Salzburg 1918–1934. S. 491.

legt. Heinrich Seibert führte jetzt organisatorisch sowohl die Landes- als auch die Stadtpartei. Sowohl aus Gründen der Effizienz als auch der Sparsamkeit dürfte diese Maßnahme gesetzt worden sein.[87]

Im Februar und Anfang März wurden die alljährlichen christlichsozialen Gauparteitage abgehalten, wobei Landesparteiobmann Dr. Ramek und Parteisekretär Seibert die Referate hielten.[88] Neben den aktuellen bundespolitischen Themen spielten dabei natürlich die Gemeindewahlen die wichtigste Rolle. Zum Abschluss fand dann am 7. und 8. März der Landesparteitag der Christlichsozialen Partei im Landtagssitzungssaal statt. Landeshauptmann Dr. Franz Rehrl warnte in seiner Rede davor, die Nationalsozialisten zu unterschätzen: »Die Partei dürfe nicht übersehen, daß ein neuer politischer Gegner, die *Nationalsozialisten*, auf den Plan trete, in vieler Beziehung allerdings verwandt zum Heimatblock. Man täusche sich nicht über diese Bewegung hinweg. Es sei zu beachten, daß sehr viele ideale junge Menschen dieser Bewegung nachlaufen, die es bisher eben sehr gut verstanden hat, die *letzten Triebkräfte* und Ziele zu verstecken. Für die christlichsoziale Partei, die ihre sozial ausgleichende Tätigkeit hochgebracht hat, kommt es darauf an, das *Parteiideal wider allen Schlagworten in klarer Deutlichkeit entgegenzustellen, möge diese von welcher Seite immer kommen.*«[89]

Vorfeldorganisationen und Teilorganisationen wurden mobilisiert. So hielt die Christliche Arbeiter- und Angestelltenschaft am 22. März eine Versammlung im Kurhaus ab, bei der Nationalratspräsident Dr. Rudolf Ramek und Nationalratsabgeordneter Dr. Karl Drexel aus Vorarlberg als Referenten auftraten. Dr. Drexel verwies dabei auf die große Gefahr der Radikalisierung der linken und rechten politischen Kräfte durch die Weltwirtschaftskrise und die Aussichtslosigkeit im Zusammenhang mit der Arbeitslosigkeit. »Daß die Gefahr der Radikalisierung der Massen nicht unterschätzt werden darf, zeigt die Hitlerbewegung im Reiche draußen«, warnte er die Versammlungsteilnehmer.[90]

Ebenso hielten der Katholische Arbeiterverein, der Katholische Bauernbund und die Katholische Frauenorganisation im ganzen Land Versammlungen ab, in deren Mittelpunkt die Gemeindewahlen standen.

Die Werbung wurde auf das unbedingt Notwendige reduziert. Man legte sogar Wert darauf, feststellen zu können, dass man kaum Wahlwerbung betreibe. In der umkämpften Stadt Hallein war die Christlichsoziale Partei stolz darauf, kein einziges Plakat affichiert und keine einzige Wählerversammlung abgehalten zu haben. In der Stadt Salzburg organisierten die Christlichsozialen keine einzige Großveranstaltung im Kurhaus und kamen mit nur einem Plakat aus.[91]

---

87 Vgl. SChr. 2. 1. 1931. S. 4.
88 Vgl. SChr. 4. 3. 1931. S. 4.
89 SChr. 9. 3. 1931. S. 1.
90 SChr. 23. 3. 1931. S. 3
91 Vgl. SChr. 1. 4. 1931. S. 2, SChr. 2. 4. 1931. S. 3.

Überall im Land bemühte man sich, nach Möglichkeit mehr rein christlichsoziale Listen aufzustellen als bisher. »Immer mehr kommt es unseren Freunden zum Bewußtsein, daß es nicht bloß der Partei, sondern vor allem auch der Gemeindeverwaltung von Nutzen ist, überzeugte und tatkräftige, positiv christlich eingestellte Vertreter in die Gemeinde zu entsenden. Auch bei den anderen Parteien scheint sich immer mehr die Überzeugung zu festigen, daß es gerade im Kampf gegen die Sozialdemokratie besser ist, mit reinen Parteilisten in den Wahlkampf zu treten und so auch den letzten Mann zur Urne heranzuholen.«[92] Denn: »Die antiklerikale, eigentumsfeindliche, zentralistische Sozialdemokratie blieb das Feindbild ... das Bild der gottlosen Sozialdemokraten blieb festgezurrt.«[93]

Obwohl sich die Christlichsoziale Partei an zahlreichen Wirtschaftslisten beteiligte, wurden diese auch kritisch betrachtet, indem im Zusammenhang mit der Kandidatenaufstellung den anderen bürgerlichen Gruppierungen vorgeworfen wurde, es fehle nicht an Versuchen, »die verhaßten Christlichsozialen übers Ohr zu hauen.«[94] Dies sei aber durchwegs misslungen. Die Christlichsoziale Partei bemühte sich, auf ihren Kandidatenlisten möglichst alle Stände und Berufsgruppen vertreten zu haben und »so die ganze bodenständige Bevölkerung für die früher wohl oft ein wenig beiseitengesetzte Gemeindeverwaltung zu interessieren.«[95]

Bei den Christlichsozialen machte sich nach den Wahlen eine gewisse Skepsis gegenüber diesen Wahlbündnissen bemerkbar. Man hatte offenbar vor allem mit den Großdeutschen in manchen Gemeinden keine besonders guten Erfahrungen mit diesen gemeinsamen Listen gemacht: »Obwohl man gerade in freisinnigen Versammlungen immer wieder von der Notwendigkeit der Entpolitisierung der Gemeindevertretungen spricht, obwohl die freisinnige Presse immer wieder davon schreibt, so gibt uns doch auch dieser Wahlkampf wieder die Lehre, dass die Christlichsozialen gut daran tun, jedes mehr oder minder unnatürliche Bündnis zu Wahlzwecken mit dem bürgerlichen Freisinn aufzugeben ... In vielen Fällen, wo in einzelnen Orten die Christlichsozialen mit dem Freisinn ein Wahlbündnis schlossen, haben wir es aus dem Pflichtgefühl heraus getan: vor allem gegen den Marxismus und für die bürgerliche Gesellschaft.«[96]

Es taucht also immer wieder auf: Man machte zwar mit den Deutschnationalen keine guten Erfahrungen, aber um die Sozialdemokratie zu verhindern, nahm man dies in Kauf.

Wie aber schaut der Erfolg dieser Bemühungen um mehr eigene christlichsoziale Listen in der Realität tatsächlich aus? Im Jahr 1928 kandidierte die Christlichsoziale Partei

---

92 SChr. 14. 3. 1931. S. 5.
93 Ernst Hanisch: Die Politik und die Landwirtschaft. S. 30.
94 SChr. 14. 3. 1931. S. 5.
95 SChr. 14. 3. 1931. S. 5.
96 SChr. 2. 4. 1931. S. 3.

in 40 Gemeinden auf einer eigenen Liste, bei den Gemeindewahlen 1931 in 41 Gemeinden, d. h. in Summe in einer Gemeinde mehr. Damit kandidierte die Christlichsoziale Partei beide Male in etwa einem Viertel der Gemeinden selbstständig. Allerdings wechselten die Gemeinden: In zehn Gemeinden, in denen sie 1928 kandidiert hatte, beteiligte sich die Christlichsoziale Partei nun an einer Wirtschaftspartei (sechs Gemeinden) bzw. wurde eine Mehrheitswahl durchgeführt (vier Gemeinden). In dreizehn Gemeinden kandidierten die Christlichsozialen 1931 neu auf einer eigenen Liste. In sechs Gemeinden davon trennte sie sich von einer Wirtschaftspartei, in der weiter die nationalen Gruppierungen kandidierten. In sieben Gemeinden lösten sich die Wirtschaftsparteien nach der selbstständigen Kandidatur der Christlichsozialen auf, in vier davon, nämlich in Bruck, Leogang, Mittersill-Markt und Taxenbach, kandidierte die Hitlerpartei. Es fällt auf, dass in sieben der dreizehn Gemeinden, in denen eine eigene christlichsoziale Liste aufgestellt wurde, die Hitler-Nationalsozialisten erstmals kandidierten. Es sind dies die Gemeinden Maxglan, Dürnberg, Alm, Bruck, Leogang, Mittersill-Markt und Taxenbach. Es kann angenommen werden, dass in diesen Fällen die Kandidatur der Christlichsozialen Partei nicht nur als Abwehrmaßnahme gegen die Sozialdemokraten, sondern auch gegen die Hitler-Nationalsozialisten angesehen werden kann.

Sehr offen werden in der Salzburger Chronik die Gründe für die verschiedenen Kandidaturen der Christlichsozialen Partei dargelegt: »Sie glaubten es nicht verantworten zu können, dass die ›Bürgerlichen‹ auf der freisinnigen Seite vielleicht das eine oder andere Mandat verlören. Hie und da mag wohl auch ein wenig Furcht um den eigenen Besitzstand mitgewirkt haben.« Und zur Kandidatur auf einer eigenen christlichsozialen Liste: »Wo aber Sozialdemokraten, Hitlerleute und manchmal auch der gewisse radikale Antiklerikalismus in den Wahlkampf eintreten, ist es besser, sich auf die *eigene Kraft* zu verlassen und diesen Kampf aufzunehmen.«[97]

Trotz allem ist es unverständlich, dass die Christlichsoziale Partei nicht in mehr Gemeinden eigenständig kandidiert hat, der Erfolg in einer großen Zahl von Gemeinden wäre ihr gewiss gewesen. Nimmt man nur die einzelnen Gemeindeergebnisse von der Nationalratswahl 1930, bei der die Christlichsoziale Partei eines ihrer schlechtesten Ergebnisse erzielte, zum Vergleich, so sieht man, dass in einer Vielzahl von Gemeinden, in denen eine Mehrheitswahl durchgeführt wurde, eine Einheits- oder Wirtschaftsliste kandidierte, die Christlichsoziale Partei bei einer eigenen Kandidatur höchstwahrscheinlich Erfolg gehabt hätte.

In 42 von jenen 47 Gemeinden, in denen auf eine Kandidatur verzichtet und eine Mehrheitswahl durchgeführt wurde, erzielte die Christlichsoziale Partei bei der Nationalratswahl die absolute Mehrheit, in 30 davon mit über 70 Prozent. Es kann davon ausgegangen werden, dass die Christlichsozialen auch bei den Gemeindewahlen in diesen Gemeinden eine klare Mehrheit erreicht hätten. In Seeham, Kleinarl, St. Martin bei Lo-

---

[97] SChr. 2. 4. 1931. S. 3.

fer und Unken erreichte die Christlichsoziale Partei 1930 eine deutliche relative Mehrheit, nur in Lofer wurde sie vom Schober-Block um 1,5 Prozentpunkte überrundet. In keiner dieser Gemeinden hätte im übrigen die Sozialdemokratische Partei mit dem Nationalratswahlergebnis die Chance gehabt, den Bürgermeister zu stellen.

Auch in Kuchl und Wald, wo Einheitslisten kandidierten, erzielte die Christlichsoziale Partei klare absolute Mehrheiten, sodass sie ohne Sorge auf einer eigenen Parteiliste kandidieren hätte können. In Kaprun war die Parteienlandschaft sehr aufgesplittert, aber auch hier hatte die Christlichsoziale Partei bei der Nationalratswahl eine klare relative Mehrheit.

Etwas anders stellt sich die Situation bei den Wirtschaftsparteien dar. In 63 Gemeinden kandidierten diese Wirtschaftslisten, an denen auch die Christlichsozialen beteiligt waren. Von diesen Gemeinden erzielte die Christlichsoziale Partei bei der Nationalratswahl 1930 in 36 Gemeinden die absolute Mehrheit. Nur in wenigen Gemeinden wurde sie nicht stimmenstärkste Partei. In Grödig, Morzg, Oberalm und Werfen-Land wären möglicherweise die bürgerlichen Bürgermeister nicht zu halten gewesen, wenn es nicht eine Bündelung der bürgerlichen Kräfte in einer Wirtschaftspartei gegeben hätte.

Um der Spekulation freien Lauf zu lassen: nimmt man den ohnehin schon niedrigen Level der Nationalratswahl 1930 zur Grundlage, hätte die Christlichsoziale Partei bei einer eigenen Kandidatur in weiteren rund 80 Gemeinden so erfolgreich abgeschnitten, dass ihr jedenfalls der Bürgermeister sicher gewesen wäre. Das hätte sicher für die Christlichsoziale Partei insgesamt ein besseres Bild gegeben und wäre auch demokratiepolitisch »hygienischer« gewesen.

3.2. Die »Wirtschaftsparteien« – ungeliebte Waffe gegen die Sozialdemokratie

Trotz der Tatsache, dass in Salzburg – legt man die Demokratiemodelle von Arend Lijphart[98] zugrunde – ein ausgeprägtes Konsensmodell zwischen Christlichsozialen und Sozialdemokratischen Parteieliten bei stark fragmentierter Parteibasis galt, gab es doch immer wieder Versuche, dieses Kompromissverhalten durch die Bildung eines »Bürgerblockes« zu unterlaufen. Schon in den Heimwehren fanden sich Christlichsoziale, Landbund, Großdeutsche und frühe Nationalsozialisten zusammen. Der Höhepunkt dieser Bestrebungen war die gemeinsame Kandidatur von Christlichsozialen, Freiheitlichem Salzburger Bauernbund und Nationalsozialisten in einer »Christlich-nationalen Wahlgemeinschaft« für die Landtagswahl am 9. April 1922. Die Großdeutschen bezeichneten

---

98 Arend Lijphart: Democracy in Plural Societies. A Comparative Exploration. New Haven, London 1977.
99 Vgl. Richard Voithofer: Drum schließt Euch frisch an Deutschland an … Die Großdeutsche Volkspartei in Salzburg 1920–1936. Wien, Köln, Weimar 2000. S. 193.

dieses Zusammengehen als »Unzucht wider die Natur« und kandidierten auf einer eigenen Liste.[99] Weitere Versuche, auf Landesebene und in der Stadt Salzburg gemeinsame Listen aufzustellen, scheiterten, bei der Nationalratswahl 1927 gelang allerdings eine »Salzburger Einheitsliste« von Christlichsozialen und Großdeutschen.[100] Die christlichsozial-nationalen Bündnisse waren nie geliebt, schon gar nicht bei Landeshauptmann Franz Rehrl, der den Konsens mit den Sozialdemokraten pflegte[101], sondern bestenfalls Zweckbündnisse.

Andererseits war die Parteibasis wesentlich konfliktorientierter als die Parteieliten, was in der Bildung von christlich-nationalen Wahlgemeinschaften gegen die Sozialdemokratie auf der Gemeindeebene zum Ausdruck kam. Es kam, oftmals nach schwierigen Verhandlungen über die Zusammensetzung der Listen, in vielen Gemeinden zur Bildung von christlichsozial-deutschnationalen »Wirtschaftsparteien« in verschiedenen Konstellationen, um den Vormarsch der Sozialdemokratie in die Dörfer zu verhindern.

Diese so genannten Wirtschaftsparteien zeigten auch bei der Gemeindewahl 1931 in Salzburg ein ziemlich inhomogenes Bild. Oftmals kandidierten sogar mehrere solcher Parteien in einer Gemeinde: christliche, nationale, christlich-nationale, großdeutsch-nationalsozialistische Wirtschaftsparteien, Ständelisten oder, wie immer sie sich nannten. Eine genaue Zusammensetzung der einzelnen Wirtschaftsparteien ist auf Grund des vorliegenden Datenmaterials sehr schwer feststellbar. Vor allem lässt sich nur in den seltensten Fällen nachvollziehen, wie die interne Kandidatenaufteilung aussah. Jedenfalls gab es sehr unterschiedliche Kombinationen und interne Stärkeverhältnisse. Man kann aber davon ausgehen, dass die Christlichsoziale Partei dort, wo sie nicht auf einer eigenen Liste kandidierte, ihre Kandidaten auf der Wirtschaftsliste platzierte und diese in den meisten Fällen auch klar dominierte. In den verschiedensten Variationen koalierten die Christlichsozialen auf den Wirtschaftsparteilisten mit dem Landbund, den Großdeutschen, anderen nationalen bzw. freisinnigen Gruppierungen oder dem Stände- bzw. Heimatblock. Auf diese Weise kommt man auf 63 Gemeinden, wo eine Wirtschaftspartei, bestehend aus Christlichsozialen und deutschnationalen, freiheitlichen Gruppierungen, kandidierte. Konkret feststellen lassen sich jene Gemeinden, in denen Wirtschaftsparteien nur aus den freiheitlich-nationalen Gruppierungen bestanden und die Christlichsoziale Partei auf einer eigenen Liste kandidierte. Es sind dies 15 Gemeinden. In drei Gemeinden, nämlich in Hofgastein-Markt, in Strobl und in Neumarkt, waren in der Wirtschaftspartei deutschnationale Gruppen und Hitler-Nationalsozialisten gemeinsam vertreten. In einer einzigen Gemeinde, nämlich in Maishofen, kandidierten auf der Wirtschaftliste Christlichsoziale, Großdeutsche und Hitler-Nationalsozialisten gemeinsam.

---

100 Vgl. Richard Voithofer: Drum schließt Euch frisch an Deutschland an … S. 255 f.
101 Vgl. Helmut Schreiner : Franz Rehrl im Salzburger Landtag. In: Wolfgang Huber (Hrsg.): Franz Rehrl. Landeshauptmann von Salzburg 1922–1938. Salzburg 1975. S. 93–106.

Damit gibt sich für die Zusammensetzung der Wirtschaftsparteien folgende Übersicht:

Christlichsoziale, Deutschnationale, Landbund, Ständebund, Heimatblock u. ä. in allen Variationen:	63
Nur deutschnational-freiheitliche Gruppierungen in verschiedensten Variationen:	14
Deutschnational-Freiheitliche gemeinsam mit Hitler-Nationalsozialisten:	3
Christlichsoziale, Deutschnationale und Hitler-Nationalsozialisten:	1

Wie weit diese Listen, auf denen Kandidaten der Christlichsozialen, Großdeutschen, des Landbundes, vereinzelt auch der Nationalsozialisten und der Heimwehren gemeinsam gegen »den Marxismus« kandidierten, zu einer Senkung der Hemmschwelle gegenüber dem Nationalsozialismus führten, müsste in eigenen mikrohistorischen Wahlanalysen einzelner Gemeinden, die ausschließlich diesen Gruppen und ihrer Kandidatenzusammensetzung gelten, erforscht werden. Es ist im Rahmen dieser Arbeit nicht empirisch nachzuweisen, ob sich etwa innerhalb der nationalen Listenpartner »verkappte« nationalsozialistische Kandidaten befanden, die in weiterer Folge offen für den Nationalsozialismus auftraten. Die gesamte politische Konstellation lässt dies aber sehr wahrscheinlich erscheinen. Es ist daher nicht auszuschließen, dass diese kandidierenden Gruppierungen als Art Durchgangslager für Wähler vor allem aus dem deutschnational-bürgerlichen Lager zum Nationalsozialismus fungierten. Es konnte den Wählern wohl nur schwer erklärt werden, dass ehemalige »Listenpartner« in den Wirtschaftsparteien bei Gemeindewahlen plötzlich bei landesweiten Wahlen, bei denen die NSDAP als eigenständige Liste kandidierte, als besonders gefährlicher politischer Feind angesehen werden sollte.[102]

Jedenfalls kann man aber bei den Wirtschaftsparteien von einer Art Dachorganisation der bürgerlichen Gruppen sprechen, die keine grundsätzlichen Berührungsängste gegenüber den Nationalsozialisten hatten. In Werfen etwa, wo man sich bei der Gemeindewahl wieder auf eine Wirtschaftspartei einigte, hatte man die Hitlerpartei zur Beteiligung eingeladen und ein Mandat angeboten. Die Hitlerbewegung aber lehnte eine gemeinsame Kandidatur ab und stellte ihren Anhängern – nachdem sie selbst auf eine Kandidatur verzichtete – die Teilnahme an der Wahl frei.[103] Man sieht also auch hier wieder: die Nationalsozialisten verzichteten lieber auf eine Kandidatur, bevor sie in einer Listengemeinschaft mit anderen Parteien gingen.

Der sozialen Struktur der Menschen, die sich in den Wirtschaftsparteien engagierten, lässt sich durch die Analyse der (wenigen) Angaben in den Zeitungen über die Mitglieder des Gemeindevorstandes näher kommen. Die Zahlen sind nur bedingt aussagekräftig, da in den Zeitungen nur sehr sporadisch die Zusammensetzung der Gemeindevorstände angeführt werden und dabei auch nicht immer mit den Berufsangaben.

---

102 Vgl. Franz Schausberger: Ins Parlament, um es zu zerstören. Die Nationalsozialisten in den österreichischen Landtagen. Wien, Köln, Weimar 1995. S. 193.

Bezirk	I	II	III	IV	V	VI	VII	VIII	IX
Flachgau	14	1	5	1	–	–	–	1	1
Tennengau	7	2	1	1	–	–	–	–	–
Pongau	10	4	2	–	1	1	–	1	–
Pinzgau	7	–	2	–	–	1	–	–	–
Lungau	3	–	–	–	–	1	–	–	–
Gesamt	41	7	10	2	1	3	–	2	1

I = Landwirte; II = Gewerbetreibende; III = Gastwirte und Hoteliers; IV = Industrielle; V = Freiberufler; VI = Angehörige des öffentlichen Dienstes; VII = Arbeiter; VIII = Angestellter; IX = Sonstige

Es muss noch einmal darauf hingewiesen werden, dass diese Zahlen kein repräsentatives Ergebnis bringen, weil die bekannten Daten nur einen Bruchteil der Gesamtzahl der Gemeindevorstandsmitglieder ausmachen. Und trotzdem kann man einen eindeutigen Trend ablesen: Die politischen Eliten der Wirtschaftsparteien auf kommunaler Ebene werden klar aus dem Bereich der Landwirtschaft und der Wirtschaft rekrutiert. Die unselbstständig Erwerbstätigen sind eindeutig unterrepräsentiert. Unter den identifizierbaren Gemeindevorstandsmitgliedern scheint keine einzige Frau auf.

3.3. Der Wahlkampf der Sozialdemokraten – steiniger Weg in die Dörfer

Im Gegensatz zur Christlichsozialen Partei, die dem Typus der Wählerpartei entspricht, ist die Sozialdemokratische Partei eindeutig als Mitgliederpartei mit hohem Organisationsgrad zu klassifizieren. Die sozialdemokratische Organisationsdichte konzentrierte sich auf die industriellen Ballungsräume: Stadt Salzburg und ihre Umgebung mit den Gemeinden Gnigl/Itzling, Maxglan, im Tennengau die Stadt Hallein, im Pongau die Eisenbahnorte Bischofshofen und Schwarzach sowie die Bergbaugemeinden Mühlbach und Badgastein und im Pinzgau Lend und Saalfelden. In den stark agrarisch geprägten Gemeinden hatten die Sozialdemokraten keine Chance: im Lungau zählten sie 1929 ganze 44 Mitglieder.[104] Aber dort, wo die Sozialdemokratie stark war, baute sie ein nahezu alle Lebensbereiche umfassendes, eigenes Umfeld auf.

Die Hochburgen der Sozialdemokraten mit über 50 Prozent Stimmenanteil bei den Gemeindewahlen 1928 waren:

---

103 Vgl. SVBl. 24. 3. 1931. S. 4.
104 Vgl. Ernst Hanisch: Die Erste Republik. In: Heinz Dopsch, Hans Spatzenegger (Hrsg.): Geschichte Salzburgs. Stadt und Land. Band II. Neuzeit und Zeitgeschichte. 2. Teil. Salzburg 1988. S. 1078.

1. Lend	85,2 Prozent
2. Gnigl/Itzling	73,4 Prozent
3. Bischofshofen	65,6 Prozent
4. Hallein	60,5 Prozent
5. Mühlbach	57,7 Prozent
6. Schwarzach	57,5 Prozent
7. Maxglan	54,8 Prozent
8. Saalfelden-Markt	50,9 Prozent
9. Badgastein	50,8 Prozent

Damit war klar, dass Badgastein und Saalfelden-Markt zu den am härtesten umkämpften Gemeinden des Landes zählen würden. Dort ging es darum, die knappe absolute Mehrheit der Sozialdemokraten zu brechen und mit einer bürgerlichen Mehrheit einen bürgerlichen Bürgermeister zu installieren.

Für die Sozialdemokraten waren diese Gemeindewahlen von besonderer Bedeutung, standen sie doch im Zeichen der nationalsozialistischen Gefahr einerseits und der schweren Wirtschaftskrise andererseits, die beide die Arbeiterschaft besonders betrafen.

Die Sozialdemokraten versuchten vor allem die Frauen zu mobilisieren und veranstalteten dazu unzählige Frauentagsversammlungen im ganzen Land. Bei vielen davon sprach die Nationalratsabgeordnete Emmy Freundlich aus Wien als Gastreferentin. In zahlreichen Gemeinden wurden sozialdemokratische Frauentage durchgeführt. Bei einer Landes-Frauenkonferenz am 28. Februar 1931 sprach die Wiener Nationalratsabgeordnete Gabriele Proft, die die Frauen auf die entscheidende Bedeutung der Gemeindewahlen hinwies.[105] Am 19. März fand ein sozialdemokratischer Frauentag der Stadt Salzburg (im städtischen Kurhaus) statt, der wegen des schönen Wetters nicht besonders gut besucht war und bei dem Anna Witternigg und die Nationalratsabgeordnete und Gemeinderätin aus Wiener Neustadt, Marie Hautmann, als Hauptreferentinnen auftraten.[106]

Vor allem in jenen Gemeinden, wo die Sozialdemokraten nur eine kleine Minderheit darstellten, hatten sie gegen die Resignation der eigenen Wählerschaft zu kämpfen, die meinte, dass eine sozialdemokratische Stimme doch nichts ausrichten könne gegen die erdrückende Mehrheit der Bürgerlichen. Das Parteiorgan, die Salzburger Wacht, schrieb dazu: »Wenn auch eine sozialdemokratische Minderheit nicht in jedem Falle der Mehrheit Tun und Lassen diktieren kann, das hat sie sicherlich überall erreicht: Sie hat manche Not gemildert, manche Träne getrocknet. Freilich, Wunder wirken können die sozialdemokratischen Gemeinderatsmitglieder nicht, wie manche, die sich als ›Radikale‹ ansehen, in Wirklichkeit aber große Phantasten – oder unverbesserliche Krakehler und

---

105 Vgl. Josef Kaut: Der steinige Weg. Geschichte der sozialistischen Arbeiterbewegung im Land Salzburg. Salzburg 1982. S. 122 f. Ebenso SWa. 3. 3. 1931. S. 6.
106 Vgl. SWa. 20. 3. 1931. S. 5.

Raunzer sind, zu glauben scheinen.«[107] Damit waren wohl Kommunisten und Nationalsozialisten gemeint.

In 70 Gemeinden wurden keine sozialdemokratischen Listen aufgestellt: in 19 Gemeinden im Flachgau, in 16 Gemeinden im Pongau, in 14 Gemeinden im Pinzgau und in 21 Gemeinden im Lungau.[108] Das heißt, die Sozialdemokraten kandidierten in 86 Gemeinden.

Die Sozialdemokraten hielten in der Schlussphase des Wahlkampfes vom 13. März bis zum 28. März 1931 insgesamt 103 Wahlveranstaltungen in Stadt und Land Salzburg ab. Diese Wahlversammlungen teilten sich auf die Bezirke folgendermaßen auf[109]:

Stadt Salzburg	23
Flachgau	28
Tennengau	8
Pongau	24
Pinzgau	18
Lungau	2
Gesamt	103

Bei vielen dieser Versammlungen wurde ein von der sozialdemokratischen Landesparteiorganisation hergestellter Film mit dem Titel »Du und die Gemeinde« vorgeführt.

Dazu kam noch eine größere Zahl von Jahreshauptversammlungen der Sozialdemokratischen Partei, die ganz unter dem Eindruck der bevorstehenden Gemeindewahlen standen.

Am 1. März 1931 hielten die Sozialdemokraten zum Auftakt des Gemeindewahlkampfes ihren Landesparteitag im Salzburger Kurhaus ab. Dieser Landesparteitag stand ebenfalls ganz im Zeichen des Gemeindewahlkampfes und hatte daher das Motto »Auf zum Gemeindewahlkampf!« Als Vertreter der Bundespartei war Dr. Robert Danneberg angereist und hielt das Hauptreferat. Er bezeichnete diesen Landesparteitag als »den Auftakt für den Kampf um die Gemeinden«.[110] Er ging vor allem auf die bundespolitische Situation nach der für die Sozialdemokratie erfolgreichen Nationalratswahl vom 9. November 1930 ein und kritisierte besonders die Heimwehren. Überraschend positiv beurteilte Danneberg die amtierende Regierung Ender: »Die Wahl vom 9. November erwies mit solcher Kraft die Sieghaftigkeit des demokratischen Gedankens, daß sich auch die Christlichsozialen wieder als demokratische Partei erklären. So kam im Dezember

---

107 SWa. 25. 3. 1931. S. 1.
108 Vgl. SWa. 30. 3. 1931. S. 2.
109 Die Zahlen wurden auf Grund der laufenden Veranstaltungsankündigungen in der Salzburger Wacht errechnet.
110 SWa. 3. 3. 1931. S. 2.

Wähler und Wählerinnen von Stadt Salzburg und den Umgebungsgemeinden!
Freitag, den 27. März, um halb 8 Uhr abends,
in den Sälen des Salzburger Festspielhauses

Wähler-Massenversammlungen

Tagesordnung:
Die Neuwahlen der Gemeindevertretungen und die arbeitenden Volksschichten
Sprechen werden:
**NR. Dr. Otto Bauer, NR. Otto Glöckel,
NR. Josef Witternigg**
und die Gemeinderatskandidaten

Abb. 2. Einladung zur Sozialdemokratischen Massenversammlung für die Gemeinderatswahl. (SWa. 26. 3. 1931)

die Regierung Ender-Schober. Es ist zwar dies eine Regierung derselben drei Parteien, die auch in der Ära Seipel das Land regiert hatten, aber diese heutige Regierung hat doch einen ganz anderen Charakter, eine Regierung, die am Beginn ihrer Laufbahn nicht mehr geredet hat von der 'unwiderstehlichen Kraft der Heimwehr', sondern die das Bekenntnis zur demokratischen Verfassung abgelegt hat. Es sollte dies zwar eigentlich eine Selbstverständlichkeit sein; aber leider wird in Österreich oft auch eine Selbstverständlichkeit zum Ereignis. Diese Regierung bedeutet in der Tat eine gewisse Besserung in Österreich, weil sie sich doch die Mühe gibt, mit der Opposition zu verhandeln, anstatt den Versuch zu machen, im Wege des Dekretierens die Dinge zu meistern.«[111] Die wirtschaftliche Krise sei nicht eine Krise der Demokratie, erklärte Danneberg, denn auch in jenen Staaten, in denen der Faschismus regiere, herrsche die Wirtschaftskrise. Schuld sei eine Krise des Kapitalismus. Deshalb fordere die Sozialdemokratie vom Staate nicht, »daß er die Krise beseitigt, denn das kann der Staat nicht, aber wir müssen vom Staate verlangen, daß er alles tut, um der Arbeiterklasse zu helfen.« Die Auswirkungen der Wirtschaftskrise würden vor allem die Gemeinden spüren, die für die soziale Fürsorge zuständig waren. Darum müssten die Sozialdemokraten gerade in den Gemeinden durch die kommenden Wahlen einen stärkeren Einfluss gewinnen.

Landesparteisekretär Josef Witternigg zeigte sich überzeugt, dass die Sozialdemokratische Partei die Zahl der Mandate vermehren werde. Witternigg und Landesrat Karl Emminger nahmen gegen »eine gewisse ›radikale‹ Phraseologie« Stellung, »wie sie, von kommunistischen Wirrköpfen eingeimpft, in manchen allzu ›linken‹ Köpfen spukt –,

---

[111] SWa. 3. 3. 1931. S. 2.

eine Phraseologie, die auch nicht davor zurückscheut, alte bewährte Parteigenossen, an deren Lauterkeit und ehrlichen Gesinnung sich nicht der leiseste Zweifel heranwagen darf, wegen zu geringer ›revolutionärer‹ Taktik und auch sonst zu verleumden.«[112] Es zeigt sich daraus, dass es innerhalb der Sozialdemokratischen Partei durchaus heftige Richtungsauseinandersetzungen zwischen den gemäßigten und radikalen Flügeln gab, wobei in der Salzburger Sozialdemokratie die gemäßigten Kräfte das Sagen hatten. Landeshauptmann-Stellvertreter Robert Preußler wurde wieder zum Landesparteiobmann gewählt.[113]

Am 27. März sprachen zum Abschluss des Wahlkampfes bei einer Massenversammlung im Salzburger Festspielhaus Dr. Otto Bauer und Otto Glöckel. Die sozialdemokratischen Bundespolitiker riefen auf, die Gemeindewahlen in Salzburg auch zu einer Abrechnung mit der ihrer Meinung nach unsozialen Politik der Bundesregierung zu nützen. Ein wesentliches Thema der Bundespolitik, die Zollgemeinschaft mit Deutschland, stand im Mittelpunkt der Rede Otto Bauers und der letzten Aufrufe der Sozialdemokraten. Interessant ist, dass Otto Bauer sich in seiner Rede deutlich zum Anschluss an Deutschland bekannte, den er seit 1918 vertrat. Zur Absicht der Bundesregierung, ein gemeinsames Zollgebiet mit Deutschland zu schaffen, führte er Folgendes aus: »Deshalb werden wir Sozialdemokraten, unbeschadet aller Gegnerschaft zur Regierung, zu diesem Versuch stehen, der Deutschland und Österreich zusammenschließen soll.«[114] Eine solche Aussage noch Ende März 1931!

Im letzten Wahlaufruf in der Salzburger Wacht wurde deutlich darauf hingewiesen, dass die Salzburger Wähler auch über die österreichisch-deutsche Zollgemeinschaft abstimmen, da nur ein Sieg der Sozialdemokratie die Zollgemeinschaft retten könne. Die Gemeindewahlen in Salzburg gäben die erste Gelegenheit, dem Ausland zu beweisen,

---

112 SWa. 2. 3. 1931. S. 1.
113 Vgl. SWa. 2. 3. 1931. S. 2. Ebenso SChr. 3. 3. 1931. S. 5.
    Der sozialdemokratische Parteivorstand setzt sich folgendermaßen zusammen:
    Landesparteiobmann (-vertrauensmann): Robert Preußler
    Landesparteisekretär: Josef Witternigg
    Parteikassier: Karl Emminger
    Mitglieder: Michael Dobler
                                           Anton Schönauer
                                           Christian Laserer
                                           Alois Weidenhillinger
                                           Anton Neumayr
                                           Franz Kaufmann
                                           Franz Peyerl
                                           Ferdinand Grebmeier
                                           Anna Witternigg
                                           Heinrich Leukert
114 SWa. 28. 3. 1931. S. 2.

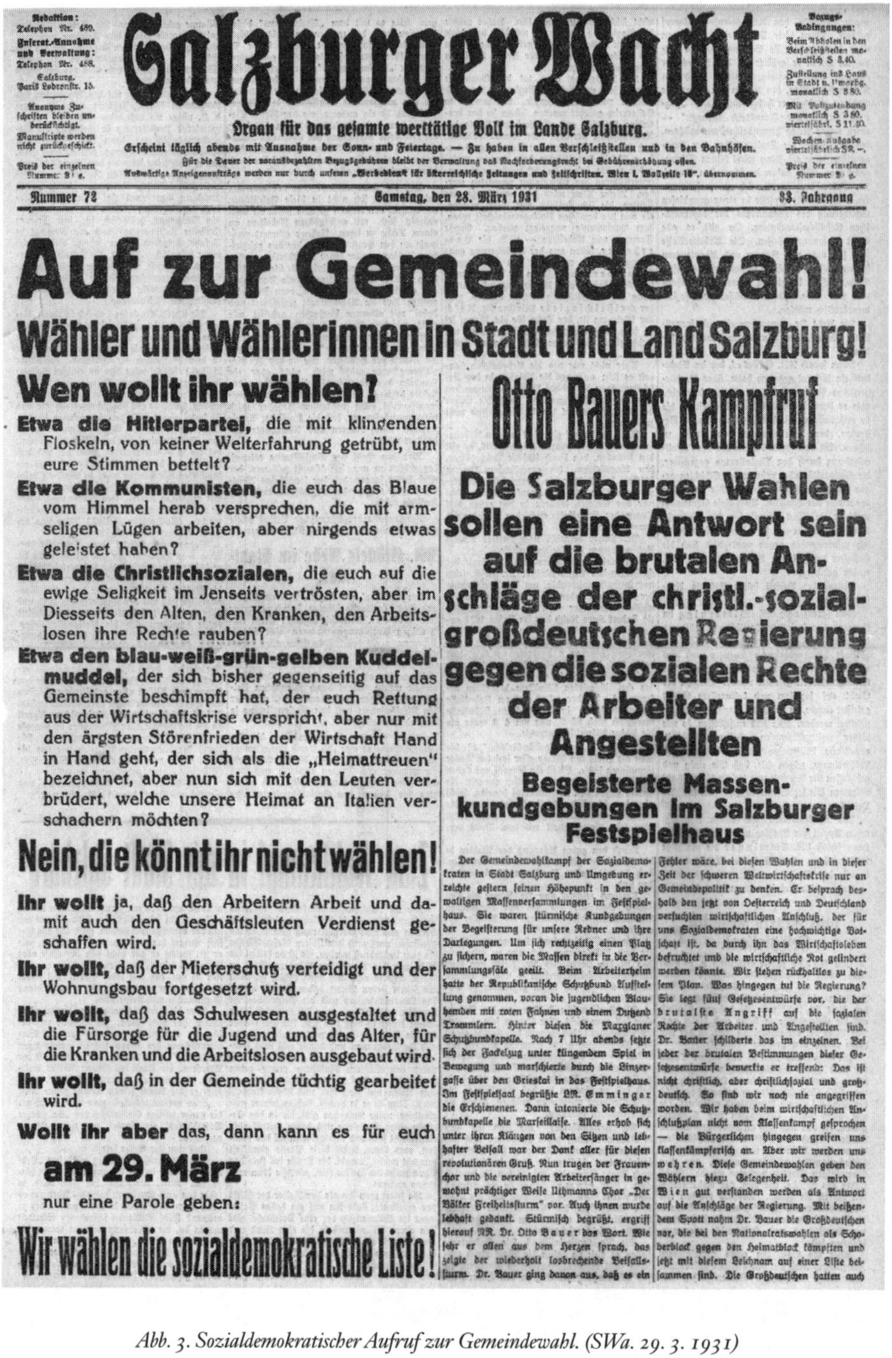

Redaktion:
Telephon Nr. 480.
Inserat.-Annahme und Verwaltung:
Telephon Nr. 488.
Salzburg,
Paris Lodronstr. 15.

Anonyme Zuschriften bleiben unberücksichtigt.
Manuskripte werden nicht zurückgeschickt.

Preis der einzelnen Nummer: 9 g.

Salzburger Wacht

Organ für das gesamte werktätige Volk im Lande Salzburg.

Erscheint täglich abends mit Ausnahme der Sonn- und Feiertage. — Zu haben in allen Verschleißstellen und in den Bahnhöfen.
Für die Dauer der vorausbezahlten Bezugsgebühren bleibt der Verwaltung das Nachforderungsrecht bei Gebührenerhöhung offen.
Auswärtige Anzeigenaufträge werden nur durch unseren „Werbedienst für österreichische Zeitungen und Zeitschriften, Wien I, Wollzeile 16“, übernommen.

Bezugs-Bedingungen:
Beim Abholen in den Verschleißstellen monatlich S 3.40.
Zustellung ins Haus in Stadt u. Umgebg. monatlich S 3.80.
Mit Postzustendung monatlich S 3.80, vierteljährl. S 11.40.
Wochen-Ausgabe vierteljährlich S 2.–.
Preis der einzelnen Nummer: 9 g.

Nummer 72 | Samstag, den 28. März 1931 | 33. Jahrgang

Auf zur Gemeindewahl!

Wähler und Wählerinnen in Stadt und Land Salzburg!

Wen wollt ihr wählen?

Etwa die Hitlerpartei, die mit klingenden Floskeln, von keiner Welterfahrung getrübt, um eure Stimmen bettelt?

Etwa die Kommunisten, die euch das Blaue vom Himmel herab versprechen, die mit armseligen Lügen arbeiten, aber nirgends etwas geleistet haben?

Etwa die Christlichsozialen, die euch auf die ewige Seligkeit im Jenseits vertrösten, aber im Diesseits den Alten, den Kranken, den Arbeitslosen ihre Rechte rauben?

Etwa den blau-weiß-grün-gelben Kuddelmuddel, der sich bisher gegenseitig auf das Gemeinste beschimpft hat, der euch Rettung aus der Wirtschaftskrise verspricht, aber nur mit den ärgsten Störenfrieden der Wirtschaft Hand in Hand geht, der sich als die „Heimattreuen“ bezeichnet, aber nun sich mit den Leuten verbrüdert, welche unsere Heimat an Italien verschachern möchten?

Nein, die könnt ihr nicht wählen!

Ihr wollt ja, daß den Arbeitern Arbeit und damit auch den Geschäftsleuten Verdienst geschaffen wird.

Ihr wollt, daß der Mieterschutz verteidigt und der Wohnungsbau fortgesetzt wird.

Ihr wollt, daß das Schulwesen ausgestaltet und die Fürsorge für die Jugend und das Alter, für die Kranken und die Arbeitslosen ausgebaut wird.

Ihr wollt, daß in der Gemeinde tüchtig gearbeitet wird.

Wollt ihr aber das, dann kann es für euch

am 29. März

nur eine Parole geben:

Wir wählen die sozialdemokratische Liste!

Otto Bauers Kampfruf

Die Salzburger Wahlen sollen eine Antwort sein auf die brutalen Anschläge der christl.-sozial-großdeutschen Regierung gegen die sozialen Rechte der Arbeiter und Angestellten

Begeisterte Massenkundgebungen im Salzburger Festspielhaus

Der Gemeindewahlkampf der Sozialdemokraten in Stadt Salzburg und Umgebung erreichte gestern seinen Höhepunkt in den gewaltigen Massenversammlungen im Festspielhaus. Sie waren stürmische Kundgebungen der Begeisterung für unsere Redner und ihre Darlegungen. Um sich rechtzeitig einen Platz zu sichern, waren die Massen direkt in die Versammlungssäle geeilt. Beim Arbeiterheim hatte der Republikanische Schutzbund Aufstellung genommen, voran die jugendlichen Blauhemden mit roten Fahnen und einem Dutzend Trommlern. Hinter diesen die Maxglaner Schutzbundkapelle. Nach 7 Uhr abends setzte sich der Fackelzug unter klingendem Spiel in Bewegung und marschierte durch die Linzergasse über den Grieskai in das Festspielhaus. Im Festspielsaal begrüßte LR. Emminger die Erschienenen. Dann intonierte die Schutzbundkapelle die Marseillaise. Alles erhob sich unter ihren Klängen von den Sitzen und lebhafter Beifall war der Dank aller für diesen revolutionären Gruß. Nun trugen der Frauenchor und die vereinigten Arbeitersänger in gewohnt prächtiger Weise Uthmanns Chor „Der Völker Freiheitssturm“ vor. Auch ihnen wurde lebhaft gedankt. Stürmisch begrüßt, ergriff hierauf NR. Dr. Otto Bauer das Wort. Wie sehr er allen aus dem Herzen sprach, das zeigte der wiederholt losbrechende Beifallssturm. Dr. Bauer ging davon aus, daß es ein Fehler wäre, bei diesen Wahlen und in dieser Zeit der schweren Weltwirtschaftskrise nur an Gemeindepolitik zu denken. Er besprach deshalb den jetzt von Oesterreich und Deutschland versuchten wirtschaftlichen Anschluß, der für uns Sozialdemokraten eine hochwichtige Botschaft ist, da durch ihn das Wirtschaftsleben befruchtet und die wirtschaftliche Not gelindert werden könnte. Wir stehen rückhaltlos zu diesem Plan. Was hingegen tut die Regierung? Sie legt fünf Gesetzesentwürfe vor, die der brutalste Angriff auf die sozialen Rechte der Arbeiter und Angestellten sind. Dr. Bauer schilderte das im einzelnen. Bei jeder der brutalen Bestimmungen dieser Gesetzesentwürfe bemerkte er treffend: Das ist nicht christlich, aber christlichsozial und großdeutsch. So sind wir noch nie angegriffen worden. Wir haben beim wirtschaftlichen Anschlußplan nicht vom Klassenkampf gesprochen — die Bürgerlichen hingegen greifen uns klassenkämpferisch an. Aber wir werden uns wehren. Diese Gemeindewahlen geben den Wählern hiezu Gelegenheit. Das wird in Wien gut verstanden werden als Antwort auf die Anschläge der Regierung. Mit beißendem Spott nahm Dr. Bauer die Großdeutschen vor, die bei den Nationalratswahlen als Schoberblock gegen den Heimatblock kämpften und jetzt mit diesem Leichnam auf einer Liste beisammen sind. Die Großdeutschen hatten auch

Abb. 3. Sozialdemokratischer Aufruf zur Gemeindewahl. (SWa. 29. 3. 1931)

dass das österreichische Volk diese Zollgemeinschaft wünsche.[115] Und dies alles vor dem Hintergrund der beängstigenden Wahlgewinne der Nationalsozialisten in Deutschland.

Als weitere prominente sozialdemokratische Bundespolitiker traten der Wiener Bürgermeister Karl Seitz in Hallein, Dr. Robert Danneberg in Bischofshofen, Dr. Wilhelm Ellenbogen und Dr. Karl Renner in Badgastein, Dr. Julius Deutsch, Nationalratsabgeordneter Albert Sever und Stadtrat Paul Speiser in verschiedenen anderen Gemeinden als Redner auf.

Die Sozialdemokratische Partei gab zu den Gemeindewahlen eine Werbeschrift des Landtagsabgeordneten Eduard Baumgartner unter dem Titel »Die Arbeit der Sozialdemokraten in den Gemeinden Salzburgs und die Hemmnisse dieser Arbeit« heraus. In dieser Broschüre wurde auf die Leistungen der sozialdemokratisch verwalteten Gemeinden hingewiesen, insbesondere auf deren Wohnbautätigkeiten. Ebenso wurden die sozialdemokratischen Bemühungen gegen die Arbeitslosigkeit dargestellt und dabei vor allem die Hemmnisse durch die Bundesregierung hervorgehoben.

Eine eigene Propagandaschrift zur Gemeindewahl wurde von der sozialdemokratischen Gemeinderatsfraktion in Badgastein herausgegeben. Darin wurde von Gemeinderat Anton Resch unter dem Titel »Zwölf Jahre sozialdemokratische Gemeindemehrheit in Badgastein 1919 bis 1931« an die Leistungen der Sozialdemokratie in Badgastein erinnert, wodurch diese Gemeinde zu einer bisher nicht gekannten Blüte gebracht worden sei.[116]

Von der sozialdemokratischen Fraktion in St. Johann wurde in der Salzburger Wacht ein umfassender Rechenschaftsbericht und ein Programm für die nächste Periode veröffentlicht. Darin wird auch die Forderung nach Zusammenlegung der Land- und Marktgemeinde St. Johann erhoben, weil man sich daraus eine Reduzierung der Gemeindeabgaben erwartete.[117]

Auch von mehreren anderen sozialdemokratisch dominierten Gemeinden wurden in der Salzburger Wacht umfassende Rechenschaftsberichte gegeben.

3.4. Der Wahlkampf der Grossdeutschen Volkspartei – ein Abgesang

Das deutschnationale Lager war in Salzburg vom Beginn der Ersten Republik an parteimäßig stark zersplittert. Die bürgerlichen Nationalen (vor allem Gewerbetreibende und Beamte) fanden sich in der Großdeutschen Volkspartei, die Bauern im Landbund, und schließlich nahmen die Nationalsozialisten eine gesonderte Position ein. Vom Typus tendierten die Großdeutschen in Salzburg in die Richtung einer Honoratiorenpartei mit

---

115 Vgl. SWa. 28. 3. 1931. S. 3.
116 Vgl. Josef Kaut: Der steinige Weg. S. 123 f.
117 Vgl. SWa. 24. 3. 1931. S. 6.

besonders schlechter Parteiorganisation.[118] Die Großdeutsche Volkspartei hatte in Salzburg in den Jahren 1928 bis 1930 über 2.700 Mitglieder, im Jahr 1931 hatte sie einen drastischen Mitgliedereinbruch zu verzeichnen. Sie verlor fast 50 Prozent ihrer Mitglieder vor allem an die Hitlerbewegung und an den Heimatblock, die Zahl sank auf 1.400. Die Aktivitäten der Großdeutschen Volkspartei waren bereits Anfang 1929 weitgehend zum Stillstand gekommen. Der Grund dafür lag nach Ansicht der Landespartei in der Politik der Bundespartei, war aber auch in lokalen Problemen, wie etwa im so genannten Volksfestskandal zu suchen.[119] Die Parteiorganisation entsprach zwar grundsätzlich den Gauen, aber die Stadt Salzburg und der Pongau waren die einzigen beiden Bezirke mit einer tatsächlich funktionierenden Parteiorganisation. Im Flachgau gelang es den Großdeutschen nie, eine gefestigte Organisation aufzubauen.[120]

Der Schwerpunkt der Großdeutschen Volkspartei lag also in der Stadt Salzburg und in einigen größeren Gemeinden mit einer Bevölkerungsstruktur aus überwiegend Gewerbetreibenden und Beamten, wie etwa St. Johann-Markt, wo die Großdeutsche Volkspartei selbst kandidierte und wieder den Bürgermeister erzielte, und Radstadt-Stadt, wo die Großdeutschen im Verband einer nationalen Wirtschaftspartei den Bürgermeister halten konnten. In Badgastein trat die Großdeutsche Volkspartei gemeinsam mit dem Heimatblock in einer Heimattreuen Volksgemeinschaft an, um die sozialdemokratische Mehrheit zu brechen. Auch in Hofgastein-Markt, in Mauterndorf, in St. Michael-Markt und in Großgmain hatte die Großdeutsche Volkspartei starke Positionen zu verteidigen.

Diesen Schwerpunkten entsprechend wurden auch die politischen Versammlungen festgelegt:

21. 2.	Werfen-Markt	Bezirksrat Köhler (Wien)
22. 2.	St. Johann-Markt	Bezirksrat Köhler (Wien)
		Bgm. Max Ott
		LPO Rudolf Palfinger
24. 2.	Elisabethvorstadt	
26. 2.	Innere Stadt	
14. 3.	Maxglan	LAbg. Richard Kürth
19. 3.	Badgastein	Bundesobmann Dr. Hermann Foppa
20. 3.	Zell am See	NR-Präs. Dr. Sepp Straffner
21. 3.	Maxglan	

---

118 Vgl. Ernst Hanisch: Die Erste Republik. S. 1084 f.
119 Vgl. Richard Voithofer: Drum schließt Euch frisch an Deutschland an … Die Großdeutsche Volkspartei in Salzburg 1920–1936. Wien, Köln, Weimar 2000. S. 298.
120 Vgl. Paul Weis: Die Großdeutsche Volkspartei – zwischen Mitglieder- und Wählerpartei. In: Zeitgeschichte. Heft 5/6. 23. Jahrgang. Mai/Juni 1996. S. 164 und 167. Weis lehnt es auch ab, im Zusammenhang mit der Großdeutschen Volkspartei, von einer »Honoratiorenpartei« zu sprechen. Aufgrund seiner Untersuchungen kommt er zum Ergebnis, dass die Großdeutsche Volkspartei »keine reine Wählerpartei, sondern vielmehr eine Partei zwischen Mitglieder- und Wählerpartei« war (S. 178).

Am 9. Februar 1931 hielt die Großdeutsche Volkspartei im »Münchner Hof« in Salzburg ihren Landesparteitag ab. Der langjährige Landesparteiobmann Heinrich Clessin trat von der politischen Bühne ab, zum neuen Landesparteiobmann wurde der Prokurist Rudolf Palfinger gewählt. Seine Stellvertreter wurden Rudolf Edelmayer und Richard Kürth. Der neue Landesparteiobmann Palfinger brachte kein neues Programm, sondern kündigte an, er »stehe auf dem Standpunkte der Rassenerhaltung für unser Volk und der Führung einer klugen Anschlußpolitik.«[121] Damit wollte man offensichtlich der neuen, gefährlichen Hitlerbewegung Paroli bieten. Nationalrat Hans Prodinger meinte zu den Nationalsozialisten, dass es gegenüber einer »ruhigen Politik der Sachlichkeit« der Großdeutschen »fortreißender« ausschc, wenn junge Leute »die vermeintliche Lösung der Wirtschaftsprobleme einfach nur so aus dem Ärmel beuteln.« Die Hitler-Bewegung werde überschätzt. »Es wird bald ein deutlicher Rückschlag kommen und man wird ja auch sehen, was die Hitler-Leute im Reiche ausrichten, wo sie Gelegenheit hätten, durch die Tat zu halten, was sie versprochen.«[122] Wie sehr sollte er sich täuschen! Am 5. September 1938 starb er, der überzeugte Kämpfer für die nationalsozialistische Idee, im KZ Dachau.[123]

Die schwierige Situation der Großdeutschen Volkspartei wird auch durch Aufrufe im Salzburger Volksblatt untermauert, in denen dringend appelliert wird, Wahlkampfspenden zu leisten, weil die bisherigen Spenden nicht annähernd reichten, auch nur einen kleinen Teil der Wahlkampfkosten abzudecken.[124]

Die Großdeutschen behielten es sich in den einzelnen Gemeinden vor, entweder in einer Wirtschaftspartei oder in einer Wahlgemeinschaft etwa mit dem Heimatblock oder dem Landbund oder alleine zu kandidieren. Die eigene, alleinige Kandidatur der Großdeutschen Volkspartei ist jedoch, außer in den bereits genannten Gemeinden, nirgends festzustellen.

Die Abwanderung der großdeutschen Wählerschaft zu den jugendlich-aggressiven Hitler-Nationalsozialisten setzte bei dieser Gemeindewahl 1931 bereits deutlich ein.

---

121 SVBl. 9. 2. 1931. S. 6.
122 SVBl. 9. 2. 1931. S. 2.
123 Vgl. Biographisches Handbuch der österreichischen Parlamentarier 1918–1993. Hrsg. von der Parlamentsdirektion. Wien 1993. S. 456. Ernst Hanisch: Zur Frühgeschichte des Nationalsozialismus in Salzburg (1913–1925). In: Mitteilungen der Gesellschaft für Salzburger Landeskunde. 117. Vereinsjahr/1977. Salzburg 1978. S. 377.
124 Vgl SVBl. 27. 3. 1931. S. 8.

3.5. Der Wahlkampf der Nationalsozialisten – niemand wurde im Unklaren gelassen

Nach anfänglichen organisatorischen Schwächen der Nationalsozialisten, verschärft durch den ständigen Streit zwischen der Hitler- und der Schulz-Richtung, begann mit den Auswirkungen der Weltwirtschaftskrise der rapide Aufstieg der Hitler-Nationalsozialisten.

Die Nationalsozialistische Deutsche Arbeiterpartei Österreich, Schulz-Nationalsozialisten (in Salzburg Schlam-Nationalsozialisten[125]), trat außerhalb der Stadt Salzburg kaum in Erscheinung, und dortselbst auch nur durch vereinzelte öffentliche Versammlungen. Bemerkenswert ist, dass bei der Jahreshauptversammlung der Ortsgruppe Salzburg-Stadt am 17. Jänner 1931 der damalige DHV-Sekretär Franz Hell zum Obmann gewählt wurde. Er war nach dem Zweiten Weltkrieg der erste Landtagspräsident (ÖVP) des Landes Salzburg.[126]

1931 wurde die Hitler-NSDAP in Salzburg neu organisiert, an die Spitze der Gauleitung kam Karl Scharitzer. Hatten die Nationalsozialisten bei der Nationalratswahl am 9. November 1930 nur 4.597 Stimmen und damit 3,73 Prozent erreicht, so zeichnete sich bereits im Wahlkampf für die Gemeindewahl 1931 ein Erstarken dieser neuen, radikalen politischen Gruppe ab.[127]

Während bei den anderen Parteien von großer Propaganda wenig zu merken war, hatten die Hitler-Nationalsozialisten nach der Nationalratswahl mit dem Wahlkampf nicht aufgehört, sie lieferten schon Monate vor der Gemeindewahl einen intensiven Wahlkampf, der von der Salzburger Chronik folgendermaßen beschrieben wurde: »Die Hitlerianer arbeiten schon seit Monaten mit großem Tamtam und halten fast wöchentlich Werbeversammlungen ab, um dem Volke klarzumachen, daß von ihnen alles Heil zu erwarten sei. Da rücken ihre Bürschlein in den Braunhemden auf, stehen Posten vor den Herren Führern und Sprechern, sowie auf Stiegen und Gängen und fühlen sich als Welteroberer in ihrer öden Soldatenspielerei… Die Hitlerianer müssen erst beweisen, daß sie mehr können als schön reden, Heilrezepte vortragen und kritisieren. Bis heute liest man von ihren Großtaten nur dann, wenn irgendwo eine Versammlung gesprengt und andersdenkende verprügelt oder totgeschossen werden, und das ist zuwenig.«[128]

Schließlich machten die Christlichsozialen der Hitlerpartei den Vorwurf, sie würden zwar immer vom Kampf gegen den Marxismus reden, in der Praxis aber den Christlich-

---

125 Benannt nach ihrem Landesparteiobmann Nikolaus Schlam, Hüttenmeister in Hallein, gehörte von 1927 bis 1932 dem Salzburger Landtag an. Vgl. Hundert Jahre selbständiges Land Salzburg. Hrsg. vom Salzburger Landtag. Salzburg 1961. S. 99.
126 Vgl. SVBl. 19. 1. 1931. S. 8.
127 Vgl. Franz Schausberger: Ins Parlament, um es zu zerstören. Die Nationalsozialisten in den österreichischen Landtagen 1932/33. Wien, Köln, Weimar 1995. S. 158.
128 SChr. 21. 3. 1931. S. 4.

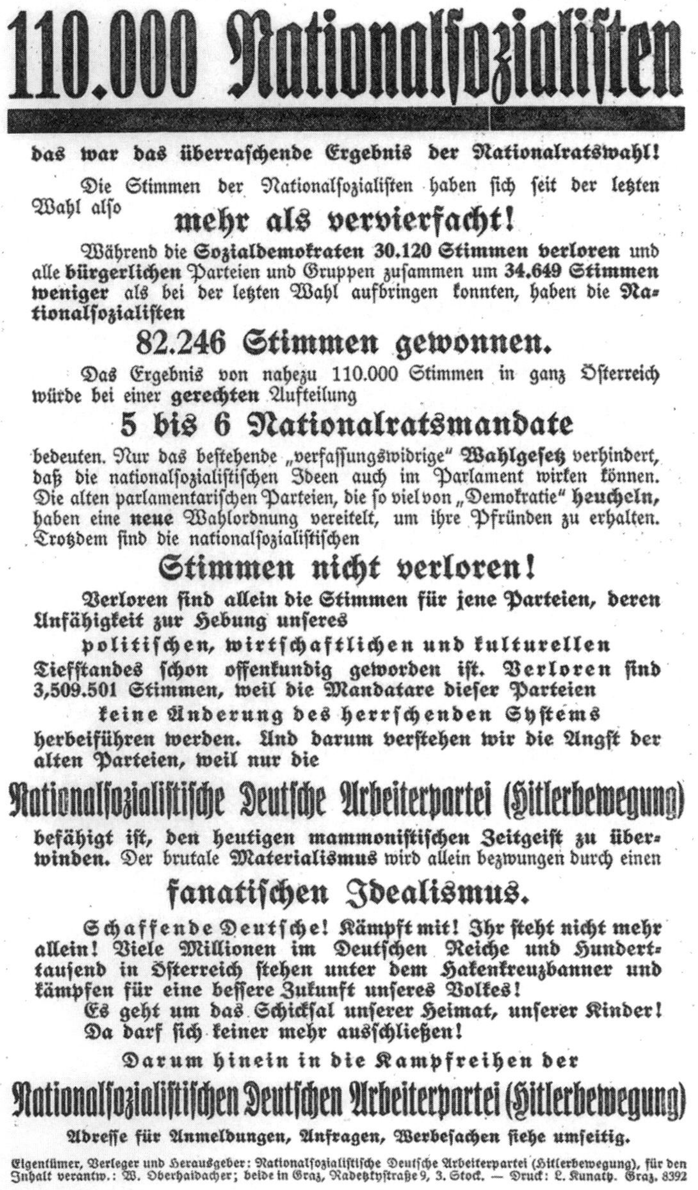

110.000 Nationalsozialisten

das war das überraschende Ergebnis der Nationalratswahl!

Die Stimmen der Nationalsozialisten haben sich seit der letzten Wahl also

mehr als vervierfacht!

Während die Sozialdemokraten 30.120 Stimmen **verloren** und alle **bürgerlichen** Parteien und Gruppen zusammen um **34.649 Stimmen weniger** als bei der letzten Wahl aufbringen konnten, haben die **Nationalsozialisten**

82.246 Stimmen gewonnen.

Das Ergebnis von nahezu 110.000 Stimmen in ganz Österreich würde bei einer **gerechten** Aufteilung

5 bis 6 Nationalratsmandate

bedeuten. Nur das bestehende „verfassungswidrige" **Wahlgesetz** verhindert, daß die nationalsozialistischen Ideen auch im Parlament wirken können. Die alten parlamentarischen Parteien, die so viel von „Demokratie" heucheln, haben eine **neue** Wahlordnung vereitelt, um ihre Pfründen zu erhalten. Trotzdem sind die nationalsozialistischen

Stimmen nicht verloren!

Verloren sind allein die Stimmen für jene Parteien, deren Unfähigkeit zur Hebung unseres

politischen, wirtschaftlichen und kulturellen

Tiefstandes schon offenkundig geworden ist. Verloren sind 3,509.501 Stimmen, weil die Mandatare dieser Parteien

keine Änderung des herrschenden Systems

herbeiführen werden. Und darum verstehen wir die Angst der alten Parteien, weil nur die

Nationalsozialistische Deutsche Arbeiterpartei (Hitlerbewegung)

befähigt ist, den heutigen mammonistischen Zeitgeist zu überwinden. Der brutale **Materialismus** wird allein bezwungen durch einen

fanatischen Idealismus.

Schaffende Deutsche! Kämpft mit! Ihr steht nicht mehr allein! Viele Millionen im Deutschen Reiche und Hunderttausend in Österreich stehen unter dem Hakenkreuzbanner und kämpfen für eine bessere Zukunft unseres Volkes!
Es geht um das Schicksal unserer Heimat, unserer Kinder! Da darf sich keiner mehr ausschließen!

Darum hinein in die Kampfreihen der

Nationalsozialistischen Deutschen Arbeiterpartei (Hitlerbewegung)

Adresse für Anmeldungen, Anfragen, Werbesachen siehe umseitig.

Eigentümer, Verleger und Herausgeber: Nationalsozialistische Deutsche Arbeiterpartei (Hitlerbewegung), für den Inhalt verantw.: W. Oberhaidacher; beide in Graz, Radetzkystraße 9, 3. Stock. — Druck: L. Kunath, Graz. 8392

Abb. 4. Flugblatt der Hitlerbewegung nach der Nationalratswahl 1930. (Salzburger Landesarchiv)

sozialen die Wähler vor allem auf dem Land abspenstig machen wollen: »Obwohl sie immer den schärfsten Kampf gegen die Roten vorgeben, war ihre ganze Agitation auf Gewinnung des Landvolkes gerichtet ... Kampf gegen Unglauben und rote Flut gibt man vor, Losreißung von christlicher Führung ist das wahre Ziel.«[129]

Die nationalsozialistische Parteileitung beschloss, dass die NSDAP (Hitler) in allen Orten, in denen sie kandidierte, allein kandidieren würde und ein Zusammengehen mit anderen Parteien, insbesondere mit den Großdeutschen, nicht in Frage käme.[130] Die Weisung der Gauleitung bei einer Ortsgruppenführertagung für das ganze Land Salzburg in Bischofshofen am 22. Februar, »dass, wo die Hitler-Leute überhaupt in den Wahlkampf eintreten, dies *selbständig* ohne alle Bindung zu tun, löste allseits stürmische Zustimmung aus.«[131] Auch wenn dieser Beschluss insoferne nicht ganz durchgehalten wurde, als in einigen wenigen Gemeinden einzelne Nationalsozialisten mit anderen deutsch-freiheitlichen Gruppierungen in Wirtschaftsparteien kandidierten (in Hofgastein-Markt, Strobl und Maishofen), so galt der Grundsatz jedenfalls in der Form, dass die Hitlerpartei offiziell als politische Gruppe keinerlei Wahlbündnisse schloss. »Die Hitlerleute, prinzipielle Alleingeher«, hieß es im Salzburger Volksblatt.[132] Die Hitlerbewegung sei »sich zu gut, ein Aufputz für die sterbenden bürgerlichen Parteikadaver zu sein ... Wir sind eben junger Most, der gärt, werden aber niemals Wein sein, den sich die Bürgerlichen so gern in ihre Schläuche füllen wollen«, erklärte der Wiener Nationalsozialist Walter Rentmeister bei einer Versammlung im städtischen Kurhaus.[133] Also: Entweder die Nationalsozialisten lehnten die Kandidatur bei einer Wahl überhaupt ab oder sie fühlten sich in einer so starken Position, dass sie die Annäherungsversuche anderer Parteien, insbesondere der Großdeutschen Volkspartei, entschieden zurückwiesen.[134]

Dem Grunde nach wurde damit den taktischen Anordnungen von Adolf Hitler Folge geleistet. Hitler hatte nach seinem im November 1923 gescheiterten Putsch die Lehren gezogen und seiner Partei neben dem absoluten Führungsanspruch zwei taktische Grundsätze verordnet:

- Jegliche Ablehnung von Kompromissen und Verbündeten und
- den Kurs der strikten »Legalität«.

---

129 SChr. 1. 4. 1931. S. 2.
130 Vgl. SChr. 21. 3. 1931. S. 7.
131 SVbl. 23. 2. 1931. S. 6.
132 SVBl. 13. 3. 1931. S. 6.
133 Walter Rentmeister bei der nationalsozialistischen Versammlung am 5. 3. 1931.
134 Vgl. Isabella Ackerl: Das Kampfbündnis der Nationalsozialistischen Deutschen Arbeiterpartei mit der Großdeutschen Volkspartei vom 15. Mai 1933. In: Das Jahr 1934: 25. Juli. Protokoll des Symposiums in Wien am 8. Oktober 1974. Wien 1975. S. 21.

Der Wahlkampf in den Landgemeinden

Abb. 5. *Ein offener, antisemitischer Brief der Hitler-Nationalsozialisten an den Salzburger Erzbischof Ignaz Rieder. (Der eiserne Besen. 20. 2. 1931).*

Die Einhaltung dieser beiden Grundsätze kann auch beim politischen Agieren der Hitlerbewegung in Salzburg im Jahr 1931 deutlich nachgewiesen werden. Hitler hatte immer wieder auf die Gefahr von Koalitionen und Kompromissen hingewiesen. »Man vergesse niemals, daß alles wirklich Große auf dieser Welt nicht erkämpft wurde von Koalitionen, sondern daß es stets der Erfolg eines einzelnen Siegers war. Koalitionserfolge tragen schon durch die Art der Herkunft den Keim zu künftigem Abbröckeln, ja zum Verlust des schon Erreichten«, hatte er bereits in »Mein Kampf« geschrieben.[135] Hitler forderte immer wieder die »hundertprozentige Selbständigkeit nach allen Seiten,

---

135 Adolf Hitler: Mein Kampf. Band 2. Die nationalsozialistische Bewegung. München 1927. S. 161 f.

ausschließliches Vertrauen auf die eigene Kraft und Wahrnehmung jeder Möglichkeit, die, ohne dem Gegner die geringste Handhabe zu geben, Erfolge zeitigen kann. Keine Gesetzwidrigkeit in den Taten und keinen Kompromiß im Geist.«[136] Das war die Grundlage für die zunehmende Zahl von ausschließlich eigenen Kandidaturen der Nationalsozialisten in den Gemeinden, man war auf dem Weg zur »Partei gegen alle Parteien«[137]. Das Zusammengehen mit bürgerlichen Parteien etwa in gemeinsamen Wirtschaftsparteien wird abgelehnt, denn die »Auseinandersetzung mit dem Marxismus ist undenkbar ohne eine restlose Vernichtung der bürgerlichen Parteikadaver«.[138] Deshalb auch der aggressive Kampf gegen die Schulz-Nationalsozialisten, die als kompromisslerische Verräter galten und gegen die Großdeutschen, denen Kontakte zu den Juden vorgeworfen wurden. »Wenn auch die Schulzgruppe manche Forderung der Hitlerbewegung vertreten hat, so kann ihr doch nicht der Vorwurf erspart werden, dass sie das nicht in der richtigen Weise getan hat«, erklärte die Hitlerbewegung in einer Zuschrift an das Salzburger Volksblatt.[139] Wenn die Schulzgruppe im Gemeinderat der Stadt Salzburg von den anderen Parteien niedergestimmt worden sei, hätte sie ihre Politik durch Massenversammlungen an die Bevölkerung herantragen müssen, was sie verabsäumt habe.

Was die »Legalität« des politischen Agierens betrifft, scheint dies vorerst völlig der Realität der Wahlkampfführung der Hitlerleute zu widersprechen. Sie war offensichtlich den draufgängerischen, jugendlichen, gewaltbereiten NS-Truppen kaum zu vermitteln und auch nicht so gemeint. »Legalität« bedeutete keineswegs den Verzicht auf Gewalttätigkeit gegen die politischen Gegner, denn sie wurde meistens als »Notwehr« ausgegeben. Die Störung von Versammlungen politischer Gegner wurde als »aktiv« verstandene Propagandatätigkeit angesehen. Es werde ja wohl nicht angenommen werden, dass die SA-Leute »zum Vergnügen Saalschlachten liefern und dabei Leben und Gesundheit aufs Spiel setzen«, argumentierten die Hitlerleute zynisch. »Aber Gewalt kann nur durch Gewalt gebrochen werden und um unserer Idee zum Siege zu verhelfen, ist uns kein Opfer zu groß!«[140]

Das Ziel der Provokationen waren die politischen Gegner, aber nicht die staatlichen Institutionen. Die staatliche Macht sollte nicht herausgefordert werden, die Macht auf legalem Weg, über die »legale Revolution«[141] errungen werden. Darin sah sich Hitler am Beispiel des gescheiterten Heimwehrputsches vom 13. September 1931, dem so ge-

---

136 Klaus A. Lankheit (Hrsg.): Hitler. Reden, Schriften, Anordnungen. Band III/3. München, New Providence, London, Paris 1994. »Politik der Woche«. Artikel vom 28. 6. 1930. Dok. 66.

137 Albrecht Tyrell: Führer befiehl ... Selbstzeugnisse aus der ›Kampfzeit‹ der NSDAP. Bindlach 1991. S. 214.

138 Klaus A. Lankheit (Hrsg.): Hitler. Reden, Schriften, Anordnungen. »Der Kampf um Österreich«. Artikel vom 28. 9 1929. Band III/2. Dok. 79.

139 SVBl. 28. 3. 1931. S. 8.

140 SVBl. 28. 3. 1931. S. 8.

141 Vgl. Karl Dietrich Bracher: Die Technik der nationalsozialistischen Machtergreifung. In: Der Weg ins Dritte Reich 1918–1933. München, Zürich 1983. S. 135 ff.

Dich, deutscher Volksgenosse geht das an!

Tausende christlicher, deutscher Existenzen gehen jährlich zugrunde,
Tausende geben sich jährlich den Freitod!
Tausende stehen jährlich vor dem Ruin und noch mehr werden folgen,

wenn

Du Dich nicht bald besinnst, daß Du ein Deutscher, ein Christ bist, und es Deine heiligste Pflicht ist, den deutschen Kaufmanns- und Handwerkerstand zur Deckung Deines Bedarfes zu berücksichtigen.

Willst Du

bei den kommenden und auch ferneren Einkäufen, die Du machen mußt, nicht zum Totengräber Deiner eigenen Volksgenossen werden, so kaufe nur bei den Inserenten des „Eisernen Besen" und berufe Dich bei Deinen Einkäufen auf denselben, und Du hast die sicherste Gewähr,

keinem Fremdling,
keinem Ramschgeschäft,
keinem jüdischen Warenhaus,

Dein Geld in den unersättlichen Rachen geworfen und somit auch dazu beigetragen zu haben, daß Dein Geld im Vaterlande bleibt, was mehr wert ist als wie tausende von den vielen Reden, die von den verschiedensten Seiten zur Rettung unseres Vaterlandes gehalten werden.

Also kaufe nur bei den Inserenten des „Eisernen Besen"

Du sollst aber auch

den „Eisernen Besen", welcher das einzige völkische Wochenblatt ist, nicht nur zeitweise, sondern immer lesen, denn nur dann lernst Du die Judengefahr erkennen und auch den Kampf, den der „Besen" unerschrocken gegen diese Parasiten des Deutschtums führt. Du kannst solchen bei allen Postanstalten, bei allen Zeitungsverkäufern und bei dem Verlag zu dem billigen Preis von nur S 4 — einschließlich Bestellgeld — pro Vierteljahr abonnieren.

Befolge Vorstehendes und zeige damit, daß Du ein Deutscher, ein Christ bist!!

Abb. 6. Judenfeindlicher Hetzartikel der Hitlerbewegung. (Der eiserne Besen. 13. 3. 1931)

nannten »Pfrimer-Putsch« bestätigt. Die verordnete »Legalität« gegenüber den staatlichen Institutionen hielt Hitler aber nicht ab, ganz klar die Abrechnung für den Tag nach der »legalen« Machtübernahme anzudrohen.[142]

Der Wahlkampf der Nationalsozialisten war auch in Salzburg 1931 von diesen strategischen Grundlagen gekennzeichnet. Auffällig ist, dass immer wieder berichtet wird, dass im Anschluss an die Wählerveranstaltungen der Hitlerbewegung zahlreiche Neubeitritte und Wahlspenden zu verzeichnen waren.[143]

Die ungefähr im Jahr 1929 im Deutschen Reich einsetzende Modernisierung der Wahlpropaganda der NSDAP mit dem Ziel der Massenmobilisierung, des Einsatzes modernster Wahlkampfmittel und Werbemethoden, dem Aufbau einer schlagkräftigen, zentral gesteuerten Wahlpropagandaorganisation und einer inhaltlichen Politik der Stimmenmaximierung, die allen alles versprach,[144] begann mit einer zweijährigen Verspätung 1931 auch in Österreich zu greifen. Auch der Propagandawert der NSDAP-Wahlsiege in Deutschland wurde von den österreichischen Nationalsozialisten bald erkannt.[145] Die dort verwendete Propagandatechnik wurde genau studiert. Man bemühte sich, die Veranstaltungen mit Hilfe von zahlreichen Plakaten publik zu machen und die Plakate nach der Versammlung möglichst rasch wieder zu entfernen, damit neue leicht bemerkt würden. Die Organisatoren von NS-Veranstaltungen wurden angewiesen, ohne Rücksicht auf die Zahl der Teilnehmer pünktlich zu beginnen, kurze Einführungen zu halten, während des Hauptreferates für Ruhe zu sorgen und leicht widerlegbare, falsche Behauptungen zu unterlassen, um den allgemeinen Eindruck von Effizienz, Seriosität und Wahrhaftigkeit zu erwecken.[146] Die Versammlungen gegnerischer Parteien versuchte man allerdings durch alle Arten von Unfug zu sprengen. Die anderen Parteien, die durch Tradition, Herkommen und Weltanschauung in ihrer Mittelwahl stark gebunden waren, standen dieser neuen NS-Mobilisierungskampagne ziemlich hilflos gegenüber.

Hitler hatte in Deutschland in einer Serie innerparteilicher Auseinandersetzungen im Laufe des Jahres 1930 unbequeme Opponenten an den Rand oder aus der NSDAP hinausgedrängt, sein Stil konnte nunmehr ungehindert in die Propaganda und Agitation der

---

142 Vgl. Klaus. A. Lankheit: »Für uns Nationalsozialisten muß das eine warnende Lehre sein.« Hitler, Legalität und österreichische Heimwehr 1928–31. In: Zeitgeschichte 5. 26. Jahrgang. September/Oktober 1999. S. 318 f.
143 Vgl. etwa SVBl. 24. 3. 1931. S. 4. Bericht von einer Veranstaltung in Radstadt.
144 Vgl. Jürgen W. Falter: War die NSDAP die erste deutsche Volkspartei? In: Michael Prinz, Rainer Zitelmann (Hrsg.): Nationalsozialismus und Modernisierung. Darmstadt 1991. S. 44 ff.
145 Jagschitz, Gerhard: Die Nationalsozialistische Partei. In: Tálos, Emmerich, Dachs, Herbert, Hanisch, Ernst, Staudinger, Anton (Hrsg.): Handbuch des politischen Systems Österreichs. Erste Republik 1918–1933. Wien 1995. S. 242.
146 Vgl. Bruce F. Pauley: Hahnenschwanz und Hakenkreuz. Der Steirische Heimatschutz und der österreichische Nationalsozialismus 1918–1934. Wien, München, Zürich 1972. S. 98 f. Vgl. auch Gerhard Jagschitz: Zur Struktur des NSDAP in Österreich vor dem Juliputsch 1934. In: Das Jahr 1934: 25. Juli. Protokoll des Symposiums in Wien am 8. Oktober 1974. Wien 1975.

Abb. 7. Plakatvordruck für öffentliche Versammlungen der Hitlerbewegung. (Plakatarchiv des Landesarchivs Salzburg)

Abb. 8. Plakatvordruck für öffentliche Versammlungen der Hitlerbewegung. (Landesarchiv Salzburg, Plakatarchiv)

Abb. 9. Plakatvordruck für öffentliche Sprechabende der Hitlerbewegung. (Landesarchiv Salzburg, Plakatarchiv)

Abb. 10. Plakat für öffentliche Versammlungen der Hitlerbewegung. (Landesarchiv Salzburg, Plakatarchiv)

Partei eindringen. Der aufsteigende Berliner Gauleiter Joseph Goebbels nutzte dies, »in großem Stil im Hinblick auf die Massen, und, publizistisch gezielt, auf die Intelligenz«.[147] Mit einer kleinen zeitlichen Verzögerung hatte dies beträchtliche Auswirkungen auf den Nationalsozialismus in Österreich.

Neu war jedenfalls auch die große Zahl von nationalsozialistischen Versammlungen, die oftmals schon in der Ankündigung als »Massenversammlungen« angekündigt wurden, mit geschulten Rednern aus anderen Bundesländern bzw. aus dem Deutschen Reich. Die Propagandaabteilung der NSDAP hatte in Deutschland im Jahr 1927 begonnen, das Rednerwesen durchzuorganisieren. Im April 1930 war Joseph Goebbels zum Reichspropagandaleiter ernannt worden, die Zahl der gut ausgebildeten Redner stieg auf rund 1200. Verantwortlich für Versammlungen mit Rednern war die jeweilige NSDAP-Ortsgruppe.[148] Sie musste nicht nur die Organisation, sondern auch die Finanzierung sicherstellen. Vor allem letzteres war nicht einfach, weil die Veranstaltung auch in bezahlten Anzeigen im Salzburger Volksblatt angekündigt werden sollte und weil, vor allem wenn ein auswärtiger Versammlungsredner eingeladen wurde, dieser bezahlt, untergebracht und verpflegt werden musste. Die meisten der Redner lebten nämlich von ihren Versammlungsauftritten. Reichsredner bekamen z. B. 15 Reichsmark pro Auftritt. Die Ortsgruppen klagten oft über die dadurch entstehenden hohen Kosten von Versammlungen, bei großen Veranstaltungen half man sich, indem man 30 oder 40 Groschen Eintritt verlangte.[149] Um die Verantwortung für die Veranstaltung zu untermauern, schien bei den Ankündigungsinseraten immer der Name der zuständigen Ortsgruppe als Veranstalter auf. Für die Ortsgruppen gab es schriftliche Anweisungen »So behandle ich einen Redner« und für die Vortragenden gab es Richtlinien »So behandle ich einen Ortsgruppenleiter«.[150]

Einige Beispiele solcher nationalsozialistischer Versammlungen sollen in der Folge herausgegriffen werden.

In Hallein beim Scheicherwirt hielten die »Hitlerianer« am 2. März eine äußerst gut besuchte Versammlung ab. Unter dem Vorsitz des Ortsführers Koren hielt Bezirksrichter Dr. Max Peisser aus Radstadt das Hauptreferat und schoss sich vor allem auf die Christlichsozialen, die Kirche und die Priester ein. Er, ein ehemaliges Mitglied des CV, verkündete, dass die Religion am besten bei den Nationalsozialisten aufgehoben sei, da der Geist Luegers bei den Christlichsozialen völlig verschwunden sei. Als christlichsozialer Gegenredner trat Vizebürgermeister Franz Roidthaler auf. Die rund 100 kommunisti-

---

147 Gerhard Schulz: Europa und der Globus. Städte, Staaten und Imperien seit dem Altertum. Stuttgart, München 2001. S. 399.
148 Vgl. Randall L. Bytwerk: Die nationalsozialistische Versammlungspraxis. In: Gerald Diesener, Rainer Gries (Hrsg.): Propaganda in Deutschland. Zur Geschichte der politischen Massenbeeinflussung im 20. Jahrhundert. Darmstadt 1996. S. 36 ff.
149 Vgl. Randall L. Bytwerk: Die nationalsozialistische Versammlungspraxis. S. 39.
150 Vgl. Randall L. Bytwerk: Die nationalsozialistische Versammlungspraxis. S. 46.

Freiheit und Brot!

ist der Sehnsuchtsschrei unseres gemarterten und ausgeplünderten Volkes. Ehrlich schaffende deutsche Volksgenossen! Macht Schluß mit der Mißwirtschaft der Parteibonzen und Korruptionspflanzen, kommet alle zur nationalsozialistischen

Wählerversammlung

am _____ den _____ 1930 um _____

im Gasthaus _____ Redner: Pg. _____

Gegen den Marxismus! Für den deutschen Sozialismus! Gegen die kapitalistische Reaktion! Für den freien Volksstaat! Gegen Korruption und Protektion! Für Reinheit und Ehrlichkeit! Gegen die Bankenkolonie! Für Deutschland!

Abb. 11. Wahlplakat der Hitlerbewegung. (Landesarchiv Salzburg, Plakatarchiv)

schen Teilnehmer unter dem KP-Gemeinderat Fagerer wurden von den Nationalsozialisten kaum angegriffen.[151]

In Maxglan hielt die »junge Kampfmannschaft« der Hitlerbewegung in der Kuranstalt Kreuzbrückl eine Wählerversammlung ab, bei der ebenso viele Besucher gezählt wurden wie bei der Versammlung der Sozialdemokraten mit dem Wiener Stadtrat Paul Speiser. Bei der nationalsozialistischen Veranstaltung sprach Stadtrat Prof. Rudolf Gerstenberger, Reichsleiter für Gemeindepolitik, aus Sachsen.[152]

---

151 Vgl. SChr. 4. 3. 1931. S. 3. Der Bericht der Salzburger Chronik über die Äußerungen Peissers zur Kirche löste bei diesem eine Entgegnung aus: »Es ist unrichtig, daß ich gegen den Klerus oder die Geistlichkeit Stellung genommen habe, dies liegt mir als *gläubigen Katholiken* vollkommen ferne. Mein Kampf richtet sich im Rahmen der Hitlerbewegung ausschließlich gegen den Kommunismus.« SChr. 9. 3. 1931. S. 5.
152 SVBl. 28. 3. 1931. S. 12.

Am 21. März 1931 hielten die Hitler-Nationalsozialisten in Radstadt eine Versammlung ab, die mit Massenplakaten und schreiender Reklame angekündigt worden war. Lauter Trommelwirbel leitete die Veranstaltung ein, die aber trotz der intensiven Bewerbung nicht überwältigend besucht war. Als Gastredner war Gemeinderat Oberhaidacher aus Graz angereist und ritt heftige Attacken gegen die Christlichsozialen und den ehemaligen Bundeskanzler Seipel. Besonders tat sich auch dort Bezirksrichter Dr. Peisser hervor, der die angeblich letzten Worte eines in Hamburg von Kommunisten ermordeten Nationalsozialisten in den Saal schrie: »Ich sterbe gerne für Hitler!« Peisser stellte die Frage, wo je einer gerufen habe »Für Schober sterbe ich gerne« oder »Für Seipel sterbe ich gerne«. Die Salzburger Chronik fügte daran die rhetorische Frage, wie viele Hakenkreuzler in Radstadt in Wirklichkeit bereit wären, für Hitler zu sterben.[153]

In Bischofshofen veranstalteten die Nationalsozialisten am 22. März einen Hitler-Aufmarsch, an dem 181 Mann in Braunhemden, großteils Jugendliche, teilnahmen. Vom Balkon des Fleischhauers Mitmesser hielt ein Referent aus dem Deutschen Reich eine Rede. Am Abend veranstalteten die Nationalsozialisten eine Versammlung im Karolinenhof, wofür 30 Groschen Eintritt verlangt wurden. Die Teilnehmerzahl war sehr gering.[154]

Im Oberpinzgau fanden Veranstaltungen der Hitler-Bewegung in Bramberg und Hollersbach statt, die von Rednern aus dem Land Salzburg bestritten wurden: Forstrat Müllauer aus Mühlbach und Bürgermeister Josef Ernst aus Zell am See. Besonders heftiger Gegenredner in Bramberg war der dortige Kooperator. Die »vollbesetzten Versammlungen« aber zeigten, »dass der Nationalsozialismus im Oberpinzgau mit gewaltigen Schritten vorwärts schreitet und auch die bäuerliche Bevölkerung mit Hitlers Programm sich einverstanden erklärt«, schrieb der Korrespondent des Salzburger Volksblattes.[155]

Im Lungau, der bei der Nationalratswahl 1930 vom Nationalsozialismus noch fast unberührt geblieben war (die Hitlerbewegung erreichte nur 0,93 Prozent), wurde ab diesem Zeitpunkt von München, Kärnten und vor allem von der Steiermark aus nationalsozialistisch »missioniert«. Für die erste Versammlung der Nationalsozialisten im Lungau am 14. März 1931 im Gasthof Grössing in Tamsweg wurde als Redner der erste nationalsozialistische Gemeinderat aus Graz und Gauleiter der Steiermark, Walther Oberhaidacher, aufgeboten. Er referierte zum Thema »Nationaler Sozialismus«. Am 27. März gab es eine weitere Versammlung in Tamsweg, bei der Toni Gruber aus Mürzzuschlag und einer der Gründer der NSDAP-Ortsgruppe Tamsweg, Dr. Otto Menz, zum Thema »Gemeinderatswahlen und nationaler Sozialismus« sprachen. Besonders interessant aber ist, dass die Versammlungstätigkeit der Hitlerbewegung im Lungau *nach* den Gemeindewahlen besonders intensiviert wurde. Im ganzen Jahr 1931 wurden bei der

---

153 SChr. 24. 3. 1931. S. 4.
154 Vgl. SWa. 24. 3. 1931. S. 3.
155 SVBl. 6. 3. 1931. S. 9.

Abb. 12. Wahlplakat der Hitlerbewegung gegen Korruption. (Landesarchiv Salzburg, Plakatarchiv)

Bezirkshauptmannschaft Tamsweg 42 nationalsozialistische Versammlungen gemeldet, davon nur zwei *vor* den Gemeindewahlen. Das war für den Lungau geradezu eine völlig unbekannte Flut von politischen Veranstaltungen, die die anderen Parteien, insbesondere die dominierende Christlichsoziale Partei, völlig unvorbereitet traf. Bei 20 Versammlungen stammten die Redner aus der Steiermark, in sieben Fällen aus Kärnten, in fünf Fällen aus München und nur dreimal referierten Nationalsozialisten aus Tamsweg. Darunter auch der Tamsweger Arzt und spätere Kreisleiter Dr. Otto Menz, der eigentlich zu dieser Zeit noch Lungauer Gauleiter der Großdeutschen Volkspartei war.[156] Man sieht also, dass auch im Lungau die Gemeindewahl am 29. März 1931 der »Takeoff-Point« für die nationalsozialistische Massenmobilisierung darstellte. Die Nationalsozialisten versuchten, neben weltanschaulichen Fragen die Bevölkerung vor allem durch das Aufzeigen von sozialen und wirtschaftlichen »Skandalen« für ihre Bewegung zu mobilisieren. Von den Versammlungen im Lungau wurden immer wieder Erfolgsmeldungen wie der gute Besuch, Neubeitritte und Wahlkampfspenden berichtet.[157]

Gegen den Wahltag hin wurde ein Massenflugblatt der Hitlerbewegung vor allem in der Stadt Salzburg verbreitet, in dem die wesentlichen Punkte der Wahlargumentation enthalten waren[158]:

- Gegen Freunderl- und Parteibuchwirtschaft bei der Wohnungsvergabe und in der Beamtenschaft. Das Parteibuch muss weg. »Die Hitler-Bewegung wird diesen Herren unangenehm werden!«
- Gegen den Festspielhausausbau;
- Gegen das Defizit bei den gemeindeeigenen Autobusbetrieben;
- Gegen die Privatisierung des Elektrizitätswerkes;
- Für die Kürzung der oberen Beamtengehälter zugunsten der kleinen Beamten und der Gemeindearbeiter;
- Herabsetzung der Zahl der Bürgermeister in der Stadt Salzburg von vier auf drei und Reduktion ihrer Bezüge. Die Aufwandsentschädigung der Gemeinderäte ist abzuschaffen;
- Antisemitismus: Es wird angeprangert, dass angeblich dem Juden Veith Teile des Mönchsberges und der Monikapforte verkauft werden sollten. Angriffe gegen Max Reinhardt, weil ihm das Bad Leopoldskron verkauft werden sollte. Es wird angeprangert, dass der Jude Max Reinhardt in einem Monat bei den Salzburger Festspielen 100.000 S verdient. »Der widerliche Reinhardt-Kult muß ein Ende finden!«

---

156 Vgl. Ignaz Steinwender: Die Geschichte einer Verführung. Kirche und Nationalsozialismus im Salzburger Bezirk Lungau, 1930–1945. Frankfurt am Main 2003. S. 53 ff.
157 Vgl. Ignaz Steinwender: Die Geschichte einer Verführung. S. 64.
158 Veröffentlicht in SVBl. 23. 3. 1931. S. 4

Abb. 13. Aufruf zum Aufhängen des Juden Rothschild. (Der eiserne Besen. 31. 7. 1931)

Abb. 14. »Die Weltpest«. Ständig wiederholte Zeichnung über antisemitischen Hetzartikeln im Eisernen Besen

Die weiteren politischen Inhalte transportierte die nationalsozialistische Wochenzeitung »Der eiserne Besen«, der einem aggressiven Antisemitismus huldigte. Die Beiträge waren von einem ungeheuerlichen Judenhass getragen, der in umfassenden Aufrufen, nicht in den jüdischen Kaufhäusern Salzburgs, beim »Salzburger Kaufhausjuden« Schwarz (der »polnische Jude Samuel Löbl Schwarz«) oder bei »Luser Nisson Ornstein«, Löwy, Kohn, Pollak usw. einzukaufen.[159] Das NS-Blatt, das offensichtlich in großen finanziellen Nöten war, berichtete mit Stolz, dass es keine Inserate jüdischer Unternehmer aufnehme und prangerte die anderen Zeitungen an, weil sie bereit waren, jüdische Inserate zu veröffentlichen.[160] Zu diesen Zeitungen zählte auch das nationale Salzburger Volksblatt, in dem die genannten Kaufhäuser laufend große Inserate schalteten. Daneben finden sich klar antisemitische Inserate nationaler Organisationen, wie etwa des Salzburger

---

159 Vgl. Der Eiserne Besen. 16. 1. 1931. S. 1
160 Vgl. Der Eiserne Besen. 16. 1. 1931. S. 5

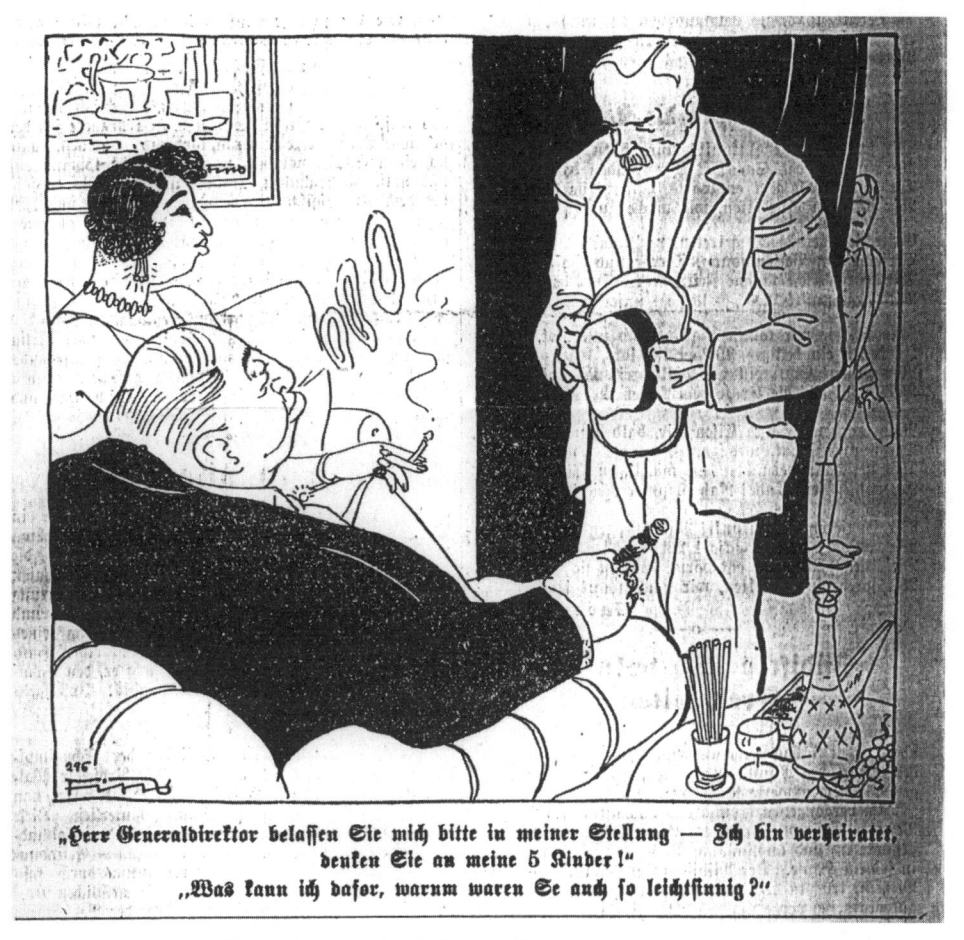

Abb. 15. Antisemitische Karikatur im Eisernen Besen. (9. 1. 1931).

Turnvereines, der alle nationalen Vereine und Körperschaften zu einem Lichtbildervortrag zum Thema »Volksmord durch die Judenpresse« einlud.[161]

Die Hitlerpresse sah in Salzburg ein »Komplott des Schweigens«, wenn es um die jüdische Kaufmannschaft ging, die eine »eminente Lebensgefahr« für die bodenständige, deutsch-christliche, ehrlich schaffende Geschäftswelt Salzburgs darstelle. Die gesamte Tagespresse sei von Juden bezahlt und schweige, erklärte der Eiserne Besen. Wenn es keine jüdischen Kaufhäuser gäbe, würden zwanzig bis dreißig zusätzliche Selbständige Platz haben, so aber würde die arische, deutsche Kaufmannschaft »zurückgedrängt, vernichtet und proletarisiert«. Auch eine furchtbare Zukunft wurde von den Nationalsozia-

---

161 SVBl. 28. 3. 1931. S. 17.

listen vorausgesagt: Die Salzburger Kinder würden nur mehr die »untergeordneten Stellen und schlecht bezahltesten (sic) Posten im Dienste des Judentums erhalten«, sodass die Töchter nur mehr Dienstboten und die Söhne nur mehr Knechte sein würden.[162]

Zielscheibe der Angriffe der Hitlerbewegung waren immer wieder auch die Großdeutschen und die Schulz- (in Salzburg Schlam-)Nationalsozialisten, die ihr zu halbherzig, zu kompromisslerisch den Antisemitismus vertraten und mit denen sie in ständigem gerichtlichen Streit war. Als etwa die Großdeutschen bekräftigten, dass es für ein Parteimitglied der Großdeutschen Volkspartei nicht vereinbar sei, Grund und Boden und Immobilien an »jüdische Rassenfremdlinge« zu verkaufen, bei »jüdischen Ramsch- und Warenhäuslern« einzukaufen und Verkehr mit Juden zu haben, ätzte der Eiserne Besen, ob denn eine Frau Heilmeyer schon von den Großdeutschen »gegangen worden« sei, da sie doch einen Verkauf an Juden getätigt habe.[163] Immer wieder wurden Personen namentlich an die Öffentlichkeit gezerrt und ihnen Verbindungen zu Juden vorgeworfen. Über die Großdeutsche Volkspartei wollten die Nationalsozialisten eigentlich gar nicht mehr reden, denn sie ist »ein Aas, Aas stinkt uns zu viel und darum wollen wir darin nicht herumwühlen.«[164]

Ein weiterer Schwerpunkt der Agitation – der generellen Propagandalinie der Hitlerbewegung entsprechend – war das Schüren des Hasses gegen das »System« und seine Repräsentanten, untermauert durch das Aufgreifen echter oder vermeintlicher Korruptionsaffären und Skandale in der Lokalpolitik.[165] So waren z. B. die »rote Bonzokratie«, die »nicht für das Arbeiten, dafür umso mehr für das Fressen« da sei[166], und die sozialdemokratische Verwaltung in Wien, über die Horrormeldungen verbreitet wurden, Zielscheiben für die Angriffe der Nationalsozialisten, verbreitet über ihr Parteiorgan Der Eiserne Besen[167] oder bei ihren Versammlungen. Die Mitglieder der Regierung dürfe man nicht mit »Esel« bezeichnen, weil man dann »mit dem Tierschutzverein in Konflikt geraten« würde.

Auch wenn es nicht möglich ist, einen vollständigen Überblick über die Wahlveranstaltungen der Hitlerbewegung zu geben, soll doch versucht werden, vor allem anhand der bezahlten Ankündigungen und der Meldungen im Salzburger Volksblatt einen Eindruck in das Versammlungswesen der Hitler-Nationalsozialisten zu geben. Die Versammlungen der Hitlerbewegung in der Stadt Salzburg wurden meistens mehrfach in bezahlten Anzeigen im Salzburger Volksblatt angekündigt. Die Zeit nach Weihnachten wurde von den Hitlerleuten für eine massive Versammlungswelle genutzt. Eine Vorgangsweise, die bisher völlig unüblich war und die anderen Parteien überraschte.

---

162 Der Eiserne Besen, 16. 1. 1931. S. 1.
163 Vgl. Der Eiserne Besen. 23. 1. 1931. S. 5.
164 Walter Oberhaidacher bei der nationalsozialistischen Versammlung am 3. 2. 1931.
165 Vgl. Albrecht Tyrell: Führer befiehl ... Selbstzeugnisse aus der ›Kampfzeit‹ der NSDAP. Düsseldorf 1969. S. 215.
166 Frauenfeld bei der NSDAP-Versammlung am 20. 1. 1931.
167 Vgl. Der Eiserne Besen. 13. 2. 1931. S. 1.

In Radstadt luden die Nationalsozialisten am 2. Jänner vierzehn arme Kinder zu einer Christbaumbescherung ein und beschenkten sie. Bemerkenswert ist, dass an dieser Feier nicht nur die Bürgermeister der Land- und der Stadtgemeinde Radstadt, Vertreter der Behörden und der Vereine, sondern auch die Ortsgeistlichkeit teilnahmen. Der nationalsozialistische Aktivist, Bezirksrichter Max Peisser, sprach über die »Bedeutung der Weihnachtsfeier für die deutsche Christenheit«. Die Feier schloss bezeichnenderweise mit dem Stille-Nacht- und dem Horst-Wessel-Lied.[168]

Anfang Februar 1931 meldete die Leitung des Westgaues der Hitlerbewegung (Salzburg, Tirol, Vorarlberg) ein prominentes neues Mitglied: Wladimir Freiherr Giesl von Gieslingen trat der Hitlerpartei bei und engagierte sich stark als Redner bei Versammlungen. Giesl von Gieslingen, 1860 geboren in Fünfkirchen (Ungarn), war General und Diplomat der Monarchie und war 1913/14 Gesandter in Belgrad. Er überreichte auf Anweisung des Außenministers am 25. 7. 1914 das österreichische Ultimatum an Serbien und brach die diplomatischen Beziehungen ab. Im Ersten Weltkrieg diente er als General der Kavallerie und starb 1936 in Salzburg.[169] Er war also bereits 71 Jahre alt, als er in die NSDAP eintrat und für sie als Redner auftrat.

Wahlveranstaltungen der Hitlerbewegung zur Gemeindewahl 1931

30.12. 1930	Aigen	Versammlung	Wladimir Giesl von Gieslingen
			Theo Stadler
3. 1. 1931	Dürnberg	Versammlung	Dr. Unterberger (Hallein)
4. 1. 1931	Anthering	Versammlung	Theo Stadler
6. 1. 1931	Lengfelden	Versammlung	Wladimir Giesl von Gieslingen
6. 1. 1931	Hallein	Versammlung	Dr. Anton Jennewein (Hallein)
8. 1. 1931	Stadt Salzburg	Mitgliedersprechabend	Franz Wintersteiner
9. 1. 1931	Bischofshofen	Versammlung	Theo Stadler
10. 1. 1931	Neumarkt	Versammlung	Theo Stadler
11. 1. 1931	Hallwang	Versammlung	Reinsperger
11. 1. 1931	Seekirchen	Versammlung	Wladimir Giesl von Gieslingen
11. 1. 1931	Kothgumprechting	Versammlung	Wladimir Giesl von Gieslingen
11. 1. 1931	Werfen	Versammlung	Theo Stadler
11. 1. 1931	Altenmarkt	Versammlung	Theo Stadler
20. 1. 1931	Stadt Salzburg	Massenversammlung	Alfred Eduard Frauenfeld (Wien)
3. 2. 1931	Stadt Salzburg	Massenversammlung	Walther Oberhaidacher (Graz)
5. 2. 1931	Stadt Salzburg	Sprechabend	
19. 2. 1931	Stadt Salzburg	Sprechabend	Pg. Albert

---

168 Vgl. SVBl. 5. 1. 1931. S. 12.
169 Vgl. Walter Kleindel: Das große Buch der Österreicher. Wien 1987. S. 144.

22. 2. 1931	Radstadt	Versammlung	Dr. Walther Riehl (Wien)
22. 2. 1931	Saalfelden	Versammlung	Dr. Walther Riehl
22. 2. 1931	Bischofshofen	Ortsgruppenführertagung	Ing. Heinrich Suske (Innsbruck)
26. 2. 1931	Stadt Salzburg	General-Mitgliederversammlung	
1. 3. 1931	Bramberg	Versammlung	Forstrat Müllauer (Mühlbach)
			Bgm. Josef Ernst (Zell am See)
1. 3. 1931	Hollersbach	Versammlung	Bgm. Josef Ernst
2. 3. 1931	Hallein	Versammlung	Dr. Max Peisser (Radstadt)
			Pg. Koren (Hallein)
5. 3. 1931	Stadt Salzburg	I. Wählerversammlung	Mag. Walter Rentmeister (NÖ)
12. 3. 1931	Stadt Salzburg	II. Wählerversammlung	Bgm. Josef Ernst (Zell am See)
			Ing. Heinrich Suske (Innsbruck)
14. 3. 1931	Tamsweg	Versammlung	Walter Oberhaidacher (Graz)
21. 3. 1931	Stadt Salzburg	III. Wählerversammlung	Hans Oberlindober (München)
			Ing. Rudolf Riedl (Innsbruck)
21. 3. 1931	Radstadt	Versammlung	Walter Oberhaidacher (Graz)
			Dr. Max Peisser
21. 3. 1931	Badgastein	Versammlung	Hugo Herzog (Kärnten)
22. 3. 1931	Bischofshofen	Hitler-Aufmarsch, Versammlung	Ing. Heinrich Suske (Innsbruck)
25. 3. 1931	Stadt Salzburg	Versammlung (Parsch)	Wladimir von Giesl und Pg. Koller
26. 3. 1931	Maxglan	Versammlung	Prof. Rudolf Gerstenberger
27. 3. 1931	Badgastein	Versammlung	Prof. Rudolf Gerstenberger
27. 3. 1931	Tamsweg	Versammlung	Pg. Toni Gruber (Mürzzuschlag)
			Dr. Otto Menz (Tamsweg)
28. 3. 1931	Böckstein	Versammlung	Ing. Rudolf Riedl (Innsbruck)
28. 3. 1931	Badbruck	Versammlung	Ing. Rudolf Riedl
28. 3. 1931	Stadt Salzburg	Wählerversammlung (Kurhaus)	Alfred Eduard Frauenfeld (Wien)
			Pg. Dauser (München)

Nach dieser (unvollständigen) Aufstellung zeigt sich, dass die Veranstaltungen der Nationalsozialisten doch sehr stark von auswärtigen Rednern bestritten wurden. In den 44 Veranstaltungen wurden 19 auswärtige Redner, davon vier aus Deutschland, eingesetzt. 25 Veranstaltungen, vor allem in kleineren Orten, bestritten Referenten aus Salzburg. Die meisten Reden hielt Theo Stadler, gefolgt von Wladimir Giesl von Gieslingen, Bürgermeister Josef Ernst aus Zell am See und Bezirksrichter Dr. Max Peisser aus Radstadt. Alle anderen Referenten bestritten nur eine Versammlung. Wenn auswärtige Redner eingesetzt wurden, stammten diese vor allem aus Wien, aus der Steiermark und aus Innsbruck. Drei größere Versammlungen hielt der steirische Gauleiter Walter Oberhaidacher. Eines seiner Themen war »Die österreichische Wirtschaftskrise, die Folge der österreichischen Misswirtschaft«.[170] Oberhaidacher war im Jahr 1928 im Alter von 32

Jahren zum Gauleiter befördert worden und hatte die Steiermark im Jahr 1930 zum Gau mit der größten Pro-Kopf-Mitgliederzahl an Nationalsozialisten sowie mit den gesündesten Parteifinanzen in Österreich gemacht.[171]

Zu zwei großen Veranstaltungen in der Stadt Salzburg kam der Gauleiter von Wien, Alfred Eduard Frauenfeld. Er sprach u. a. zum Thema »Der Freiheitskampf am Höhepunkt«.[172] Frauenfeld hatte 1930 die Funktion des Gauleiters übernommen und wurde nach der Landtagswahl 1932 Landtagsabgeordneter und Stadtrat in Wien. Ihm gelang der Aufbau der Wiener NSDAP zu einer Massenbewegung, er war einer der fleißigsten Versammlungsredner. Innerhalb von drei Jahren nahm er an über tausend Propagandaveranstaltungen teil, 140 davon in Deutschland. Als einstiger Schauspieler gelang es ihm, unterhaltsame Reden zu halten, die gespickt waren mit Anekdoten und Späßen, mit denen er die Politik der Nationalsozialisten – amüsant verpackt – besonders schmackhaft zu machen versuchte. Auf diese Weise versprach er allen alles.[173]

Ein weiterer prominenter Redner war der frühere Führer der DNSAP Dr. Walter Riehl, der 1923 mit Hitler gebrochen hatte und 1930 wieder in die NSDAP eingetreten war. Nicht überall war er als Redner willkommen, im Salzburger Wahlkampf sprach er in Radstadt und Saalfelden.[174]

Weitere Wahlrednerhilfe kam aus Innsbruck: Ing. Heinrich Suske, der Tiroler Gauleiter von 1928 bis 1931, und sein kurzzeitiger Nachfolger Ing. Rudolf Riedl traten in verschiedenen Orten des Landes auf. Aus Niederösterreich kam der aggressive Nationalsozialist Mag. Walter Rentmeister zur ersten großen Wählerversammlung in der Stadt Salzburg, aus Kärnten Hugo Herzog und aus Mürzzuschlag Toni Gruber.

Zur dritten großen Wählerversammlung in der Stadt Salzburg kam Hans Oberlindober aus München. Er war Sachbearbeiter der NSDAP für Kriegsentschädigtenfragen ab November 1930 und später Leiter der Hauptabteilung IX, Kriegsopferversorgung.[175] Schließlich waren Prof. Rudolf Gerstenberger, Reichsleiter für Gemeindepolitik, und ein Herr Dauser aus München als Redner im Einsatz.

Zusammenfassend kann man feststellen, dass die im Deutschen Reich etwa 1929 begonnene nationalsozialistische Massenmobilisierung mit modernen Wahlkampfmethoden mit einer Zeitverzögerung von rund zwei Jahren im Jahr 1931 sich auch in Österreich

---

170 Vgl. SVBl. 5. 2. 1931. S. 6.
171 Vgl. Bruce F. Pauley: Der Weg in den Nationalsozialismus. Ursprünge und Entwicklung in Österreich. Wien, 1988. S. 64.
172 Vgl. SVBl. 20. 1. 1931. S. 8.
173 Vgl. Bruce F. Pauley: Der Weg in den Nationalsozialismus. S. 65.
174 Vgl. F. L. Carsten: Faschismus in Österreich. Von Schönerer zu Hitler. München 1978. S. 152. Bruce F. Pauley: Der Weg in den Nationalsozialismus. S. 46.
175 Vgl. Albrecht Tyrell: Führer befiehl ... Selbstzeugnisse aus der ›Kampfzeit‹ der NSDAP. Düsseldorf 1991. S. 361 und S. 368.

durchzusetzen begann. Die Gemeindewahlen 1931 in Salzburg bildeten dafür den »take-off-point«, auch wenn noch bei weitem nicht alle Ortsgruppen in der Lage waren, diese Vorgaben organisatorisch und finanziell zu erfüllen. In diesem Fall verzichtete man auf eine eigene Kandidatur, Listengemeinschaften mit anderen Parteien waren verpönt und wurden strikt abgelehnt. Wo die Hitlerpartei kandidierte, stellte sie allein eine Liste auf und war durchwegs erfolgreich. Man startete in die Massenmobilisierung, die mit der Gemeindewahl nicht endete,k sondern gewaltig intensiviert wurde und in den Landtagswahlen 1932 ihren ersten Höhepunkt fand. Den Hitlerleuten war bewusst, dass die Gemeindewahlen der »Schlüssel für die im nächsten Jahr kommenden Landtagswahlen« waren.[176]

3.6. Andere Parteien und Wählergruppierungen

Die Kommunisten hatten vor allem die Sozialdemokraten ins Visier genommen. In den stark sozialdemokratisch dominierten Gemeinden hielten die Kommunisten entweder eigene Versammlungen ab oder besuchten massiert sozialdemokratische Veranstaltungen.

Am 7. Jänner 1931 organisierten die Kommunisten im Kurhaus der Stadt Salzburg eine stürmisch verlaufene Arbeitslosen-Versammlung, bei der ein Kommunist aus Niederösterreich referierte. Rund 600 »Arbeitslose« waren gekommen, die überwiegend den Sozialdemokraten zugehörten. Sie traten heftig gegen den kommunistischen Redner auf. Als die Gefahr zunahm, dass es zu gewaltsamen Auseinandersetzungen kommen könnte, schritt die Polizei ein und führte den Referenten ab.[177]

Die KP verbreitete im ganzen Land ein Flugblatt, in dem sie behauptete, die Arbeiterschaft hätte schon 1918 die Herrschaft übernehmen können, wenn die Führer der Sozialdemokratie dies damals gewollt hätten. Außerdem warfen sie den Sozialdemokraten vor, den Mieterschutz aufgegeben zu haben. »Ein einziger kommunistischer Gemeinderat kann in Verbindung mit den außerparlamentarischen Kämpfen der Mehrheit des Gemeinderates den Willen aufzwingen, wenn ein Großteil der Arbeiter hinter ihm steht und kämpft«, erklärten die Kommunisten in ihrem Flugblatt.[178]

Der Heimatblock hatte mit internen Problemen stark zu kämpfen. Eine Reihe der führenden Funktionäre der Heimwehr war mit der politischen Kandidatur als Heimatblock nicht einverstanden und legte ihre Funktionen zurück. So trat der Stabsleiter der Gebirgsgaue, Major Rudolf Oberhauser, im Jänner 1931 zurück, weil »durch die Gründung des Heimatblocks die überparteiliche Haltung der Heimatwehr aufgegeben«

---

176 Der Eiserne Besen, 27. 3. 1931. S. 4.
177 Vgl. SVBl. 8. 1. 1931. S. 8.
178 SWa. 27. 3. 1931. S. 2.

wurde.[179] Ebenso hatten der Führer des Stadtgaues, Generalmajor Eduard Freiherr von Albori, und sein Stellvertreter, Rechtsanwalt Dr. Robert Huber, sowie Rittmeister Heinrich Graf Dubsky, ihre Ämter zurückgelegt. Am 5. Jänner 1931 wurde eine neue Gauführung gewählt: Gauführer wurde General Josef Ontl und sein Stellvertreter Dir. Ing. Oskar Geraus.[180]

Es gab in der Heimwehr tiefe ideologische Risse: eine deutschnationale Richtung unter dem Notar Dr. Franz Hueber, dem Schwager Hermann Görings, und eine pro-italienische Richtung unter August Elshuber; ein mehr klerikaler Flügel gegen einen antiklerikalen bzw. die Anhänger des katholischen Bauernbundes gegen die Anhänger des Landbundes. Vor allem die Gruppe um Dr. Hueber rückte schließlich immer näher an den Nationalsozialismus heran.[181]

Einen Monat vor der Wahl gab die Landesstelle des Heimatbundes die Weisung heraus, möglichst in allen Gemeinden eine »antimarxistische Einheitsfront auf ständischer oder wirtschaftlicher Grundlage anzustreben.«[182] Der Heimatblock wusste offensichtlich, dass er nur im Verband mit anderen Parteien zu Gemeinderatsmandaten kommen konnte.

Am 1. Februar 1931 besuchte Bundesführer Ernst Rüdiger Fürst Starhemberg Salzburg. Aus diesem Anlass wurde ein »Familienabend« im Kurhaus organisiert.

Versammlungen wurden vereinzelt durchgeführt, etwa am 7. März in Badgastein, wo die Nationalräte Dr. Franz Hueber und Hans Ebner als Redner auftraten. Bei dieser Gelegenheit wurde eine Ortsstelle Badgastein des Heimatblockes gegründet, zu deren Ortsstellenleiter Dr. Alois Wagenbichler, der spätere Landeshauptmann-Stellvertreter, bestellt wurde.[183]

---

179 SVBl. 12. 1. 1931. S. 8.
180 Zur Entwicklung der Heimwehr in Salzburg vgl. Walter Wiltschegg: Die Heimwehr. Eine unwiderstehliche Volksbewegung? Wien 1985. S. 147–151.
181 Vgl. Ernst Hanisch: Die Erste Republik. In: Heinz Dopsch, Hans Spatzenegger (Hrsg.): Geschichte Salzburgs. Stadt und Land. Band II. Neuzeit und Zeitgeschichte. 2. Teil. Salzburg 1988. S. 1089 f.
182 Vgl. SVBl. 23. 2. 1931. S. 6.
183 Vgl. SVBl. 7. 3. 1931. S. 16.

4.

Der Wahlkampf in der Landeshauptstadt Salzburg

Salzburg war in den Dreißigerjahren eine Stadt von etwa 40.000 Einwohnern, deren Bevölkerungszahl erst durch die späteren Eingemeindungen sprunghaft anstieg.

In der Stadt Salzburg verteilte sich die politische Macht seit 1918 auf drei traditionelle politische Lager: Christlichsoziale, Sozialdemokraten und Deutschnationale. Als Besonderheit ist in der Stadt Salzburg jedoch seit Bestehen der Republik ein bürgerliches Protestpotential beobachtbar, das sich vom existierenden Drei-Lager-System nicht vertreten fühlte und das in den Dreißigerjahren vermutlich von den Nationalsozialisten angesprochen wurde.[184] Dieses Phänomen des starken bürgerlichen Protestpotentials ist bis in die Gegenwart festzustellen und manifestierte sich in den 70er-Jahren des 20. Jahrhunderts im Entstehen engagierter Bürgerinitiativen und in der Gründung der so genannten »Bürgerliste«.[185]

Nach 1918 war in der Stadt Salzburg der Übergang von der Monarchie zur Demokratie der Ersten Republik wesentlich schwieriger vor sich gegangen als etwa im Land Salzburg. Der Gemeinderat war bis 1918 eine Honoratiorenversammlung mit einer klaren Mehrheit der Deutschnationalen gewesen, die sich bis zum Schluss gegen jegliche Demokratisierungsbestrebungen im Wahlrecht der Stadt Salzburg wehrten, während die Landtagswahlordnung schon eine Reihe von Änderungen in Richtung Demokratisierung hinter sich hatte.

Die erste Gemeinderatswahl nach dem Zusammenbruch der Monarchie am 13. Juli 1919 brachte eine totale Veränderung der politischen Landschaft in der Stadt Salzburg. Eher überraschend erreichte die Christlichsoziale Partei mit 36,5 Prozent eine klare relative Mehrheit, die Sozialdemokraten kamen auf 28,6 Prozent und die bisher dominierenden deutsch-freiheitlichen Gruppierungen erreichten nur mehr 23,9 Prozent. Die »Deutsche Arbeiterpartei« erreichte immerhin schon 8,9 Prozent.[186]

Der bisherige großdeutsche Bürgermeister Max Ott musste nun dem christlichsozialen Spitzenkandidaten Josef Preis Platz machen. Die Großdeutschen konnten den Verlust der Macht an die Christlichsozialen nie verwinden und waren in weiterer Folge für die Bürgermeisterpartei immer ein unsicherer Partner. Obwohl auf Bundes- und zum Teil

---

184 Vgl. Ernst Hanisch: Im Zeichen des allgemeinen Wahlrechtes. In: Heinz Dopsch, Hans Spatzenegger (Hrsg.): Geschichte Salzburgs. Stadt und Land. Band II. Neuzeit und Zeitgeschichte. 3. Teil. Salzburg 1988. S. 2379.
185 Vgl. Franz Schausberger: Vom Mehrparteien- zum Vielparteiensystem. Die Gemeinderatswahlen in Salzburg 1992. In: Österreichisches Jahrbuch für Politik. 1992. Wien, München 1993. S. 303–339.
186 Vgl. Ludwig Netsch: Gemeinderatswahlen in der Stadt Salzburg. Phil. Diss. Salzburg 1987. S. 166.

auch auf Landesebene feste Koalitionen zwischen Christlichsozialen und Großdeutschen bestanden, gab es im Gemeinderat der Stadt Salzburg häufig gemeinsame Beschlüsse der Christlichsozialen und der Sozialdemokraten, aber auch der Sozialdemokraten mit den Großdeutschen. Sowohl Christlichsoziale als auch Sozialdemokraten brachten immer wieder ihre Abneigung gegenüber der grundsatzlosen Politik der Großdeutschen zum Ausdruck und respektierten gegenseitig die weltanschaulich gefestigten Standpunkte.

Die Großdeutschen schürten Unzufriedenheiten, versuchten damit immer wieder Stimmen aus dem hohen bürgerlichen Protestpotential zu gewinnen, was ihnen aber nur teilweise gelang, weil das großdeutsche Lager in sich ziemlich zerstritten war. Das führte in den 1920er-Jahren zur Gründung eines so genannten Unabhängigen Wirtschaftsverbandes, der 1927 als Unpolitische Wirtschaftspartei kandidierte beziehungsweise zur Kandidatur des Wirtschaftlichen Ständebundes. Dieses große Potential von Unzufriedenen, Protestlern und Nichtwählern brachte natürlich eine große Labilität in die Kommunalpolitik und führte schließlich 1927 zum Verlust der christlichsozialen Mehrheit im Gemeinderat und ebnete den Weg für einen großdeutschen Bürgermeister, der neuerlich Max Ott war.[187]

Die politischen Parteien hatten im Laufe der Zeit enorm an Einfluss auf das Leben in der Stadt gewonnen. Von der Wohnungszuteilung bis zur Arbeitsplatzsuche lief nichts mehr ohne sie. Die Stadtgemeinde hatte sich besonders stark im kommunalen Wohnbau engagiert, jeder achte Einwohner der Stadt wohnte in einer städtischen Wohnung. Die Sozialdemokraten dominierten den Wohnungsausschuss im Gemeinderat und hatten so die Möglichkeit, sich politische Abhängigkeiten zu schaffen. Andererseits waren die bei der Wohnungsvergabe Übergangenen politische Gegner auf Lebenszeit. Auch die Praxis der Sozialdemokraten in ihrer revolutionären Phase, in die Privatsphären der Bewohner einzudringen, um freie Wohnkapazitäten festzustellen, löste Aversionen der Betroffenen gegenüber der Politik aus.

Die noch unter dem christlichsozialen Bürgermeister angestellten 200 Gemeindearbeiter wurden von Bürgermeister Ott wieder abgebaut. Die Arbeiter waren weitgehend christlichsozial organisiert, Bürgermeister Ott verwies bei ihrem Abbau auf die schlechte wirtschaftliche Lage der Stadt.[188] Max Ott hatte 1927 als Bürgermeister das Finanzressort übernommen und polemisierte gegen seinen Vorgänger Josef Preis, unter dem mangelnde kaufmännische Sorgfalt geherrscht hätte, eine schwere Kränkung für den sparsamen und bescheidenen Kaufmann Josef Preis. Tatsächlich erhöhte sich der Schuldenstand der Stadt unter Max Ott bis 1931 um weitere zehn Millionen Schilling. Der

---

187 Vgl. Franz Schausberger: Eine Stadt lernt Demokratie. Bürgermeister Josef Preis und die Salzburger Kommunalpolitik 1919–1927. Salzburg 1988. S. 11 ff.
188 Diese und andere Hinweise entstammen einer Seminararbeit von Hans Huber und Anton Alexander Lettner: Die Gemeinderatswahl in der Stadt Salzburg vom 29. 3. 1931. WS 1999/2000. Historisches Institut der Universität Salzburg.

gesamte Schuldenstand der Gemeinde betrug damit 32 Millionen Schilling, ein Ansatz für ständige politische Auseinandersetzungen.[189]

In der Stadt Salzburg standen also im Gemeinderatswahlkampf 1931 vor allem wirtschaftliche Fragen im Vordergrund. Es ging in erster Linie um die Stadtfinanzen, um Verschuldung und um den Umgang mit öffentlichen Mitteln. Aber auch in diesem Bereich kamen durchaus harte gesellschaftspolitische Gegensätze zum Vorschein. »Es stehen sich die Vertreter des reinen Unternehmertums und der sozialistischen Wirtschaftsauffassung schroff und unübersehbar mit ihren Forderungen gegenüber. Es beginnt aber auch eine neue Wirtschaftsordnung heraufzusteigen, die des Solidarismus und des Ständeausgleichs.«[190] Hier kündigten sich bereits die ständestaatlichen Ideen im Rahmen der Christlichsozialen an.

Wirtschaftlich hatte die Stadt Salzburg natürlich innerhalb des Landes Salzburg eine zentrale Funktion mit stärkerem Wirtschaftswachstum als in den Gauen. Die gewerbliche Betriebszählung ergab, dass etwa ein Viertel der Betriebe des Landes Salzburg in der Landeshauptstadt angesiedelt waren, wobei eine durchschnittliche Betriebsgröße von 4,5 Beschäftigten (einschließlich der tätigen Inhaber) ausgewiesen wurde. In diesen Betrieben in der Stadt Salzburg war ungefähr ein Drittel der Erwerbstätigen des Bundeslandes beschäftigt, wobei über 80 Prozent der Betriebe nicht mehr als fünf Beschäftigte aufwiesen. Dies zeugt von der klein- und mittelständischen Betriebsstruktur, während der Anteil der Industrie sehr klein war.

Zwei Branchen hatten in der Stadt Salzburg eine besondere Bedeutung: der Fremdenverkehr und die Bauwirtschaft.

Der Fremdenverkehr nahm bis 1928 kontinuierlich zu. 1928 wurden in der Stadt Salzburg rund 300.000 Übernachtungen gezählt. Danach begann ein deutlicher und rascher Abstieg, verursacht durch die Auswirkungen der Weltwirtschaftskrise. 1928 kamen über die Hälfte der Gäste aus dem Ausland, in den Folgejahren nahm vor allem der Anteil deutscher Touristen stark ab. Das Hauptkontingent des Tourismus fiel in der Landeshauptstadt auf den Sommerfremdenverkehr, der Wintertourismus war an den Nächtigungszahlen nur mit rund zehn Prozent beteiligt.[191]

Diese vorerst sehr positive Entwicklung des städtischen Tourismus führte zu einer hohen Investitionsbereitschaft der Unternehmer. 1928 wurde doppelt so viel investiert wie noch 1925. Damit stieg aber auch die durchschnittliche Verschuldung pro Fremdenbett von 450 Schilling im Jahr 1926 auf 1.800 Schilling im Jahr 1928. Der nun folgende Rückgang der Übernachtungen wirkte sich auf die Fremdenverkehrsbetriebe verheerend aus.

---

189 Vgl. SVBl. 25. 3. 1931. S. 3 und SVBl. 26. 3. 1931. S.4.
190 SChr. 21. 3. 1931. S. 4.
191 Vgl. Christian Dirninger: Konjunkturelle Dynamik und struktureller Wandel in der wirtschaftlichen Entwicklung des Landes Salzburg im 20. Jahrhundert. In: Heinz Dopsch, Hans Spatzenegger (Hrsg.): Geschichte Salzburgs. Stadt und Land. Band II. Neuzeit und Zeitgeschichte. Teil 4. Salzburg 1988. S. 2771.

Die Zahl des zur Arbeitsvermittlung vorgemerkten gastgewerblichen Personals war 1931 viermal so hoch wie 1926.[192] Die Darstellung dieser Situation ist deshalb politisch von Bedeutung, weil davon ausgegangen werden kann, dass eine solche Krise der Fremdenverkehrswirtschaft zu politischen Unzufriedenheiten bei Unternehmern und Arbeitnehmern dieser Branche führte und für populistische Protestparteien, wie etwa die Nationalsozialisten, willkommenen Anlass für ihr Agitieren bot.

Ähnliche Auswirkungen hatte die Entwicklung in der Bauwirtschaft. Entscheidende Antriebsfeder für die Bauwirtschaft war der Wohnbau, sowohl der städtische als auch der genossenschaftliche und der private. Gestärkt wurde diese Wohnbautätigkeit durch die staatliche Wohnbauförderung (Wohnbauförderungsgesetz 1929). Auch einige Großbauprojekte des Salzburger Landeshauptmannes Dr. Franz Rehrl, wie zum Beispiel der Umbau des Festspielhauses und der Bau der Gaisbergstraße, wirkten sich auf die Entwicklung der Bauwirtschaft positiv aus. Schließlich aber wurde die Bauwirtschaft durch die Auswirkungen der Weltwirtschaftskrise, durch die Einschränkung der Investitionen im Tourismus und der öffentlichen Hand besonders hart getroffen. »Nicht zuletzt aufgrund der Konjunkturempfindlichkeit der Führungssektoren kam in der Stadt Salzburg die Weltwirtschaftskrise rasch und stark zur Auswirkung und es trat die die österreichische Wirtschaft der Zwischenkriegszeit insgesamt kennzeichnende latente und in den Aufschwungsjahren nur teilweise verdeckte tatsächliche wirtschaftliche Schwäche deutlich zu Tage. Am sichtbarsten wurde sie in der Arbeitslosigkeit, die in Salzburg – wie in Österreich insgesamt – permanent, ab 1929 aber eklatant anstieg.«[193]

Abb. 16. Christlichsoziales Wahlinserat. (SChr. 24. 3. 1931).

---

192 Vgl. Christian Dirninger: Determinanten und Strukturelemente der Wirtschaftsentwicklung im 20. Jahrhundert. In: KARONA Grafik GesmbH (Hg.): Chronik der Salzburger Wirtschaft. Salzburg 1988. S. 217.
193 Vgl. Christian Dirninger: Determinanten und Strukturelemente der Wirtschaftsentwicklung im 20. Jahrhundert, a. a. O. S. 220.

Die in der Stadt Salzburg herrschende Not der Arbeitslosen wird beispielsweise durch Aufrufe des Salzburger Volksblattes zur Geldsammlung für Arbeitslose[194] oder des Salzburger Bürgermeisters Ott zur Spende von getragenen Kleidern und Schuhen für Arbeitslose und Arme[195] illustriert. Die hohe Arbeitslosigkeit und die Not der Betroffenen boten den Nährboden für die Propaganda der Nationalsozialisten und bildeten eine deutliche Gefahr für die Stabilität des politischen Systems. So sehr etwa die Salzburger Festspiele für die wirtschaftliche Entwicklung von Stadt und Land Salzburg von großer Bedeutung waren, boten sie und vor allem ihr Mitbegründer Max Reinhardt immer wieder Angriffsflächen für Populismen der Nationalsozialisten: Der nationalsozialistische Spitzenkandidat Dr. Erich Saffert polemisierte in einer Zuschrift an das Salzburger Volksblatt: »Max Reinhardt macht einen Monat lang Festspiele, dafür erhält er 100.000 S.«[196] Für alle jene, die arbeitslos in Not und Armut lebten, natürlich eine Provokation.

Als kulturpolitische Frage wurde die Errichtung des Krematoriums angesehen, das gegen die Stimmen der Christlichsozialen beschlossen wurde.

Der Wahlkampf der Christlichsozialen Partei

Die Parteien standen in der Landeshauptstadt Salzburg noch ganz unter dem Eindruck der Nationalratswahl vom 9. November 1930. Deren Ergebnis war für die CHRISTLICHSOZIALEN in der Stadt Salzburg katastrophal. Die Christlichsozialen waren nur mehr drittstärkste Partei. Hätte man das Ergebnis der Nationalratswahl auf den Gemeinderat umgelegt, hätten die Christlichsozialen vier Mandate verloren, die Sozialdemokraten hätten eines weniger bekommen, der nationale Block hätte insgesamt vier Mandate gewonnen.[197]

Als eine organisatorische Konsequenz aus diesem schlechten Wahlergebnis wurden auf Beschluss der christlichsozialen Landesparteileitung und der Stadtparteileitung die Agenden des Stadtparteisekretariates mit denen des Landesparteisekretariates mit Ende des Jahres 1930 im Haus Kapitelplatz 7 zusammengelegt.[198] Am 3. März 1931 wurde ein christlichsozialer Stadtparteitag im Hotel Wolf Dietrich durchgeführt, bei dem Dr. Albert Rechfeld (er starb während der NS-Zeit im KZ) zum Stadtparteiobmann wieder gewählt und Prof. Heinrich Seibert wieder zum Stadtparteisekretär bestellt wurde. Bei diesem Stadtparteitag wurde auch die Liste der Gemeinderatskandidaten beschlossen.[199]

---

194 Vgl. SVBl. 13. 1. 1931. S. 1.
195 Vgl. SVBl. 21. 2. 1931. S. 5.
196 SVBl. 23. 3. 1931. S. 4.
197 Vgl. zur Gemeinderatswahl in der Stadt Salzburg Franz Schausberger: Eine Stadt lernt Demokratie. Bürgermeister Josef Preis und die Salzburger Kommunalpolitik 1919–1927. Salzburg 1988. S. 135–138.
198 Vgl. SChr. 3. 1. 1931. S. 7.
199 Vgl. SChr. 4. 3. 1931. S. 4.
  Die Neuwahl der christlichsozialen Stadtparteileitung brachte folgendes Ergebnis:

Vizebürgermeister Josef Preis, der wieder zum Spitzenkandidaten gewählt worden war, betonte in seiner Rede, dass sich in der Landeshauptstadt Salzburg die Zusammenarbeit mit den Großdeutschen bewährt habe, obwohl den Großdeutschen vorzuwerfen sei, dass auch sie in den letzten vier Jahren nicht sparsamer sein konnten als der christlichsoziale Bürgermeister in den Jahren zuvor. Die Ausgaben – so rechneten die Christlichsozialen vor – seien seit 1927 um 24 Prozent gestiegen, die Schulden seien bei der Salzburger Sparkasse zwar nicht mehr so hoch, dafür aber bei der Zentralsparkasse in Wien. Trotz der an sich guten Zusammenarbeit warfen die Christlichsozialen den Großdeutschen in zwei wesentlichen Punkten eine »blau-rote« Koalition mit den Sozialdemokraten vor: beim Hinauswurf der christlichen Gemeindearbeiter und bei der Errichtung des Krematoriums. In ihrer Argumentation sahen die Christlichsozialen im Bau des Krematoriums ein Fallbeispiel der Realisierung antichristlicher Weltanschauung und warnten vor ähnlichen Verletzungen in anderen Lebensbereichen.[200]

Andererseits: als Bürgermeister Ott anlässlich der Zehnjahresfeier der Republik eine Rede über die Tätigkeit des Gemeinderates und die Errungenschaften der Stadt hielt, nannten die Christlichsozialen diese Rede ein »Loblied auf die christlichsoziale Gemeindeverwaltung«[201], weil ohne die Christlichsozialen dies alles nicht möglich gewesen wäre. Die Rede von Bürgermeister Ott wurde sogar in der Salzburger Chronik abgedruckt.[202]

Die Christlichsozialen leisteten »ruhige, fast zu ruhige Wahlarbeit«[203] und legten ein umfangreiches Aktionsprogramm für die kommende Arbeitsperiode vor, an dessen Spitze Sparsamkeit und die Absage an weitere Steuererhöhungen standen. Eine wichtige Forderung beinhaltete Verbesserungen im städtischen Bauamt sowie die stärkere Berücksichtigung des heimischen Gewerbes bei städtischen Bauarbeiten. Die Stadt sollte nach Ansicht der Christlichsozialen Partei weniger Bauten in Eigenregie ausführen. Forderungen nach Verbesserung des Straßenzustandes, Novellierung der Bauordnung, Bau des

---

Stadtparteiobmann: Dr. Albert Rechfeld
Stadtparteisekretär: Prof. Heinrich Seibert
Mitglieder der Stadtparteileitung: LAbg. Josef Bachinger
Frau Hildmann
Präses Giglmayer
Prof. Zöchbauer
Fachlehrer Josef Rehrl
ORR Dr. Adolf Schemel
VBgm. Josef Preis
Oberoffizial Willinger
Chefredakteur Leonhard Steinwender

200 Vgl. SChr. 28. 3. 1931. S. 1.
201 SChr. 23. 3. 1931. S. 3.
202 Vgl. SChr. 27. 3. 1931. S. 4.
203 Vgl. SChr. 30. 3. 1931. S. 1.

Schlachthofes, Errichtung von Schulen in Mülln und Lehen, Verbesserung der Wohnungssituation, Ausbau des Gaswerkes, Errichtung von Kinderspielplätzen, Maßnahmen gegen die Jugendarbeitslosigkeit durch Ausbildung und Umschulungen, Bau eines billigen Altersheimes sowie die Forderung nach drastischen Maßnahmen gegen die Bodenspekulation, Verhandlungen zur Herabsetzung der Kreditzinsen der Gemeinde, Erstellung eines Finanzplanes auf mehrere Jahre waren die wichtigsten Programmpunkte der Christlichsozialen.[204]

Im Anschluss an den erwähnten Stadtparteitag fanden in allen Stadtteilen christlichsoziale Sprechabende statt, die im Wesentlichen von den christlichsozialen Gemeinderäten und den Landtagsabgeordneten aus der Stadt bestritten wurden.

Der Wahlkampf der Sozialdemokratischen Arbeiterpartei

Die SOZIALDEMOKRATEN verhielten sich – ganz im Gegensatz zu den Nationalrats- und Landtagswahlen – eher zurückhaltend und versuchten, sich vor allem der Arbeitslosen anzunehmen. Sie wurden dabei nicht nur von Nationalsozialisten, sondern auch von den Kommunisten angegriffen. Als am 25. Februar im Kurhaus eine sozialdemokratische Arbeitslosenversammlung durchgeführt wurde, nahm auch eine starke Abordnung der Kommunisten daran teil und wollte das Wort ergreifen. Der sozialdemokratische Nationalrat Witternigg verwies die Kommunisten mit Hilfe von Schutzbundordnern des Saales, worauf ein heftiger Tumult unter den rund 800 Versammlungsteilnehmern (darunter 130 Mitglieder des Schutzbundes) entstand. Aufgebrachte Versammlungsteilnehmer gingen mit Sesseln aufeinander los und eine Saalschlacht entbrannte, die auch mehrere Verletzte forderte. Schließlich gelang es dem Schutzbund, die Kommunisten aus dem Saal zu werfen. Der Wiener KP-Führer Franz Fiala und der Halleiner KP-Führer Anton Manhartseder wurden verhaftet.[205]

In der Parteizeitung der Sozialdemokraten, der Salzburger Wacht, wurden Rückblicke auf die Kämpfe um das Wahlrecht, um die Wohnungsfürsorge und die Armen- und Altersversorgung als Wahlkampfbeiträge publiziert.[206] Zugleich wurde in Inseraten zum Besuch der Wählerversammlungen aufgerufen, die vor allem an Wochentagen in diversen Gasthäusern in allen Sektionen stattfanden. In der Stadt gab es insgesamt 13 sozialdemokratische Wählerversammlungen, einige Frauenversammlungen und eine abschließende Großkundgebung im Festspielhaus am 27. März 1931.

Bei dieser Großveranstaltung sprachen die Nationalräte Otto Bauer und Otto Glöckel und die Gemeinderatskandidaten. Die beiden Bundespolitiker griffen vor allem die Poli-

---

204 Vgl. SChr. 24. 3. 1931. S. 3, SChr. 25. 3. 1931. S. 4 und SChr. 28. 3. 1931. S. 2.
205 Vgl. SChr. 26. 2. 1931. S. 5.
206 Vgl. SWa. 6. 3. 1931. S. 6, 7. 3. 1931. S. 6, 10. 3. 1931. S. 1, 11. 3. 1931. S. 1, 17. 3. 1931. S. 2, 20. 3. 1931. S. 1.

tik der bürgerlichen Parteien auf Bundesebene an. Glöckel meinte, die Christlichsozialen wären durch die Bibelsprüche, die sie missbrauchten, gekennzeichnet und die Nationalen durch ihr Bestreben, den Unternehmern Profit zu sichern. Man versuchte den Wählern zu verdeutlichen, dass sie bei diesen Wahlen auch über die österreichisch-deutsche Zollunion abstimmten. Die Gemeinderatswahl in Salzburg sollte auch ein warnendes Zeichen für die Bundesregierung in Wien sein.[207]

Rund um diese Veranstaltung wurde versucht, ein Spektakel zu organisieren. Beim Arbeiterheim hatten der Republikanische Schutzbund, die jugendlichen Blauhemden mit roten Fahnen, ein Dutzend Trommler und die Maxglaner Schutzbundkapelle Aufstellung genommen. Dieser Zug zog dann mit Fackeln durch die Linzergasse über den Grieskai zum Festspielhaus. Dort spielte die Schutzbundkapelle die Marseillaise, bevor der Frauenchor und die vereinigten Arbeitersänger das Lied »Der Völker Freiheitssturm« anstimmten.

Beim Landesparteitag am 29. Februar referierte Nationalrat Josef Witternigg und hob besonders die Rolle der 15 Sozialdemokraten im Gemeinderat der Stadt Salzburg hervor. Errungenschaften wie zum Beispiel der Wohnungsbau, die Fürsorge, der Schulbau in der Elisabethstraße und verschiedene kulturelle Initiativen wären ohne die sozialdemokratische Fraktion nicht zustande gekommen.[208]

Der sozialdemokratische Spitzenkandidat, Vizebürgermeister Michael Dobler, veröffentlichte am 13. März in der Salzburger Wacht einen Artikel unter dem Titel »Hütet euch vor Miesmachern und Querulanten!«. Er beschreibt darin die Notwendigkeit der Kreditaufnahmen, um grundlegende Bedürfnisse der Bürger stillen zu können und um die Wirtschaft durch Bautätigkeit zu fördern. Er warnt vor »Maulhelden mit ihren Dreckschleudern«, die der Stadtgemeinde nur das Schuldenmachen vorwerfen, aber er warnt ebenso vor den antimarxistischen Parteien, die nur »Sparen, Sparen und wiederum Sparen« im Kopf hätten. Der künftige Gemeinderat müsse aber seiner Ansicht nach ein Organ der »Wirtschaftsbetätigung« sein.[209] An Bürgermeister Max Ott, der als »die personifizierte Partei und ihr Programm«[210] hingestellt wurde, kritisierten die Sozialdemokraten, dass er sich über die übernommenen Schulden beschwere und dabei vergesse, dass mit diesem Geld gute Arbeit geleistet wurde und viele Arbeiter dadurch beschäftigt werden konnten. Gewisse Leistungen Otts wurden nicht in Abrede gestellt, aber auch Versäumnisse wurden aufgezeigt: etwa dass die Stadt nicht den gesamten Leopoldskroner Weiher von Max Reinhardt erworben hätte.[211]

Es ist bemerkenswert, dass die Sozialdemokraten eine sehr moderate, verantwortungsbewusste und gar nicht aggressive Rolle in diesem Wahlkampf in der Landeshaupt-

---

207 Vgl. SWa. 28. 3. 1931. S.2.
208 Vgl. SWa. 3.3. 1931. S.2.
209 Vgl. SWa. 13. 3. 1931. S. 1 und 2.
210 Vgl. SWa. 28. 3. 1931. S. 2.
211 Vgl. SWa. 28. 3. 1931. S. 2f.

stadt einnehmen, obwohl sie doch quasi in einer Oppositionsrolle gegenüber den bürgerlichen Parteien standen. Andererseits wurde schon darauf hingewiesen, dass die Sozialdemokraten nicht nur ihren Einflussbereich innerhalb der Stadtverwaltung hatten, sondern immer wieder Mehrheiten gegen eine der beiden bürgerlichen Parteien zustande brachten. In ihrer Ablehnung gegenüber übertriebenem Sparen und ihrer geringen Hemmung gegenüber Kreditaufnahmen und Schulden lassen sich durchaus Kontinuitäten zur Sozialdemokratie der Gegenwart feststellen.

Der Spitzenkandidat und bisherige Vizebürgermeister Michael Dobler trat als Redner kaum in den Vordergrund und wird auch von den Zeitungen kaum erwähnt. Die meisten Veranstaltungen bestritt als Redner Parteisekretär Josef Witternigg, ein hervorragender und leidenschaftlicher »Kampfredner«.

Im Gegensatz zur Christlichsozialen Partei kann für die Sozialdemokraten kein geschlossenes Programm für die künftige Arbeit im Gemeinderat festgestellt werden. Sie setzten, obwohl nicht hauptverantwortliche politische Kraft in der Stadt Salzburg, auf die Darstellung ihrer Leistungen in der Vergangenheit, wofür sie ein Massenflugblatt produzierten.[212] Josef Witternigg hielt dazu im Salzburger Gemeinderat am 27. Februar eine ausführliche Rede.[213]

Das Flugblatt ist im Hinblick auf weltanschauliche Fragen sehr zurückhaltend. Es gibt einen ausführlichen Rückblick auf die abgelaufene Periode und geht nur sehr kurz auf die künftigen Aufgaben ein: Das Salzburger Elektrizitätswerk solle wieder in den Eigenbetrieb der Stadtgemeinde übergeführt werden, der Schlachtviehmarkt und der Schlachthof sollten verlegt werden, die Tramway nach Maxglan müsse ausgebaut und die Eingemeindungsfrage ernstlich in Angriff genommen werden. Da die Stadt Salzburg erst einen einzigen Kindergarten hatte, müssten noch weitere gebaut werden, Kinderspielplätze geschaffen und Gartenanlagen und Plätze neu ausgestaltet werden.

Ingesamt zeigt sich die Sozialdemokratische Partei im Wahlkampf als eine eher biedere, klassische Mitgliederpartei mit hohem Organisationsgrad. Es gelang der Stadtpartei, ihre Mitglieder sowie die sozialdemokratischen Teilorganisationen, wie zum Beispiel die sozialistisch dominierten Gewerkschaften, die sozialistischen Gesangsvereine, Jugendvereine, Frauenorganisationen und den Schutzbund, in die Wahlbewegung zu integrieren.

Der Wahlkampf der Großdeutschen Volkspartei/Nationaler Wirtschafts- und Ständeblock

Die GROSSDEUTSCHE VOLKSPARTEI verbündete sich auch bei dieser Wahl wieder mit dem Ständebund, obwohl dieser in den vergangenen Jahren immer wieder die Finanzpolitik

---

212 Franz Peyerl (Hrsg.): Die Arbeit der Sozialdemokraten im Salzburger Gemeinderate. Ein Rückblick auf die Funktionsperiode 1927–1931. Flugblatt. Stadtarchiv Salzburg.
213 Vgl. SWa. 28. 2. 1931. S. 1.

von Bürgermeister Max Ott scharf kritisiert und sogar das letzte Budget abgelehnt hatte. Dem Nationalen Wirtschafts- und Ständeblock gehörte neben den Großdeutschen und dem Wirtschaftlichen Ständebund auch der Angestelltenblock und der Heimatblock an, von dem es noch im Jänner 1931 geheißen hatte, dass er – wie bei der Nationalratswahl – auf einer eigenen Liste kandidieren würde.[214] Verhandlungen mit den Nationalsozialisten der Schulz-Richtung, der gemeinsamen Liste beizutreten, scheiterten, weil die Großdeutschen den Schulz-Nationalsozialisten nur zwei Mandate zugestehen wollten, obwohl sie bisher drei innehatten.[215] Kontakte mit der Hitler-Bewegung scheiterten an deren strikter Weigerung, Wahlbündnisse einzugehen. Die Großdeutschen rechneten sich dennoch gute Chancen aus, in der Wahlgemeinschaft mit dem Ständebund und dem Heimatblock sowie dem Angestelltenblock die Christlichsozialen zu überflügeln und somit zweitstärkste Fraktion zu werden.[216]

Die neue »deutschvölkische« Wahlgemeinschaft des Nationalen Wirtschafts- und Ständeblocks richtete sich am 7. März mit einem Aufruf an die »heimattreue Bevölkerung«. Die gemeinsame Kandidatur sei notwendig, »um die Macht des verderblichen rein parteipolitischen Einflusses auf die Führung der Gemeindegeschäfte zu brechen«. Man wolle die Gemeindepolitik »nur nach dem wirtschaftlichen Bedürfnisse der Allgemeinheit« ausrichten.[217]

Die Großdeutsche Volkspartei hatte beim Stadt-Gauparteitag am 29. Jänner 1931 an der Spitze der Stadtorganisation eine Verjüngung vorgenommen. Der bisherige Stadtparteiobmann Dr. Josef Reitlechner wurde durch den jungen Rechtsanwalt Dr. Julius Buchleitner ersetzt. Ansonst blieben die alten Funktionäre im Wesentlichen in ihren Positionen.[218] Inhaltlich wurde vor allem über Fragen des Gewerbes und über die Bautätigkeit in der Stadt Salzburg diskutiert. Baudirektor und Gemeinderat Straniak berichtete über die Bautätigkeit und die weiteren Baupläne der Stadtgemeinde.

Vom wirtschaftlichen Ständeblock unter Anton Hueber kam die Initiative für eine Wahlplattform aller nationalen Mittelparteien wie bei der vergangenen Nationalratswahl. Dieser Vorschlag wurde auf einer Versammlung am 12. Februar 1931 im Gasthof »Sternbräu« verlautbart. Eine solche gemeinsame Vorgangsweise lasse auf ein gutes Ergebnis hoffen, ohne dass die einzelnen Gruppierungen die Grundsätze ihres Programms aufgeben müssten.[219] Die Wahlgemeinschaft wurde schließlich am 5. März 1931 offiziell besiegelt. Man bedauerte aber sehr, dass die ideologisch verwandten Gruppierungen der

---

214 Vgl. SChr. 2. 1. 1931. S. 4.
215 Vgl. SVbl. 27. 3. 1931. S. 6.
216 Vgl. SVBl. 7. 3. 1931. S. 1.
217 SVBl. 7. 3. 1931. S. 12. Vgl. auch Heinz Dopsch, Robert Hoffmann: Geschichte der Stadt Salzburg. Salzburg, München 1996. S. 529.
218 Vgl. Richard Voithofer: Drum schließt Euch frisch an Deutschland an … Die Großdeutsche Volkspartei in Salzburg 1920–1936. Wien, Köln, Weimar 2000. S. 296 f.
219 Vgl. SVBl. 13. 2. 1931. S. 7.

Abb. 17. Stimmzettel des Nationalen Wirtschafts- und Ständeblocks. (SVBl. 28. 3. 1931)

Abb. 18. Versammlungsinserat des Nationalen Wirtschafts- und Ständeblocks. (SVBl. 25. 3. 1931)

Abb. 19. Inserat zur Wählerversammlung mit Bundesminister Dr. Schürff. (SVBl. 24. 3. 1931)

Nationalsozialisten, sowohl der Hitler-Bewegung als auch der Schulz-Richtung, nicht zum Bündnis zu bewegen gewesen waren. Der großdeutsche Parteivorsitzende Dr. Buchleitner sagte wörtlich »… wir bedauern es, dass nicht auch sie den Weg zu uns gefunden haben, aber es ist nicht unsere Schuld, dass sie heute nicht bei uns sind.«[220]

Generell scheint die Bildung des Wahlbündnisses nicht ganz so reibungslos abgelaufen zu sein und viele Energien gebunden zu haben. Drei Wochen vor den Wahlen schrieb der politische Redakteur des Salzburger Volksblattes, Thomas Mayrhofer, dass auf Grund der organisatorischen Vorbereitungen sowie der Einigung zum Wahlbündnis keine Agitationsarbeit möglich gewesen sei.[221]

---

220 SVBl. 26. 3. 1931. S. 5 f.
221 Vgl. SVBl. 7. 3. 1931. S. 1.

Mit großen Plakaten warb das Wahlbündnis, das ausdrücklich keine Partei sein wollte, für eine »Öffentliche Massenveranstaltung in den Kurhaussälen« am 25. März, zu der dann rund 200 Besucher kamen. Es sprachen der großdeutsche Bundesobmann, Justizminister Dr. Hans Schürff, Bürgermeister Max Ott, Dr. Albert Reitter vom Heimatblock und der großdeutsche Parteiobmann Dr. Julius Buchleitner.[222] Programmatisch hatte die Wahlgemeinschaft nicht viel zu bieten: Absolute Sparsamkeit und geordnete Gemeindeverwaltung, Reform der Gemeindevertretung und der Verwaltung sowie Kampf gegen Korruption und politischen Protektionismus. Bürgermeister Ott gab einen ausführlichen Überblick über die finanzielle Lage der Stadt Salzburg.[223]

Minister Schürff zog zunächst Vergleiche zwischen Salzburg und der Gemeinde Mödling, wo er selbst Bürgermeister war. Er kam zum Schluss, dass in Salzburg Bürgermeister Ott eine »Sisyphusarbeit« leiste, um die ungünstigen wirtschaftlichen Verhältnisse, die den Weg in eine Katastrophe wiesen, ständig zu verbessern, und dies ohne eine Mehrheit im Gemeinderat hinter sich zu wissen. Er ging aber auch auf bundespolitische Themen ein: Die Zollunion mit Deutschland stellte für ihn den einzigen Ausweg aus der wirtschaftlichen Not in Deutschland und in Österreich dar und wäre ein positiver Schritt für die gesamte europäische Wirtschaft.

An der Spitze der Kandidatenliste dieser Wahlgemeinschaft, die von den Sozialdemokraten verächtlich »Kuddelmuddel« genannt wurde[224], stand als letzter Vertreter der alten großdeutschen Riege im Gemeinderat Bürgermeister Max Ott, der nach wie vor ein Zugpferd war, auf das man weder verzichten wollte noch konnte. Die weiteren Großdeutschen waren erst auf den hinteren Plätzen zu finden. Der Nationale Wirtschafts- und Ständebund war eine äußerst inhomogene Wahlgemeinschaft mit ziemlich widerstrebenden Interessen. Was alle Gruppen verband, war die Erkenntnis, politisch nur gemeinsam überleben und so der aufstrebenden Hitler-Bewegung standhalten zu können.[225]

Der Nachteil der Großdeutschen Volkspartei war, dass sie nach wie vor eine reine Honoratiorenpartei geblieben war, ohne breitere organisatorische Basis, ein »Generalstab ohne Armee«, wie Ernst Hanisch diese Partei bezeichnet.[226] Die etwa 1500 Mitglieder in der Stadt Salzburg waren überwiegend Selbstständige in Handel, Gewerbe und Industrie sowie Freiberufler, eine zweite, etwas kleinere Gruppe rekrutierte sich aus öffentlichen und privaten Angestellten.

Neben der schon geschilderten Großveranstaltung schaffte das Wahlbündnis noch einige kleinere Versammlungen, vorwiegend in Gasthäusern, zu denen hauptsächlich das Klientel der einzelnen Gruppierungen geladen war und wo vorwiegend die lokalen Kan-

---

222 Vgl. SChr. 26. 3. 1931. S. 4.
223 Vgl. SVbl. 5. 3. 1931. S. 1.
224 SVbl. 7./8. 3. 1931. S. 1.
225 Vgl. Richard Voithofer: Drum schließt Euch frisch an Deutschland an … S. 297.

didaten als Referenten auftraten. So wurde zum Beispiel eine Beamten- und Pensionistenversammlung für den 23. März im Saal des Gasthofes »Sternbräu« einberufen. Veranstalter war – um zur weiteren Verwirrung beizutragen – die »Wirtschaftliche Vereinigung der öffentlich Angestellten und Pensionisten Salzburgs«. Diese Vereinigung hatte ein deutliches Naheverhältnis zum Angestelltenblock innerhalb des Wahlbündnisses und unterstützte deren Kandidaten, die den dritten bzw. siebten Listenplatz des Nationalen Wirtschafts- und Ständebundes innehatten. Bei dieser Veranstaltung sprachen der Präsident des Reichsverbandes der öffentlich Angestellten in Wien, Amtsrat Hold, zum Thema »Die Beamtenschaft in Abwehrstellung und unser Kampf um eine besser Zukunft«, sowie Hofrat Dr. Friedrich Schubert zum Thema »Das Wahlbegehren der Beamten- und Pensionistenschaft zu den Wahlen am 29. März in den Gemeinderat der Stadt Salzburg«. Die Redner waren der Meinung, dass eine Verwaltungsreform vor allem bei den Gemeindeverwaltungen der kleineren Gemeinden (durchwegs christlichsozial geführt!) sowie bei halbamtlichen Stellen, wie Kammern oder Sozialinstituten, notwendig wäre. Angeprangert wurden die hohen Einkommen von Spitzenbeamten, während die Ansicht vertreten wurde, dass die kleineren und mittleren Beamten nicht überbezahlt wären und diesen daher auch die Möglichkeiten von Nebenverdiensten nicht genommen werden dürften.[227]

Am 27. März wurden in Schallmoos im Gasthof »Deutsche Eiche« und in der Elisabethvorstadt im Gasthof »Zum Hirschen« Bezirksversammlungen abgehalten.

Träger des Wahlkampfes waren natürlich Bürgermeister Max Ott und der Listenzweite, Rechtsanwalt Dr. Albert Reitter.

In einem im Salzburger Volksblatt veröffentlichten kurzen Wahlprogramm forderte das Wahlbündnis absolute Sparsamkeit und eine geordnete Verwaltung. Daraus ergäbe sich die Notwendigkeit einer »Reform der gesamten Gemeindevertretung und Wirtschaft, sowie ferner die schärfste Bekämpfung jeder Korruption und des politischen Protektionismus«.[228] Einzig und allein den nationalen Gruppierungen und ihrem Bürgermeister Max Ott sei es zu verdanken, dass nach dem im Jahr 1927 übernommenen verheerenden Zustand sich die finanzielle Situation der Stadt verbessert habe und dies gegen die weitgehend gemeinsam agierenden Christlichsozialen und Sozialdemokraten.[229]

Die Ausgangsposition dieses Wahlbündnisses stellte sich anfangs gar nicht so schlecht dar, stellte sie doch mit Max Ott den erfahrenen und auch respektierten Bürgermeister der Stadt Salzburg. Zudem hatte man bei den im November 1930 vorangegangenen Na-

---

226 Ernst Hanisch: Die Erste Republik, a.a.O. S. 1084. Vgl. auch Franz Schausberger: Die Salzburger Landtagswahl vom 24. April 1932. 1. Teil. In: Salzburg. Geschichte & Politik. Mitteilungen der Dr.-Hans-Lechner-Forschungsgesellschaft. 1991/2. S. 58.
227 Vgl. SVBl. 24. 3. 1931. 8 f.
228 SVBl. 7. 3. 1931. S. 12.
229 Vgl. SVBl. 28. 3. 1931. S. 7.

tionalratswahlen mit 30,6 Prozent in der Stadt Salzburg sogar die zweite Stelle erobert. Dazu kamen noch 7,2 Prozent des Heimatblocks.

Der Wahlkampf der Nationalsozialisten

Die NATIONALSOZIALISTISCHE BEWEGUNG kandidierte ihrer damaligen Gesamtentwicklung entsprechend auf zwei Listen: Hitler-Bewegung und Schulz-Richtung.[230] Während der Wahlkampf insgesamt eher als flau bezeichnet werden konnte, trat auch in der Stadt Salzburg einzig die Hitler-Bewegung sehr ungestüm auf, organisierte Aufmärsche, affichierte schreiende Plakate und führte unzählige Versammlungen mit vielen reichsdeutschen Rednern durch. Damit heizte sie den Wahlkampf doch sehr beträchtlich an.[231] Die Hitler-Bewegung zeigte klar auf, wie sie das herrschende System verändern wollte: Revision der obersten, unverdient hohen Beamtengehälter zugunsten der kleinen Beamten und Gemeindearbeiter, Abschaffung des Diätentrinkgeldes der Gemeinderäte, Stützung des heimischen Gewerbes, Strompreisermäßigungen, Abschaffung des Parteienproporzes bei den Gemeindewohnungen und bei den Beamten, Beseitigung der Freunderlwirtschaft usw.[232] »Unter den nationalen Gruppen beherrscht die Hitlerbewegung immer mehr das Feld, weil die anderen scheinbar schlafen«, stellte der Eiserne Besen, das Kampfblatt der Nazis, fest.[233]

Besonders heftige Auseinandersetzungen gab es zwischen der Hitler-Bewegung und den Schulz-Nationalsozialisten. Letztere verbreiteten ein eigenes Flugblatt gegen die Hitler-Nazis, die dessen Inhalt wiederum in bezahlten Anzeigen als »entstellt und unwahr« bezeichneten und Klagen androhten.[234]

Interessant ist in diesem Zusammenhang ein Aufruf des Eisernen Besens an seine Leser und Bezieher, die Schulz-Nationalsozialisten keinesfalls zu wählen, diese Liste zähle genauso zu den erklärten Gegnern wie die Sozialisten und Kommunisten. Diese drei Gruppen seien »für einen Antisemiten und Anhänger unseres Blattes auf jeden Fall unbrauchbar und abzulehnen«. Und bemerkenswert geht es weiter: »Unsere Bezieher und Leser wählen ausschließlich entweder *Hitlerbewegung*, *deutschbürgerlich* (Nat. Wirt. Ständeblock) oder *christlichsozial*. Zwischen diesen drei Weltanschauungen und politischen Richtlinien wird sicherlich jeder Salzburger eine Wahl treffen können!«[235]

Die Hitler-Bewegung hielt laufend Versammlungen, die von den Ortsgruppen organisiert wurden, in Gasthöfen ab, hauptsächlich im Gasthof Mödlhammer.[236] Zum Teil

---

230 Vgl. Richard Voithofer: Drum schließt Euch frisch an Deutschland an …, a.a.O. S. 265.
231 Vgl. SChr. 28. 3. 1931. S. 1.
232 Vgl. SVbl. 7. 3. 1931. S. 12 und SVbl. 23. 3. 1931. S. 4.
233 Der Eiserne Besen. 6. 2. 1931. S. 6.
234 Vgl. SChr. 31. 3. 1931. S. 5.
235 Der Eiserne Besen. 13. 3. 1931. S. 5.
236 Vgl. SVBl. 8. 1. 1931, S. 5, 25. 2. 1931, S. 5.

wurde die Anwesenheitspflicht aller Parteimitglieder ausgerufen. Daneben fanden regelmäßig als »Volksversammlungen« bezeichnete Kundgebungen statt, in denen zumeist Redner aus anderen Bundesländern zum Einsatz kamen. Etwa eine »Massenversammlung« am 20. Jänner 1931 im Städtischen Kurhaus, bei der Alfred Eduard Frauenfeld, Gauleiter von Wien, über das Thema »Der Freiheitskampf am Höhepunkt« sprach[237], eine Volksversammlung am 3. März 1931, wiederum im Kurhaus mit dem Gauleiter der Steiermark, Walter Oberhaidacher, zum Thema »Die österreichische Wirtschaftskrise als Folge der österreichischen Mißwirtschaft«.[238] Oberhaidacher sprach über »den Kampf der Schaffenden gegen die Raffenden, die österreichische Lotterwirtschaft und ihre Korruptionsherde«.[239]

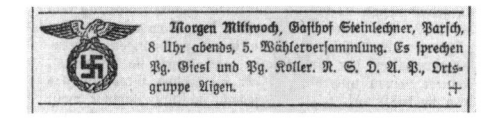

Abb. 20. Inserat für eine NS-Wählerversammlung in Parsch. (SVBl. 24. 3. 1931)

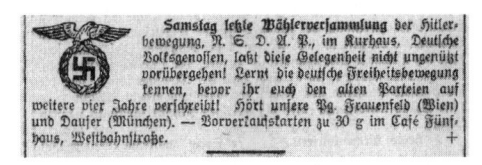

Abb. 21. Inserat für eine NS-Wählerversammlung im Städtischen Kurhaus. (SVBl. 27. 3. 1931)

Am Höhepunkt des Gemeinderatswahlkampfes organisierten die Hitler-Nationalsozialisten drei große Massenversammlungen.

Die erste fand am 4. März 1931 im Kurhaus statt. Vor rund 400 Teilnehmern hielt der spätere NS-Landtagsabgeordnete Walter Rentmeister aus Niederösterreich ein Referat zum Thema »Ziele der Hitlerbewegung«. Er warf dem bestehenden System Schuldenmachen, Korruption und Dummheit sowie Unfähigkeit der Politiker vor und drohte ganz offen: »Wenn die Nationalsozialisten ans Ruder kommen, dann werde der Staatsgerichtshof gründliche Arbeit machen, denn die Verräter und Verführer gehören alle an den Galgen.« Den Großdeutschen warf er vor, von Juden finanziert zu sein.[240] Nicht nur die Ankündigung der Einrichtung eines scharfen Staatsgerichtshofes, sondern vor allem die klare Drohung, dass alle verantwortlichen Politiker bei einer nationalsozialistischen Machtübernahme aufgehängt würden, lösten bei den Vertretern der anderen, offenbar betroffenen Parteien keinerlei Reaktion aus. Offensichtlich nahm man die radikalen Ankündigungen der braunen Radaubrüder nicht ernst und handelte nach dem Motto »Nicht einmal ignorieren«.[241] Nicht ohne Grund stellte Karl Dietrich Bracher in seinem

---

237 Vgl. SVBl. 20. 1. 1931. S. 8.
238 Vgl. SVBl. 3. 2. 1931. S. 8.
239 Der Eiserne Besen. 6. 2. 1931. S. 6.
240 SChr. 6. 3. 1931. S. 4.
241 Vgl. dazu Hitlers »Legalitätseid« aus dem Jahr 1930, im Zuge dessen er ebenfalls die Staatsgerichte und

Werk über die NS-Diktatur fest: »Die Geschichte des Nationalsozialismus ist wesentlich die Geschichte seiner Unterschätzung«.[242]

Eine weitere nationalsozialistische Versammlung im Kurhaus am 11. März wurde von Bürgermeister Ernst aus Zell am See bestritten. Er ging nach Angaben der Salzburger Chronik dem nationalsozialistischen Phrasentum aus dem Wege und gab dem »Radauantisemitismus« im Hinblick auf den Fremdenverkehr eine Absage. Die Nationalsozialisten verwiesen darauf, dass sie die einzigen seien, die vor das Volk hinträten und bekannten sich offen zu den Wirtshausraufereien, wobei sie die Versammlungsraufer als »Helden des Volkes« bezeichneten. Ing. Suske als Gastredner aus Innsbruck verfiel wieder in die altbekannten radikalen Töne, indem er als Allheilmittel der Regierung die Auswanderung, die Arbeitslosigkeit und den Selbstmord bezeichnete. Er forderte eine Sonderbesteuerung der Warenhäuser und die Abschaffung der seit 1914 eingewanderten Juden.[243]

Schließlich fand die größte Wahlveranstaltung der Nationalsozialisten am 23. März im Festspielhaus mit großem Aufzug von Musikkapellen und Schwegelpfeifern statt. Gastredner aus dem Deutschen Reich und aus Innsbruck traten auf.[244] Für diese Veranstaltung wurden Vorverkaufskarten zum Preis von 40 Groschen angeboten. Dafür konnte man eine für damalige Begriffe ungewöhnliche Wahlveranstaltung sehen. Einleitend marschierte Sturm 7 (Stadt) unter Begleitung der Siezenheimer Musikkapelle ein. Gleich zu Beginn hielt man eine Trauerminute für zwei Todesopfer der Bewegung im Deutschen Reich ab, begleitet vom Trompetensignal »Zum Gebet!«. Als erster Redner trat der deutsche Reichstagsabgeordnete Hans Oberlindober aus München auf, der den allgemeinpolitischen Teil übernahm. Stadtparteiführer Heger attackierte die Schulzgruppe sowie das Organ der Christlichsozialen, die »Salzburger Chronik«, der er unverhohlen drohte, er könne die Verantwortung für unangenehme Ereignisse gegen die Zeitung nicht mehr übernehmen, sollte diese ihre Schreibweise gegen die NSDAP beibehalten.[245]

Die letzte Hitler-Wählerversammlung fand am 28. März im Städtischen Kurhaus statt, in der wieder Frauenfeld ein Referat hielt und Parteigenosse Dauser aus München

---

ein mögliches Köpferollen ankündigte: »Ich stehe hier unter dem Eid vor Gott dem Allmächtigen. Ich sage Ihnen, dass, wenn ich legal zur Macht gekommen sein werde, dann will ich in legaler Regierung Staatsgerichte einsetzen, die die Verantwortlichen an dem Unglück unseres Volkes gesetzmäßig aburteilen sollen. Dann werden möglicherweise legal einige Köpfe rollen.« Zitiert in: Martin Broszat: Die Machtergreifung. Der Aufstieg der NSDAP und die Zerstörung der Weimarer Republik. Deutsche Geschichte der neuesten Zeit. München 1990. S. 51.

242 Karl Dietrich Bracher: Die deutsche Diktatur. Entstehung, Struktur, Folgen des Nationalsozialismus. Köln, Berlin 1969. S. 51.
243 Vgl. SChr. 13. 3. 1931. S. 4.
244 Vgl. SChr. 23. 3. 1931. S. 5.
245 Vgl. SVBl. 24. 3. 1931. S. 7.

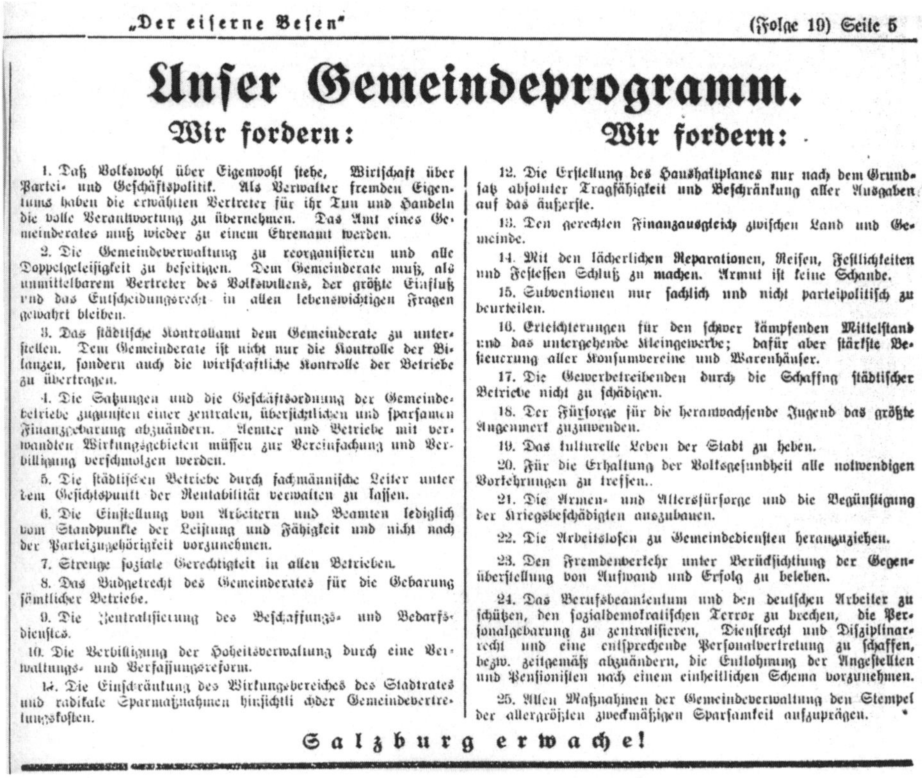

„Der eiserne Besen" (Folge 19) Seite 5

Unser Gemeindeprogramm.

Wir fordern:

1. Daß Volkswohl über Eigenwohl stehe, Wirtschaft über Partei- und Geschäftspolitik. Als Verwalter fremden Eigentums haben die erwählten Vertreter für ihr Tun und Handeln die volle Verantwortung zu übernehmen. Das Amt eines Gemeinderates muß wieder zu einem Ehrenamt werden.

2. Die Gemeindeverwaltung zu reorganisieren und alle Doppelgeleisigkeit zu beseitigen. Dem Gemeinderate muß, als unmittelbarem Vertreter des Volkswillens, der größte Einfluß und das Entscheidungsrecht in allen lebenswichtigen Fragen gewahrt bleiben.

3. Das städtische Kontrollamt dem Gemeinderate zu unterstellen. Dem Gemeinderate ist nicht nur die Kontrolle der Bilanzen, sondern auch die wirtschaftliche Kontrolle der Betriebe zu übertragen.

4. Die Satzungen und die Geschäftsordnung der Gemeindebetriebe zugunsten einer zentralen, übersichtlichen und sparsamen Finanzgebarung abzuändern. Aemter und Betriebe mit verwandten Wirkungsgebieten müssen zur Vereinfachung und Verbilligung verschmolzen werden.

5. Die städtischen Betriebe durch fachmännische Leiter unter dem Gesichtspunkt der Rentabilität verwalten zu lassen.

6. Die Einstellung von Arbeitern und Beamten lediglich vom Standpunkte der Leistung und Fähigkeit und nicht nach der Parteizugehörigkeit vorzunehmen.

7. Strenge soziale Gerechtigkeit in allen Betrieben.

8. Das Budgetrecht des Gemeinderates für die Gebarung sämtlicher Betriebe.

9. Die Zentralisierung des Beschaffungs- und Bedarfsdienstes.

10. Die Verbilligung der Hoheitsverwaltung durch eine Verwaltungs- und Verfassungsreform.

11. Die Einschränkung des Wirkungsbereiches des Stadtrates und radikale Sparmaßnahmen hinsichtlich der Gemeindevertretungskosten.

Wir fordern:

12. Die Erstellung des Haushaltplanes nur nach dem Grundsatz absoluter Tragfähigkeit und Beschränkung aller Ausgaben auf das äußerste.

13. Den gerechten Finanzausgleich zwischen Land und Gemeinde.

14. Mit den lächerlichen Reparationen, Reisen, Festlichkeiten und Festessen Schluß zu machen. Armut ist keine Schande.

15. Subventionen nur sachlich und nicht parteipolitisch zu beurteilen.

16. Erleichterungen für den schwer kämpfenden Mittelstand und das untergehende Kleingewerbe; dafür aber stärkste Besteuerung aller Konsumvereine und Warenhäuser.

17. Die Gewerbetreibenden durch die Schaffng städtischer Betriebe nicht zu schädigen.

18. Der Fürsorge für die heranwachsende Jugend das größte Augenmerk zuzuwenden.

19. Das kulturelle Leben der Stadt zu heben.

20. Für die Erhaltung der Volksgesundheit alle notwendigen Vorkehrungen zu treffen..

21. Die Armen- und Altersfürsorge und die Begünstigung der Kriegsbeschädigten auszubauen.

22. Die Arbeitslosen zu Gemeindediensten heranzuziehen.

23. Den Fremdenverkehr unter Berücksichtigung der Gegenüberstellung von Aufwand und Erfolg zu beleben.

24. Das Berufsbeamtentum und den deutschen Arbeiter zu schützen, den sozialdemokratischen Terror zu brechen, die Personalgebarung zu zentralisieren, Dienstrecht und Disziplinarrecht und eine entsprechende Personalvertretung zu schaffen, bezw. zeitgemäß abzuändern, die Entlohnung der Angestellten und Pensionisten nach einem einheitlichen Schema vorzunehmen.

25. Allen Maßnahmen der Gemeindeverwaltung den Stempel der allergrößten zweckmäßigen Sparsamkeit aufzuprägen.

Salzburg erwache!

Abb. 22. Das Gemeindeprogramm der Hitlerbewegung. (Der eiserne Besen. 8. 5. 1931).

als ausländischer Gastredner auftrat. Vorverkaufskarten gab es zum Preis von 30 Groschen im Café »Fünfhaus«.[246]

Die Hitler-Bewegung präsentierte auch ein sehr detailliertes Programm für den Gemeinderat, jedoch mit einem ganz wesentlichen Schönheitsfehler: es erschien erst über einen Monat nach der Wahl. Die wichtigsten Punkte darin sind eine Verwaltungsreform, weitgehende Kontrollrechte des Gemeinderates über die Städtischen Betriebe, Erleichterungen für Gewerbetreibende, äußerste Sparsamkeit der Gemeinde, Ausbau der Armen- und Altersfürsorge sowie Belebung des Fremdenverkehrs.[247]

Der Nebenschauplatz des Wahlkampfes, die Konfrontation mit den Nationalsozialisten der Schulz-Richtung fand in Form und Inhalt gänzlich anders statt. Der Träger dieser Auseinandersetzung war das extrem antisemitische Wochenblatt »Der Eiserne Be-

246 Vgl. SVBl. 28. 3. 1931. S. 12.
247 Vgl. Der Eiserne Besen. 8. 5. 1931. S. 5.

Abb. 23. Ein Beispiel für die Auseinandersetzungen bei den Kandidatenaufstellungen unter den nationalen Gruppierungen. (SChr. 17. 3. 1931).

Abb. 24. Mit dem Druck der Stimmzettel für die einzelnen Parteien ließ sich auch ein gutes Geschäfts machen. (SChr. 23. 3. 1931)

sen«. Persönlichen Angriffen sind vor allem jüdische Salzburger Kaufleute ausgesetzt, wobei besonders deren Geschäftserfolg das Ziel der Attacken ist. Auf ähnlichem Niveau findet auch die Agitation gegen die Schulz-Nationalsozialisten statt. Sie wird nach dem Salzburger Landesparteiobmann Nikolaus Schlam als »Schlam-Partei« bezeichnet und in das Wortspiel »Schlamperei« einbezogen. Zusätzlichen Zündstoff erhält die Auseinandersetzung, als der Salzburger Rechtsanwalt und Listendritte der Schulz-Richtung, Dr. Otto Troyer, eine Klage gegen den Eisernen Besen beziehungsweise dessen Schriftleiter einbrachte und gewann. Nachdem von der Redaktion des Eisernen Besen dem Urteilsspruch nicht nachgekommen war, liess Dr. Troyer eine Schreibmaschine des Schriftleiters pfänden. Wie der Eiserne Besen wehleidig klagte, zu einer Zeit, als die Frau des Schriftleiters »allein und krank im Bette lag«.[248] Der Eiserne Besen fühlte sich als moralischer Sieger und stellte die Abrechnung bei der Wahl in Aussicht. Leider hatte der Eiserne Besen mit seinen Wahlprognosen, wonach die Hitlerbewegung drei bis vier, die Schulzgruppe nur noch ein bis zwei Mandate im Gemeinderat erreichen würden, durchaus richtig getippt.[249]

Im Gegensatz zur lauten, lärmenden Hitlerbewegung waren die Nationalsozialisten der *Schulz-Richtung* im Gemeinderat der Stadt Salzburg eine eher traditionelle Partei. Sie war seit 1919 im Gemeinderat vertreten, einer ihrer wichtigsten Exponenten, der Rechtsanwalt Dr. Otto Troyer, gehörte von Beginn an dem Gemeinderat an. Oftmals konnten die Mandate nur durch Wahlbündnisse, immer mit Gruppen aus dem deutschnationalen Lager, erreicht werden. Ein politisches Hinterland hatte die Schulzgruppe in den deutschnationalen Gewerkschaften und im Deutschen Handelsgehilfenverband (DHV), dessen Kreisvorsteher Josef Renner, der Spitzenkandidat der Schulz-Nationalsozialisten war.[250]

---

248 Der Eiserne Besen. 23. 1. 1931. S. 5.
249 Vgl. Der Eiserne Besen 13. 3. 1931. S. 5.
250 Vgl. Ernst Hanisch: Im Zeichen des Allgemeinen Wahlrechts, a.a.O. S. 2387.

Die Aussichten der Schulzgruppe für die Gemeinderatswahl waren gar nicht so schlecht. Sie war mit drei Mandataren im Gemeinderat vertreten, die 1927 in einer Wahlgemeinschaft mit den Großdeutschen errungen worden waren.[251]

Der Spitzenmann der Schulzgruppe, Josef Renner, regte auch für die Wahl 1931 wieder ein Wahlbündnis an. Es scheiterte – wie so oft – am Streit über die Vergabe der Listenplätze: Den Schulz-Nationalsozialisten wurden lediglich zwei einigermaßen sichere Listenplätze (zweiter und achter Platz) angeboten. Der dritte war der aussichtslose fünfzehnte Platz. Die Schulz-Leute lehnten daher dieses Angebot, da sie bereits drei Mandate hatten, kategorisch ab.[252]

Nach der überraschenden Bekanntgabe des Wahlbündnisses zwischen Großdeutschen und dem Nationalen Wirtschafts- und Ständeblock erlahmten die Aktivitäten der Schulzgruppe praktisch vollständig. Nachdem man bisher kaum eigenständige Wahlkämpfe geführt hatte, war man offensichtlich nicht in der Lage, Wahlkampfmaßnahmen zu organisieren. Wahlversammlungen und ähnliche Aktivitäten fanden nicht statt.

Als einzige Möglichkeit der Werbung wurden Veröffentlichungen im Salzburger Volksblatt angesehen. Renner publizierte in einer Zuschrift an das Volksblatt eine Art Programm und einen Leistungsbericht.[253]

Renner warf den Christlichsozialen und den Sozialdemokraten Korruption vor, weil sie Familienmitglieder ihrer Funktionäre in städtischen Unternehmungen untergebracht hätten. Er wehrte sich gegen Vorwürfe in einem Flugblatt der Hitlerbewegung, die Schulzgruppe hätte im Gemeinderat in schöner Eintracht mit den anderen Parteien gearbeitet. Der Hitlerbewegung warf er vor, sie hätte so viel mit dem Kampf gegen die eigenen Volksgenossen zu tun, dass ihnen zum Kampf gegen das Judentum, den Klassenhass sowie gegen die Sozialdemokratie und die Kommunisten nichts mehr übrig bleibe.

Was die Arbeit seiner Gruppe im Gemeinderat betraf, verwies er auf Anträge zur Errichtung einer Obdachlosenküche, zur Schaffung eines Gewerbegerichtes, zur Errichtung einer Großmarkthalle, für Maßnahmen gegen die Arbeitslosigkeit, für Zuschüsse zur Arbeitslosenunterstützung, zur Verhinderung des Doppelverdienertums, für eine Volksabstimmung über den Anschluss an Deutschland usw.

Am Tag vor der Wahl wurde noch ein Flugblatt, in dem dem Listenführer der Hitlerbewegung, Dr. Saffert, und seiner Frau gute Kontakte zu jüdischen Kreisen nachgesagt wurden, verbreitet. Die Hitler-Bewegung schrieb dieses Flugblatt sofort der Schulzgruppe zu, was diese sofort zurückwies. Der angebliche Verfasser namens Löcker gab selbst an, dass sein Name für das Flugblatt missbraucht worden sei.[254]

---

251 Vgl. Franz Schausberger: Eine Stadt lernt Demokratie, a.a.O. S. 76 f.
252 Vgl. SVBl. 27. 3. 1931. S. 6, SVBl. 28. 3. 1931. S. 9.
253 Vgl. SVBl. 27. 3. 1931. S. 5.
254 Vgl. SVBl. 28. 3. 1931. S. 7, SVBl. 31. 3. 1931. S. 5. Der Eiserne Besen. 15. 5. 1931. S. 5.

Alle nationalen Gruppierungen, mit Ausnahme der Hitler-Bewegung, litten also unter der extremen Uneinigkeit und verschwendeten viel Energie gegeneinander. Das alles war natürlich auch ein Ausdruck der Nervosität gegenüber dem erkennbaren Erstarken der Hitler-Nationalsozialisten. Diese wiederum lehnten jede Zusammenarbeit als Zeichen der Schwäche kategorisch ab und kämpften bewusst alleine – gegen den Rest der Welt – mit großem Einsatz dröhnender und kompromissloser Propaganda und neuer Wahlkampfmethoden, wie sie bereits aus Deutschland bekannt waren. Das Wahlergebnis zeigte, dass bereits viele national Gesinnte begannen, ihre zukünftige politische Heimat im Hitler-Nationalsozialismus zu sehen.

Der Wahlkampf der Kommunistischen Partei

Die KOMMUNISTEN hatten sich – wie schon erwähnt – vor allem die Sozialdemokraten als Ziel ihrer Angriffe gewählt. Ihre Ausgangsposition war nicht einfach. Die Stadt Salzburg gehörte nicht zu ihren Hochburgen, die typischen Arbeiterwohnbezirke Gnigl, Itzling, Maxglan waren noch nicht eingemeindet, im Gemeinderat waren sie nicht vertreten, ihre eigentliche Hochburg war die Industriestadt Hallein.

Am 7. Jänner 1931 fand eine als »stürmisch« beschriebene Veranstaltung im Kurhaus statt. Etwa 600 Arbeitslose waren erschienen, die aber hauptsächlich dem sozialdemokratischen Lager angehörten. Sie waren mit den Ausführungen des Redners, eines gewissen Roistl aus Grünbach am Schneeberg, nicht einverstanden. Es drohte eine Auflösung der Versammlung durch die Polizei. Weil die Veranstaltung aber abgebrochen wurde, bevor die Tagesordnung erledigt war, kam es nicht dazu.[255]

Bei einer Versammlung im Gasthof Mödlhammer am 7. März beschlossen sie unter Vorsitz des Gemeinderatskandidaten Starlinger (er gehörte noch bis vor kurzem der Sozialdemokratischen Partei an), eine eigene kommunistische Liste für die Gemeinderatswahl in der Stadt Salzburg einzubringen. Vor rund 100 Teilnehmern referierte Gemeinderat Fagerer aus Hallein, als Wahlziel wurde mindestens ein Mandat formuliert.[256]

Die große Wahlversammlung der Kommunisten fand schließlich im Kurhaus am 21. März statt, bei der die Gastredner Fabri aus Wien und Kerche aus Klagenfurt ihre Eindrücke von einer achtwöchigen Russlandreise wiedergaben und voller Begeisterung berichteten, dass es in Russland weder Arbeitslosigkeit noch Zwangsarbeit gebe. Eine ungewöhnliche Neuerung war die Unterstützung der Reden durch Lichtbilder.[257]

Wie die Hitlerbewegung auf der extremen rechten Seite des politischen Spektrums war auch die Kommunistische Partei auf der äußersten Linken in einen permanenten

---

255 Vgl. SVBl. 8. 1. 1931. S. 5.
256 Vgl. SChr. 9. 3. 1931. S. 7. Vorsitzender der KP-Versammlung war der Hilfsarbeiter Stadlinger oder Starlinger (Vgl. SVBl. 9. 3. 1931. S. 8).
257 Vgl. SChr. 23. 3. 1931. S. 5. SVBl. 23. 3. 1931. S. 5.

Wahlkampf verwickelt, ohne eine derart dichte und schlagkräftige Organisation wie die Nazis aufweisen zu können. Sie blieben daher auch erfolglos.

Die Affäre Dreifuss/Schlusche/Pohl

Eine für die Stimmung und das Klima dieser Zeit signifikante Begebenheit aus dem Wahlkampf in der Stadt Salzburg sei hier noch besonders angeführt. Es ging um den Oberkellner Heinrich Pohl im Café Lohr in der Linzergasse, der auf der Liste der Schulz-Nationalsozialisten für den Gemeinderat der Stadt Salzburg an 6. Stelle kandidierte.[258]

Wie aus den Gerichtsakten nachvollziehbar ist[259], erschien, nachdem die Kandidatur des Kellners Heinrich Pohl in den Zeitungen verlautbart worden war, der 34-jährige jüdische Kaufmann und Vorstandsmitglied der »Union deutsch-österreichischer Juden«, Max Dreifuss aus der Haydnstraße, am 17. März beim Pächter des Café Lohr, Otto Schlusche (vom Eisernen Besen »Schluschni« bezeichnet), und forderte von diesem eine Erklärung, ob das Café Lohr antisemitisch ausgerichtet sei oder nicht. Dreifuss war Stammgast im Café Lohr seit dessen Gründung. Dreifuss meinte, die zahlreichen jüdischen Gäste würden ausbleiben, wenn der Kellner Pohl seine Kandidatur aufrechterhalte, nachdem sich schon vor einem halben Jahr antisemitische Vorfälle im Lokal ereignet hätten.[260] Dreifuss versicherte, dass er keinen Druck ausüben, sondern nur eine Klarstellung haben wollte. Im Café Bazar würden sich die Angestellten schon auf die zusätzlichen, vom Café Lohr abwandernden jüdischen Gäste freuen. Schlusche wiederum, offensichtlich aus Sorge um das Ausbleiben der jüdischen Gäste, kündigte an, seinen Oberkellner entweder zum Verzicht auf die Kandidatur bewegen oder – sollte sich dieser weigern – ihn kündigen zu wollen. Dies tat er auch, vor allem deshalb, weil der Oberkellner seinen Chef von seiner Kandidatur nicht informiert hatte. Nachdem Pohl nicht auf seine Kandidatur verzichtete, wurde er schriftlich gekündigt.

Über Intervention der Gewerkschaft und nachdem »von christlich-nationalen Kreisen mit dem Boykott meines Geschäftes gedroht« worden war[261], wurde die Kündigung am 25. März wieder zurückgezogen. Trotzdem wurde gegen Dreifuss und Schlusche nach dem Antiterror- und Wahlschutzgesetz Anzeige erstattet. Im Zuge der Ermittlungen wurde auch der Sekretär des Deutschen Handelsgehilfen Verbandes (DHV), Franz Hell, vernommen, der vom Deutschen Kellnerverband von der Kündigung informiert worden war. Franz Hell, nach dem zweiten Weltkrieg der erste Präsident des Salzburger

---

258 Vgl. SVBl. 16. 3. 1931. S. 4.
259 Vgl. Salzburger Landesarchiv, Strafakt des Landesgerichtes Salzburg. Vr 429/1931.
260 Im zweiten Halbjahr 1930 hatte es nach der Beleidigung jüdischer Gäste im Café Lohr tätliche Auseinandersetzungen gegeben.
261 Vernehmung des Beschuldigten Otto Schlusche vor dem Landesgericht Salzburg am 15. 5. 1931. Geschäftszahl 11 Vr 429/31/8.

Landtages und einflussreicher ÖVP-Politiker, erklärte, »dass es denn doch nicht angehe, dass man wegen einiger jüdischer Gäste einen arischen Angestellten entlasse, dass dies sich herumsprechen würde und gerade die Entlassung des Angestellten wegen einiger jüdischer Gäste den Kaffeehausbetrieb schwer schädigen möchte«.[262] Schlusche hatte angegeben, dass ihm tatsächlich zumindest 200 jüdische Gäste ausgeblieben seien.

Dreifuss wiederum bekannte, dass sein »Vorgehen nicht ganz klug war«, er aber keinesfalls Druck ausüben wollte.[263] Er habe von der Mitgliedschaft Pohls beim Deutschen Kellnerverband immer gewusst und nie Anstoß daran genommen und beschäftige selbst mehrere Angestellte, die dem DHV angehörten. Der Eiserne Besen benützte diesen Fall für wilde antisemitische Ausfälle.[264]

Max Ott wird wieder Bürgermeister

Die konstituierende Sitzung des Salzburger Gemeinderates fand am 13. April 1931 statt. Auf Grund der lautstarken Vorankündigungen vor allem der Hitler-Nationalsozialisten wurden für die Besuchergalerie Eintrittskarten ausgegeben und für ausreichenden Polizeischutz gesorgt. Tatsächlich war die Galerie dicht besetzt, die Sozialdemokraten erschienen mit roten Nelken im Knopfloch, die Hitlerianer im Braunhemd, eine Vertretung der Schulz-Nationalsozialisten war nicht erschienen. Auf der Besuchergalerie ertönten Heil-Hitler-Rufe, seitens der sozialdemokratischen Gemeinderäte Gegenrufe dazu.

Der erste Durchgang bei der Wahl des Bürgermeisters ergab 14 Stimmen für den Sozialdemokraten Michael Dobler, 12 Stimmen für den Christlichsozialen Josef Preis und neun Stimmen für Max Ott (Nationaler Wirtschafts- und Ständeblock). Die vier Hitler-Nationalsozialisten gaben leere Stimmzettel ab. Die Sitzung wurde daher für Klubberatungen[265] unterbrochen, um eine Mehrheit für den Bürgermeister zu erreichen. Im zweiten Durchgang erreichte Max Ott 25 Stimmen (für ihn stimmten die acht »Block«-Gemeinderäte, die vier Hitler-Nationalsozialisten und die 13 Christlichsozialen), Michael Dobler 14. Damit war Max Ott zum fünften Mal zum Bürgermeister der Landeshauptstadt Salzburg gewählt. Zu Vizebürgermeistern wurden der Bäckermeister

---

262 Zeugenvernehmung von Franz Hell vor dem Landesgericht Salzburg am 15. 5. 1931. Geschäftszahl 11 Vr 429/31/7.
263 Vernehmung des Beschuldigten Max Dreifuss vor dem Landesgericht Salzburg am 15. 5. 1931. Geschäftszahl 11 Vr 429/31/9.
264 Der Eiserne Besen, 27. 3. 1931. S. 13. Siehe auch Kap. 10. 7. Dokument D.
265 Die Klubobmänner bzw. Stellvertreter der einzelnen Fraktionen lauteten:
Sozialdemokraten: Josef Witternigg und Anton Schönauer
Christlichsoziale: Dr. Adolf Schemel und Dr. Josef Größwang
Nationaler Wirtschafts- und Ständeblock: Dr. Julius Buchleitner und Dir. Karl Düregger
Hitler-NS: Dr. Erich Saffert und Hans Juza.

Michael Dobler (SD) mit 28 und der Färbermeister Josef Preis (CS) mit 33 Stimmen gewählt.²⁶⁶

Bürgermeister Max Ott führte in seiner Erklärung unter anderem Folgendes aus: »Die kommende Funktionsperiode wird die schwierigste sein, wegen der Wirtschaftskrise und der Überlastung des städtischen Budgets. Daraus ergibt sich: ›Sparsamkeit in allen Zweigen der Verwaltung‹. Selbst lebensnotwendige Programmpunkte müssen zurückgestellt werden. So dringend beispielsweise die Fortführung der Wohnbautätigkeit der Gemeinde wäre, so kann an die Erstellung von weiteren Wohnhausbauten nur geschritten werden, wenn seitens des Bundes die Beihilfen auf Grund des Wohnbauförderungsgesetzes geleistet werden. Ich hoffe, daß sich die durch die Bundesregierung eingeleitete Reform der öffentlichen Verwaltung auch auf die Stadt günstig auswirken wird und daß Mittel und Wege gefunden werden, um mit dem gegenwärtigen System der andauernden Vermehrung der öffentlichen Verwaltungstätigkeit ein für allemal zu brechen. Unter dieser Voraussetzung wird der Gemeinderat Gelegenheit haben, im Rahmen der Mittel an die Lösung von schönen und wichtigen Aufgaben zu schreiten. Der Grund der bisherigen Erfolge war die Zusammenarbeit, auf die ich auch jetzt wieder hoffe.«²⁶⁷

Für die Hitler-Nationalsozialisten erklärte Klubobmann Dr. Saffert, seine Partei sei zur Mitarbeit im Sinne ihres Parteiprogramms bereit, werde aber mit keiner Partei oder Gruppe irgendwelche Bindungen eingehen. Sie wolle sich durch Kompromisse nicht hemmen lassen auf ihrem geraden Weg, den sie nach dem Motto verfolgen wolle, dass Gemeinnutz vor Eigennutz gehe.²⁶⁸

Abb. 25. Max Ott, der langjährige großdeutsche Bürgermeister der Stadt Salzburg. (Salzburger Museum Carolino Augusteum)

---

266 Vgl. SVBl. 14. 4. 1931. S. 5, SChr. 14. 4. 1931. S. 1.
267 SVBl. 14. 4. 1931. S. 5.
268 Vgl. SVBl. 14. 4. 1931. S. 5.

5.
Analyse des Wahlergebnisses

5.1. Das Gesamtwahlergebnis – Zersplitterung des »bürgerlichen Lagers«

Die Feststellung des Gesamtergebnisses dieser Gemeindewahlen ist gar nicht einfach, ist doch die Datenlage nicht eindeutig. Völlig klar ist das Ergebnis bei den Sozialdemokraten, die praktisch überall allein kandidierten. Die vielen unterschiedlichen bürgerlichen Gruppen und Wahlparteien machen eine klare Zuordnung oftmals nicht möglich. Es wird daher versucht, das Gesamtergebnis nach verschiedenen Gruppen darzustellen, womit man auch der konkreten politischen Situation gerecht werden kann. Das »bürgerliche Lager« (Christlichsozial und großdeutsch/national) schloss sich in vielen Bereichen vor allem gegen die Sozialdemokratie aber auch gegen die Hitlerbewegung zusammen. Es werden daher die Ergebnisse der Christlichsozialen Partei aus jenen Gemeinden, in denen sie als Partei kandidierte, und die Ergebnisse der verschiedenen Wirtschaftsparteien, der Großdeutschen Volkspartei, der Zalman/Harand Volkspartei sowie verschiedener Bauern- und Wirtschaftsgruppen zusammengefasst. Schließlich hat ja die Christlichsoziale Partei in vielen Gemeinden zugunsten einer Wirtschaftspartei auf eine eigene Kandidatur verzichtet.

Die Ergebnisse der Sozialdemokratischen Arbeiterpartei und der Nationalsozialisten (Hitlerbewegung und Schulzgruppe) werden in jeweils eigenen Gruppen dargestellt. Ebenso die Ergebnisse der Kommunistischen Partei.

Die in drei Salzburger Gemeinden kandidierenden Einheitsparteien bilden eine eigene Gruppe, ebenso die verschiedenen Arbeiter- und Angestelltenparteien und sonstige Gruppen.

In einer eigenen Gruppe müssen auch die Ergebnisse aus jenen Gemeinden dargestellt werden, in denen eine »Mehrheitswahl« (also ohne politische Parteien und Gruppierungen) durchgeführt wurde.

Gesamtergebnis der Salzburger Gemeindewahlen 1931

Parteien	männl.	%	weibl.	%	Gesamt	Anteil am Gesamtergebnis	Mandate
I. Bürgerliches Lager							
Chr.soz.Partei	7.837	41,6	10.982	58,4	18.819	18,6	329
Wirtschaftsparteien	15.652	49,7	15.852	50,3	31.504	31,2	785
Großdeutsche	210	49,9	211	50,1	421	0,4	10
Ständeblock	147	54,4	123	45,6	270	0,3	9
Volkspartei	419	51,2	392	48,8	811	0,8	21
Bauern-/Wirtsch.p.	649	53,3	568	46,7	1.217	1,2	41
Summe I.	24.914	47,0	28.128	53,0	53.042	52.5	1.195
II. Sozialdemokratische Arbeiterpartei							
Summe II.	17.585	54,0	15.002	46,0	32.587	32.2	405
III. Nationalsozialisten							
Hitlerpartei	3.212	55,2	2.609	44,8	5.821	5,8	64
Schulz-NS	441	46,5	507	53,5	948	0,9	2
Summe III.	3.653	54,0	3.116	46,0	6.769	6,7	66
IV. Kommunistische Partei							
Summe IV.	467	66,8	232	33,2	699	0,7	2
V. Einheitsparteien							
Summe V.	215	55,6	172	44,4	387	0,4	41
VI. Arbeiter- und Beamtenparteien							
Summe VI.	239	57,7	175	42,3	414	0,4	15
VII. Andere							
Summe VII.	111	62,4	67	37,6	178	0,2	5
VIII. Mehrheitswahl							
Summe VIII.	4.323	61,7	2.685	38,3	7.008	6,9	478
Summe I. – VIII.	51.507	51,0	49.577	49,0	101.084	100.0	2.207

(Quelle: Eigene Berechnungen auf der Basis der Daten von Laurenz Krisch sowie aus der Salzburger Chronik, der Salzburger Wacht und aus dem Salzburger Volksblatt; die Salzburger Chronik berichtet am 2. 4. 1931, S. 3 von insgesamt 2.243 vergebenen Mandaten und von 63 NSDAP-Mandaten. Diese unterschiedlichen Angaben können auf die fehlerhaften Übermittlungen aus den einzelnen Gemeinden zurückzuführen sein.)

Dem Gesamtergebnis der Gemeindewahlen 1931 soll noch einmal das Ergebnis der vier Monate vorher stattgefundenen Nationalratswahl gegenübergestellt werden, um die Dynamik der Veränderung vor allem bei den nationalen Parteien darzustellen.

Gesamtergebnis der Nationalratswahl vom 9. 11. 1930 im Bundesland Salzburg

Partei	Männlich	Weiblich	Gesamt	Prozente
CSP	21.316 (41,7 %)	29.820 (58,3 %)	51.136	41,5
Heimatblock	4.027 (51,7 %)	3.031 (42,9 %)	7.058	5,7
Schober-Block	7.300 (46,7 %)	8.334 (53,3 %)	15.634	12,7
Landbund	3.918 (58,0 %)	2.840 (42,0 %)	6.758	5,5
ÖVP	162 (43,8 %)	208 (56,2 %)	370	0,3
NSDAP (Hitler)	2.696 (59,4 %)	1.841 (40,6 %)	4.537	3,7
SDAP	20.295 (55,0 %)	16.605 (45,0 %)	36.900	30.0
KP	527 (69,8 %)	228 (30,2 %)	755	0,6
Gesamt	60.241 (48,9 %)	62.907 (50,1 %)	123.148	100,0

(Quelle: Ausweis über die Ergebnisse der Nationalratswahlen 1930 mit Gegenüberstellung zu den Landtagswahlen 1927 und den Nationalratswahlen 1927. Herausgegeben vom Land Salzburg. O. J., Die Nationalratswahlen vom 9. November 1930. Statistische Nachrichten. Sonderheft. Herausgegeben vom Bundesamt für Statistik. Wien 1931. Eigene Berechnungen.)

Die Hitlerbewegung kandidierte bei der Nationalratswahl 1930 in allen Salzburger Gemeinden und erreichte bei einer Gesamtwahlbeteiligung von 83,9 Prozent 4.537 Stimmen bzw. 3,7 Prozent. Vier Monate später kandidierte die Hitlerpartei in nur 28 Gemeinden und erreichte bei einer Wahlbeteiligung von 68,8 Prozent 5.821 Stimmen bzw. 5,8 Prozent. Die Sozialdemokraten legten 2,2 Prozentpunkte zu. Ohne sie genau quantifizieren zu können, kann man aus dem Vergleich der beiden Wahlergebnisse erkennen, dass die Einbrüche beim nationalen Lager (Schober-Block – Großdeutsche Volkspartei, Heimatblock, Landbund) beträchtlich waren.

5.2. Die Christlichsoziale Partei – Frauen sicherten den Erfolg

Die CHRISTLICHSOZIALE PARTEI sprach vom 29. März 1931 als einem »Tag des Erfolges« mit auffallenden Stimmengewinnen der Christlichsozialen und einem »glänzenden Ergebnis« in der Stadt Salzburg, aber auch von der »Hitlerwelle«. Die Hitlerpartei sei zwar »zum Generalsturm ausgezogen«, aber die Christlichsoziale Partei sei die einzige Partei, die imstande sei, »ein Bollwerk gegen den Marxismus aufzustellen und auch neuen radikalen Bewegungen einen Damm entgegenzusetzen.«[269]

---

269 SChr. 30. 3. 1931. S. 1.

Vor allem dort, wo die Christlichsoziale Partei allein angetreten war, habe sie glänzend abgeschnitten. Das sei deshalb bemerkenswert, weil die Wahlen von großer Wirtschaftsnot überschattet seien und im Zeichen des Versuches standen, von Deutschland her die Welle des Radikalismus nach Österreich zu tragen.

Die Salzburger Chronik zog für die Christlichsozialen als Lehre aus den Wahlergebnissen, dass die Christlichsoziale Partei dann am besten abschneide, »wenn sie sich auf den Boden der ruhigen, sachlichen und demokratischen Arbeit stellt.« In diesem Sinne werde das Ergebnis der Gemeindewahlen »richtunggebend auch für den künftigen politischen Weg der Partei sein müssen.«[270]

Dass das Wählerpotential der Christlichsozialen Partei einen hohen Frauenanteil aufwies[271], erwies sich auch bei der Gemeindewahl 1931 in Salzburg. Der Frauenanteil an den christlichsozialen Stimmen belief sich auf 58,4 Prozent, der Männeranteil auf 41,6 Prozent. Am höchsten war der Frauenanteil der christlichsozialen Stimmen in Gemeinden mit hohem sozialdemokratischem Wähleranteil: in Hallein betrug der Anteil der Frauen an den christlichsozialen Wählern 66,6 Prozent, in der Stadt Salzburg 64,6 Prozent, in Maxglan 63,3 Prozent und in Saalfelden-Markt 62,2 Prozent.

Gesamtergebnis der Christlichsozialen Partei

Bezirk	Männer	Frauen	Gesamt	Mandate
Stadt Salzburg	2.221 (35,5 %)	4.031 (64,6 %)	6.252	13
Flachgau	1.599 (43,2 %)	2.101 (56,8 %)	3.700	62
Tennengau	593 (38,7 %)	940 (61,3 %)	1.533	25
Pongau	1.292 (46,2 %)	1.502 (53,8 %)	2.794	80
Pinzgau	1.950 (46,7 %)	2.228 (53,3 %)	4.178	130
Lungau	182 (50,3 %)	180 (49,7 %)	362	19
Gesamt	7.837 (41,6 %)	10.982 (58,4 %)	18.819	329

Diese klare Dominanz der weiblichen Stimmen unter den christlichsozialen Stimmen und die Tatsache, dass die Katholische Frauenbewegung eine im Wahlkampf unverzichtbare und aktive Organisation darstellte und mit rund 16.000 Mitgliedern[272] die stärkste Teilorganisation der Christlichsozialen Partei war, lässt die Diskrepanz zwischen der politischen Bedeutung der Frauen für das Wahlergebnis und dem geringen politischen Einfluss der Frauen und ihrer katastrophal schlechten Repräsentanz in den Gemeindevertretungen noch gravierender erscheinen.

---

270 SChr. 30. 3. 1931. S. 1.
271 Vgl. Anton Staudinger, Wolfgang C. Müller, Barbara Steininger: Die Christlichsoziale Partei. In: Emmerich Tálos, Herbert Dachs, Ernst Hanisch, Anton Staudinger (Hrsg.): Handbuch des politischen Systems Österreichs. Erste Republik 1918–1933. Wien 1995. S. 163.
272 Vgl. Ernst Hanisch: Die Christlich-soziale Partei für das Land Salzburg 1918–1934. S. 484.

5.3. Die Wirtschaftsparteien – von Bauern dominiert

Einer genaueren Betrachtungsweise müssen die so genannten WIRTSCHAFTSPARTEIEN unterzogen werden. Sie hatten in mehr als der Hälfte aller Salzburger Landgemeinden kandidiert und stellten auf Grund des Wahlergebnisses immerhin 42 Prozent aller Bürgermeister.

Kandidatur und Anzahl der Bürgermeister der Wirtschaftsparteien

Bezirk	Gemeinden gesamt	Kandidatur WP	Bürgermeister WP
Flachgau	44	33	27
Tennengau	16	14	12
Pongau	36	14	10
Pinzgau	35	14	11
Lungau	25	6	6
Gesamt	157	81	66

Das bedeutet, dass Wirtschaftsparteien in 51,6 Prozent aller Gemeinden kandidierten und aus ihren Reihen 42 Prozent aller Bürgermeister kamen.

Was die berufliche Herkunft der Bürgermeister, die auf einer Wirtschaftsliste kandidierten, betrifft, so dominierten überdurchschnittlich die Bauern. Zwei Drittel aller WP-Bürgermeister kamen aus der Landwirtschaft. Das restliche Drittel kam aus dem Bereich der Wirtschaft, nur ein einziger Bürgermeister kam aus dem Kreis der Unselbstständigen: der Bürgermeister von Oberalm war Lehrer.

Berufliche Herkunft der Bürgermeister der Wirtschaftsparteien

Bezirk	Landwirtschaft	Gewerbe	Unselbstständig	Gesamt
Flachgau	18	9	–	27
Tennengau	10	1	1	12
Pongau	7	3	–	10
Pinzgau	7	4	–	11
Lungau	2	4	–	6
Gesamt	44	21	1	66

In der Stadt Salzburg kandidierten die Großdeutsche Volkspartei, der Ständebund und der Heimatblock gemeinsam unter der Listenbezeichnung »Nationaler Wirtschafts- und Ständeblock« und erreichten knapp über 20 Prozent und acht Mandate. Sie hatten damit ihr Ziel, zweitstärkste Partei zu werden, bei weitem nicht erreicht.[273]

---

[273] Vgl. Franz Schausberger: Eine Stadt lernt Demokratie. Bürgermeister Josef Preis und die Salzburger Kommunalpolitik 1919–1927. Salzburg 1988. S. 136 f.

Landesweit erzielten die Wirtschaftsparteien 31,2 Prozent aller Stimmen und 785 Mandate. Ihre Wählerschaft bestand fast genau zur Hälfte aus Frauen und zur Hälfte aus Männern (50,3 Prozent : 49,7 Prozent). Auffallend ist, dass die Dominanz der Frauen unter der Wählerschaft der Wirtschaftsparteien in der Stadt Salzburg mit über 54 Prozent am größten ist.

Das Gesamtergebnis der Wirtschaftsparteien

Bezirk	Männer	Frauen	Gesamt	Mandate
Stadt Salzburg	1.900 (45,8 %)	2.250 (54,2 %)	4.150	8
Flachgau	6.366 (49,7 %)	6.433 (50,3 %)	12.809	328
Tennengau	1.785 (52,0 %)	1.645 (48,0 %)	3.430	116
Pongau	2.279 (50,1 %)	2.768 (49,9 %)	5.547	142
Pinzgau	2.332 (50,6 %)	2.277 (49,6 %)	4.609	123
Lungau	490 (51,1 %)	469 (48,9 %)	959	68
Gesamt	15.652 (49,7 %)	15.852 (50,3 %)	31.504	785

5.4. Die Grossdeutsche Volkspartei – ab zu den Nationalsozialisten

Am längsten aber waren die Gesichter der Grossdeutschen, – so ein Kommentar des sozialdemokratischen Parteiorganes –, denen die Felle davongeschwommen seien. »Ihre Partei ist in diesem Lande auf dem Aussterbeetat. Selbständig getrauen sie sich überhaupt nicht mehr zu kandidieren. Ihre Anhänger wandern zu den Hitlerleuten ab.«[274]

In zwei Gemeinden kann man von einer selbstständigen Kandidatur einer großdeutschfreiheitlichen Gruppe reden: in Großgmain und in St. Johann-Markt. In Großgmain erreichten sie 24,1 Prozent und in St. Johann 37,2 Prozent und wieder den Bürgermeister.

5.5. Der Ständeblock – das Hoch ist vorbei

Als »Hauptmerkmal« des Wahlergebnisses bezeichneten die Christlichsozialen die Niederlage der Blockparteien, also der Parteien des bürgerlichen Freisinns und des Heimatblocks. Sie erlitten vor allem im Vergleich zu den Nationalratswahlen im Herbst 1930 gravierende Verluste. In der Stadt Salzburg büßten sie mehr als die Hälfte ihrer Stimmen im Vergleich zur Nationalratswahl ein.[275] Die Ergebnisse blieben damit beträchtlich hinter den Erwartungen zurück. Auch das Wahlergebnis 1931 signalisierte of-

---

274 SWa. 30. 3. 1931. S. 1.
275 Vgl. SChr. 30. 3. 1931. S. 1.

fensichtlich »den Verfall, das Überwechseln von großen Teilen des Heimwehrfaschismus ... zum Nationalsozialismus«.[276]

Die Sozialdemokraten ätzten, dass die »Hahnenschwänze zerzaust am Boden« lägen.[277]

Der Ständeblock kandidierte eigenständig nur in zwei kleinen Gemeinden, in Sonnberg und in Taxenbach. In Sonnberg erreichte er 43,2 Prozent, in Taxenbach 14,6 Prozent. Mit 54,4 Prozent der Ständeblock-Stimmen dominierten ziemlich eindeutig die Männer.

5.6. Die Österreichische Volkspartei – ein ehrenvoller Versuch

Die Österreichische Volkspartei war eine Gründung des 1938 in einem KZ ermordeten jüdischen Wiener Rechtsanwaltes Dr. Moritz Zalman und der späteren Widerstandskämpferin Irene Harand. Diese Partei trat vor allem für die älteren Menschen ein und bekämpfte scharf alle Parteien, »die den Rassenhaß zu ihrem Programmpunkt gemacht haben.«[278] Die Volkspartei trat als prononcierte »Anti-Hitler-Bewegung« an und stand der Christlichsozialen Partei nahe.

Diese Partei kandidierte in fünf Gemeinden, nämlich in Faistenau, Grödig, Großgmain, Thumersbach und Mauterndorf. Ihr bestes Ergebnis erzielte sie mit über 52 Prozent in Grödig, wobei nicht ganz klar festgestellt werden kann, wieweit die unter dem Titel »Volkspartei« kandidierende Liste nicht doch eher eine Wirtschaftspartei war.

Angemerkt soll werden, dass eine mutige und aktive Vertreterin der Österreichischen Volkspartei, die Musikpädagogin Hermine Schlechter aus der Salzburger Schrannengasse, die einzige Person bei den großen Versammlungen der Hitlerbewegung war, die tapfer den Aussagen der Nazi-Redner widersprach. So lange, bis man ihr einfach nicht mehr das Wort erteilte.

5.7. Die Bauern- und Mittelparteien – bürgerlich-nationale Einzelkämpfer

In sieben Gemeinden des Landes Salzburg kandidierten verschiedene Bauern- und Gewerbeparteien, die durchaus auch in die Kategorie der Wirtschaftsparteien fallen könnten. Nachdem sie überwiegend neben Wirtschaftsparteien kandidierten und nicht klar

---

276 Vgl. Gerhard Botz: Soziale »Basis« und Typologie der österreichischen Faschismen im innerösterreichischen und europäischen Vergleich. In: Faschismus in Österreich und international. Jahrbuch für Zeitgeschichte. 1980/81. Wien 1981. S. 23.
277 SWa. 30. 3. 1931. S. 1.
278 Das Programm der »Österreichischen Volkspartei«. 2. Flugschrift der »Österreichischen Volkspartei«. Wien o. J. S. 16.

zuzuordnen waren, wurden sie in einer eigenen Gruppe zusammengefasst. Sie erreichten insgesamt 41 Gemeindemandate und unter ihren Wählern dominierten die Männer (53,3 Prozent Männer : 46,7 Prozent Frauen).

Bauern- und Mittelparteien

Gemeinde Parteibezeichnung	Männer	Frauen	Gesamt	Prozente	Mandate
Faistenau Bauernpartei	62	24	86	29,6	6
Plainfeld Bauern- u. Gewerbep.	46	30	76	100.0	7
Krispl Mittelpartei	49	39	88	40,0	4
Badgastein Heimattreue Volksgemeinschaft	320	342	662	30,2	8
Bucheben Unpolitische Bauern- und Arbeiterpartei	22	17	39	43,3	4
Stuhlfelden Vereinigte Bürgerliche Partei	106	76	182	58,9	8
Thumersbach Bauernbund	44	40	84	39,3	4
Gesamt	649	568	1.217		41

Eines haben diese Gruppierungen jedenfalls gemeinsam: Sie gehören dem bürgerlichen Lager, vor allem großdeutscher Provenienz, an. Gerade die Heimattreue Volksgemeinschaft in Badgastein könnte natürlich auch zu den Wirtschaftsparteien gezählt werden, hat aber offenbar bewusst einen anderen Namen gewählt. Es war eine gemeinsame Liste von Großdeutschen und Heimatblock, die erfolgreich war und ein Mandat dazugewann. Auf diese Weise wurde der großdeutsche Hotelier und bisherige Vizebürgermeister Josef Mühlberger neuer Bürgermeister von Badgastein. Die Sozialdemokraten verloren ihren Bürgermeister Walter Lassnig.[279]

---

[279] Vgl. Laurenz Krisch: Zersprengt die Dollfußketten. Die Entwicklung des Nationalsozialismus in Badgastein bis 1938. Wien, Köln, Weimar 2003. S. 133–138.

5.8. Die Sozialdemokratische Arbeiterpartei – mutig in die Stagnation

Die Sozialdemokraten verwiesen in ihrer Analyse darauf, dass sie per saldo 14 Gemeindevertreter dazugewonnen hätten und damit aus dieser Wahl »unerschüttert« hervorgingen und sich glänzend behauptet hätten. Das Ergebnis sei weitaus günstiger als man in dieser schwierigen Zeit in dem immer industrieärmer werdenden Salzburg erwartet hätte. Die Sozialdemokratie verfügte nun über rund 400 Gemeindevertreter im ganzen Land, hätte 43 Gemeindevertreter gewonnen und 29 verloren.[280] In einigen Gemeinden, zum Beispiel in Badgastein, musste man auch Mandatsverluste eingestehen. Am schmerzhaftesten war, dass der Mandatsverlust in Badgastein auch den Verlust der absoluten Mehrheit und damit des Bürgermeisters bedeutete. Die Sozialdemokratie hatte nach der Abwanderung einer großen Zahl von Bauarbeitern damit rechnen müssen.

Die sozialdemokratische Parteileitung berechnete, dass in insgesamt 17 Gemeinden ein weiteres Mandat erreicht worden wäre, wenn um ein bis zehn Stimmen mehr für die Sozialdemokratische Partei abgegeben worden wären. Auch in der Stadt Salzburg sei das 15. Mandat nur um 119 Stimmen verfehlt worden.[281]

In der Landeshauptstadt Salzburg hätten die Kommunisten ihr Ziel, die Sozialdemokraten zu schwächen, erreicht, ohne selbst ein Mandat zu erreichen. Die Sozialdemokraten aber blieben weiterhin stärkste Partei in der Landeshauptstadt.

Die Veränderungen bei den Sozialdemokraten in den einzelnen Gemeinden nach Bezirken:

Flachgau (+ 15, −7): Aigen (−1), Anif (+1), Ebenau (+2), Großgmain (+2), Fuschl (+1), Hallwang (+1), Henndorf (−1), Köstendorf (−1), Lamprechtshausen (+1), Leopoldskron (+1), Maxglan (−1), Morzg (−1), Oberndorf (−1), St. Georgen (+1), St. Gilgen (+1), Siezenheim (+2), Straßwalchen-Markt (−1), Straßwalchen-Land (+1), Strobl (+1), Thalgau (+1).
Tennengau (+6, −1): Dürnberg (+2), Golling (+1), Hallein (−1), Obergäu (+1), St. Koloman (+1), Torren (+1), Vigaun (+1).
Pongau (+7, −10): Badgastein (−4), Dorfgastein (−1), Goldeggweng (−1), Großarl (+1), Hofgastein-Markt (−1), Hüttau (−2), Mühlbach (+2), Pfarrwerfen (+1), Sonnberg (−1), St. Johann-Land (+2), Werfen-Land (+1).
Pinzgau (+9, −9): Bramberg (+2), Dienten (−1), Embach (−1), Eschenau (−1), Lend (−2), Leogang (−1), Maishofen (+1), Mittersill-Land (+2), Neukirchen (+1), Rauris (+1), Saalfelden-Markt (+1), St. Georgen (−1), Taxenbach (−1), Uttendorf (+1), Wald (−1).
Lungau (+7): St. Michael-Land (+4), St. Michael-Markt (+3).[282]

---

280 Vgl. SWa. 30. 3. 1931. S. 1.
281 Vgl. SWa. 1. 4. 1931. S. 2.
282 Vgl. SWa. 30. 3. 1931. S. 2 und SWa. 31. 3. 1931. S. 1.

Tatsächlich hatten die Sozialdemokraten ihre Position gegenüber 1928 leicht ausbauen können. Sie kandidierten in 82 Gemeinden, das waren um sieben mehr als 1928 und erreichten einen landesweiten Zugewinn von 17 Mandaten. Ihre Wählerschaft war doch sehr eindeutig männlich dominiert. Die sozialdemokratischen Stimmen kamen zu 54 Prozent von Männern und zu 46 Prozent von Frauen. Nur in der Stadt Salzburg hielten sich die Stimmen von Männern und Frauen die Waage.

Sieht man von Badgastein ab, wo die absolute Mehrheit der Sozialdemokraten verloren ging, konnten die roten Bastionen gehalten werden:

Gnigl	71,9 %
Bischofshofen	67,6 %
Mühlbach	67,0 %
Lend	62,4 %
Schwarzach	55,9 %
Saalfelden-Markt	53,6 %
Hallein	51,7 %
Maxglan	50,0 %

Die Sozialdemokraten konnten nur in Gemeinden, in denen sie die absolute Mehrheit erreicht hatten, den Bürgermeister stellen. Mit einer Ausnahme: In Zell am See löste auf Grund der Uneinigkeit im bürgerlichen Lager der Sozialdemokrat Anton Werber den nationalsozialistischen Bürgermeister Josef Ernst ab, obwohl die Sozialdemokraten mit 31,9 Prozent nur zweitstärkste Partei waren. Für die Sozialdemokraten war der Gewinn des Bürgermeisters in Zell am See das ausgleichende Trostpflaster für den Verlust des Bürgermeisters in Badgastein.

Das Gesamtergebnis der Sozialdemokratischen Arbeiterpartei

Bezirk	Männer	Frauen	Gesamt	Mandate
Stadt Salzburg	3.422 (49,4 %)	3.504 (50,6 %)	6.926	14
Flachgau	5.946 (53,3 %)	5.201 (46,7 %)	11.147	132
Tennengau	1.988 (53,7 %)	1.713 (46,3 %)	3.701	52
Pongau	3.515 (57,0 %)	2.650 (43,0 %)	6.165	102
Pinzgau	2.553 (37,8 %)	1.861 (42,2 %)	4.414	95
Lungau	161 (68,8 %)	73 (31,2 %)	234	10
Gesamt	17.585 (54,0 %)	15.002 (46,0 %)	32.587	405

Nimmt man die Prozentzahlen, so sieht man, dass die Sozialdemokratische Partei mit ihren 32,2 Prozent bei den Gemeindewahlen 1931 gegenüber ihren 30 Prozent bei der Nationalratswahl um 2,2 Prozentpunkte zugelegt, gegenüber den Gemeindewahlen 1928 aber nur 0,1 Prozentpunkte gewonnen hatte und damit eigentlich stagnierte.

5.9. Die Schulz-Nationalsozialisten – am Verschwinden

Die NATIONALSOZIALISTEN DER SCHULZ-RICHTUNG waren im Verschwinden begriffen, sie erreichten nur mehr zwei Mandate, eines in der Landeshauptstadt und eines in Golling. Je mehr Aufwind die Hitlerbewegung in Österreich durch die Wahlsiege Adolf Hitlers in Deutschland bekam, umso mehr wurde die Schulzpartei zur dahinsiechenden, unbedeutenden Splittergruppe.[283] Die meisten ihrer Anhänger wanderten zu den Hitler-Nationalsozialisten ab. In der Stadt Salzburg erreichte die Schulzpartei mit 897 Stimmen rund 4,4 Prozent und ein Mandat, um zwei weniger als bisher. Das sei – wie das Salzburger Volksblatt kommentierte – die Folge eines schweren taktischen Fehlers. Die Schulz-Nationalsozialisten, die früher mit anderen Parteien auf gemeinsamen Listen kandidiert hatten, hätten »durch ihr Getrenntgehen ihre zahlenmäßige Schwäche verraten.«[284] Hätte die Schulzpartei mit den anderen Blockparteien auf einer gemeinsamen Liste kandidiert, hätte dieser vergrößerte Wirtschafts- und Ständeblock den Sozialdemokraten noch ein weiteres Mandat abgenommen. Und weiter meint das Salzburger Volksblatt: »Es zeigt sich, dass die Nationalsozialisten der Schulzgruppe sich über die Vorgänge in ihrem eigenen Lager, über die starke Abwanderung ihrer Mitglieder zur Hitlerbewegung, nicht klar waren.«[285]

In der Gemeinde Golling erzielte die Schulzpartei 51 Stimmen, 11,4 Prozent und ebenfalls ein Mandat. Die Marktgemeinde Golling stellt ein gutes Beispiel für das Anwachsen des Nationalsozialismus auf lokaler Ebene dar. Golling, ein Wirtschafts-, Handels- und Gewerbezentrum des Tennengaues mit einem beträchtlichen Dienstleistungsanteil, kleingewerblich und handwerklich strukturiert, mit überdurchschnittlichem Gastronomie- und Fremdenverkehrsanteil, aber mit dem geringsten Agraranteil des Tennengaues, war immer schon eine »liberale Hochburg« des Bezirkes.[286] Bei der Volksabstimmung über den Anschluss an Deutschland 1921 stimmte Golling zu 100 Prozent für den Anschluss. Auch in der weiteren Entwicklung zeigte sich, dass in Golling der »Deutschnationalismus ein wesentliches Merkmal insbesondere der Gollinger Bürgerschaft«[287] war. Die Gemeinde stand durch einen intensiven Fremdenverkehr in ständigem Kontakt mit deutschen Gästen. Der Fremdenverkehr war eine wichtige Einnahmequelle für Gastwirte und Hoteliers, aber auch junge Burschen fanden als Gepäckträger einen Zuerwerb, deutschnationales Gedankengut wurde von den Sommerfrischlern in die Gemeinde mitgebracht. Die Folgen der Weltwirtschaftskrise machten auch vor Gol-

---

283 Vgl. Bruce F. Pauley: Der Weg in den Nationalsozialismus. Ursprünge und Entwicklung in Österreich. Wien 1988. S. 57.
284 SVBl. 30. 3. 1931. S. 1.
285 SVBl. 30. 3. 1931. S. 1.
286 Vgl. Franziska Schneeberger: Golling 1918 bis 1945. In: Robert Hoffmann, Erich Urbanek: Golling. Geschichte einer Salzburger Marktgemeinde. Golling 1991. S. 187 ff.
287 Vgl. Franziska Schneeberger: Golling 1918 bis 1945. S. 198.

ling nicht halt, 1931 gab es in Golling 140 Arbeitslose, die überwiegend große Not litten und in unerträglichen Wohnverhältnissen leben mussten.

Nationalsozialisten gab es in Golling bereits Ende der 1920er Jahre, 1931 kandidierten sie erstmals bei der Gemeinderatswahl als »Nationalsozialistische Deutsche Arbeiterpartei Österreichs – Schulzrichtung«. Interessant ist vor allem, dass nationalsozialistische Kandidaten der Gemeinderatswahl 1931 im Jahre 1928 noch auf der Liste der Großdeutschen geführt worden waren. Die Nationalsozialisten rekrutierten einen Teil ihrer Mitglieder auch aus dem deutsch-völkischen Turnverein, der den Großdeutschen nahe stand und im Gemeindewahlkampf ständig mit dem katholischen Pfarrer, der die Eltern aufforderte, ihre Kinder nicht in den deutschen Turnverein zu schicken, in öffentlicher Konfrontation stand.[288] Es ist nicht überraschend, dass der einzige nationalsozialistische Gemeindemandatar Gollings, Karl Baminger, schließlich am 8. April 1933 die Auflösung der Schulzpartei und seinen Übertritt zur Hitler-NSDAP bekannt gab. Zwei Tage zuvor hatte bereits die Großdeutsche Volkspartei ihre Auflösung und ihren Übertritt in die »Ortsgruppe Golling der NSDAP Hitlerbewegung« bekannt gegeben.[289] Damit war das gesamte deutschnationale Lager in der Hitler-NSDAP aufgegangen.

5.10. Die Hitlerbewegung – »Takeoff« zur Massenmobilisierung

Die NATIONALSOZIALISTISCHE HITLERBEWEGUNG erreichte in der Stadt Salzburg vier Mandate. Auch in den Landbezirken gelangen teilweise gute Ergebnisse, vor allem in einzelnen Gemeinden des Pinzgaues. Dort waren die Hitler-Leute mit einer besonderen Agitation und vielen Rednern aufgetreten. Ihr Mandatsgewinn ging vor allem zu Lasten der Großdeutschen, »deren Jugend mit fliegenden Fahnen in das neue Feldlager übergetreten ist«. »Man wird also in Hinkunft mit dieser Bewegung in Salzburg stärker rechnen müssen, wenn auch die großen Träume der neuen Partei nicht in Erfüllung gegangen sind«[290], meinte die Salzburger Chronik in ihrem Kommentar zum Wahlergebnis. »Vernichtende Abrechnung! Die Schlamgruppe gänzlich zerrieben! – Die erbärmlichste Kampfesweise, die Salzburg jemals erlebte. – Eine Schurkentat sondergleichen!« Unter diesem Titel befasste sich der Eiserne Besen in seiner Kommentierung des Wahlergebnisses vorwiegend mit der nationalsozialistischen Konkurrenz.[291]

Um eine gewisse Typologie jener Gemeinden herauszuarbeiten, in denen die Nationalsozialisten (erfolgreich) kandidierten, ist es sinnvoll, diese Gemeinden nach den drei Wirtschaftssektoren Landwirtschaft, Industrie/Gewerbe und Dienstleistung zu beurtei-

---

288 Vgl. SVBl. 28. 3. 1931. S. 12.
289 Vgl. Franziska Schneeberger: Golling 1918 bis 1945. S. 203.
290 SChr. 30. 3. 1931. S. 1.
291 Der Eiserne Besen, 3. 4. 1931. S. 5.

len. Auch aus Gründen der Vergleichbarkeit möchte ich mich an den Definitionen von Laurenz Krisch orientieren.[292]

Der Primäre Sektor umfasst den Bereich der Land- und Forstwirtschaft. Diesem Sektor entspricht das bäuerlich-ländliche Milieu mit den Strukturmerkmalen Besitzdenken, Standortgebundenheit, Religiosität.

Der Sekundäre Sektor umfasst den Bereich Industrie und Gewerbe. Ihm entspricht das städtische Arbeitermilieu, das durch Lohnabhängigkeit, relativ hohe Mobilität und weitgehende Areligiosität gekennzeichnet ist.

Der Tertiäre Bereich beinhaltet die Sparten Handel, Verkehr, Gast- und Schankwirtschaft, Geld-, Kredit- und Versicherungswesen, Öffentlicher Dienst, Freie Berufe und Häusliche Dienste. Die Zuordnung eines speziellen Milieus für diesen Bereich ist nicht möglich, da er sowohl Beamte und Angestellte als auch Arbeiter, Eisenbahner, Hoteliers und Freiberufler umfasst.

Anteil der einzelnen Wirtschaftssektoren in den Salzburger Gemeinden (ohne Stadt Salzburg) und in jenen Gemeinden, in denen die Nationalsozialisten kandidierten

Bezirk	Landwirtschaft	Gewerbe/Industrie	Dienstleistung	Berufslose
Flachgau	46,0	23,8	14,4	13,4
Tennengau	44,8	27,8	11,8	13,1
Pongau	49,2	18,9	17,3	11,9
Pinzgau	48,9	20,8	14,7	10,5
Lungau	68,2	13,3	7,5	9,5
Gesamt	51,4	20,9	13,1	11,7
NS-Kandidatur	26,5	28,9	24,7	15,5

Daraus und aus anderen schon bekannten Kriterien ergeben sich – vorerst sehr grob betrachtet – folgende Kennzeichen für jene Gemeinden, in denen die Hitlerbewegung kandidierte und Erfolg hatte:

- Deutlich niedrigerer landwirtschaftlicher Anteil als der Landesdurchschnitt. Im Schnitt war in den Gemeinden, in denen die Nationalsozialisten kandidierten, der Anteil der Landwirtschaft nur halb so hoch wie landesweit.
- Fast doppelt so hoher Bevölkerungsanteil aus dem Dienstleistungsbereich wie im ganzen Land. Politisch stark deutschnational ausgerichtete Handelsangestellte.[293]

---

292 Vgl. Laurenz Krisch: Die Wahlerfolge der Nationalsozialisten. S. 232 f.
293 1904 kam der Deutsche Handelsgehilfenverband (DHV) bereits nach Salzburg. Einer seiner wichtigsten Vertreter war Hans Prodinger, antisemitisch, nationalistisch, aber auch stark sozialpolitisch engagiert. Vgl. Ernst Hanisch: Zur Frühgeschichte des Nationalsozialismus in Salzburg (1913–1925). In: Mitteilungen der Gesellschaft für Salzburger Landeskunde. 117. Vereinsjahr. 1977. Salzburg 1978. S. 376.

- Signifikant höherer Anteil aus dem Bereich Gewerbe/Industrie und im Bereich der Berufslosen als im Landesdurchschnitt.
- Starke und aktive nationalsozialistische Führungspersönlichkeiten in einer Gemeinde.
- Lange deutschnationale Traditionen in Fremdenverkehrsgemeinden mit »antisemitischer Sommerfrische« mit beträchtlichem Einfluss von deutschnationalen Vereinen, wie etwa des Deutsch-österreichischen Alpenvereins.
- Eisenbahnorte mit starken deutschnationalen Eisenbahngewerkschaften.[294]
- Stadt Salzburg und Städte und Märkte mit Intelligenz und Bürgertum, wo sich schon im 19. Jahrhundert ein aggressiver Antiklerikalismus und auch Antisemitismus breit gemacht hatte.

Das bestätigen ältere Untersuchungen, wonach um das Jahr 1930 die Tendenz überwog, dass »die österreichischen Nazis erstens in solchen Gemeinden besser abschnitten, wo die Landwirtschaft eine untergeordnete Rolle spielte, und zweitens war sie im nichtlandwirtschaftlichen Bereich dort stärker, wo der angestelltenstarke Dienstleistungsbereich am ausgeprägtesten war.«[295]

Was aber ganz entscheidend ist: Neben den aktuellen politischen Faktoren, die den Nationalsozialisten in die Hände arbeiteten, gab es in bestimmten Bereichen eine gefestigte deutschnationale, antiklerikale und antisemitische Kultur, der bisher die Großdeutsche Volkspartei, der Landbund und zum Teil der Heimatblock mit ihrer Politik entsprachen. Auf dem Boden dieser politischen Kultur begann sich nun die Hitlerbewegung zu entfalten.

Die Nationalsozialisten kandidierten als eigene politische Gruppe in 28 Gemeinden des Landes Salzburg (einschließlich der Stadt Salzburg). In 25 Gemeinden erzielten die Hitler-Nationalsozialisten insgesamt 64 Mandate. Dazu muss man sich vergegenwärtigen, dass die Nationalsozialisten bei den letzten Gemeindewahlen im Jahr 1928 mit einer eigenen Liste nur in Maxglan kandidierten und ein jämmerliches Ergebnis von 127 Stimmen erzielten, das bei weitem nicht für ein Mandat reichte. Die Stadt Salzburg wählte den Gemeinderat schon im Jahr 1927. Dort kandidierten die Nationalsozialisten auf einer gemeinsamen Liste mit den Großdeutschen und erhielten zusammen 5.869 Stimmen und 10 Mandate.[296] Eine Aufschlüsselung der Stimmen nach den beiden Parteien ist natürlich nicht möglich.

---

294 Bereits 1898 wurde die Zweigstelle Salzburg des Reichsbundes deutscher Eisenbahner in Österreich gegründet. Vgl. Ernst Hanisch: Zur Frühgeschichte des Nationalsozialismus in Salzburg (1913–1925). S. 376.
295 Dirk Hänisch: Die soziale Wählerbasis der NSDAP und der übrigen Parteien in der ersten österreichischen Republik im Vergleich zum Deutschen Reich. In: Heinrich Best (Hrsg.): Politik und Milieu. Wahl- und Elitenforschung im historischen und interkulturellen Vergleich. St. Katharinen 1989. S. 279. Vgl. ebenso Jürgen W. Falter, Dirk Hänisch: Wahlerfolge und Wählerschaft der NSDAP in Österreich von 1927 bis 1932. In: Zeitgeschichte. Heft 6/1988.
296 Vgl. SChr. 4. 4. 1927. S. 2.

In wie vielen und in welchen Gemeinden eventuell den Nationalsozialisten nahe stehende Personen auf anderen Listen, insbesondere in Wirtschaftsparteien, kandidierten, ist nicht feststellbar. Auf Grund der schlechten Datenlage können nur einige wenige Gemeinden beispielhaft im Hinblick auf die nationalsozialistischen Wahlergebnisse genauer untersucht werden.

In der STADT SALZBURG erreichte die Hitlerbewegung 1.877 Stimmen und 9,2 Prozent. Damit zog sie schon bei ihrer ersten eigenen Kandidatur auf Anhieb mit vier (!) Vertretern in den Salzburger Gemeinderat ein. Innerhalb von vier Monaten seit der Nationalratswahl konnte sie damit ihre Stimmenanzahl um 817 oder 4,8 Prozentpunkte erhöhen. Ihre Stimmen erhielt sie in bedeutendem Ausmaß von den Großdeutschen, dem Ständeblock und der Schulzpartei. Nach der Ansicht des Salzburger Volksblattes zeigten aber auch die Stimmenverluste der Sozialdemokraten, »dass doch auch ein gewisser Prozentsatz der für die Hitlerbewegung abgegebenen Stimmen den Sozialdemokraten verloren gegangen sein dürfte«.[297]

In der Stadt Salzburg lässt sich seit dem Beginn der Republik ein bürgerliches Protestpotential feststellen, zu dem auch die Nichtwähler zählen. Dieses Protestpotential fühlte sich vom existierenden Drei-Lager-System nicht vertreten, es fühlte sich einer Anti-Parteipolitik verbunden, das das so genannte wirtschaftliche Sachinteresse der Parteipolitik gegenüberstellte. Dieser bürgerliche Protest artikulierte sich zuerst im Mittelstandsverein, dann im Wirtschaftsklub und in der unpolitischen Wirtschaftspartei und später im Wirtschaftlichen Ständebund. 1931 – der Ständebund kandidierte gemeinsam mit den Großdeutschen und dem Heimatblock im »Nationalen Wirtschafts- und Ständeblock« – wurde dieses Protestpotential bereits weitgehend von den Hitler-Nationalsozialisten, die sich nicht als Partei, sondern als Bewegung verstanden, aufgesogen.[298]

Bei den Prozentzahlen werden in Klammer die Vergleichszahlen zur Nationalratswahl 1930 angegeben.

Flachgau

Gemeinde	Stimmenanzahl	Prozente	Mandate
Aigen	138	8,6 (2,9)	2
Maxglan	391	9,3 (4,9)	2
Seekirchen-Markt	111	20,9 (8,2)	3
Siezenheim	54	3,2 (1,2)	–
	694		7

---

297 SVBl. 30. 3. 1931. S. 1.
298 Vgl. Ernst Hanisch: Im Zeichen des allgemeinen Wahlrechts (1918–1934). In: Heinz Dopsch, Hans Spatzenegger (Hrsg.): Geschichte Salzburgs. Stadt und Land. Band II. Neuzeit und Zeitgeschichte. 4. Teil. Salzburg 1991. S. 2379. Vgl. ebenso Heinz Dopsch (Hrsg.): Vom Stadtrecht zur Bürgerbeteiligung. Festschrift 700 Jahre Stadtrecht von Salzburg. Salzburg 1987. S. 231.

In den Flachgauer Gemeinden, in denen die Hitlerpartei kandidierte und auch erfolgreich war, lassen sich klar folgende Kriterien feststellen:

1. Deutlich unter dem Bezirksdurchschnitt liegender landwirtschaftlicher Bevölkerungsanteil. Während der Bezirksdurchschnitt bei 46 Prozent liegt, weisen Aigen nur 20,3 Prozent, Maxglan nur 3,9 Prozent und Seekirchen-Markt 5,9 Prozent landwirtschaftliche Bevölkerung auf.
2. Überdurchschnittlich hoher Anteil von Bevölkerung, die dem Dienstleistungsbereich angehört. Der Bezirksdurchschnitt liegt bei 14,4 Prozent, in Aigen liegt der Anteil bei 30,9 Prozent, in Maxglan bei 33,8 Prozent und in Seekirchen-Markt bei 23,7 Prozent.
3. Sehr hohe Anteile bei den so genannten »Berufslosen«, die im Bezirksdurchschnitt 13,4 Prozent ausmachen, in Anif 29,1 Prozent, in Maxglan 21,5 Prozent und in Seekirchen-Markt 27,3 Prozent.

Die Gemeinde Siezenheim, in der die Nationalsozialisten auch kandidierten, macht die berühmte Ausnahme. Sie liegt in allen Bereichen ungefähr im Bezirksdurchschnitt. Aber: In Siezenheim waren die Nationalsozialisten auch nicht erfolgreich, erzielten nur 3,2 Prozent und kein Mandat.

In der Gemeinde Aigen hatten im Jahr 1928 Christlichsoziale und Landbund gemeinsam kandidiert und 42,1 Prozent und elf Mandate erreicht. Eine Wirtschaftspartei, die wohl in erster Linie großdeutsche Gruppen umfasste, erreichte 22,2 Prozent und fünf Mandate. Das heißt, die bürgerlichen Parteien erzielten 1928 insgesamt 64,3 Prozent und 16 Mandate. Die Sozialdemokraten erreichten 35,7 Prozent und neun Mandate. Die Nationalsozialisten kandidierten 1928 nicht. Die Hitlerbewegung kandidierte 1931 das erste Mal und erreichte auf Anhieb 8,6 Prozent und zwei Mandate. Die nunmehr in einer Wirtschaftspartei gemeinsam kandidierenden Christlichsozialen, Großdeutschen und der Landbund erzielten 57,4 Prozent, verloren also zusammen 6,9 Prozent und ein Mandat. Die Sozialdemokraten verloren 1,7 Prozent und ebenfalls ein Mandat. Zählt man die Verluste der Wirtschaftspartei und der Sozialdemokraten zusammen, kommt man genau auf jene 8,6 Prozent, die die Hitlerbewegung erzielte. Es kann also (zumindest rein rechnerisch) angenommen werden, dass ein großer Teil des nationalen Lagers aus der Wirtschaftspartei und ein kleinerer Teil der sozialdemokratischen Wähler von 1928 zu den Nationalsozialisten gewechselt ist.

In Aigen war der Fremdenverkehr wachsend, die Zahl der landwirtschaftlichen Betriebe, die Grundstücke verkaufen mussten, im Sinken begriffen und ein junger Baron, Giesl von Gieslingen, der genau in diese Gegend passte, für die Nationalsozialisten aktiv.

Eine ähnliche Rechnung wie für Aigen lässt sich auch für die Gemeinde Maxglan, in der es schon vor dem Ersten Weltkrieg eine nationalsozialistische Ortsgruppe gab[299], aufstel-

---

299 Vgl. Ernst Hanisch: Zur Frühgeschichte des Nationalsozialismus in Salzburg (1913–1925). In: Mitteilungen der Gesellschaft für Salzburger Landeskunde. 117. Jahr/1977. Salzburg 1978. S. 382.

len. Im Jahr 1928 erreichte eine Wirtschaftspartei, bestehend aus Christlichsozialen, Großdeutschen und Ständeblock, 42,2 Prozent und elf Mandate. Die Sozialdemokraten wurden mit 54,8 Prozent und vierzehn Mandaten stärkste Partei. Die Nationalsozialisten erzielten 3,0 Prozent und verfehlten damit ein Mandat. Maxglan war 1928 die einzige (!) Landgemeinde, in der die Nationalsozialisten auf einer eigenen Liste kandidierten. In Maxglan waren schon vor dem Ersten Weltkrieg die Bauarbeiter stark deutschnational orientiert. Die deutschnationale Kultur war für diese

Abb. 26. Antisemitische Karikatur in der Sommerfrische Strobl am Wolfgangsee. (Johann Stehrer [Hg.]: Strobl am Wolfgangsee. S. 186).

Arbeiter stärker als die soziale Konfliktlinie Besitz contra Arbeit. Die politische Heimat dieser Bauarbeiter war die Deutsche Arbeiterpartei – Vorläuferin der NSDAP –, die von den Bauunternehmern gefördert wurde und den Sozialdemokraten Konkurrenz machte.[300]

1931 kandidierten die Christlichsozialen in Maxglan auf einer eigenen Liste und erreichten 24,3 Prozent und sechs Mandate, die Wirtschaftspartei, diesmal bestehend aus Großdeutschen und Ständeblock, erzielte 14,9 Prozent und vier Mandate. Gemeinsam kamen daher die bürgerlichen Parteien auf 39,2 Prozent und zehn Mandate, das sind also um 3,0 Prozent beziehungsweise ein Mandat weniger als 1928. Auch die Sozialdemokraten verloren: Sie sanken um 5,8 Prozent auf 50,0 Prozent und verloren ein Mandat. Beide Mandate gingen zu den Nationalsozialisten, die diesmal auf 9,3 Prozentpunkte, also um 6,3 Prozent mehr als 1928, kamen. Die Kommunisten, die neu kandidierten, erreichten 1,5 Prozent, die wohl zum überwiegenden Teil von der sozialdemokratischen Wählerschaft kamen. In Maxglan kann also angenommen werden, dass die nationalsozialistischen Zugewinne zu etwa gleichen Teilen von den bürgerlichen Parteien und den sozialdemokratischen Wählern stammten.

Dass aus dem bürgerlichen Block die Christlichsoziale Partei ihren Wählerstock gegen den nationalsozialistischen Einbruch 1931 noch halten konnte und die NS-Zugewinne aus dem nationalen Lager stammen mussten, zeigt sich bei einem Vergleich der Wahlergebnisse in Maxglan über einen längeren Zeitraum. Die Stimmen der nationalen Gruppierungen wurden zusammengezählt, auch wenn sie getrennt kandidiert hatten.[301]

---

300 Vgl. Ernst Hanisch, Ulrike Fleischer: Im Schatten berühmter Zeiten. Salzburg in den Jahren Georg Trakls 1998–1914. Salzburg 1986. S. 67.
301 Vgl. Friedrich Steinkellner: Die Gemeinde Maxglan vom Kriegsende 1918/19 bis zur Eingemeindung 1935. In: Maxglan. Ein Salzburger Stadtteil. Herausgegeben vom Salzburger Bildungswerk Maxglan. Salzburg 1990. S. 82/83.

Die wirklich großen Einbrüche sowohl bei den bürgerlichen Parteien als auch im sozialdemokratischen Lager zugunsten der Nationalsozialisten fanden aber erst bei der Landtagswahl 1932 statt.

Partei	LTW 1927	NRW 1930	GRW 1931	LTW 1932
CSP	1.109 (27,3)	806 (18,0)	1.023 (24,3)	856 (19,5)
Nat. Lager	814* (20,0)	1.214** (27,0)	629*** (14,9)	423**** (9,6)
SD	2.145 (52,7)	2.203 (49,1)	2.108 (50,0)	1.693 (38,5)
NS	— —	222 (4,9)	391 (9,3)	1.219 (27,8)

* Großdeutsche Volkspartei, Landbund, Ständeblock; ** Schober-Block, Heimatblock, Landbund; *** Nationale Wirtschaftspartei; **** Großdeutsche Volkspartei, Heimatblock, Unabhängiger Bauernbund und Ständevertretung.

Bei der Nationalratswahl 1930 erreichten die Kommunisten und eine Volkspartei insgesamt 1,0 Prozent, bei der Gemeindewahl 1931 erreichte die Kommunistische Partei 1,5 Prozent und bei der Landtagswahl 1932 erzielte sie 4,6 Prozent.

Seekirchen war seit den 1880er Jahren ein Zentrum deutschnationaler Bauernvereine. Diese Prägung wirkt bis in die Gegenwart nach und bereitete bei der Gemeindewahl 1931 den Boden für einen Erfolg der Hitlerpartei.[302] Dazu kam noch der Faktor einer »judenfreien Sommerfrische«.

Tennengau

Gemeinde	Stimmenanzahl	Prozente	Mandate
Dürnberg	36	12,4 (5,2)	1
Hallein	496	11,3 (3,5)	2
	532		3

Die beiden Tennengauer Gemeinden, in denen die Hitlerpartei kandidierte, nämlich Hallein und Dürnberg, lassen sich ähnlich kategorisieren wie die Flachgauer Gemeinden:

---

302 Vgl. Ernst Hanisch: »Das wilde Land« – Bürgerkrieg und Nationalsozialismus in Seekirchen. In: Elisabeth und Heinz Dopsch (Hrsg.): 1300 Jahre Seekirchen. Geschichte und Kultur einer Salzburger Marktgemeinde. Seekirchen am Wallersee 1996. S. 337 f.

- Geringer Anteil an landwirtschaftlicher Bevölkerung, die im Tennengau 44,8 Prozent ausmachte. In Hallein betrug ihr Anteil 5,7 Prozent, in Dürnberg 13,3 Prozent. Nimmt man noch Golling dazu, in der die nationalsozialistische Schulz-Gruppe kandidierte, und dort mit 11,4 Prozent ihr einziges Mandat im Land erreichte, setzt sich dieses Phänomen fort: Golling hatte mit 3,67 Prozent den geringsten Anteil an landwirtschaftlicher Bevölkerung im Bezirk.
- Alle drei Gemeinden haben einen weit überdurchschnittlichen Bevölkerungsanteil aus dem Bereich Industrie und Gewerbe sowie die höchsten Anteile an »Berufslosen«.
- Im Bereich Hallein war der angesehene Bezirksrichter Dr. Anton Jennewein als nationalsozialistischer Aktivist tätig.
- Golling und Hallein haben die höchsten Anteile im Bezirk an Personen aus dem Dienstleistungsbereich.

Pongau

Gemeinde	Stimmenanzahl	Prozente	Mandate
Badgastein	237	10,8 (6,6)	3
Bischofshofen	183	5,7 (4,2)	1
Radstadt-Stadt	132	21,2 (21,2)	3
St. Johann-Markt	96	10,7 (8,5)	2
Schwarzach	84	9,6 (4,4)	1
	732		10

Im Pongau ist die Klassifizierung der Gemeinden, in denen die Nationalsozialisten kandidierten, sehr leicht vorzunehmen. Sie weisen folgende Kriterien auf:

1. Mittlere bis größere Gemeinden nach der Einwohnerzahl.
2. Sehr geringer Anteil von Land und Forstwirtschaft (alle unter 12 Prozent, während der durchschnittliche Prozentsatz in den Pongauer Gemeinden 49,2 Prozent betrug).
3. Eher höherer Anteil von Industrie und Gewerbe. Mit Ausnahme von Schwarzach liegt der Anteil in allen Gemeinden, in denen die Hitlerpartei kandidierte, deutlich über dem Bezirksdurchschnitt von 18,6 Prozent.
4. Überdurchschnittlicher Anteil von Beschäftigten im Dienstleistungsbereich. Er liegt in allen betroffenen Gemeinden mindestens doppelt so hoch wie der Bezirksdurchschnitt von 17,3 Prozent.
5. In den beiden Gemeinden mit den höchsten NS-Anteilen, Radstadt-Stadt (21,2 Prozent) und Badgastein (10,8 Prozent) sind prominente Hitler-Aktivisten tätig. In Radstadt ist es der spätere NS-Landtagsabgeordnete und Klubobmann Bezirksrichter Dr. Max Peisser und in Badgastein der spätere Gauleiter und kommissarische NS-Lan-

deshauptmann Dipl. Ing. Anton Wintersteiger[303]. Hier erweist es sich offensichtlich als richtig, dass starke, engagierte nationalsozialistische Führungspersönlichkeiten auf der lokalen Ebene an einem guten Ergebnis der Hitlerbewegung wesentlichen Anteil haben.[304]

Pinzgau

Gemeinde	Stimmenanzahl	Prozente	Mandate
Alm	84	19,0 (12,1)	2
Bramberg	77	9,9 (2,3)	2
Bruck	105	18,4 (9,7)	3
Bruckberg	37	18,1 (15,9)	1
Leogang	43	6,7 (1,9)	1
Lend	42	5,4 (3,7)	–
Mittersill-Land	83	13,8 (5,8)	3
Mittersill-Markt	89	24,4 (22,8)	3
Neukirchen	98	18,0 (8,8)	2
Piesendorf	62	10,7 (8,4)	2
Saalfelden-Land	124	8,0 (2,4)	2
Saalfelden-Markt	372	20,7 (13,1)	5
Taxenbach	94	12,0 (6,1)	2
Viehhofen	53	30,8 (18,4)	3
Zell am See	505	31,9 (23,7)	6
	1868		37

Im Pinzgau scheint auf den ersten Blick eine Charakterisierung der Gemeinden mit NS-Kandidatur nicht so leicht möglich wie im Pongau. Tatsache aber ist, dass einige Kriterien bei Gemeinden mit hohen NS-Stimmenanteilen auffallend wiederkehren:

1. Deutlich unterdurchschnittlicher Anteil an Angehörigen des Bereiches Land- und Forstwirtschaft.
2. Überdurchschnittlich hoher Anteil von Angehörigen des Dienstleistungsbereiches.
3. Überdurchschnittlich hoher Anteil an »Berufslosen«.

---

303 Vgl. Hundert Jahre selbständiges Land Salzburg. Herausgegeben vom Salzburger Landtag. Salzburg 1961. S. 114.
304 Vgl. Laurenz Krisch: Die Wahlerfolge der Nationalsozialisten in der Spätphase der Ersten Republik im Pongau und im Pinzgau. In: Mitteilungen der Gesellschaft für Salzburger Landeskunde. 140. Vereinsjahr. Salzburg 2000. S. 248.

Diese Kriterien treffen auf die Gemeinden Zell am See (31,9 Prozent NS-Anteil), Mittersill-Markt (24,4 Prozent NS-Anteil) und Saalfelden-Markt (20,7 Prozent NS-Anteil) zu. Ganz und gar nicht in dieses Bild passen die Gemeinden Viehhofen (30,8 Prozent NS-Anteil) und Alm (19,0 Prozent NS-Anteil). Sie haben überdurchschnittlich hohe Bevölkerungsanteile aus dem land- und forstwirtschaftlichen Bereich, niedrige Bevölkerungsanteile aus dem Dienstleistungssektor und durchschnittliche Arbeitslosenanteile.

In Viehhofen kann der Erfolg der Nationalsozialisten mit dem NS-Aktivisten und Sägewerker Bruno Streyhammer zusammenhängen, der auf der Landtagsliste der NSDAP für die Landtagswahl 1932 auf der vierten Stelle der Bezirksliste kandidierte.

In Neukirchen, das 18 Prozent NS-Stimmen verzeichnete, agierte der spätere NS-Landtagskandidat und Kleinbauer Johann Schwarzenbacher. Er stand an dritter Stelle der nationalsozialistischen Bezirksliste.

Das politische Wirken des nationalsozialistischen Gast- und Landwirtes Hans Dözelmüller kann zu den Erfolgen der NSDAP in Saalfelden (Land- und Marktgemeinde, 8,0 bzw. 20,7 NS-Anteile) beigetragen haben. Er kandidierte an sechster Stelle der NS-Bezirksliste. Die Nationalsozialisten hatten in Saalfelden gleich nach dem Ersten Weltkrieg eine Ortsgruppe aufgebaut, die stark auf der Agitation der deutschnationalen Eisenbahnergewerkschaft aufbaute. Mit dem Ansteigen der Zahl der Akademiker nahm die Bedeutung der Nationalsozialisten auch in diesen Kreisen zu.[305]

In Zell am See war neben dem langjährigen nationalsozialistischen Bürgermeister Josef Ernst auch der Schuhmachermeister Rupert Lanner aktiv, der bei der Landtagswahl 1932 auf der NS-Bezirksliste kandidierte.[306] Zell am See hatte eine lange nationale, ja nationalsozialistische Tradition und kann überdies auch als eine der Fremdenverkehrsgemeinden mit antisemitischen Sommerfrische-Charakter angesehen werden.

Die beiden Kriterien lange deutschnationale Tradition und Fremdenverkehr weist übrigens auch die Gemeinde Mittersill-Markt auf.

In Bruck, das einen NS-Anteil von 18,4 Prozent aufwies, war ein hoher Anteil aus der Gruppe der Berufslosen festzustellen. Dort dürfte aber auch der langjährige und sehr populäre Bürgermeister Anton Posch mit dem nationalen Lager sympathisiert haben, denn er wurde 1938 von der NSDAP – nachdem er 1936 seine Tätigkeit beenden musste – wieder an die Spitze der Gemeinde berufen, wenn auch nur sehr kurz.[307]

Mittersill-Land mit einem agrarischen Bevölkerungsanteil von 70 Prozent ist ebenfalls eine »untypische« NS-Hochburg (13,8 Prozent NS-Stimmen). Auch hier wird wohl der langjährige Bürgermeister Rupert Steger, der nach dem Anschluss von der NSDAP zum Bürgermeister der Gemeinde Mittersill berufen wurde, einen Einfluss ausgeübt ha-

---

305 Vgl. Arthur Schwaiger: Das liberale und nationale Lager. In: Chronik Saalfelden. Band 1. Saalfelden 1992. S. 330.
306 Vgl. Laurenz Krisch: Die Wahlerfolge der Nationalsozialisten. S. 252.
307 Vgl. Max Effenberger: Brucker Heimatbuch. Bruck an der Glocknerstraße. O. J. S. 344.

ben. Es ist nicht festzustellen, welcher politischen Gruppierung Bürgermeister Steger vor 1938 angehörte, da er auf einer Liste der Wirtschaftspartei kandidierte, in der sicher die Christlichsoziale Partei dominierte. Die neuen nationalsozialistischen Machthaber machten ihn 1938 zum Bürgermeister der im Jahr 1935 vereinten Gemeinde Mittersill. Er muss daher wohl Mitglied der NASDAP gewesen sein, ein Foto in der Gemeindechronik zeigt ihn auch mit dem Parteiabzeichen. Er genoss aber in der Bevölkerung großes Vertrauen, auch das der Regimegegner. Er scheint – wie die Gemeindechronik etwas apologetisch feststellt – auch den in Mittersill stationierten osteuropäischen Zwangsarbeitern gegenüber »ein geradezu mustergültiges Verhalten« an den Tag gelegt zu haben und war insgesamt »in dieser traurigen Zeit ein idealer Bürgermeister. Stets handelte er als Mensch mit Herz und Verstand und nicht als Parteigröße«.[308] Er erhielt daher auch 1953 die Ehrenbürgerschaft verliehen.

Alle diese Fälle deuten auf die Richtigkeit der von Laurenz Krisch festgestellten Korrelation zwischen starken Erfolgen der Nationalsozialisten auch in »untypischen« NS-Gemeinden und dem Agieren örtlicher nationalsozialistischer Führerpersönlichkeiten hin.[309]

Lungau

Gemeinde	Stimmenanzahl	Prozente	Mandate
Tamsweg	117	17,9 (3,8)	3

Die Gemeinde Tamsweg, die einzige Gemeinde des Lungaues, wo die Nationalsozialisten kandidierten und fast 18 Prozent erreichten, entsprach geradezu idealtypisch dem, was aus den anderen Bezirken 1920er Jahren die Hochburg der Großdeutschen im Lungau. Es gab dort einen sehr starken Deutschen Turnverein und einen großen Anteil an Freiberuflern.[310]

War Tamsweg das Zentrum der Nationalsozialisten im Unterlungau, so war St. Michael das nationalsozialistische Zentrum im Oberlungau. In St. Michael-Markt waren verschiedene Organisationen etabliert, die zu Wegbereitern des Nationalsozialismus wurden: eine Ortsgruppe der Großdeutschen Volkspartei, der deutschvölkische Turnverein, eine Tannenbergbewegung und ein starker Landbund. Auch die Landgemeinde St. Michael wurde eine nationalsozialistische Hochburg. Der Landbund, der bei Wahlen zum Teil mehr als die Hälfte aller Stimmen erreichte, wurde hier zum Wegbereiter für

---

308 Max Effenberger: Die schlimmen Jahre von 1938 bis 1945. In: Michael Forcher (Hrsg.): Mittersill in Geschichte und Gegenwart. Mittersill 1985. S. 343.
309 Vgl. Laurenz Krisch: Die Wahlerfolge der Nationalsozialisten. S. 248.
310 Vgl. Ignaz Steinwender: Die Geschichte einer Verführung. Kirche und Nationalsozialismus im Salzburger Bezirk Lungau, 1930–1945. Frankfurt am Main 2003. S. 80 ff.

den Nationalsozialismus. Bei der Gemeindewahl 1931 war dies alles noch unter der »Dachpartei« Wirtschaftspartei versteckt.[311]

Gesamtergebnis der Hitlerbewegung

Bezirk	Stimmenanzahl	Mandate
Stadt Salzburg	1.878	4
Flachgau	694	7
Tennengau	532	3
Pongau	732	10
Pinzgau	1.868	37
Lungau	117	3
	3.531	64

Es soll nun noch kurz der Frage nachgegangen werden, ob die Hitlerbewegung im Jahr 1931 eine eindeutig von einer Mehrheit der Männer gewählte Partei war oder nicht. Es stellt sich zwar heraus, dass der Anteil der Männer mit rund 55 Prozent höher war als der der Frauen, aber eine überwältigende männliche Dominanz lässt sich nicht ablesen. Am stärksten scheint die männliche Dominanz unter den nationalsozialistischen Wählern in den kleinen, bäuerlichen Gemeinden des Pinzgaues ausgeprägt zu sein. Die schlechte Stimmung in der Bauernschaft hat wohl schon einige junge Bauernburschen in die jugendliche Hitlerbewegung getrieben. Die Nationalsozialisten versprachen den Bauern das Blaue vom Himmel, vor allem hohe landwirtschaftliche Erträge.[312] Kein Wunder, dass dies alles vor allem auf junge Bauern eine gewisse Wirkung hatte, während die Frauen fest im Verband des katholischen Milieus eingebettet waren.

Männer-/Frauenanteil an den Wählerstimmen der Hitlerbewegung bei der Gemeindewahl 1931 (in Klammer die Prozentanteile)

Bezirk	Männer	Frauen	Gesamt
Stadt Salzburg	983 (52,3)	895 (47,7)	1.878
Flachgau	367 (52,9)	327 (47,1)	694
Tennengau	276 (51,9)	256 (48,1)	532
Pongau	423 (57,8)	309 (42,2)	732
Pinzgau	1.101 (58,9)	767 (41,1)	1.868
Lungau	62 (53,0)	55 (47,0)	117
Gesamt	3.212 (55,2)	2.609 (44,8)	5.821

311 Vgl. Ignaz Steinwender: Die Geschichte einer Verführung. Kirche und Nationalsozialismus im Salzburger Bezirk Lungau, 1930–1945. Frankfurt am Main 2003. S. 99 f.
312 Vgl. Bruce F. Pauley: Der Weg in den Nationalsozialismus. Ursprünge und Entwicklung in Österreich. Wien 1988. S. 71 f.

Dass die Hitler-NSDAP eine reine »Männerpartei« – und das in jeder Phase – gewesen sei, wird immer wieder behauptet und auch der Vergleich mit der Kommunistischen Partei hergestellt.[313] Dies stimmte in Salzburg durchaus noch bei der Nationalratswahl 1930, bei der nur 40 Prozent der nationalsozialistischen Wählerschaft Frauen waren. Bei den Gemeindewahlen 1931 aber waren es um fast fünf Prozent mehr. Es zeigt sich also auch hier, dass durch eine innerhalb weniger Monate beträchtlich gestiegenen Anzahl von Frauen, die die Hitlerbewegung gewählt hatten, der Weg zur Massenpartei fortgesetzt wurde. Die KP blieb mit 30 bzw. 33 Prozent weiblichen Wählern weit dahinter zurück.[314]

Alles in allem kann aus der Analyse der Ergebnisse der Nationalsozialisten der Schluss gezogen werden, dass die Hitlerbewegung nach dem enttäuschenden Ergebnis bei der Nationalratswahl 1930 nicht nur wieder Fuß gefasst hatte, sondern auf dem Sprung zum Durchbruch nach oben war. Nach vielen Jahren im politischen Talkessel begann nun der Aufstieg. Tatsächlich ist es so, dass die Nationalsozialisten in jenen Gemeinden, in denen sie kandidierten, den »takeoff-point« ihrer künftigen Massenmobilisierung erreichten.[315]

Die Hitlerbewegung erreichte bei den Gemeindewahlen in jenen Gemeinden, in denen sie mit einer eigenen Liste antrat, 5.821 Stimmen. Bei der Nationalratswahl 1930 erreichte sie in diesen Gemeinden nur 3.360 Stimmen, das heißt, dass die Hitlerbewegung innerhalb von vier Monaten in diesen Gemeinden allein 2.461 Stimmen dazugewann. Das bedeutet eine Zunahme von rund 70 Prozent der NS-Stimmen. In den restlichen Gemeinden, in denen die NSDAP 1931 nicht kandidierte, erreichte sie 1930 bei der Nationalratswahl insgesamt 1.177 Stimmen. Geht man davon aus, dass in diesen Gemeinden bei einer eigenen Kandidatur 1931 die Stimmen um 50 Prozent angestiegen wären, käme man auf rund 7.500 nationalsozialistische Stimmen. Das bedeutet, dass die Hitlerbewegung, wenn sie 1931 in allen Gemeinden mit einer eigenen Liste kandidiert hätte, mindestens auf rund 7,5 Prozent der gesamten abgegebenen gültigen Stimmen gekommen wäre. Das hieße aber, dass sie ihren Stimmenanteil innerhalb von vier Monaten verdoppelt hätte. Eine bedeutende Dynamik in Richtung Massenbewegung zeichnete sich ab. Überall dort, wo die Hitlerbewegung ihre Propaganda in Gang setzte, konnte sie auch mit Stimmengewinnen rechnen. Oder wie es eine Analyse zur Landtagswahl in Baden im Jahr 1929 zum Ausdruck brachte: »They won votes where they campaigned – and where they campaigned, they won.«[316]

---

[313] Vgl. Gerhard Botz: Faschistische Bewegungen und Lohnabhängige in Österreich. In: Arbeiterbewegung und Faschismus. Der Februar 1934 in Österreich. Internationale Tagung der Historiker der Arbeiterbewegung (»X. Linzer Konferenz« 1974). Wien 1976. S. 341.

[314] Vgl. Statistische Nachrichten. Sonderheft: Die Nationalratswahlen vom 9. November 1930. Herausgegeben vom Bundesamt für Statistik. Wien 1930. S. 15. Tabelle 32.

[315] Vgl. Dirk Hänisch: Die österreichischen NSDAP-Wähler. Eine empirische Analyse ihrer politischen Herkunft und ihres Sozialprofils. Wien, Köln, Weimar 1998. S. 90.

[316] Ellsworth Faris: Takeoff Point for the National Socialist Party: The Landtag Election in Baden, 1929. In: Central European History. Vol. 8. 1975. S. 159.

Faktoren für den Takeoff der Hitlerbewegung bei den Gemeindewahlen 1931

Aktuelle Faktoren

Außerhalb Österreichs

I. Weltwirtschaftskrise
- Arbeitslosigkeit
- Absatzprobleme und Preisverfall der heimischen Produkte
- Verschuldung im Bereich Landwirtschaft und Gewerbe

II. Große Wahlerfolge der NSDAP im Deutschen Reich
- Propagandistische Auswirkung auf die österreichischen Wähler
- Motivationsschub für die österreichischen Nationalsozialisten

III. Beginn der Aushöhlung und Auflösung der Weimarer Republik

Österreichische Innenpolitik

I. Ablehnung der Deutsch-österreichischen Zollunion durch die Siegermächte
- Zerstörung einer Hoffnung
- Solidarisierung aller Deutschnationalen
- Nationalsozialistische Agitationsmöglichkeit

II. Emotionalisierung durch den Remarque-Film "Im Westen nichts Neues"
- Kriegsteilnehmer fühlen sich brüskiert
- Solidarisierung gegen einseitige Schuldzuweisung und gegen das "Diktat der Siegermächte"
- Verbot des Filmes ist Erfolg der Nationalsozialisten

Interne Entwicklung der Hitlerbewegung
- Aufwind durch Wahlerfolge im Deutschen Reich
- Übernahme moderner Propagandamethoden von deutschen Nationalsozialisten
- "Partei gegen alle Parteien"- keine Wahlgemeinschaften
- Organisatorische Konsolidierung
- Durchsetzen des nationalsozialistischen Alleinvertretungsanspruches – Sieg gegenüber Schulz-Partei

Andere Parteien
- Leichte Erholung der Christlichsozialen Partei
- Stabilisierung der Sozialdemokraten
- Verschwinden der Schulz-Partei
- Marginalisierung von Großdeutscher Volkspartei und Heimatblock
- Verluste des Landesbundes

Takeoff der Hitlerbewegung bei den Gemeindewahlen

Lang wirkende Politische Kultur in Salzburg

I. Antiklerikalismus gegen die starke Dominanz der Katholischen Kirche
- Stadt Salzburg
- Städte, Bezirkshauptorte, größere Märkte
- Intelligenz, Bürgertum

II. Deutschnational gegen österreichisch
- Fremdenverkehrsorte mit deutschen Gästen
- Gemeinden nahe an der deutschen Grenze
- deutschnationale Arbeitnehmervertretungen: Handelsangestellte, Eisenbahner, Bauarbeiter

III. Antisemitismus
- judenfreie Sommerfrischen
- Provinz (deutsch) gegen Wien (jüdisch)

IV. antidemokratisch/unpolitisch gegen demokratisch/parlamentarisch/Parteienwirtschaft
- Volksgemeinschaft gegen Parteienstreit
- gegen Politiker-Bonzentum
- Versagen der parlamentarischen Parteien

Die faschistische Konkurrenz der Heimwehr und die deutschnationale Konkurrenz der Großdeutschen Volkspartei und der Schulz-Richtung waren – dort wo die Hitlerbewegung eine eigene Liste aufstellte – weitgehend von ihr aufgesogen worden. »Natürlich hat die Hitlerpartei, bei der hier in Österreich in sehr viel stärkerem Maße als in Deutschland das Schwergewicht auf dem Worte *national* in dem Parteititel (Nationalsozialisten) liegt, die große Masse ihrer Wähler aus dem Reservoir der Nationalen Parteien geschöpft. Trotzdem aber kann man sagen, dass es, wenn die Sozialdemokraten in einer Reihe bedeutender Gemeinden Einbußen erlitten, zum großen Teil ein Verdienst der Hitlerpartei ist«, kommentierte das Salzburger Volksblatt.[317]

Der Rückenwind der NS-Wahlerfolge in Deutschland war stark zu spüren, auch die beginnenden organisatorischen Stärkungen der österreichischen nationalsozialistischen Partei wirkten sich positiv aus. Es war eben noch nicht der Massendurchbruch, aber immerhin der Start dazu. Unter dem »takeoff-point« ist jener Zeitpunkt zu verstehen, an dem die alten Blöcke und Widerstände gegen ein gefestigtes Anwachsen der Nationalsozialisten endgültig überwunden waren.[318]

5.11. Die Kommunistische Partei – »Männerpartei« ohne Chance

Die KOMMUNISTEN kandidierten in fünf Gemeinden des Landes (Stadt Salzburg, Maxglan, Hallein, Badgastein und Lend), brachten es jedoch nur auf zwei Mandate, eines in Hallein und eines in Lend, wo die Kommunistische Partei mit 11,1 Prozent ihren höchsten Anteil erreichte. Die Kommunistische Partei war eindeutig eine »Männerpartei«: Zwei Drittel ihrer Wähler waren Männer.

5.12. Die Einheitsparteien – senkten die Wahlbeteiligung

In drei Gemeinden, nämlich Kuchl, Kaprun und Wald kandidierten so genannte »Einheitsparteien«, die ganz bewusst etwa von den Wirtschaftsparteien unterschieden wurden. In den Einheitsparteien wurde versucht, alle gesellschaftlichen Gruppierungen, also auch die Arbeitnehmerschaft, zu vereinen. Neben diesen Einheitsparteien kandidierten in den genannten Gemeinden keine weiteren Parteien, sodass sie alle Mandate, insgesamt 41, besetzten. In Kaprun erschien am Wahltag nur ein Wähler und wählte die 13 Mandate. Am Beispiel Kaprun zeigt sich, dass es gelungen war, alle sozialen Gruppen zu integrieren: Der Bürgermeister war Gastwirt, die Mitglieder des Gemeindevorstandes

---

317 SVBl. 30. 3. 1931. S. 1.
318 Vgl. Ellsworth Faris: Takeoff Point for the National Socialist Party: The Landtag Election in Baden, 1929. In: Central European History. Vol. 8. 1975. S. 171.

waren ein Bauer, ein Arbeiter und ein Kaufmann. Auch in Kuchl war die Wahlbeteiligung mit 20,5 Prozent und in Wald mit 28,2 Prozent extrem gering. Man sieht also auch hier, dass die Reduzierung des Wahlangebotes auf nur eine Option zur dramatischen Senkung der Wahlbeteiligung führt.

5.13. Arbeiter- und Beamtenparteien – zaghafter Versuch gegen Wirtschaft und Bauern

In sechs Gemeinden kandidierten eigene Arbeiter-, Angestellten- und Beamtenparteien, offensichtlich als Reaktion auf die Übermacht des bäuerlichen und wirtschaftlichen Übergewichtes in der Kommunalpolitik, und erreichten insgesamt 15 Mandate.

Großgmain:	Partei der Festbesoldeten	17,2 %	2 Mandate
Hintersee:	Freie Arbeiter	70,4 %	7 Mandate
St. Gilgen:	Unpolitische Arbeiterpartei	5,8 %	1 Mandat
Mühlbach:	Beamten- und Angestelltenpartei	9,1 %	1 Mandat
Fusch:	Arbeiterpartei	32,3 %	3 Mandate
Tweng:	Arbeitnehmerpartei	24,5 %	1 Mandat

Diese Parteien wurden zu fast 58 Prozent von Männern gewählt.

5.14. Andere wahlwerbende Gruppen – Ergebnis lokaler Querelen

Nicht genauer zuzuordnen sind drei Parteien:

Hofgastein-Markt:	Kleinhäuslerpartei	13,1 %	1 Mandat
Faistenau:	Fortschrittspartei	17,2 %	3 Mandate
	Ordnungspartei	8,9 %	1 Mandat

Die »Kleinhäuslerpartei« in Hofgastein war eine so genannte »Biertischgründung« und wurde von einem pensionierten Gendarmeriebeamten angeführt. Die drei genannten Parteien wurden von einer deutlichen Mehrheit von Männern (über 62 Prozent) gewählt.

In Faistenau hatten 1928 zwei Wirtschaftsparteien kandidiert, eine davon splitterte sich 1931 in vier verschiedene Parteien auf: Volkspartei, Bauernpartei, Fortschrittspartei und Ordnungspartei. Hier hatten sicher gemeindeinterne Rivalitäten zu dieser Aufsplitterung geführt.

5.15. Mehrheitswahlen – Männer wählen direkt

In den 47 Gemeinden, in denen eine Mehrheitswahl ohne konkurrierende Listen durchgeführt wurde, kamen 478 Mandate an direkt gewählten Kandidaten zur Verteilung, das sind 21,7 Prozent aller zu vergebenden Mandate. Aber nur 6,9 Prozent aller abgegebenen gültigen Stimmen stammen aus diesen »Mehrheitswahl-Gemeinden«.

Ein Ergebnis sticht heraus: Bei der Wahl in Gemeinden mit Mehrheitswahl liegen die männlichen Wähler weit vor den Frauen, die offensichtlich von dieser Wahlmöglichkeit nicht besonders angetan waren. Fast 62 Prozent der Wählerschaft in den Gemeinden mit Mehrheitswahl waren Männer!

Diese Möglichkeit der Direktwahl von Kandidaten löste in manchen Gemeindevertretungen auch tatsächlich beträchtliche Veränderungen aus: Aus Untertauern wird berichtet, dass von den neun Gemeindevertretungsmitgliedern nur mehr fünf wiedergewählt wurden, vier wurden durch neue ersetzt. Auch in Lofer wurde ein Drittel der Gemeindemandatare durch die Direktwahl erneuert, auf diese Weise kam erstmals auch ein Beamtenvertreter in die Gemeindestube.[319]

Gesamtergebnis der Gemeinden mit Mehrheitswahl

Bezirk	Männer	Frauen	Gesamt	Mandate
Flachgau	1.192 (63,0 %)	699 (37,0 %)	1.891	124
Tennengau	76 (65,5 %)	40 (34,5 %)	116	9
Pongau	1.072 (59,4 %)	732 (40,6 %)	1.804	123
Pinzgau	905 (59,6 %)	614 (40,4 %)	1.519	63
Lungau	1.078 (64,2 %)	600 (35,8 %)	1.678	159
Gesamt	4.323 (61,7 %)	2.685 (38,3 %)	7.008	478

---

319 Vgl. SChr. 1. 4. 1931. S. 2.

6.
Die Wahlbeteiligung

Die Wahlbeteiligung bei diesen Gemeindewahlen betrug landesweit 67,9 Prozent. Die wirkliche Wahlbeteiligung dürfte etwas höher gewesen sein, weil es sich hier um den Anteil der gültigen Stimmen handelt, die ungültig abgegebenen Stimmen sind nicht feststellbar. Die höchste Wahlbeteiligung hatte der Flachgau mit 84,2 Prozent, die niedrigste der Lungau mit 43 Prozent. Die Gesamtwahlbeteiligung lag damit um rund 16 Prozentpunkte unter der Wahlbeteiligung bei der Nationalratswahl 1930.

Ob das schlechte Wetter am Wahltag eher zu einer höheren Wahlbeteiligung beigetragen hat, weil geplante Ausflüge abgesagt wurden oder aber so mancher wegen des schlechten Wetters auch den Weg zur Wahlurne scheute, kann nicht geklärt werden.

Die Zahl der Wahlberechtigten bei der Gemeindewahl 1931 in Salzburg betrug insgesamt 146.866. Die Zahl der wahlberechtigten Frauen war mit 75.479 bzw. 51,5 Prozent deutlich höher als die der Männer. Dies ist vor allem im Zusammenhang damit von Interesse, dass die Frauen auf den kommunalen Kandidatenlisten praktisch keine Rolle spielten. Mit 56 Prozent waren die Frauen in der Stadt Salzburg deutlich vor den Männern, auf den städtischen Kandidatenlisten und im folgenden Gemeinderat aber deutlich unterrepräsentiert.

Wahlberechtigte bei den Gemeindewahlen 1931

Bezirk	Männlich	Weiblich	Gesamt
Stadt Salzburg	12.149 (44,0 %)	15.479 (56,0 %)	27.628
Flachgau	22.363 (48,8 %)	23.431 (51,2 %)	45.794
Tennengau	7.613 (48,1 %)	8.203 (51,9 %)	15.816
Pongau	12.924 (51,3 %)	12.262 (48,7 %)	25.186
Pinzgau	12.503 (50,8 %)	12.126 (49,2 %)	24.629
Lungau	3.744 (47,9 %)	4.069 (52,1 %)	7.813
	71.296 (48,5 %)	75.570 (51,5 %)	146.866

Der höchste Anteil der wahlberechtigten Frauen war also in der Landeshauptstadt Salzburg mit 56 Prozent. Nur die Bezirke Pinzgau und Pongau wiesen mehr wahlberechtigte Männer als Frauen auf. Bei der Nationalratswahl 1930 hatte die Zahl der gesamten Wahlberechtigten 146.832 betragen, war also nur um 32 unter der Zahl der Wahlberechtigten bei den Gemeindewahlen 1931 gelegen. Der Anteil der Frauen war im November 1930 mit 52 Prozent etwas höher als Ende März 1931.

Gemeinden mit Mehrheitswahl

Wie wir einleitend gesehen haben, gab es auch die Möglichkeit, in einer Gemeinde eine so genannte »Mehrheitswahl« durchzuführen, wenn bis spätestens zwei Wochen vor der Wahl kein gültiger (Parteien-)Wahlvorschlag eingelangt war. Dann wurden Personen direkt von den Wählerinnen und Wählern gewählt. Es ist nun eine interessante Frage, in welchen Bezirken und Gemeinden solche »Mehrheitswahlen« durchgeführt wurden und wie weit sich die Nicht-Kandidatur von Parteien auf die Wahlbeteiligung auswirkte.

Anteil der Gemeinden mit Mehrheitswahl

Bezirk	Gesamtzahl der Gemeinden	Gemeinden mit Mehrheitswahl	Anteil in %
Lungau	25	17	68,0
Pongau	36	13	36,1
Flachgau	44	10	22,7
Pinzgau	35	6	17,1
Tennengau	16	1	6,2
	157	47	29,9

Man sieht also, dass in nicht ganz einem Drittel der Salzburger Gemeinden von dieser Möglichkeit der »Mehrheitswahl« Gebrauch gemacht wurde. Den eindeutig höchsten Anteil hatte dabei der Bezirk Lungau, in dem in mehr als zwei Drittel der Gemeinden nach der »Mehrheitswahl« gewählt wurde. Im Pongau war es schon nur mehr rund ein Drittel der Gemeinden, im Flachgau ein Fünftel und im Tennengau gar nur eine Gemeinde.

Wie schaut nun die Wahlbeteiligung dieser »Mehrheitswahl-Gemeinden« im Verhältnis zur gesamten Wahlbeteiligung aus?

Wahlbeteiligung der Mehrheitswahl-Gemeinden im Vergleich zur gesamten Wahlbeteiligung (in Prozenten)

Bezirk	Gesamtwahl-Beteiligung	Wahlbeteiligung in Mehrheitswahlgemeinden	Differenz
Flachgau	84,2	42,7	–41,5
Stadt Salzburg	73,8	–	–
Pongau	73,2	57,4	–15,8
Pinzgau	70,4	58,7	–11,7
Tennengau	62,9	40,1	–22,8
Lungau	43,0	47,0	+ 4,0
Gesamt	67,9	49,2	–18,7

Auch diese Übersicht zeigt ein ziemlich klares Bild: Im Flachgau, dem Bezirk mit der höchsten Wahlbeteiligung, beträgt die Wahlbeteiligung in den Mehrheitswahlgemeinden nur etwa die Hälfte. In den Bezirken mit durchschnittlicher Wahlbeteiligung ist die Beteiligung in den Mehrheitswahlgemeinden zwar deutlich, aber nicht eklatant geringer. Im Lungau, der mit einer Gesamtwahlbeteiligung von 43 Prozent nur etwa die Hälfte der Beteiligung des Flachgaues aufweist, ist die Teilnahme an der Wahl in den Mehrheitswahlgemeinden höher als im Bezirksdurchschnitt. Der Lungau nimmt also bei diesen Kommunalwahlen eine sehr deutliche Sonderposition unter verschiedenen Kriterien ein: Er hat die geringste Wahlbeteiligung insgesamt aufzuweisen, hat den höchsten Anteil an Mehrheitswahlgemeinden und in diesen, abweichend von allen anderen Bezirken, eine höhere Wahlbeteiligung als im gesamten Bezirk.

Bezirk Flachgau

Gemeinde	Wahlberechtigte (absolut)	Wahlbeteiligung		
		Männer	Frauen	Gesamt
Seeham	380	89,9	67,8	78,2
Anthering	694	74,6	62,8	68,4
Koppl	348	61,5	34,6	49,7
Thalgauberg	196	67,6	28,7	49,0
Hof	486	60,6	28,8	44,9
Dorfbeuern	584	47,7	36,1	41,6
Elixhausen	291	49,3	27,5	37,8
Nußdorf	684	40,2	5,6	22,1
Göming	199	37,1	0,0	19,6
Berndorf	542	26,8	5,6	16.4
	4.404	55,5	29,8	42,7

Beim Flachgau fällt auf, dass von den zehn Gemeinden, in denen nach dem Mehrheitswahlsystem gewählt wurde, nur zwei eine Wahlbeteiligung von über 50 Prozent aufweisen. Die zum Teil sehr niedrige Wahlbeteiligung in den anderen Gemeinden ist vor allem auf die eklatant niedrige Teilnahme der Frauen zurückzuführen. Göming ist die einzige Gemeinde des Landes, in der keine einzige Frau zur Wahl gegangen ist.

Bezirk Tennengau

Gemeinde	Wahlberechtigte (absolut)	Wahlbeteiligung		
		Männer	Frauen	Gesamt
Rußbach	289	55,1	26,5	40,1

Bezirk Pongau

Gemeinde	Wahlberechtigte (absolut)	Wahlbeteiligung		
		Männer	Frauen	Gesamt
Sinnhub	88	80,0	72,1	76,1
Werfenweng	176	74,4	73,3	73,9
Forstau	148	80,2	65,7	73,6
Wagrain-Markt	217	79,0	68,4	73,3
Kleinarl	195	76,4	68,5	72,8
Palfen	195	65,6	67,6	66,7
Untertauern	128	61,6	50,8	56,3
Schattbach	124	64,3	40,7	54,0
Filzmoos	308	49,0	61,8	53,2
St. Martin b. Hüttau	398	52,9	35,3	44,5
Wagrain-Land	618	52,1	28,7	40,6
Flachau	683	41,6	34,5	38,4
Hüttschlag	316	43,1	3,2	23,4
	3.594	63,1	51,6	57,4

Im Bezirk Pongau sind unter den 13 Gemeinden mit Mehrheitswahl immerhin neun Gemeinden, in denen die Wahlbeteiligung über 50 Prozent liegt. Auch die Wahlbeteiligung der Frauen liegt eindeutig höher als im Flachgau oder Tennengau.

Bezirk Pinzgau

Gemeinde	Wahlberechtigte (absolut)	Wahlbeteiligung		
		Männer	Frauen	Gesamt
Hollersbach	214	80,0	58,7	69,2
Lofer	385	72,2	63,6	68,1
Niedernsill	643	64,7	46,4	55,7
Krimml	392	59,2	51,0	55,1
St. Martin b. Lofer	792	69,7	37,1	53,3
Unken	649	61,5	40,6	50,7
	3.075	67,9	49,6	58,7

Der Pinzgau ist der Bezirk mit der höchsten Wahlbeteiligung in Gemeinden mit Mehrheitswahl und der einzige Bezirk, in dem in allen Gemeinden mit Mehrheitswahl die Wahlbeteiligung über 50 Prozent liegt.

Bezirk Lungau

Gemeinde	Wahlberechtigte (absolut)	Wahlbeteiligung		
		Männer	Frauen	Gesamt
Seethal	75	84,6	77,8	81,3
Haiden	131	73,1	85,9	79,4
Pichl	177	73,3	74,7	74,0
Wölting	127	67,6	44,1	56,7
Lasaberg	175	70,9	40,6	54,3
Muhr	303	66,9	39,0	53,5
Steindorf	138	61,8	30,0	45,7
Zederhaus	523	58,4	30,8	44,4
St. Margarethen	253	58,7	28,8	43,1
St. Andrä	240	57,8	27,4	42,1
Göriach	174	67,5	15,4	40,2
Unternberg	405	46,2	22,4	33,8
Sauerfeld	218	58,1	10,6	33,5
Mariapfarr	443	42,2	21,1	30,0
Zankwarn	188	43,3	15,3	28,7
Weißpriach	148	41,7	14,5	27,7
Mörtelsdorf	166	45,2	2,4	24,1
	3.884	59,8	34,2	47,0

Wie schon erwähnt, nimmt der Lungau bei der Wahlbeteiligung eine Sonderstellung ein. Er hat die geringste Gesamt-Wahlbeteiligung, aber unter den Gemeinden mit Mehrheitswahl eine höhere Wahlbeteiligung als im Bezirksdurchschnitt. Offensichtlich war in den kleinen Lungauer Gemeinden das Angebot einer »entpolitisierten« Persönlichkeitswahl besonders gefragt.

7.
Die Bürgermeister – es dominierten die Bauern

Die Dominanz der Bauern bei den Bürgermeistern, also bei den obersten lokalen politischen Eliten, ist eklatant. Zwei Drittel der Bürgermeister sind Bauern. Dabei ist zu bedenken, dass auch bei den Bürgermeistern, die als Beruf Gewerbetreibende angeben, insbesondere bei den Gastwirten und Sägewerksbesitzern, viele dabei sind, die auch eine Landwirtschaft führen beziehungsweise aus der Landwirtschaft kommen. Die Gewerbetreibenden unter den Bürgermeistern machen rund ein Drittel aus, die Unselbstständigen liegen unter zehn Prozent und sind damit eindeutig unterrepräsentiert.

Es braucht wohl nicht besonders betont zu werden, dass unter den Bürgermeistern keine einzige Frau zu finden ist. Dieser Zustand hält in Salzburg bis zum Jahr 2004 an.

Unter den neun sozialdemokratischen Bürgermeistern stellen die Bundesbahnbediensteten mit vier die stärkste Gruppe. Zwei Lehrer, zwei Arbeiter und ein Selbstständiger vervollständigen die Riege der sozialdemokratischen Bürgermeister.

Die sozialdemokratischen Bürgermeister hatten in acht von ihren neun Gemeinden eine absolute Mehrheit hinter sich. So groß die Bestrebungen der bürgerlichen Parteien waren, Sozialdemokraten durch gemeinsame Anstrengungen als Bürgermeister zu verhindern, so ausgeprägt war trotz allem auf lokaler Ebene der Konsens. Die sozialdemokratischen Bürgermeister wurden dort, wo sie die absolute Mehrheit erreicht hatten, überall mit den Stimmen der Christlichsozialen und zum Teil auch der Wirtschaftsparteien oder sogar einstimmig gewählt. Die Nationalsozialisten enthielten sich überwiegend ihrer Stimme. In Zell am See, wo die Sozialdemokraten nur drittstärkste Partei wurden, stimmten nach mehreren ergebnislosen Wahlgängen schließlich Teile der Wirtschaftspartei (Christlichsoziale) für den Sozialdemokraten beziehungsweise enthielten sich (Großdeutsche) und ermöglichten damit die Wahl eines sozialdemokratischen Bürgermeisters. Hier funktionierte die Ablehnungsfront gegen einen nationalsozialistischen Bürgermeister. In Zell am See, wo die Nationalsozialisten mit 31,9 Prozent zweitstärkste Partei wurden, war für die Hitlerleute die einzige Chance gegeben, den Bürgermeistersessel zu erringen.

Berufliche Zugehörigkeit der Bürgermeister nach der Gemeindewahl 1931

Bezirk	Landwirtschaft	Industrie/Gewerbe	Unselbstständige	Gesamt
Flachgau	29	11	4	44
Tennengau	11	2	3	16
Pongau	23	9	4	36
Pinzgau	19	14	2	35
Lungau	17	7	1	25
Gesamt	99 63,4 %	43 27.6 %	14 9,0 %	156

(Quelle : Österreichischer Amtskalender für das Jahr 1932. 11. Jahrgang. Wien 1932. S. 495–508. Eigene Berechnungen und Recherchen)

8.
Die Detailergebnisse in den einzelnen Gemeinden

Im Folgenden sind die einzelnen Gemeindeergebnisse der Gemeindewahlen 1931 im Vergleich zu den Gemeindewahlen 1928 angeführt. Wo es notwendig erscheint, signifikante Entwicklungen in einer Gemeinde darzustellen, werden auch die Ergebnisse der Nationalratswahl 1930 zum Vergleich herangezogen.[320] Darüber hinaus werden auch die Namen und Berufe der Bürgermeister und der Gemeinderatsmitglieder – sofern in den Medien angeführt – angegeben. Es muss jedoch darauf hingewiesen werden, dass diese Darstellung sehr lückenhaft ist und daher nur einen sehr bedingten repräsentativen Charakter hat. Darüber hinaus werden auch wesentliche Geschehnisse aus dem Gemeindewahlkampf und die politische Situation in der jeweiligen Gemeinde – sofern Informationen darüber vorliegen – dargestellt.

In der ersten Rubrik ist jeweils das Ergebnis der Gemeindewahl vom 25. März 1928 und in der zweiten Rubrik der Gemeindewahl vom 29. März 1931 dargestellt.

Flachgau

Aigen

	Gemeindewahl 1928			Gemeindewahl 1931		
	Stimmen	Mandate	Prozente	Stimmen	Mandate	Prozente
CS + LB	657	11	42,1	n.k.		
WP	347	5	22,2	920	15	57,4
SD	558	9	35,7	544	8	34,0
NS Hitler	n.k.			138	2	8,6
	1562	25	100,0	1602	25	100,0

In Aigen kandidierten 1928 Christlichsoziale und Landbund auf einer gemeinsamen Liste und erreichten gemeinsam 42,1 Prozent. Eine Wirtschaftspartei kam auf 22,2 Prozent, beide Gruppen zusammen also auf 64,3 Prozent. 1931 schlossen sich Christlichsoziale, Großdeutsche und Landbund zu einer gemeinsamen Wirtschaftspartei zusammen, die insgesamt 57,4 Prozent erreichte. Listenführer dieser Wirtschaftspartei war Bürgermeister Karl Fruhstorfer. Die Hitler-NS kamen bei ihrer ersten Kandidatur auf 8,6 Prozent.

---

320 Die Vergleichszahlen zu den Nationalratswahlen 1930 stammen aus: Ausweis über die Ergebnisse der Nationalratswahlen 1930 mit Gegenüberstellung zu den Landtagswahlen 1927 und den Nationalratswahlen 1927. Herausgegeben vom Land Salzburg. Salzburg 1930.

Besonders vermerkt wurde, dass an der zweiten Stelle der NS-Liste der junge Baron Giesl von Gieslingen als »Arbeitsloser« kandidierte.[321] Er war ehemaliger Student und ehemaliger Bankbeamter und vor kurzem noch Mitglied der Heimwehrbewegung. Es dürfte sich wohl um einen Sohn des Generals und Diplomaten Wladimir Freiherr Giesl von Gieslingen handeln, der um diese Zeit der Hitlerbewegung beigetreten war. Beide zählten zu den fleißigsten nationalsozialistischen Versammlungsrednern in diesem Wahlkampf.

In Aigen war in den vier Monaten seit der Nationalratswahl die Wählerschaft stark in Bewegung geraten. Während die Sozialdemokraten ihren Stimmenanteil von 34 Prozent ziemlich genau hielten, verloren die Parteien, die bei der Gemeindewahl in der Wirtschaftspartei vereint waren, 4,5 Prozentpunkte, während die Hitlerbewegung von 2,9 Prozent auf 8,6 Prozent hinaufschnellte und ihre Stimmenzahl von 52 auf 138 erhöhen konnte. Möglicherweise spielten auch hier die Aktivitäten des Baron Giesl von Gieslingen eine entscheidende Rolle.

In der konstituierenden Sitzung des Gemeinderates am 11. April 1931 wurde Karl Fruhstorfer, Sägewerksbesitzer, von der Wirtschaftspartei neuerlich zum Bürgermeister gewählt. Erster Gemeinderat wurde Franz Frauenlob (SD), zweiter Gemeinderat Josef Ziller (WP).[322] Der »arbeitslose« NS-Gemeindevertreter Giesl-Gieslingen fehlte, weil er sich (angeblich) in Kopenhagen mit einer Großindustriellentochter verehelichte.[323]

Anif

	Gemeindewahl 1928			Gemeindewahl 1931		
	Stimmen	Mandate	Prozente	Stimmen	Mandate	Prozente
WP	393	10	73,2	357	9	68,8
SD	144	3	26,8	162	4	31,2
	537	13	100,0	519	13	100,0

In der konstituierenden Sitzung des Gemeinderates am 11. April 1931 wurde der Bäckermeister Josef Klappacher (WP) aus Niederalm zum Bürgermeister gewählt.[324] Die Wirtschaftspartei setzte sich zusammen aus Christlichsozialen, die die stärkste politische Kraft waren, großdeutschen Gruppen und dem Landbund, der in Anif traditionell ziemlich stark war. Die Nationalsozialisten hatten bei der Nationalratswahl 1930 3,2 Prozent erreicht, kandidierten aber bei der Gemeindewahl nicht.

---

321 Vgl. SChr. 25. 3. 1931. S. 4.
322 Vgl. SWa. 13. 3. 1931. S. 4.
323 Vgl. SWa. 14. 3. 1931. S. 5.
324 Vgl. SWa. 29. 4. 1931. S. 5.

Gemeinderäte:

1. Gemeinderat: Karl Bankhamer, Gastwirt, Anif (WP)
2. Gemeinderat: Josef Gmeiner, Schlosser, Niederalm (SD)
3. Gemeinderat: Michael Friesacher jun., Gastwirt, Anif (WP)

Anthering

	Gemeindewahl 1928			Gemeindewahl 1931		
	Stimmen	Mandate	Prozente	Stimmen	Mandate	Prozente
MW	433	13	100,0	475	25	100,0

Johann Pichler, Schmiedmeister, Bauernbund, wurde zum Bürgermeister gewählt. 1. Gemeinderat wurde Johann Traintinger, Kainzbauer (Bauernbund), 2. Gemeinderat Jakob Hauser (Landbund).[325] In Anthering waren die Christlichsozialen traditionell die stärkste Partei, zweitstärkste der Landbund, der rund ein Fünftel der Wählerschaft hinter sich hatte. Von den Nationalsozialisten war noch nicht viel zu spüren. Sie erreichten 1930 nur fünf Stimmen. Trotzdem fand die Hitlerbewegung in Anthering eine beträchtliche Anhängerschaft, wobei dazu sicher die Person des angesehenen Antheringer Gastwirtes Otto Vogl beitrug, der als engagierter Nationalsozialist 1932 bei der Landtagwahl kandidierte und auch als Abgeordneter in den Salzburger Landtag einzog. Nach der Machtübernahme Hitlers in Österreich entfernte sich Vogl zunehmend vom Nationalsozialismus bzw. wurde sogar verfolgt.[326]

Bergheim

	Gemeindewahl 1928			Gemeindewahl 1931		
	Stimmen	Mandate	Prozente	Stimmen	Mandate	Prozente
WP	521	15	76,5	526	15	78,9
SD	160	4	23,5	141	4	21,1
	681	19	100,0	667	19	100,0

Die Wirtschaftspartei setzte sich aus Christlichsozialen und Landbund zusammen. Neuer Bürgermeister wurde Anton Fuchs, Schloßbauer, von den Christlichsozialen, die in Bergheim die klar führende Partei waren. Der Landbund lag bei rund 15 Prozent.

---

325 Vgl. SVBl. 18. 4. 1931. S. 8. SChr. 17. 4. 1931. S. 4.
326 Vgl. Franz Schausberger: Ins Parlament, um es zu zerstören. Die Nationalsozialisten in den österreichischen Landtagen 1932/33. Wien, Köln, Weimar 1995. S. 213. Friedrich Schwarz: Die NS-Bewegung in Anthering. In: Heimat Anthering. Aus der Geschichte einer Flachgauer Gemeinde. Herausgegeben von der Gemeinde Anthering. 1990. S. 405.

Zu Gemeinderäten wurden gewählt:[327]

1. Gemeinderat: Gregor Eisl, Schmiedbauer, LB
2. Gemeinderat: Andrä Gierlinger, bisheriger Bürgermeister, Viehauserbauer, CS
3. Gemeinderat: Alois Graml, SD

Berndorf

	Gemeindewahl 1928			Gemeindewahl 1931		
	Stimmen	Mandate	Prozente	Stimmen	Mandate	Prozente
MW	168	13	100,0	89	13	100,0

Dem Kröpflbauer Friedrich Rehrl, der seit 1928 Bürgermeister war, folgte der Brauerei- und Gutsbesitzer Johann Tiefenthaler als Bürgermeister. Er blieb in dieser Funktion aber nur bis 1932 und wurde vom Brauereibesitzer Georg Gmachl abgelöst. Überhaupt fällt der starke Bürgermeisterwechsel auf, Berndorf hatte von 1919 bis 1938 nicht weniger als neun Bürgermeister. Keiner davon war länger als drei Jahre im Amt.[328] 1. Gemeinderat wurde der Brauereibesitzer Georg Gmachl, 2. Gemeinderat der Bauer Augustin Haberl.

Stärkste Partei war die Christlichsoziale Partei mit rund 55 Prozent, der Landbund als zweitstärkste Gruppe lag bei 35 Prozent.

Dorfbeuern

	Gemeindewahl 1928			Gemeindewahl 1931		
	Stimmen	Mandate	Prozente	Stimmen	Mandate	Prozente
MW	248	13	100,0	243	13	100,0

Zum Bürgermeister wurde der seit 1919 amtierende Bauer Johann Gschwandtner wieder gewählt. In Dorfbeuern dominierte die Christlichsoziale Partei mit rund 85 Prozent. Sie konnte daher leicht auf eine eigene Kandidatur verzichten.

Ebenau

	Gemeindewahl 1928			Gemeindewahl 1931		
	Stimmen	Mandate	Prozente	Stimmen	Mandate	Prozente
CS	n.k.			40	2	25,3
SD	n.k.	32			2	20,3
WP	157	9	100,0	86	5	54,4
	157	9	100,0	158	9	100,0

---

327 Vgl. SVBl. 16. 4. 1931. S. 6. SChr. 17. 4. 1931. S. 3.
328 Vgl. Georg Stadler: 1200 Jahre Heimat Berndorf. Berndorf 1989. S. 120. SChr. 16. 4. 1931. S. 4.

Ebenau war eine jener Gemeinden, in denen die Christlichsozialen 1931 mit einer eigenen Liste kandidierten. Sie erreichten zwei Mandate, ebenso erzielten die Sozialdemokraten, die auch 1928 nicht kandidiert hatten, zwei Mandate. Stärkste Fraktion blieb weiterhin die Wirtschaftspartei. Zum Bürgermeister wurde Ignaz Höpflinger, Karnerbauer, (WP) gewählt.[329] Bei der Nationalratswahl 1930 hatte die Christlichsoziale Partei 54,3 Prozent erreicht. Von diesen Wählern votierte rund die Hälfte offensichtlich bei der Gemeindewahl für die Wirtschaftspartei. Die Sozialdemokraten hielten ihren Anteil bei der Nationalratswahl auch bei der Gemeindewahl sehr stabil.

Elixhausen

	Gemeindewahl 1928			Gemeindewahl 1931		
	Stimmen	Mandate	Prozente	Stimmen	Mandate	Prozente
MW	154	9	100,0	110	9	100,0

Bürgermeister: Karl Aigner, Untergirlingbauer.[330]
In Elixhausen hatten bei der Nationalratswahl 1930 die Christlichsozialen 58 Prozent, der Landbund 16 Prozent und der Heimatblock 14 Prozent erreicht.

Elsbethen

	Gemeindewahl 1928			Gemeindewahl 1931		
	Stimmen	Mandate	Prozente	Stimmen	Mandate	Prozente
WP	157	9	100,0	24	1	17,5
CS	n.k.			113	8	82,5
	157	9	100,0	137	9	100,0

Bürgermeister: Haberpeuntner Rupert, Tofferlbauer.[331]
Die Christlichsoziale Partei konnte durch ihre eigenständige Kandidatur bei der Gemeindewahl gegenüber der letzten Nationalratswahl elf Prozentpunkte zulegen. Unverständlich ist, dass die Sozialdemokraten bei der Gemeindewahl nicht kandidierten, hatten sie doch bei der Nationalratswahl 20 Prozent der Stimmen erreicht.

Eugendorf

	Gemeindewahl 1928			Gemeindewahl 1931		
	Stimmen	Mandate	Prozente	Stimmen	Mandate	Prozente
WP	349	19	100,0	421	19	100,0

---

329 Vgl. SVBl. 8. 5. 1931. S. 6.
330 Vgl. Chronik der Gemeinde Elixhausen. 1991. S. 12. SVBo. 5. 4. 1931. S. 5.
331 Vgl. Robert Karl: Elsbethen. Ein Ort im Wandel der Zeiten. Elsbethen 1994. S. 169.

Bürgermeister wurde Paul Rieder, Bäckerbauer, WP.
  Zu Gemeinderäten wurden gewählt:[332]

1. Gemeinderat: Kaspar Flöckner, Sailerbauer, WP,
2. Gemeinderat: Josef Klaushofer, Filzbauer, Bauernbund,
3. Gemeinderat: Simon Winklhofer, Oberhausenbauer, WP.

In Eugendorf lag die Christlichsoziale Partei bei der Nationalratswahl bei 56,5 Prozent, gefolgt von einem starken Landbund mit rund 32 Prozent. Offensichtlich waren die beiden Parteien übereingekommen, keine eigenen Listen einzubringen. Die Bauern dominierten auf jeden Fall.

Faistenau

	Gemeindewahl 1928			Gemeindewahl 1931		
	Stimmen	Mandate	Prozente	Stimmen	Mandate	Prozente
WP I	115	6	56,9	62	4	21,3
WP II	87	5	43,1	n.k.		
Volkspartei	n.k.			67	5	23,0
Fortschrittspartei	n.k.			50	3	17,2
Ordnungspartei	n.k.			26	1	8,9
Bauernpartei	n.k.			86	6	29,6
	202	11	100,0	291	19	100,0

Bürgermeister wurde der Bauunternehmer Matthias Ebner.
  Zu Gemeinderäten wurden gewählt:[333]

1. Gemeinderat: Rupert Friedl, Oberdöller, Bauernbund,
2. Gemeinderat: M. Jung, Oberlehrer,
3. Gemeinderat: Josef Klaushofer, Weißenberg, Bauernbund,
4. Gemeinderat: Franz Mösenbichler, Unterkeflauer, Bauernbund,
5. Gemeinderat: Matthias Resch, Schafferer, Bauernbund.

In Faistenau hatte sich das starke christlichsoziale Wählerpotential von fast 78 Prozent bei der Nationalratswahl augenscheinlich auf Grund lokaler Umstände total aufgesplittert.

---

332 Vgl. SVBl. 18. 4. 1931. S. 8. SChr. 17. 4. 1931. S. 4.
333 Vgl. SChr. 9. 4. 1931. S. 3.

Fuschl

	Gemeindewahl 1928			Gemeindewahl 1931		
	Stimmen	Mandate	Prozent	Stimmen	Mandate	Prozent
WP	103	6	59,9	190	8	89,2
Unabh.	69	2	40,1	n.k.		
SD	n.k.			23	1	10,8
	172	8	100,0	213	9	100,0

Zum Bürgermeister wurde Leonhard Schmiedlechner, Füßlbauer, gewählt. 1. Gemeinderat wurde Sebastian Klaushofer, Oberhauserbauer, 2. Gemeinderat Michael Schlick, Gastwirt.[334]

Gnigl-Itzling

	Gemeindewahl 1928			Gemeindewahl 1931		
	Stimmen	Mandate	Prozent	Stimmen	Mandate	Prozent
CS	n.k.			962	4	16,9
WP	1509	6	26,6	n.k.		
SD	4165	19	73,4	4091	19	71,9
Deutsche WP[335]	n.k.			634	2	11,2
	5674	25	100,0	5687	25	100,0

Zum Bürgermeister wurde wieder Christian Laserer (ÖBB-Bediensteter) gewählt. Laserer war von 1922 bis 1934 Bürgermeister von Gnigl-Itzling. Er wurde mit den Stimmen von Sozialdemokraten und Christlichsozialen gewählt.

Zu Gemeinderäten wurden gewählt:

1. Gemeinderat: Hans Sigl, SD
2. Gemeinderat: Josef Graschitz, SD
3. Gemeinderat: Eduard Pieringer, SD
4. Gemeinderat: Engelbert Reinstadler, SD
5. Gemeinderat: Jakob Holzner, CS

Die Christlichsozialen konnten ihren Stimmenanteil bei der Nationalratswahl von 11 Prozent auf fast 17 Prozent erhöhen. Die Nationalsozialisten hatten im Herbst 1930 mit 101 Stimmen nur 1,7 Prozent erreicht. Die nationalen Gruppierungen, nämlich Schober-Block, Heimatblock und Landbund, hatten 1930 insgesamt 19,4 Prozent erreicht und

---

334 Vgl. SVBl. 2. 5. 1931. S. 18.
335 Die vollständige Bezeichnung lautete Deutsche Wirtschaftspartei, Freisinn und Arbeiterpartei.

sackten bei der Gemeindewahl auf 11,2 Prozent ab. Dieser Wähleranteil von rund acht Prozentpunkten dürfte zu den Christlichsozialen gewandert sein.

Göming

	Gemeindewahl 1928			Gemeindewahl 1931		
	Stimmen	Mandate	Prozente	Stimmen	Mandate	Prozente
MW	68	9	100,0	39	9	100,0

Der seit 1928 amtierende Bürgermeister Johann Hennermann (Obermüller) wurde durch den Bauern Florian Költringer, Vorderwachtberger, abgelöst. Er amtierte aber nur vom 7. April 1931 bis zum 14. Juli 1934. Nach ihm wurde als Regierungskommissär sein Vorgänger Johann Hennermann eingesetzt.[336]

Grödig

	Gemeindewahl 1928			Gemeindewahl 1931		
	Stimmen	Mandate	Prozente	Stimmen	Mandate	Prozente
Volkspartei	579	10	55,0	571	10	52,1
SD	474	9	45,0	526	9	47,9
	1053	19	100,0	1097	19	100,0

Zum Bürgermeister wurde wieder Georg Kohlstätter mit den Stimmen seiner Wirtschaftspartei (das Salzburger Volksblatt spricht von der »Volkspartei«) gewählt. Er war Bürgermeister von 1924 bis 1938.[337] Sozialdemokratischer Spitzenkandidat war Hans Scholler.

Zu Gemeinderäten wurden gewählt[338]:

1. Gemeinderat: Josef Pichler, SD
2. Gemeinderat: Korbinian Schallmoser, VP
3. Gemeinderat: Johann Scholler, SD
4. Gemeinderat: Josef Schwärz, VP
5. Gemeinderat: Hermann Kerschtaler (Perschthaler), SD

Das Ergebnis bei der Gemeindewahl hatte sich im Vergleich zur Nationalratswahl genau umgedreht. Die vereinigten bürgerlichen Gruppen hatten bei der Nationalratswahl rund

---

336 Vgl. Pankraz Felber: Schönes Göming – alte Heimat. Göming o. J. S. 76.
337 Vgl. Grödig. Aus der Geschichte eines alten Siedlungsraumes am Untersberg. Grödig 1990. S. 249. Vgl. auch SWa. 14. 4. 1931. S. 7. Richard Voithofer zählt Kohlstätter zu den großdeutschen Bürgermeistern, was sich jedoch nicht als richtig nachvollziehen lässt. Vgl. Richard Voithofer: Drum schließt Euch frisch an Deutschland an … S. 426.
338 Vgl. SWa. 20. 3. 1931. S. 6. SVBl. 13. 4. 1931. S. 7.

48 Prozent erreicht, die Sozialdemokraten waren bei rund 51 Prozent gelandet und damit stärkste Partei geworden. Offensichtlich war es die Person des Bürgermeisters Kohlstätter, die den Bürgermeistersessel für die bürgerlichen Parteien rettete. Die Christlichsoziale Partei alleine hätte keine Mehrheit erreicht, sie lag bei einem Viertel der Wählerschaft.

Großgmain

	Gemeindewahl 1928			Gemeindewahl 1931		
	Stimmen	Mandate	Prozente	Stimmen	Mandate	Prozente
WP	188	7	46,9	97	4	26,8
Festbesoldete	69	2	17,2	62	2	17,2
Freih. Vereinigung	144	4	35,9	87	3	24,1
SD	n.k.			53	2	14,7
Volkspartei	n.k.			62	2	17,2
	401	13	100,0	361	13	100,0

Die Wirtschaftspartei setzte sich bisher aus fünf Christlichsozialen und zwei Großdeutschen zusammen. Durch die Kandidatur der Volkspartei wurde das Stimmenpotential der Christlichsozialen aufgesplittert.

Am 11. April 1931 wurde die Bürgermeisterwahl durchgeführt. Die freiheitlichen Parteien hatten nun zusammen die Möglichkeit, den Bürgermeister zu stellen und wählten den bisherigen Vizebürgermeister Andrä Joiser, Kalkspitzerbauer.[339]

Hallwang

	Gemeindewahl 1928			Gemeindewahl 1931		
	Stimmen	Mandate	Prozente	Stimmen	Mandate	Prozente
WP	530	14	70,7	499	13	65,1
SD	220	5	29,3	268	6	34,9
	750	19	100,0	767	19	100,0

Bürgermeister: Johann Wörndl, Weberbauer, WP.
　Zu Gemeinderäten wurden gewählt:[340]

1. Gemeinderat: Matthias Webersdorfer, Gastwirt, WP
2. Gemeinderat: Josef Rast, Bundesbahnangestellter i. R., SD
3. Gemeinderat: Jakob Pann, Weingartenbauer, WP

---

339 Vgl. SVBl. 14. 4. 1931. S. 5.
340 Vgl. Anton Seigmann: Heimatbuch Hallwang. Hallwang 1989. S. 40. Vgl. SVBl. 15. 4. 1931. S. 6.

Henndorf

	Gemeindewahl 1928			Gemeindewahl 1931		
	Stimmen	Mandate	Prozente	Stimmen	Mandate	Prozente
WP	310	10	71,6	341	11	78,9
SD	123	3	28,4	91	2	21,1
	433	13	100,0	432	13	100,0

Wie bei allen Gemeindewahlen (mit Ausnahme des Jahres 1919) bildete auch 1931 das so genannte bürgerliche Lager, also Christlichsoziale und Nationale, eine gemeinsame Liste, die als Gemeindewirtschaftspartei kandidierte. Innerhalb dieser Gruppierung waren die Mandate brüderlich geteilt. Der Großteil der Mandate lag in bäuerlichen Händen. Bürgermeister wurde wieder der seit 1928 amtierende Hofbauer Simon Schwaiger (christlichsozial).[341] Die stärkste Gruppe war die Christlichsoziale Partei, gefolgt von einem sehr starken Landbund (rund ein Drittel der Wählerschaft).

Hintersee

	Gemeindewahl 1928			Gemeindewahl 1931		
	Stimmen	Mandate	Prozente	Stimmen	Mandate	Prozente
Christl. Bauernpartei	60	4	42,3	40	2	29,6
Freie Arbeiter	82	5	57,7	95	7	70,4
	142	9	100,0	135	9	100,0

Zum Bürgermeister wurde Josef Oberascher gewählt. 1. Gemeinderat wurde Oberförster Adolf Müller, 2. Gemeinderat Matthias Walkner, Hinterbauer.[342]

Bei der Nationalratswahl hatte die Christlichsoziale Partei 59,4 Prozent erreicht, die Sozialdemokraten 31,9 Prozent. Bei den Gemeindewahlen dürften sich die Stimmen nicht in erster Linie nach den Parteien, sondern nach den Berufsgruppen aufgeteilt haben. In Hintersee war die Zahl der Forstarbeiter sehr hoch.

Hof

	Gemeindewahl 1928			Gemeindewahl 1931		
	Stimmen	Mandate	Prozente	Stimmen	Mandate	Prozente
MW		13	100,0	218	13	100,0

---

341 Vgl. Friedrich Steinkellner: Zur politischen, sozialen und wirtschaftlichen Entwicklung der Gemeinde Henndorf im 20. Jahrhundert. In: Alfred Stefan Weiss, Karl Ehrenfellner, Sabine Falk (Hrsg.): Henndorf am Wallersee. Kultur und Geschichte einer Salzburger Gemeinde. Henndorf 1992. S. 186 f., S. 208 und S. 518.
342 Vgl. SVBl. 18. 4. 1931. S. 8.

Zum Bürgermeister wurde Franz Achleitner, Steindlbauer, Bauernbund, gewählt.
Zu Gemeinderäten wurden gewählt:[343]

1. Gemeinderat: Johann Schwaighofer, Tischlermeister, Bauernbund
2. Gemeinderat: Sebastian Berghammer, Gastwirt, CS
3. Gemeinderat: Peter Zwinger, Peilsteinbauer, CS

Koppl

	Gemeindewahl 1928			Gemeindewahl 1931		
	Stimmen	Mandate	Prozente	Stimmen	Mandate	Prozente
MW	194	13	100,0	173	13	100,0

Zum Bürgermeister wurde Josef Stader, Meindlbauer (Landbund), gewählt.[344]

Köstendorf

	Gemeindewahl 1928			Gemeindewahl 1931		
	Stimmen	Mandate	Prozente	Stimmen	Mandate	Prozente
WP	928	22	86,5	872	23	89,2
SD	145	3	13,5	106	2	10,8
	1073	25	100,0	978	25	100,0

Gegenüber der Nationalratswahl verlor die Sozialdemokratische Partei 2,8 Prozent. Bürgermeister wurde der Prossingerbauer Josef Schwaiberroider. Gemeinderäte:[345]

1. Gemeinderat: Johann Sinnhuber, Erhart
2. Gemeinderat: Vinzenz Wallner, Hellmüller
3. Gemeinderat: Josef Wienerroider, Heiß
4. Gemeinderat: Peter Fuchs, Spitzmaler

Lamprechtshausen

	Gemeindewahl 1928			Gemeindewahl 1931		
	Stimmen	Mandate	Prozente	Stimmen	Mandate	Prozente
WP				632	12	63,3
SD				366	7	36,7
				998	19	100,0

---

343 Vgl. SVBl. 18. 4. 1931. S. 8.
344 Vgl. SVBl. 8. 5. 1931. S. 6.
345 Vgl. SChr. 20. 4. 1931. S. 4.

Zum Bürgermeister wurde Martin Buchner, Adlmannbauer, WP, gewählt.
Zu Gemeinderäten wurden gewählt:[346]

1. Gemeinderat: Adolf Schmied, Ziegelarbeiter, SD
2. Gemeinderat: Josef Lindl, Bäckerbauer, WP
3. Gemeinderat: Johann Niederstraßer, Lexbauer, WP

Leopoldskron

	Gemeindewahl 1928			Gemeindewahl 1931		
	Stimmen	Mandate	Prozente	Stimmen	Mandate	Prozente
WP	387	9	69,0	338	8	63,4
SD	174	4	31,0	195	5	36,6
	561	13	100,0	533	13	100,0

Zum Bürgermeister wurde Georg Ziegler, Prähauserbauer, gewählt. Zu Gemeinderäten wurden gewählt: Johann Pungg, Hausbesitzer, Benedikt Pichler, Schmiedmeister, Josef Klausner, Voglbauer.[347]

Mattsee

	Gemeindewahl 1928			Gemeindewahl 1931		
	Stimmen	Mandate	Prozente	Stimmen	Mandate	Prozente
WP	210	13	100,0	113	13	100,0

Zum Bürgermeister wurde der Straßerbauer Jakob Leobacher vom Buchberg gewählt.[348]

Maxglan

	Gemeindewahl 1928			Gemeindewahl 1931		
	Stimmen	Mandate	Prozente	Stimmen	Mandate	Prozente
CS	n.k.			1023	6	24,3
WP, Ständeblock	1787	11	42,2	629	4	14,9
SD	2319	14	54,8	2108	13	50,0
NSDAP (Hitler)	127	–	3,0	391	2	9,3
KP	n.k.	–	–	61	–	1,5
	4233	25	100,0	4212	25	100,0

346 Vgl. SVBl. 20. 4. 1931. S. 5.
347 Vgl. SVBl. 13. 4. 1931. S. 7.
348 Vgl. SVBl. 8. 4. 1931. S. 9.

Spitzenkandidat der Sozialdemokraten war wieder der Buchdrucker Franz Kaufmann (Bürgermeister 1922/23, 1929–1934).[349] Die Sozialdemokraten führten am 21. März 1931 eine Wahlversammlung durch, bei der der Wiener Stadtrat Paul Speiser als Gastreferent sprach. Die getrennte Kandidatur der bürgerlichen Parteien signalisierte bereits die Aufweichung des politischen Konsenses. Die Christlichsozialen kandidierten auf einer eigenen Liste, das nationale Bürgertum schloss sich in einem Wirtschaftsblock zusammen. Überraschend ist das gute Abschneiden der Hitlerpartei, die zwei Mandate erreichte. Die Nationalsozialisten hatten schon einmal, bei der Gemeindewahl 1925, zwei Mandate erreicht, sie aber bei der Gemeindewahl 1928 wieder verloren.[350] Bei der Nationalratswahl 1930 hatten die Nationalsozialisten immerhin 222 Stimmen bzw. fünf Prozent erreicht.

Bei der konstituierenden Sitzung des Gemeinderates am 16. April 1931 wurde Franz Kaufmann mit den Stimmen der Sozialdemokraten, der Christlichsozialen und des Ständeblocks (Wirtschaftspartei), bei zwei Stimmenthaltungen der Nationalsozialisten, zum Bürgermeister wieder gewählt.[351] Die Zahl der Ausschussmitglieder wurde reduziert, um die Nationalsozialisten auszuschalten.

Zu Gemeinderäten wurden gewählt:

1. Gemeinderat: Alfred Hodurek (SD)
2. Gemeinderat: Barthlmä Kemetinger (CS)
3. Gemeinderat: Heinrich Rudolf Leukert (SD)
4. Gemeinderat: Hermann Frieb, Schulrat, (Ständeblock)
5. Gemeinderat: Emilie Aicher (SD)
6. Gemeinderat: Heinrich Leitner (CS)

Morzg

	Gemeindewahl 1928			Gemeindewahl 1931		
	Stimmen	Mandate	Prozente	Stimmen	Mandate	Prozente
WP	630	12	62,7	649	13	65,4
SD	374	7	37,3	343	6	34,6
	1004	19	100,0	992	19	100,0

Zum Bürgermeister von Morzg wurde in der konstituierenden Sitzung am 10. April 1931 Josef Hacksteiner, Tischlermeister, gewählt, der mit den Stimmen seiner Wirtschaftspartei gewählt wurde. 1. Gemeinderat wurde Josef Günther, Oberförster (Wirtschaftspartei). Die Wirtschaftspartei stellte vier, die Sozialdemokraten zwei Gemeinderatsman-

---

349 Vgl. Josef Kaut: Der steinige Weg. S. 248.
350 Vgl. Friedrich Steinkellner: Die Gemeinde Maxglan vom Kriegsende 1918/19 bis zur Eingemeindung 1935. In: Maxglan. Ein Salzburger Stadtteil. Herausgegeben vom Salzburger Bildungswerk Maxglan. Salzburg 1990. S. 84. Vgl. SWa. 24. 3. 1931. S. 4.
351 Vgl. SWa. 17. 4. 1931. S. 5. Vgl. SVBl. 17. 4. 1931, S. 6 und SVBl. 20. 4. 1931. S. 7.

date (Gschwandtner, Fischer).[352] Von den 13 Mandaten der Wirtschaftspartei entfielen intern sieben auf die Christlichsozialen, das waren um zwei Sitze mehr als bisher.

Neumarkt

	Gemeindewahl 1928			Gemeindewahl 1931		
	Stimmen	Mandate	Prozente	Stimmen	Mandate	Prozente
CS	108	3	27,9	68	2	17,5
WP	140	5	36,2	175	6	45,0
SD	139	5	35,9	146	5	37,5
	387	13	100,0	389	13	100,0

In Neumarkt kam es durch eine kleine Palastrevolution zu einer Abwahl des bisherigen Bürgermeisters Forsthuber, da bestimmte Kreise für die Führung der Gemeinde eine »starke Hand« forderten. Zum neuen Bürgermeister wurde der Kaufmann Hans Stockinger, der Kandidat des Heimatblocks, gewählt. Er erhielt die Stimmen der zwei Christlichsozialen, des einen Heimatblock-Vertreters und der fünf Sozialdemokraten. Die zwei NS-Hitler-Gemeindevertreter und die zwei Vertreter der Großdeutschen gaben leere Stimmzettel ab. Interessant ist hier die Zusammensetzung der Wirtschaftspartei: 2 Großdeutsche, 2 NS-Hitler, 1 Heimatblock, 1 ungeklärt.[353]

Nußdorf

	Gemeindewahl 1928			Gemeindewahl 1931		
	Stimmen	Mandate	Prozente	Stimmen	Mandate	Prozente
MW	185	19	100,0	151	19	100,0

Zum neuen Bürgermeister wurde Matthias Gmachl gewählt, dieser lehnte aber seine Wahl ab. Daher wurde der bisherige Bürgermeister Johann Rosenstatter neuerlich gewählt, Matthias Gmachl wurde 1. Gemeinderat.[354]

Oberndorf

	Gemeindewahl 1928			Gemeindewahl 1931		
	Stimmen	Mandate	Prozente	Stimmen	Mandate	Prozente
WP	722	13	66,8	713	14	72,4
SD	359	6	33,2	272	5	27,6
	1081	19	100,0	985	19	100,0

---

352 Vgl. SWa. 14. 4. 1931. S. 5. SVBl. 11. 4. 1931. S. 8.
353 Vgl. SVBl. 8. 4. 1931. S. 9. Richard Voithofer zählt Stockinger zu den großdeutschen Bürgermeistern, was nicht richtig sein dürfte. Vgl. Richard Voithofer: Drum schließt Euch frisch an Deutschland an …, S. 426.
354 Vgl. SVBl. 6. 5. 1931. S. 8.

Der bisherige Bürgermeister Anton Pföß (Kaufmann), Wirtschaftspartei, wurde wieder gewählt.[355] Die Sozialdemokraten verloren gegenüber der Nationalratswahl 1930 beträchtlich, nämlich 7,1 Prozent. Offensichtlich spielte hier die Person des Bürgermeisters eine wichtige Rolle.

Obertrum

	Gemeindewahl 1928			Gemeindewahl 1931		
	Stimmen	Mandate	Prozente	Stimmen	Mandate	Prozente
WP	132	19	100,0	166	19	100,0

Bürgermeister wurde der Bauer Gottfried Noppinger, Dopplergut. Neben der dominierenden Christlichsozialen Partei gab es in Obertrum auch einen starken Landbund (rund ein Viertel der Wählerschaft).

Gemeinderäte:[356]

1. Gemeinderat: Josef Schaumburger
2. Gemeinderat: Gregor Straßer
3. Gemeinderat: Gregor Pongruber
4. Gemeinderat: Johann Stemeseder

Plainfeld

	Gemeindewahl 1928			Gemeindewahl 1931		
	Stimmen	Mandate	Prozente	Stimmen	Mandate	Prozente
Bauern- u. Gewerbep.	121	7	100,0	76	7	100,0

Josef Kloiber, Baumgartenbauer, Bauernrat, wurde zum Bürgermeister gewählt.[357]
Gemeinderäte:

1. Gemeinderat: Georg Greisberger, Seppenbauer, CS
2. Gemeinderat: Matthias Schroffner, Moserbauer, CS

Es ist davon auszugehen, dass die Bauern- und Gewerbepartei in Plainfeld eine durchwegs christlichsoziale Gruppierung war. Die Christlichsoziale Partei erreichte in Plainfeld sogar bei der Nationalratswahl 1930 90 Prozent der Wählerstimmen.

---

355 Vgl. SVBl. 9. 4. 1931. S. 7.
356 Vgl. SChr. 20. 4. 1931, S. 4.
357 Vgl. SVBl. 18. 4. 1931. S. 8. SChr. 17. 4. 1931. S. 4.

St. Georgen

	Gemeindewahl 1928			Gemeindewahl 1931		
	Stimmen	Mandate	Prozente	Stimmen	Mandate	Prozente
CS	405	12	67,8	463	15	76,3
WP	107	5	17,9	51	1	8,4
SD	85	2	14,3	93	3	15,3
	597	19	100,0	607	19	100,0

Zum Bürgermeister wurde Eduard Lepperdinger, Maierbauer in Oberechung, CS, einstimmig wieder gewählt.

Gemeinderäte:[358]

1. Gemeinderat: Engelbert Ramböck, Lacknerbauer in Unterechting, CS
2. Gemeinderat: Josef Hochradl, Viehhändler, CS
3. Gemeinderat: Max Gietzinger, Vorderbrummer in Unterechting, CS

St. Georgen war eine klar christlichsoziale Gemeinde. Bei der Nationalratswahl 1930 erreichte die Christlichsoziale Partei 70 Prozent und legte bei der Gemeindewahl noch 6,3 Prozent zu. Die Sozialdemokratische Partei verlor gegenüber der Nationalratswahl 3,7 Prozent.

St. Gilgen

	Gemeindewahl 1928			Gemeindewahl 1931		
	Stimmen	Mandate	Prozente	Stimmen	Mandate	Prozente
CS	498	10	49,5	528	10	52,2
WP (Ständep.)	153	3	15,2	183	3	18,1
Unpol. Arbeiterp.	54	1	5,4	59	1	5,8
Angestellte	78	1	7,7	n.k.	–	–
SD	224	4	22,2	242	5	23,9
	1007	19	100,0	1012	19	100,0

Im ersten Wahlgang wurde mit 15 Stimmen der frühere Bürgermeister Anton Windhager gewählt. Er nahm aber die Wahl nicht an, da er schon dreimal Bürgermeister war. Im zweiten Wahlgang wurde Josef Leitner, Berneggerbauer, mit 14 Stimmen gewählt.

1. Gemeinderat: August Randacher, Bäckereibesitzer, CS
2. Gemeinderat: Ferdinand Rotter, Malermeister, GD
3. Gemeinderat: Philipp Stadler, Mühlaubauer, CS[359]

---

358 Vgl. SChr. 9. 4. 1931, S. 3.
359 Vgl. SVBl. 22. 4. 1931. S. 8.

Im Vergleich zur Nationalratswahl 1930 gab es in St. Gilgen doch merkbare Verschiebungen. Die Christlichsoziale Partei erreichte 1930 nur 45,3 Prozent, die Sozialdemokratische Partei aber 31,8 Prozent.

Schleedorf

	Gemeindewahl 1928			Gemeindewahl 1931		
	Stimmen	Mandate	Prozente	Stimmen	Mandate	Prozente
CS	169	8	82,0	n.k.	–	–
LB	37	1	18,0	n.k.	–	–
WP	n.k.	–	–	44	9	100,0
	206	9	100,0	44	9	100,0

In Schleedorf, wo die Christlichsoziale Partei eine sehr dominierende Stellung hatte, führte die Kandidatur der Wirtschaftspartei, die durchaus auch als eine Art Einheitsliste angesehen werden kann, zu einer erheblichen Senkung der Wahlbeteiligung.

Der bisherige Bürgermeister Andreas Rieder, Weberbauer, wurde wieder gewählt.[360]
Gemeinderäte:

1. Gemeinderat: Matthias Winkler, Schneidermeister.
2. Gemeinderat: Johann Plainer, Rotterwirt.

Seeham

	Gemeindewahl 1928			Gemeindewahl 1931		
	Stimmen	Mandate	Prozente	Stimmen	Mandate	Prozente
MW	263	13	100,0	297	13	100,0

Michael Dürager, Michlbauer, wurde zum vierten Mal zum Bürgermeister gewählt.[361]

In Seeham hatte die Nationalratswahl 1930 ein überraschendes Ergebnis gebracht. Die Christlichsoziale Partei war zwar mit 47,5 Prozent stärkste Partei, aber die nationalen Gruppierungen (Schober-Block, Heimatblock und Landbund) hatten 43,9 Prozent erreicht. Dazu kamen noch 25 Stimmen bzw. 7,8 Prozent für die Hitlerbewegung. Seeham war als Sommerfrische-Ort am Obertrumersee ähnlich national-antisemitisch geprägt wie das nicht weit entfernte Mattsee. Seeham zählte auch zu den Gemeinden, die durch eindeutige Gemeinderatsbeschlüsse gegen Juden als Touristen ihren »Sommerfrischen«-Antisemitismus zum Ausdruck brachten. Gerade um das Jahr 1930 herum waren die Sommerfrische-Gemeinden des Alpenvorlandes sehr bemüht, sich als »judenfrei« zu profilieren.[362]

---

360 Vgl. SVBl. 16. 4. 1931. S. 6. SChr. 15. 4. 1931. S. 4.
361 Vgl. SVBl. 17. 4. 1931. S. 6.
362 Vgl. Günter Fellner: Judenfreundlichkeit, Judenfeindlichkeit. Spielarten in einem Fremdenverkehrsland.

Seekirchen-Land

	Gemeindewahl 1928			Gemeindewahl 1931		
	Stimmen	Mandate	Prozente	Stimmen	Mandate	Prozente
WP	869	17	87,0	785	17	88,7
SD	130	2	13,0	100	2	11,3
	999	19	100,0	885	19	100,0

Statt des bisherigen Bürgermeisters Josef Högler wurde Johann Fuchs, Grasmannbauer, zum Bürgermeister gewählt.[363] Die Wirtschaftspartei war eine gemeinsame Liste aus Christlichsozialem Bauernbund und Landbund.

Gemeinderäte:[364]

1. Gemeinderat: Matthias Rundholzer, Obereck, LB
2. Gemeinderat: Johann Eidenhammer, Dingerding, LB
3. Gemeinderat: Johann Neumayer, Linererbauer, BB

Seekirchen-Markt

	Gemeindewahl 1928			Gemeindewahl 1931		
	Stimmen	Mandate	Prozente	Stimmen	Mandate	Prozente
WP	437	11	79,3	329	18	62,1
SD	114	2	20,7	90	2	17,0
NSDAP (Hitler)	n.k.	–	–	111	3	20,9
	551	13	100,0	530	23	100,0

Der großdeutsche Schneidermeister Franz Janka wurde zum dritten Mal zum Bürgermeister wiedergewählt.[365]

Gegenüber der Nationalratswahl 1930 hatte die Sozialdemokratische Partei 5,2 Prozent verloren, die Hitlerpartei 12,7 Prozentpunkte gewonnen! Die Stimmenanzahl der Nationalsozialisten stieg von 44 auf 111. Die Marktgemeinde Seekirchen zählte zu den antiliberalen Sommerfrischen im Flachgau, deutschnational und antisemitisch ausgerichtet. Seekirchen wies eine starke deutschnationale Tradition auf[366] und war auf den

---

S. 95. Ebenso Harald Waitzbauer: Arnold Schönberg ist in Mattsee unerwünscht. Beide Beiträge in: Robert Kriechbaumer (Hrsg.): Der Geschmack der Vergänglichkeit. Jüdische Sommerfrische in Salzburg. Wien, Köln, Weimar 2002. S. 154 f.

363 Vgl. SVBl. 10. 4. 1931. S. 11.
364 Vgl. SChr. 9. 4. 1931. S. 3.
365 Vgl. SVBl. 10. 4. 1931. S. 11.
366 Vgl. Ernst Hanisch: »Das wilde Land« – Bürgerkrieg und Nationalsozialismus in Seekirchen. In: Elisa-

Fremdenverkehr ausgerichtet. Es zählte zum »harten Kern« der Orte des »Sommerfrischen«-Antisemitismus« und ließ durch mehrfache Gemeinderatsbeschlüsse keinen Zweifel daran, dass Juden als Touristen unerwünscht seien.[367] Dazu kam noch, dass in Seekirchen-Markt der Dienstleistungsanteil mit einem Viertel der Bevölkerung deutlich höher lag als der Bezirksdurchschnitt. Auf einem solchen Boden gedieh natürlich die Propaganda der Hitlerbewegung vorzüglich.

Gemeinderäte:[368]

1. Gemeinderat: Fink, Tierarzt, CS
2. Gemeinderat: Anton Windhager, Schlossermeister, GD

Siezenheim

	Gemeindewahl 1928			Gemeindewahl 1931		
	Stimmen	Mandate	Prozente	Stimmen	Mandate	Prozente
Volkspartei Wals	567	9	33,6	n.k.	–	–
WP Siezenheim	215	3	12,8	n.k.	–	–
WP Liefering	206	3	12,2	n.k.	–	–
Lieferinger Liste	221	3	13,1	n.k.	–	–
Vereinigte WP	n.k.	–	–	1059	16	62,3
SD	478	7	28,3	588	9	34,5
NSDAP (Hitler)	n.k.	–	–	54	–	3,2
	1687	25	100,0	1701	25	100,0

Nachdem der bisherige Bürgermeister Georg Brötzner, Althamerbauer (1927–1931) nicht mehr für dieses Amt kandidierte, wurde der Schuhmachermeister Simon Ebner (Landbund) aus Siezenheim am 11. April 1931 einstimmig zum neuen Bürgermeister gewählt. Er hatte dieses Amt bis 1938 inne.[369]

1. Gemeinderat: Josef Obermaier (SD)
2. Gemeinderat: Matthias Brugger, Loidlbauer, (CS)
3. Gemeinderat: Johann Berger (CS)
4. Gemeinderat: Matthias Schnöll (SD)
5. Gemeinderat: Gratian Wacht (LB)

---

beth und Heinz Dopsch (Hrsg.): 1300 Jahre Seekirchen. Geschichte und Kultur einer Salzburger Marktgemeinde. Seekirchen am Wallersee 1996. S. 337 f.

367 Vgl. Günter Fellner: Judenfreundlichkeit, Judenfeindlichkeit, Spielarten in einem Fremdenverkehrsland. In: Robert Kriechbaumer (Hrsg.): Der Geschmack der Vergänglichkeit. Jüdische Sommerfrische in Salzburg. Wien, Köln, Weimar 2002. S. 94 f.

368 Vgl. SChr. 9. 4. 1931. S. 3.

369 Vgl. Franz Müller: Drittes Heimatbuch von Wals-Siezenheim. Salzburg 1976. S. 100. Vgl. auch SWa. 14. 4. 1931. S. 4. Liefering. Hg. von der Peter-Pfenninger-Schenkung Liefering. Salzburg 1997. S. 147

Die Nationalsozialisten hatten zwar nur 54 Stimmen bekommen und damit kein Mandat erreicht. Aber immerhin war ihre Stimmenzahl innerhalb von vier Monaten seit der Nationalratswahl von 35 auf 54 gestiegen. Die Struktur der Gemeinde bildete aber grundsätzlich keinen guten Nährboden für die Hitlerbewegung. Der Anteil der Sozialdemokraten war seit der Nationalratswahl 1930 von 31,7 auf 34,5 Prozent gestiegen.

Straßwalchen-Land

	Gemeindewahl 1928			Gemeindewahl 1931		
	Stimmen	Mandate	Prozente	Stimmen	Mandate	Prozente
WP	813	18	90,6	553	17	86,3
SD	84	1	9,4	88	2	13,7
	897	19	100,0	641	19	100,0

Zum Bürgermeister wurde Franz Stockinger, Simmerbauer, gewählt.[370]
   Gemeinderäte:
1. Gemeinderat: Johann Schink, Maxlbauer, BB
2. Gemeinderat: Matthias Schwaighofer, Zimmermeister, BB

Straßwalchen-Markt

	Gemeindewahl 1928			Gemeindewahl 1931		
	Stimmen	Mandate	Prozente	Stimmen	Mandate	Prozente
WP	469	10	76,4	495	11	79,2
SD	145	3	23,6	130	2	20,8
	614	13	100,0	625	13	100,0

Zum Bürgermeister wurde der seit 1928 amtierende Bürgermeister Friedrich Gugg, Gastwirt, wieder gewählt.

Von den 26,5 Prozent, die die Sozialdemokratische Partei bei der Nationalratswahl 1930 erreichte, verlor sie 5,7 Prozentpunkte. Die Nationalsozialisten hatten 1930 immerhin 21 Stimmen bzw. 3,1 Prozent erreicht.

Strobl

	Gemeindewahl 1928			Gemeindewahl 1931		
	Stimmen	Mandate	Prozente	Stimmen	Mandate	Prozente
CS	464	12	60,4	463	13	67,1
WP (Unpolit.Partei)	199	5	25,9	125	3	18,1
SD	105	2	13,7	102	3	14,8
	768	19	100,0	690	19	100,0

---

370 Vgl. SVBl. 18. 4. 1931. S. 8. SChr. 17. 4. 1931. S. 4.

Der seit sieben Perioden amtierende Bürgermeister Johann Baumgartner (CS), Hotelier, wurde wieder gewählt.[371] Er war insgesamt 29 Jahre Bürgermeister von Strobl.

Die »Unpolitische Partei« (Wirtschaftspartei) war eine gemeinsame Liste von Großdeutschen und Nationalsozialisten.[372] Im Hintergrund arbeitete ein sehr aktiver »Deutscher Turnverein« für die deutschnationale Idee. Der Pfarrer von St. Wolfgang bezeichnete den »Deutschen Turnverein« und »die braune Sippschaft« als »Zuchtstätte des Nationalsozialismus … Die Nazi benützten den Deutschen Turnverein St. Wolfgang am See auch in seiner Kindergruppe zur Agitation für Hitler.«[373]

Gemeinderäte:

1. Gemeinderat: Johann Eisl, Schärferbauer, CS
2. Gemeinderat: Matthias Daxinger, Hoferbauer, CS
3. Gemeinderat: Franz Stehrer, Tischlermeister, CS
4. Gemeinderat: Josef Grill, Simonbauer, unpolitisch
5. Gemeinderat: Johann Achleitner, Spediteur, SD

Gegenüber der Nationalratswahl 1930 konnte die Christlichsoziale Partei 3,4 Prozentpunkte zulegen, die Sozialdemokraten verloren 3,9 Prozentpunkte und die Nationalsozialisten erreichten 1930 mit 29 Stimmen 3,6 Prozent.

Thalgau

	Gemeindewahl 1928			Gemeindewahl 1931		
	Stimmen	Mandate	Prozente	Stimmen	Mandate	Prozente
WP	836	16	80,1	741	15	75,0
SD	208	3	19,9	247	4	25,0
	1044	19	100,0	988	19	100,0

Der Stranzenbauer Josef Leitner (Wirtschaftspartei) wurde zum Bürgermeister wiedergewählt.[374]

Gemeinderäte:[375]

1. Gemeinderat: Ferdinand Zuckerstätter, Fabrikant und Gastwirt, WP
2. Gemeinderat: Alois Wiesinger, Schmiedmeister, SD

---

371 Vgl. SVBl. 17. 4. 1931. S. 6. SChr. 17. 4. 1931. S. 4.
372 Vgl. Christian Wasmeier: Der Weg durch dunkle Zeiten. Strobl von den 30er Jahren bis nach Ende des Zweiten Weltkrieges. In: Johann Stehrer (Hrsg.): Strobl am Wolfgangsee. Naturraum, Geschichte und Kultur einer Gemeinde im Salzkammergut. Strobl am Wolfgangsee 1998. S. 188.
373 Christian Wasmeier: Der Weg durch dunkle Zeiten. S. 189. (Zitiert aus Pfarrchronik St. Wolfgang, 1933 und 1936).
374 Vgl. SVBl. 10. 4. 1931. S. 11.
375 Vgl. SChr. 9. 4. 1931. S. 7.

3. Gemeinderat: Wilhelm Moser, Gastwirt, WP
4. Gemeinderat: Anton Greisberger, Obersinnhubbauer, WP
5. Gemeinderat: Johann Schmiedlechner, Oberbauarbeiter, SD
6. Gemeinderat: Johann Reiter, Gschwandlbauer, WP

Thalgauberg

	Gemeindewahl 1928			Gemeindewahl 1931		
	Stimmen	Mandate	Prozente	Stimmen	Mandate	Prozente
MW	113	9	100,0	96	9	100,0

Bürgermeister wurde Stephan Haas, Stablbauer. Die Christlichsoziale Partei war in Thalgauberg mit weit über 80 Prozent die dominierende politische Kraft.
 Gemeinderäte:[376]

1. Gemeinderat: Johann Ziegler, Grubergbauer
2. Gemeinderat: Stefan Wörndl, Unterstollbergbauer

Tenengau

Abtenau

	Gemeindewahl 1928			Gemeindewahl 1931		
	Stimmen	Mandate	Prozente	Stimmen	Mandate	Prozente
WP	861	25	100,0	627	25	100,0

Zum Bürgermeister wurde der Bauer Thomas Auer gewählt. Innerhalb der Wirtschaftspartei dominierte die Christlichsoziale Partei mit fast 90 Prozent.

Adnet

	Gemeindewahl 1928			Gemeindewahl 1931		
	Stimmen	Mandate	Prozente	Stimmen	Mandate	Prozente
WP	549	14	72,9	471	14	72,4
SD	204	5	27,1	180	5	27,6
	753	19	100,0	651	19	100,0

Zum Bürgermeister wurde der Bauer Matthias Hollweger, CS, gewählt.
 Gemeinderäte:[377]
1. Gemeinderat: Rupert Schnöll, Iringerbauer, CS

---

376 Vgl. SChr. 9. 4. 1931. S. 7.
377 Vgl. SChr. 20. 4. 1931. S. 4.

2. Gemeinderat: Murauer, SD,
3. Gemeinderat: Peter Eibl, Wiesenbauer, CS.

Annaberg

	Gemeindewahl 1928			Gemeindewahl 1931		
	Stimmen	Mandate	Prozente	Stimmen	Mandate	Prozente
WP	55	13	100,0	38	13	100,0

Bürgermeister wurde der christlichsoziale Bauer Josef Oberauer. Annaberg hatte durchaus auch eine gewisse deutschnationale Tradition. Nicht nur, dass es so wie die anderen Gemeinden 1920 für den Anschluss an Deutschland stimmte, forderte die Gemeindevertretung von Annaberg von sich aus im Jahr 1925 noch einmal den Anschluss. Nachdem die Auswirkungen der Weltwirtschaftskrise 1930 vor allem im Bereich der Holzwirtschaft und der Sägeindustrie durch einen kräftigen Sturz der Holzpreise zu spüren waren, versprach man sich durch einen Anschluss und damit den Wegfall der Grenzen zu Deutschland einen besseren Absatz für Holz und Vieh. Bei der Nationalratswahl 1930 erhielt die Hitlerbewegung 20 Stimmen, was 4,1 Prozent ausmachte. 18 Stimmen davon wurden in Lungötz abgegeben. In Lungötz war die Holzwirtschaft besonders ausgeprägt, das Holzwerk Kaindl spürte natürlich die Wirtschaftskrise sehr, obwohl es seine 25 Arbeiter halten konnte. Die Hitlerbewegung erweckte bei den Beschäftigten der Holzwirtschaft Erwartungen, die NS-Agitation fiel teilweise auf fruchtbaren Boden.[378]

Dürnberg

	Gemeindewahl 1928			Gemeindewahl 1931		
	Stimmen	Mandate	Prozente	Stimmen	Mandate	Prozente
CS	n.k.	–	–	100	5	34,4
WP	213	9	69,2	28	1	9,7
SD	95	4	30,8	126	6	43,5
Hitler	n.k.	–	–	36	1	12,4
	308	13	100,0	290	13	100,0

Zum Bürgermeister wurde der christlichsoziale Bergarbeiter Josef Gracher gewählt. Er musste jedenfalls mit den Stimmen der Christlichsozialen, der Wirtschaftspartei und der Hitlerpartei gewählt worden sein, sofern nicht auch die Sozialdemokraten für ihn stimmten. Hier hielt jedenfalls die antimarxistische Front.

In der Gemeinde Dürnberg spürte man eine beträchtliche Veränderung der politischen Landschaft seit der Nationalratswahl 1930. Die Christlichsoziale Partei sank von 44,3 Prozent auf 34,4 Prozent, der Anteil der Sozialdemokraten stieg von 31,6 Prozent auf 43,5

---

378 Vgl. Hans Gfrerer: Annaberg. Eine Chronik der Gemeinde. Annaberg 1989. S. 103 und S. 165.

Prozent. Die Nationalsozialisten hatten 1931 18 Stimmen bzw. 5,2 Prozent erreicht, steigerten sich nun auf 12,4 Prozent und erhielten genau doppelt so viele Stimmen.

Golling

	Gemeindewahl 1928			Gemeindewahl 1931		
	Stimmen	Mandate	Prozente	Stimmen	Mandate	Prozente
WP	320	10	75,7	261	8	58,4
SD	103	3	24,3	135	4	30,2
NS (Schulz)	n.k.	–	–	51	1	11,4
	423	13	100,0	447	13	100,0

Golling war bis zur Gemeinderatswahl 1925 eine »liberale Hochburg« mit einer deutlichen Mehrheit der Großdeutschen, auch wenn diese während der ganzen Zeit der Ersten Republik mit den Christlichsozialen eine Wahlgemeinschaft unter dem Titel »Wirtschaftspartei« eingegangen waren. Ab 1925 zogen Christlichsoziale und Großdeutsche an Mandaten gleich. 1931 gewannen die Sozialdemokraten ein Mandat dazu, die Wirtschaftspartei verlor zwei Mandate und die erstmals kandidierende Nationalsozialistische Deutsche Arbeiterpartei der Schulz-Richtung erzielte ein Mandat. Bemerkenswert ist, dass die Nationalsozialisten bei der Nationalratswahl 1930 keine einzige Stimme bekamen.

Der seit 1921 amtierende christlichsoziale Bürgermeister Adolf Hochleitner wurde am 14. April 1931 vom Schmiedemeister Matthias Nemes (CS) als Bürgermeister abgelöst.[379]

Zu Gemeinderäten wurden gewählt:

1. Gemeinderat: Borwitsch, Bundesbahnangestellter, SD
2. Gemeinderat: Sepp Huber, Baumeister, GD
3. Gemeinderat: August Lirk, Lederermeister, GD

Hallein

	Gemeindewahl 1928			Gemeindewahl 1931		
	Stimmen	Mandate	Prozente	Stimmen	Mandate	Prozente
CS	1009	6	21,7	962	6	21,9
Freiheitliche	829	4	17,8	n.k.	–	–
SD	2815	15	60,5	2266	14	51,7
WP	n.k.	–	–	447	2	10,2
Hitler	n.k.	–	–	496	2	11,3
KP	n.k.	–	–	216	1	4,9
	4653	25	100,0	4387	25	100,0

379 Vgl. Robert Hoffmann, Erich Urbanek: Golling. Geschichte einer Salzburger Marktgemeinde. Golling 1991. S. 190 ff. Vgl. SVBl. 16. 4. 1931. S. 6.

Hallein war natürlich ein besonders umkämpfter Ort. Der sozialdemokratische Bürgermeister Anton Neumayr war sehr populär. Zur Schlusskundgebung des sozialdemokratischen Wahlkampfes wurde am 27. März der Wiener Bürgermeister Karl Seitz aufgeboten. Den Verlust eines Mandates führten die Sozialdemokraten auf den »bedauerlichen Verrat der kommunistischen Auchklassenkämpfer« zurück.[380]

Die Nationalsozialisten begannen schon Monate vor dem Wahltag mit ihrer aggressiven Propaganda, die anderen Parteien waren eher ruhig. Die Hitlerleute entwickelten eine fieberhafte Tätigkeit mit vielen Wahlversammlungen und riesigen marktschreierischen Wahlplakaten für ihre »Massenversammlungen«. Häuser wurden beschmiert und mit Plakaten beklebt. Als Hauptredner bei ihrer Schlussveranstaltung hatten sie den reichsdeutschen Nationalsozialisten Dr. Gerstenberger aufgeboten. Sie knöpften ihren »deutschen Brüdern« zwei Sitze ab. Wieder einmal in Verkennung der Gefährlichkeit der Nationalsozialisten erklärte der christlichsoziale Gemeinderat Dr. Gmachl: »Wenn sie (die Nationalsozialisten, d. V.) wirklich gute, brauchbare Anregungen geben, dürfen sie auf kräftige Unterstützung von unserer Seite rechnen. Doch mit Polterei und ödem Phrasenschall mögen sie uns verschonen.«[381] Als ob es um Polterei und Phrasen gegangen wäre.

Die Kommunisten zeigten sich »sehr rührig« und sammelten alles, »was unzufrieden ist und die Gasse liebt«. Sie schienen über ziemlich viel Geld zu verfügen. An der Spitze der kommunistischen Liste stand der Hilfsarbeiter Franz Fagerer, der 1928 noch auf der sozialdemokratischen Liste kandidiert hatte. Zwischen Nationalsozialisten und Kommunisten kam es immer wieder zu (z. T. tätlichen) Zusammenstößen, von denen sich die Sozialdemokraten vehement zu distanzieren suchten.[382] Der sozialdemokratische Bürgermeister Neumayr erklärte in einer Wahlschrift: »Wem wir zu wenig schreien, wem wir zu wenig radikal sind, wer haben will, dass in der Gemeindestube die Wirtschaftspolitik durch unsachliche, einseitige und volksverhetzende Parteipolitik verdrängt wird, der gebe seinen Stimmzettel entweder den Faschisten oder den Kommunisten.«[383] Der kommunistische Gemeinderat werde sich als der »Mann des armen Volkes aufspielen«, als Held »mit dem goldenen Herzen, dessen wohltätiger Sinn am steinernen Gemüt der roten Brüder abprallt«.[384]

Die Christlichsozialen führten wohl einen zu ruhigen Wahlkampf und zogen mit dem »alterprobten Vorkämpfer« und Vizebürgermeister Franz Roidthaler in den Wahlkampf. Die Christlichsozialen ließen nicht ein einziges Plakat drucken und hielten keine einzige Versammlung ab. »Die Bürgerlichen raunzen fortwährend, dass wir keinen Vertreter des

---

380 SWa. 1. 4. 1931. S. 5.
381 SChr. 1. 4. 1931. S. 2.
382 Vgl. etwa SWa. 28. 3. 1931. S. 4.
383 SChr. 1. 4. 1931. S. 2.
384 SChr. 1. 4. 1931. S. 2.

Bürgertums unter uns haben. Die Schuld liegt an ihnen selbst, weil sie sich zu vornehm dünken, um unsere Liste zu wählen«, klagte der christlichsoziale Gemeinderat Dr. Gmachl in einem Kommentar in der Salzburger Chronik.[385]

Der Nationale Wirtschaftsblock (ein Bündnis von Großdeutschen und Landbund) hatte wenig Chancen, seit sich der frühere nationalsozialistische Landtagsabgeordnete und Gemeinderat Nikolaus Schlam mit seinem Anhang losgesagt hatte.[386]

Im Verhältnis zur Nationalratswahl 1931 konnte die Christlichsoziale Partei von 18,4 Prozent auf 21,9 Prozent leicht zulegen, die Sozialdemokraten verloren 0,9 Prozentpunkte. Beträchtliche Zunahmen hatten die Nationalsozialisten zu verzeichnen: Ihr Stimmenanteil stieg von 3,5 Prozent (158 Stimmen) auf 11,3 Prozent (496 Stimmen). Die heftige Propaganda hatte sich doch bezahlt gemacht.

Christlichsoziale Kandidatenliste:

Hallein-Stadt:
1. Franz Roidthaler, Postangestellter
2. Dr. Max Gmachl, Katechet
3. Ludwig Kaindl, Salinenarbeiter
4. Max Domanig, Bildhauer

Burgfried:
1. Nikolaus Gumpold, Bauer
2. Johann Höfer, Frächter

Au, Taxach, Gamp:
1. Matthias Walkner, Bauer
2. August Brandner, Bergarbeiter

Sozialdemokratische Kandidatenliste:
1. Anton Neumayr, Fachlehrer
2. Anton Wallner, Tischlermeister
3. Josef Brauneis, Tischler

Nationale Wirtschaftspartei:
1. Karl Sporn, Zimmermeister
2. Adolf Knoblich, Spenglermeister
3. Dr. Emmerich Zöls

NSDAP (Hitler):
1. August Fux, Bahnbeamter

---

385 SChr. 1. 4. 1931. S. 2.
386 Vgl. SChr. 31. 3. 1931. S. 4. Vgl. auch Halleiner Geschichtsblätter. 3. Chronik der Stadt 1927–1938. Hallein 1984. S. 57 f. SChr. 1. 4. 1931. S. 2.

Kommunisten:
1. Franz Fagerer, Hilfsarbeiter

Die konstituierende Sitzung des Gemeinderates mit der Wahl des Gemeindevorstandes fand am 7. April 1931 statt. Unter den vielen Besuchern dieser Sitzung war auch eine große Anzahl von Kommunisten und Hitler-Anhängern. Der Sozialdemokrat Anton Neumayr, Landtagspräsident und Fachlehrer, wurde zum fünften Mal zum Bürgermeister gewählt, allerdings nicht mehr – so wie bisher – einstimmig, sondern mit drei Stimmenthaltungen, die offensichtlich von den zwei Hitlerianern und dem Kommunisten stammten. Erster Vizebürgermeister wurde der seit 1912 dem Halleiner Gemeinderat angehörige Sozialdemokrat Anton Wallner (Angestellter der Zellulosefabrik), zweiter Vizebürgermeister der Christlichsoziale Franz Roidthaler (Postbeamter). Erster Gemeinderat wurde Josef Schürer (SD), zweiter Gemeinderat Nikolaus Gumpold (CS) und dritter Gemeinderat Josef Schnellinger (SD). Fraktionsobmann der Sozialdemokraten war Vizebürgermeister Wallner, der Christlichsozialen Dr. Max Gmachl.[387]

Krispl

	Gemeindewahl 1928			Gemeindewahl 1931		
	Stimmen	Mandate	Prozente	Stimmen	Mandate	Prozente
WP	8	9	100,0	132	5	60,0
Mittelpartei	n.k.	–	–	88	4	40,0
	8	9	100,0	220	9	100,0

Zum Bürgermeister wurde Michael Ziller, Demelbauer, gewählt.[388]

Kuchl

	Gemeindewahl 1928			Gemeindewahl 1931		
	Stimmen	Mandate	Prozente	Stimmen	Mandate	Prozente
Einheitsliste	946	19	100,0	287	19	100,0

Zum Bürgermeister wurde der Schmiedemeister Josef Schmied gewählt.
Zu Gemeinderäten wurden gewählt:[389]

1. Gemeinderat: Josef Seiwald, Gasthofbesitzer
2. Gemeinderat: Christian Moldan, Gipswerkbesitzer
3. Gemeinderat: Josef Seidl, Dihofenbauer

---

387 Vgl. SWa. 9. 4. 1931. S. 4.
388 Vgl. SVBl. 24. 4. 1931. S. 6.
389 Vgl. SVBl. 16. 4. 1931. S. 6.

Oberalm

	Gemeindewahl 1928			Gemeindewahl 1931		
	Stimmen	Mandate	Prozente	Stimmen	Mandate	Prozente
WP	554	10	50,5	632	10	54,2
SD	542	9	49,5	535	9	45,8
	1096	19	100,0	1167	19	100,0

Zum Bürgermeister wurde in der konstituierenden Sitzung am 11. April 1931 Volksschuldirektor Anton Fiala (WP, CS) einstimmig wieder gewählt. 1. Gemeinderat: Alexander Vogl (SD), 2. Gemeinderat: Franz Kommar (WP), 3. Gemeinderat: Rupert Eibl (SD), 4. Gemeinderat: Georg Schmiedlechner (WP), 5. Gemeinderat: Josef Swoboda (SD).[390] Oberalm war eine jener Gemeinden, in denen der christlichsoziale Bürgermeister gefährdet gewesen wäre, hätten sich nicht die bürgerlichen Parteien auf eine gemeinsame Liste geeinigt.

Obergäu

	Gemeindewahl 1928			Gemeindewahl 1931		
	Stimmen	Mandate	Prozente	Stimmen	Mandate	Prozente
WP	163	7	74,4	153	6	65,4
SD	56	2	25,6	81	3	34,6
	219	9	100,0	234	9	100,0

Der amtierende christlichsoziale Bürgermeister Andrä Sunkler wurde vom christlichsozialen Bauern Thomas Buchner, der später auch der Gemeindevertretung von Golling (Obergäu wurde 1936 eingemeindet) im Ständestaat angehörte, als Bürgermeister abgelöst. Die Wirtschaftspartei als Gemeinschaftsliste von Christlichsozialen und Großdeutschen verlor ein Mandat und genau neun Prozentpunkte, die Sozialdemokraten gewannen ein Mandat und genau neun Prozentpunkte.[391]

Puch

	Gemeindewahl 1928			Gemeindewahl 1931		
	Stimmen	Mandate	Prozente	Stimmen	Mandate	Prozente
WP	330	9	68,2	326	9	67,1
SD	154	4	31,8	160	4	32,9
	484	13	100,0	486	13	100,0

---

390 Vgl. Josef Brettenthaler: Oberalm. Ein Salzburger Markt einst und jetzt. Salzburg 1978. S. 252. Vgl. auch SWa. 14. 4. 1931. S. 5. SChr. 15. 4. 1931. S. 4.
391 Vgl. Robert Hoffmann, Erich Urbanek: Golling. Geschichte einer Salzburger Marktgemeinde. Golling 1991. S. 217.

Von der Gemeindewahl 1919 bis einschließlich zur Gemeindewahl 1931 schlossen die bürgerlichen Parteien eine Koalition gegen die Sozialdemokratie. Zum Bürgermeister wurde immer wieder der Landbündler Rupert Schweitl gewählt, obwohl die Christlichsoziale Partei, die über eine funktionierende Ortsorganisation verfügte, klar die stärkste Partei war. Jedenfalls wurde aber neben dem Landbund-Bürgermeister stets ein Vertreter des Katholischen Bauernbundes in den Gemeinderat entsandt. Der Landwirt Rupert Schweitl fand nach Auflösung des Landbundes im Ständestaat von Dollfuß und Schuschnigg seine politische Heimat. Er war von 1905 bis 1909 und von 1919 bis 1938 Bürgermeister von Puch. Obmann und Spitzenkandidat der Sozialdemokraten in Puch war von 1927 bis 1933 der Bundesbahnbeamte Franz Haider.[392]

Rußbach

	Gemeindewahl 1928			Gemeindewahl 1931		
	Stimmen	Mandate	Prozente	Stimmen	Mandate	Prozente
MW	97	9	100,0	116	9	100,0

Zum Bürgermeister wurde der seit 1908 (!) im Amt befindliche Bauer Josef Eder wieder gewählt.

Scheffau

	Gemeindewahl 1928			Gemeindewahl 1931		
	Stimmen	Mandate	Prozente	Stimmen	Mandate	Prozente
WP	8			30	9	100,0

Nachfolger von Josef Rehrl wurde als Bürgermeister der Bauer Wolfgang Moisl.

St. Koloman

	Gemeindewahl 1928			Gemeindewahl 1931		
	Stimmen	Mandate	Prozente	Stimmen	Mandate	Prozente
WP (CS+LB)	260	13	100,0	287	12	87,8
SD	n.k.	–	–	40	1	12,2
	260	13	100,0	327	13	100,0

In St. Koloman wurde nach der Gemeindevertretungswahl der Bauer Michael Siller (christlichsozial) vom Bauern Johann Fötschl, Weberbauer (ebenfalls christlichsozial, Bauernbund), abgelöst. Fötschl war schon von 1922 bis 1925 Bürgermeister gewesen,

---

392 Vgl. Friedrich Steinkellner: Von der Monarchie in die Nazi-Diktatur – Gemeindeleben in schwierigen Zeiten. In: Gerhard Ammerer (Hrsg.): Puch bei Hallein. Geschichte und Gegenwart einer Salzburger Gemeinde. Puch 1998. S. 170 ff.

blieb es dann von 1931 bis 1938 und wurde nach dem Krieg wieder von 1945 bis 1949 Bürgermeister. Die neu kandidierenden Sozialdemokraten erzielten ein Mandat.[393]
Gemeinderäte:

1. Gemeinderat: Georg Waldmann, Pletzaubauer, BB
2. Gemeinderat: Josef Wallinger, Oberhelwenger, BB

Torren

	Gemeindewahl 1928			Gemeindewahl 1931		
	Stimmen	Mandate	Prozente	Stimmen	Mandate	Prozente
WP	192	7	76,5	164	6	68,6
SD	59	2	23,5	75	3	31,4
	251	9	100,0	239	9	100,0

Die Wirtschaftspartei als Wahlgemeinschaft von Christlichsozialen und Großdeutschen verlor ein Mandat und rund acht Prozent, die Sozialdemokraten gewannen ein Mandat und fast acht Prozent. Zum neuen Bürgermeister wurde der christlichsoziale Bauer Johann Lienbacher gewählt. Er gehörte auch im Ständestaat dem Gemeinderat von Golling an. Torren wurde 1936 der Gemeinde Golling eingemeindet.[394]

Vigaun

	Gemeindewahl 1928			Gemeindewahl 1931		
	Stimmen	Mandate	Prozente	Stimmen	Mandate	Prozente
WP	309	11	78,2	305	10	74,8
SD	86	2	21,8	103	3	25,2
	395	13	100,0	408	13	100,0

Zum Bürgermeister wurde in der Sitzung des Gemeinderates vom 12. April 1931 der Bürgbauer Johann Schaber (CS) gewählt.[395]
Gemeinderäte:

1. Gemeinderat: Rupert Wallmann, Waldbauer, WP
2. Gemeinderat: Kaspar Steinberger, Trattnerbauer, WP

---

393 Vgl. August und Barbara Rettenbacher: Chronik von St. Koloman in der Taugl. St. Koloman 1982. S. 79 f. SChr. 17. 4. 1931. S. 4.
394 Vgl. Robert Hoffmann, Erich Urbanek: Golling. Geschichte einer Salzburger Marktgemeinde. Golling 1991. S. 218.
395 Vgl. Vigaun. Von Natur, Kultur und Kur. Vigaun 1990. S. 162. Vgl. auch SWa. 16. 4. 1931. S. 4.

Pongau

Altenmarkt

	Gemeindewahl 1928			Gemeindewahl 1931		
	Stimmen	Mandate	Prozente	Stimmen	Mandate	Prozente
WP	309	9	100,0	274	9	100,0

Zum Bürgermeister wurde der Bauer Jakob Trojer gewählt. Aus dem Ergebnis der allein kandidierenden Wirtschaftspartei lässt sich nicht deren Zusammensetzung erkennen. Aus dem Ergebnis der Nationalratswahl 1930 sieht man, dass jedenfalls die Christlichsoziale Partei mit 67 Prozent dominierend war, dass die Sozialdemokraten einen Anteil von rund 13 Prozent hatten und dass die Nationalsozialisten 1930 bereits 39 Stimmen und 9,8 Prozent erreichten.

Badgastein

	Gemeindewahl 1928			Gemeindewahl 1931		
	Stimmen	Mandate	Prozente	Stimmen	Mandate	Prozente
CS	421	5	20,8	459	5	20,9
Heimattreue Volksgem.	576	7	28,4	662	8	30,2
SD	1028	13	50,8	789	9	36,0
Hitler	n.k.	–	–	237	3	10,8
KP	n.k.	–	–	47	–	2,1
	2025	25	100,0	2194	25	100,0

Bei der Nationalratswahl 1930 hatten die Christlichsoziale Partei 19,8 Prozent erreicht, die Sozialdemokratische Partei 37,1 Prozent, die Hitlerpartei 6,7 Prozent und die Kommunisten 3,2 Prozent. Schober-Block und Heimatblock zusammengezählt erreichten 30,4 Prozent. Das Ergebnis der Gemeindewahlen hatte sich also schon abgezeichnet. Deutlich nach oben veränderte sich nur der Anteil der Hitlerbewegung.

Badgastein war eine heftig umkämpfte Gemeinde. Der sozialdemokratische Bürgermeister Walter Lassnig (Bahnhofsvorstand), der im Gemeinderat über eine absolute Mehrheit verfügte, wurde vor allem von den Christlichsozialen heftig angegriffen. Das Ziel war, die absolute Mehrheit der Sozialdemokraten zu brechen, womit auch der Bürgermeister von einer anderen Fraktion gestellt werden konnte. Für die Sozialdemokraten ging es also um einen ihrer wichtigsten Bürgermeister. Die Sozialdemokratische Partei verbreitete eine Wahlbroschüre »12 Jahre sozialdemokratische Gemeindemehrheit in Badgastein«.

In der Gemeindevertretung herrschte bereits seit Jahresbeginn heftige Nervosität und Aggression. Christlichsoziale und die Sozialdemokratische Partei zogen aus Protest

Abb. 27. In Badgastein verlor der Sozialdemokrat Walter Lassnig die Mehrheit und sein Bürgermeisteramt (1925 bis 1931). (Privatarchiv Laurenz Krisch)

wechselweise aus dem Gemeinderat aus. Dem Bürgermeister wurden mangelnde Sparsamkeit, Verschwendung, zu hohe Kosten für das E-Werk, zu hohe Strompreise, ein zu hoher Trinkwasserzins vorgeworfen. Man kritisierte ihn wegen der Einhebung einer Nachtwächtergebühr, obwohl es keinen Nachtwächter mehr gäbe, die Christlichsozialen warfen ihm »geradezu fürstliche Bezüge« vor und dass er sich nicht scheute, »fast jeden Gang in die Gemeinde trotz seines hohen Gehaltes besonders bezahlen zu lassen«. Dazu sei er noch Verwalter des Heimes der Bundesbahnkrankenkasse. Auf der anderen Seite wurden die Sozialdemokraten durch eine engagiert agierende Kommunistische Partei bedrängt.

Die Großdeutschen hatten starke Einbußen an Mitgliedern zu verzeichnen und wurden von der mit jugendlichem Ungestüm geführten Agitation der Nationalsozialisten stark bedrängt. Die Großdeutschen versuchten deshalb durch eine gemeinsame Kandidatur mit dem Heimatblock in der Heimattreuen Volksgemeinschaft noch einiges zu retten. Dies gelang ihnen auch, die gemeinsame Liste gewann ein Mandat.[396]

Das gemeinsame Ziel der nichtsozialdemokratischen Parteien, die absolute Mehrheit der Sozialdemokraten zu brechen, wurde deutlich erreicht. Die Sozialdemokraten verloren fast 15 Prozent und vier Mandate. Die Christlichsozialen legten leicht zu und hielten ihre fünf Mandate. Die gemeinsame Liste von Großdeutschen (5 Mandate) und Heimatblock (2 Mandate) erhöhten von sieben auf acht Mandate der Heimattreuen Volksgemeinschaft (4 Heimatblock, 3 Großdeutsche, 1 Nationalsozialist der Schulz-Richtung). Die Hitler-Nationalsozialisten erzielten auf Anhieb drei Mandate. Stand es also vorher 13 : 12 für die Sozialdemokraten, so verkehrte sich dieses Verhältnis nun in 9 : 16 gegen die Sozialdemokraten. Damit war der Bürgermeister verloren.

Gegen die Stimmen der Sozialdemokraten wurde am 11. April 1931 der Hotelier Josef Mühlberger (GD) zum Bürgermeister gewählt.

Bad Gastein war als Kur- und Fremdenverkehrsort über viele Jahre als offen und liberal bekannt. In der Phase des wirtschaftlichen Aufschwungs 1919 bis 1929 konnte Bad

---

[396] Vgl. SChr. 19. 2. 1931. S. 3, SChr. 10. 3. 1931. S. 7, SChr. 14. 3. 1931. S. 3. SVBl. 13. 4. 1931. S. 6. SVBl. 18. 4. 1931. S. 8.

Gastein als »judenfreundlich« bezeichnet werden, viele jüdische Gäste kamen auf Erholung hierher. Mit der Wirtschaftskrise und dem damit verbundenen Aufstieg des Nationalsozialismus begann auch in Bad Gastein der Antisemitismus ab etwa 1930 zuzunehmen. Die Abwahl des sozialdemokratischen Bürgermeisters trug zur Verstärkung des Antisemitismus bei, obwohl der großdeutsche Bürgermeister sehr bemüht war, Bad Gastein nach außen hin nicht antisemitisch erscheinen zu lassen.[397] Richtig judenfeindlich aber wurde Bad Gastein später als die anderen judenfeindlichen Fremdenverkehrsorte, nämlich erst nach dem Anschluss Österreichs an das Deutsche Reich.

Zu Gemeinderäten wurden gewählt:

1. Gemeinderat: Anton Resch, Masseur, SD
2. Gemeinderat: Lemmerer, Oberförster, CS
3. Gemeinderat: Wilhelm Schlosser, Kurhausbesitzer, Heimattreue Volksgemeinschaft
4. Gemeinderat: Walter Lassnig, Bundesbahnbeamter, Altbürgermeister, SD
5. Gemeinderat: Dipl.-Ing. Anton Wintersteiger, Gemeindeangestellter, NS-Hitler

Abb. 28. Der großdeutsche Hotelier Josef Mühlberger wurde neuer Bürgermeister von Badgastein. (Privatarchiv Laurenz Krisch)

Bischofshofen

	Gemeindewahl 1928			Gemeindewahl 1931		
	Stimmen	Mandate	Prozente	Stimmen	Mandate	Prozente
WP	1080	8	34,4	850	7	26,7
SD	2058	17	65,6	2156	17	67,6
Hitler	n.k.	–	–	183	1	5,7
	3138	25	100,0	3189	25	100,0

---

397 Vgl. Laurenz Krisch: Bad Gastein: Die Rolle des Antisemitismus in einer Fremdenverkehrsgemeinde während der Zwischenkriegszeit. In: Robert Kriechbaumer (Hrsg.): Der Geschmack der Vergänglichkeit. Jüdische Sommerfrische in Salzburg. Wien, Köln, Weimar 2002. S. 198 ff.

Der Spitzenkandidat der Sozialdemokraten war auch diesmal wieder Bürgermeister Franz Mohshammer, der diese Funktion schon seit 1920 ausübte (und noch bis 1934 ausüben sollte). Eine umfassende Erklärung der Sozialdemokraten zur Gemeindewahl in Bischofshofen und ein ausführlicher Rechenschaftsbericht erschienen in der Salzburger Wacht.[398]

Die Wirtschaftspartei setzte sich aus der Volkspartei und der Ständevertretung zusammen. Gegenüber der Nationalratswahl 1930 legten die Sozialdemokraten noch 5,8 Prozent zu, auch die Nationalsozialisten erreichten um 1,5 Prozentpunkte mehr als 1930. Die Nationalsozialistische Partei hatte in Bischofshofen schon seit der Zeit vor dem Ersten Weltkrieg eine gewisse Tradition bei den nationalen Eisenbahnern.[399] Der erste Aufmarsch der Nationalsozialisten fand in Bischofshofen am 22. 3. 1931 statt, 190 uniformierte Mitglieder nahmen daran teil, der Gendarmerieposten wurde vorsichtshalber um 13 Gendarmen verstärkt.[400]

Bei der konstituierenden Sitzung des Gemeinderates am 13. April 1931 wurde Nationalrat und Bundesbahn-Maschinenmeister Franz Moßhammer (SD) einstimmig wieder zum Bürgermeister gewählt.

Zu Gemeinderäten wurden gewählt:

1. Gemeinderat: Leo Plattner, Maschinenmeister (SD)
2. Gemeinderat: Vinzenz Bauer, Schlossermeister (Ständevertretung, WP)
3. Gemeinderat: Franz Bayer, Lokomotivführer (SD)
4. Gemeinderat: Josef Matzke, Oberschaffner (SD)
5. Gemeinderat: Matthias Gschwandtner, Landwirt (Ständevertretung, WP)
6. Gemeinderat: Dominik Kudlacek, Werkselektriker (SD)[401]

Dorfgastein

	Gemeindewahl 1928			Gemeindewahl 1931		
	Stimmen	Mandate	Prozente	Stimmen	Mandate	Prozente
CS	377	10	79,7	n.k.	–	–
SD	96	3	20,3	85	2	21,4
WP	n.k.	–	–	313	11	78,6
	473	13	100,0	398	13	100,0

---

398 Vgl. SWa. 4. 3. 1931. S. 6 und SWa. 21. 3. 1931. S. 8.
399 Vgl. Ernst Hanisch: Zur Frühgeschichte des Nationalsozialismus in Salzburg (1913–1925). In: Mitteilungen der Gesellschaft für Salzburger Landeskunde. 117. Vereinsjahr. 1977. Salzburg 1978. S. 382.
400 Vgl. Fritz Hörmann (Hrsg.): Chronik Bischofshofen. Vom Markt zur Stadt. Band II. Bischofshofen 2001. S. 144.
401 Vgl. SWa. 14. 4. 1931. S. 7.

Seit 1919 amtierte der Bauer und Kirchenwirt Rupert Egger als Bürgermeister. Er wurde auch 1931 wieder gewählt und blieb bis 1932.[402] Innerhalb der Wirtschaftspartei dominierte eindeutig die Christlichsoziale Partei.

Eben

	Gemeindewahl 1928			Gemeindewahl 1931		
	Stimmen	Mandate	Prozente	Stimmen	Mandate	Prozente
WP	108	6	65,1	114	6	67,1
SD	58	3	34,9	56	3	32,9
	166	9	100,0	170	9	100,0

Der Bauer Leonhard Geringer wurde zum Bürgermeister gewählt.

Filzmoos

	Gemeindewahl 1928			Gemeindewahl 1931		
	Stimmen	Mandate	Prozente	Stimmen	Mandate	Prozente
MW		8		164	9	100,0

Zum Bürgermeister wurde zum vierten Mal der Oberhofbauer Franz Salchegger gewählt.[403]
    Gemeinderäte:
1. Gemeinderat: Josef Jäger, Vierthalerbauer
2. Gemeinderat: Rupert Rettensteiner, Schweigbauer

Flachau

	Gemeindewahl 1928			Gemeindewahl 1931		
	Stimmen	Mandate	Prozente	Stimmen	Mandate	Prozente
MW	187	13	100,0	262	13	100,0

Zum Bürgermeister wurde der Schrempfbauer Simon Oberreiter wiedergewählt.

Forstau

	Gemeindewahl 1928			Gemeindewahl 1931		
	Stimmen	Mandate	Prozente	Stimmen	Mandate	Prozente
MW	nicht feststellbar			109	9	100,0

---

402 Vgl. Sebastian Hinterseer: Heimatbuch Dorfgastein. Salzburg 1981. S. 299.
403 Vgl. SVBl. 16. 4. 1931. S. 6. SChr. 15. 4. 1931. S. 4.

Zum dritten Mal wurde Josef Buchsteiner, Ellmaubauer, zum Bürgermeister gewählt.[404]
Gemeinderäte:

1. Gemeinderat: Josef Buchsteiner, Wirt
2. Gemeinderat: Martin Mitterwallner, Weitgaßbauer

Gasthof

	Gemeindewahl 1928			Gemeindewahl 1931		
	Stimmen	Mandate	Prozente	Stimmen	Mandate	Prozente
WP	119	9	100,0	105	9	100,0

Der Bauer Johann Zitz wurde zum Bürgermeister gewählt.

Goldegg

	Gemeindewahl 1928			Gemeindewahl 1931		
	Stimmen	Mandate	Prozente	Stimmen	Mandate	Prozente
CS	177	13	100,0	295	12	86,3
SD	n.k.			47	1	13,7
	177	13	100,0	342	13	100,0

Der bisherige Bürgermeister Josef Meyr wurde wieder gewählt. 1. Gemeinderat wurde Kaspar Mulitzer, Rohrmosbauer, 2. Gemeinderat Fritz Bürgler, Gastwirt.[405]

Goldegg-Weng

	Gemeindewahl 1928			Gemeindewahl 1931		
	Stimmen	Mandate	Prozente	Stimmen	Mandate	Prozente
CS	130	8	83,3	18	9	100,0
SD	26	1	16,7	n.k.	–	–
	156	9	100,0	18	9	100,0

Zum Bürgermeister wurde Josef Pronebner, Lengtalbauer, BB, gewählt.
Gemeinderäte:[406]

1. Gemeinderat: Johann Eder, Oberwenger, BB
2. Gemeinderat: Georg Kößner, Trogerwirt, BB

---

404 Vgl. SVBl. 29. 4. 1931. S. 8. SChr. 28. 4. 1931. S. 4.
405 Vgl. SVBl. 10. 4. 1931. S. 11.
406 Vgl. SChr. 13. 4. 1931. S. 4.

Großarl

	Gemeindewahl 1928			Gemeindewahl 1931		
	Stimmen	Mandate	Prozente	Stimmen	Mandate	Prozente
WP	573	12	87,1	542	11	83,3
SD	85	1	12,9	109	2	16,7
	658	13	100,0	651	13	100,0

Bürgermeister: Johann Hettegger, Bauer.[407]
Gemeinderäte:

1. Gemeinderat: Josef Christian, Schuhmachermeister, CS
2. Gemeinderat: Leonhard Promegger, Bauer, CS

Hinzuweisen ist auf die Tatsache, dass bei der Nationalratswahl 1930 die Hitlerpartei 40 Stimmen bzw. 4,6 Prozent erzielte.

Hofgastein-Land

	Gemeindewahl 1928			Gemeindewahl 1931		
	Stimmen	Mandate	Prozente	Stimmen	Mandate	Prozente
CS	491	14	71,1	449	14	72,4
SD	200	5	28,9	171	5	27,6
	691	19	100,0	620	19	100,0

Zum Bürgermeister wurde wieder Martin Schwaiger, Sternwirt, CS, gewählt.[408]
Gemeinderäte:

1. Gemeinderat: Josef Moises, Moisesbauer, CS
2. Gemeinderat: Anton Pflaum, Bahnangestellter, SD
3. Gemeinderat: Johann Katschtaler, landw. Arbeiter, CS
4. Gemeinderat: Josef Lenz, Landeskulturrat, CS
5. Gemeinderat: Matthias Viehhauser, Zittrauerbauer, CS
6. Gemeinderat: Jakob Maier, Bahnhofsrestaurateur, CS

---

407 Vgl. Matthias Laireiter: Heimat Großarl. Großarl 1987. S. 169. SChr. 20. 4. 1931. S. 4.
408 Vgl. SVBl. 15. 4. 1931. S. 6. SChr. 14. 4. 1931. S. 5.

Hofgastein-Markt

	Gemeindewahl 1928			Gemeindewahl 1931		
	Stimmen	Mandate	Prozente	Stimmen	Mandate	Prozente
CS	264	6	43,1	285	5	36,6
WP (nat. Freisinn)	146	3	23,8	266	5	34,1
Gewerbe	80	1	13,1	n.k.	–	–
SD	123	3	20,0	126	2	16,2
Kleinhäusler	n.k.	–	–	102	1	13,1
	613	13	100,0	779	13	100,0

Spitzenkandidat der Christlichsozialen Partei war wieder der verdiente Bürgermeister und Volksschuldirektor Alois Laner (Bürgermeister von 1921–1938). In seiner Amtszeit entwickelte sich Bad Hofgastein zu einem modernen Kurort.[409]

Das in Hofgastein-Markt kandidierende Wahlbündnis einer Nationalen Wirtschaftspartei setzte sich aus Großdeutschen und Nationalsozialisten (Hitler) zusammen. Auf der Kandidatenliste waren die neuen Kandidaten vorne gereiht, die bisherigen Großdeutschen weiter hinten. Spitzenkandidat dieser Liste war Hauptschuldirektor Josef Ziegler. Bei der Nationalratswahl 1930 hatte die Hitlerpartei immerhin schon 69 Stimmen bzw. 10,2 Prozent erreicht. Zum Hauptgegner wurde die Christlichsoziale Partei erklärt, die Sozialdemokraten blieben eher verschont. Die Kleinhäuslerpartei war eine so genannte »Biertischgründung« und wurde von einem pensionierten Gendarmeriebeamten angeführt. Sie erreichte aber immerhin auf Anhieb über 13 Prozent. Wahlverlierer waren Christlichsoziale und Sozialdemokraten, Wahlgewinner war eindeutig die Nationale Wirtschaftspartei.[410]

Zum Bürgermeister wurde wieder Alois Laner (CS) gewählt. Zu Gemeinderäten wurden gewählt: Hauptschuldirektor Josef Ziegler (GD), Handelskammerrat Alois Rainer (CS), Kurhausdirektor und der Bauer Hans Winkler (Nationale Wirtschaftspartei) und der Schuhmachermeister Josef Emprechtinger (SD).[411]

Hüttau

	Gemeindewahl 1928			Gemeindewahl 1931		
	Stimmen	Mandate	Prozente	Stimmen	Mandate	Prozente
CS	142	5	57,0	165	7	72,7
SD	107	4	43,0	62	2	27,3
	249	9	100,0	227	9	100,0

---

409 Vgl. Sebastian Hinterseer: Bad Hofgastein und die Geschichte Gasteins. Salzburg 1977. S. 393 und S. 639.
410 Vgl. SChr. 25. 3. 1931. S. 4.
411 Vgl. SWa. 11. 4. 1931. S. 5.

Bürgermeister: Balthasar Auer, Arnoldbauer, (1929–1936). Am 1. Jänner 1936 wurden die beiden Gemeinden Hüttau und Sonnberg zusammengelegt zur Vereinigten Gemeinde Hüttau.[412] Die Person des Bürgermeisters dürfte zu einem so guten Abschneiden der Christlichsozialen Partei wesentlich beigetragen haben. Die Sozialdemokraten verloren gegenüber der Nationalratswahl 1930 4,3 Prozentpunkte.

Hüttschlag

	Gemeindewahl 1928			Gemeindewahl 1931		
	Stimmen	Mandate	Prozente	Stimmen	Mandate	Prozente
MW	103	9	100,0	74	9	100,0

Der Bauer Markus Huttegger wurde Bürgermeister. Die Christlichsoziale Partei war praktisch ohne Konkurrenz, sie hatte 1930 über 97 Prozent erreicht.

Kleinarl

	Gemeindewahl 1928			Gemeindewahl 1931		
	Stimmen	Mandate	Prozente	Stimmen	Mandate	Prozente
MW	135	9	100,0	142	9	100,0

Zum Bürgermeister wurde der Bauer Lorenz Fritzenwallner gewählt.

Mühlbach

	Gemeindewahl 1928			Gemeindewahl 1931		
	Stimmen	Mandate	Prozente	Stimmen	Mandate	Prozente
WP	226	4	21,6	226	5	23,9
SD	603	12	57,7	634	13	67,0
Beamte/Angestellte	124	2	11,9	86	1	9,1
KP	92	1	8,8	n.k.	–	–
	1045	19	100,0	946	19	100,0

Für die Sozialdemokraten kandidierte wieder Bürgermeister Stanislaus Pacher, der dieses Amt seit 1928 innehatte (und bis 1934 in dieser Funktion verblieb). Die sozialdemokratische Gemeindefraktion veröffentlichte in der Salzburger Wacht einen umfangreichen, ganzseitigen Tätigkeitsbericht.

Stanislaus Pacher wurde einstimmig wieder gewählt.

---

412 Vgl. Gottfried Steinbacher (Hrsg.): Hüttau. Der alte Bergwerksort an der Römerstraße im Fritztal. Ortschronik Hüttau. Salzburg 1998. S. 288.

Zu Gemeinderäten wurden gewählt:[413]

1. Gemeinderat: Johann Moser, Werksschmied, SD
2. Gemeinderat: Franz Binder, Konsumangestellter, SD
3. Gemeinderat: Josef Rußbaumer, Rohrmoosbauer, WP

Palfen

	Gemeindewahl 1928			Gemeindewahl 1931		
	Stimmen	Mandate	Prozente	Stimmen	Mandate	Prozente
MW	111	9	100,0	130	9	100,0

Der Bauer Rupert Huber wurde Bürgermeister.

Pfarrwerfen

	Gemeindewahl 1928			Gemeindewahl 1931		
	Stimmen	Mandate	Prozente	Stimmen	Mandate	Prozente
CS+WP	631	15	78,0	596	14	74,5
SD	178	4	22,0	204	5	25,5
	809	**19**	**100,0**	**800**	**19**	**100,0**

Josef Nitsch, Scheibenhubbauer, wurde zum vierten Mal zum Bürgermeister gewählt. Zu Gemeinderäten wurden gewählt:[414]

1. Gemeinderat: Sebastian Gschwandtner, Fischerbauer, BB
2. Gemeinderat: Georg Lechner, Plattenbauer, BB
3. Gemeinderat: Johann Kirchberger, Bundesbahnangestellter, SD
4. Gemeinderat: Peter Holzmann, Kohlstaubbauer, BB

Radstadt-Land

	Gemeindewahl 1928			Gemeindewahl 1931		
	Stimmen	Mandate	Prozente	Stimmen	Mandate	Prozente
CS	536	17	89,9	n.k.	–	–
SD	60	2	10,1	68	2	12,7
WP	n.k.	–	–	468	17	87,3
	596	19	100,0	536	19	100,0

---

413 Vgl. SWa. 5. 3. 1931. S. 6. Vgl. SVBl. 20. 4. 1931. S. 5.
414 Vgl. SVBl. 18. 4. 1931. S. 8. SChr. 17. 4. 1931. S. 4.

In der Landgemeinde Radstadt änderte sich bei der Gemeinderatswahl praktisch nichts. Die Christlichsoziale Partei kandidierte zwar nicht mehr unter ihrem Parteinamen, die ihr nahe stehende Wirtschaftspartei erzielte die gleiche Mandatszahl wie 1927. Die Sozialdemokraten legten zwar prozentuell leicht zu, blieben aber bei ihren zwei Mandaten. Der bisherige Bürgermeister Martin Hochwimmer, (CS), Schoberbauer und Vizepräsident des Katholischen Bauernbundes, wurde von Ing. Karl Holzmann, Piberhofbesitzer, abgelöst.[415]

Gemeinderäte:

1. Gemeinderat: Martin Hochwimmer, CS
2. Gemeinderat: Johann Kirchner, Neuhofbauer, Landtagsvizepräsident, CS
3. Gemeinderat: Peter Habersatter, Feimlwirt, CS
4. Gemeinderat: Johann Mayrhofer, Kasparbauer, CS

Radstadt-Stadt

	Gemeindewahl 1928			Gemeindewahl 1931		
	Stimmen	Mandate	Prozente	Stimmen	Mandate	Prozente
CS	219	5	40,5	171	3	27,4
GD	238	6	44,0	n.k.	–	–
SD	84	2	15,5	99	2	15,9
Völk. WP	n.k.	–	–	221	5	35,5
Hitler	n.k.	–	–	132	3	21,2
	541	13	100,0	623	13	100,0

Die Stadt Radstadt war eine besonders umkämpfte Stadt. Im Gemeinderat dominierten stets die deutschnationalen bzw. großdeutschen Gruppierungen. Seit 1929 amtierte der großdeutsche Bäckermeister Andreas Scheiblbrandner als Bürgermeister. Im Gemeinderat gab es seit Jahren heftige Auseinandersetzungen zwischen dem christlichsozialen und dem deutschnationalen Lager.[416] Der Herausforderer des Bürgermeisters war der christlichsoziale Gemeinderat und Hafnermeister Ignaz Fiala. Im Gemeinderatswahlkampf ging es deftig her. Bürgermeister Scheiblbrandner zog gegen die »schwarze Brut« los und wünschte sich, dass statt zwei Sozialdemokraten vier im Gemeinderat säßen, dafür aber weniger Christlichsoziale. Die Christlichsozialen wiederum boten Nationalratspräsident Dr. Ramek als Redner auf. Die Nationalsozialisten (Hitler) führten einen aggressiven Wahlkampf mit einer Plakatflut, mit Trommelwirbel und schreiender Reklame. Be-

---

415 Vgl. Friederike Zaisberger, Fritz Koller (Hrsg.): Die alte Stadt im Gebirge. 700 Jahre Radstadt. Salzburg 1989. S. 378. Vgl. SVBl. 24. 4. 1931. S. 6. SChr. 21. 4. 1931. S. 4.
416 Vgl. Friederike Zaisberger, Fritz Koller (Hrsg.): Die alte Stadt im Gebirge. 700 Jahre Radstadt. Salzburg 1989. S. 269 ff.

zirksrichter Dr. Max Peißer hielt seine bekannten Hetzreden.[417] Die Christlichsoziale Partei verlor zwei ihrer fünf Mandate, die deutschnationale Wirtschaftspartei erreichte fünf Mandate (eines weniger als die Großdeutschen bei der letzten Wahl), dafür aber erreichten die Hitlerianer auf Anhieb drei Mandate. Scheiblbrandner wurde mit den Stimmen seiner Wirtschaftspartei und der Hitlerbewegung wieder zum Bürgermeister gewählt. Bereits 1932 wurde er wegen der Zahlungsunfähigkeit der Stadt von den nationalsozialistischen Gemeindevertretern vehement zum Rücktritt aufgefordert.

Der Erfolg der Nationalsozialisten zeichnete sich schon bei der Nationalratswahl 1930 ab. Die Hitlerbewegung erreichte schon damals mit 131 Stimmen 21,1 Prozent. Sie konnte sich also bei der Gemeindewahl nicht verbessern. Entscheidend für den nationalsozialistischen Wahlerfolg waren die lange deutschnationale Tradition der Stadt Radstadt und das Agitieren des Nationalsozialisten Dr. Max Peisser.

Gemeinderäte:

1. Gemeinderat: Johann Pichler, Gastwirt, CS
2. Gemeinderat: Josef Schließleder, Bahnbeamter, NS

St. Johann-Land

	Gemeindewahl 1928			Gemeindewahl 1931		
	Stimmen	Mandate	Prozente	Stimmen	Mandate	Prozente
CS	525	11	56,3	532	14	71,7
LB	260	5	27,9	n.k.	–	–
SD	147	3	15,8	210	5	28,3
	932	19	100,0	742	19	100,0

In der Landgemeinde erzielte die Christlichsoziale Partei 1931 ihr bestes Ergebnis aller Wahlen in der 1. Republik. Dies war natürlich auch darauf zurückzuführen, dass der Landbund nicht kandidierte. Gegenüber der Nationalratswahl 1930 konnte sie 25,4 Prozentpunkte zulegen. Zum Bürgermeister wurde Sebastian Strobl, Stallnerbauer, BB, gewählt.[418]

Gemeinderäte:

1. Gemeinderat: Simon Meikl, Obergassner, LB
2. Gemeinderat: Anton Schießl, Bundesbahnbediensteter, SD
3. Gemeinderat: Georg Ortner, Schruntnerbauer, BB

---

417 Vgl. SChr. 24. 3. 1931. S. 4. Dr. Peißer, der seit 1929 Ehrenbürger von Radstadt war, kandidierte für die NSDAP bei den Landtagswahlen 1932, wurde Klubobmann der NSDAP-Landtagsfraktion, schied Ende 1932 aus und wandte sich später dem Ständestaat zu. 1940 wurde ihm die Ehrenbürgerschaft aberkannt. (Vgl. Zaisberger, Koller: Die alte Stadt im Gebirge, a.a.O. S. 378.) SChr. 21. 4. 1931. S. 4.
418 Vgl. Josef Lackner: Die Erste Republik. In: Albert Kohlbegger: Chronik von St. Johann im Pongau. St. Johann 1983. S. I/8. Vgl. SVBl. 18. 4. 1931. S. 8. SChr. 17. 4. 1931. S. 4.

St. Johann-Markt

	Gemeindewahl 1928			Gemeindewahl 1931		
	Stimmen	Mandate	Prozente	Stimmen	Mandate	Prozente
CS	306	7	35,7	261	6	29,1
GD	353	8	41,2	334	7	37,2
SD	198	4	23,1	207	4	23,0
Hitler	n.k.	–	–	96	2	10,7
	857	19	100,0	898	19	100,0

In der Marktgemeinde St. Johann gab es zwei fast gleichstarke Gruppen mit den Christlichsozialen und den Großdeutschen, wobei die Großdeutschen mehrmals die relative Mehrheit erreichten. Die Funktion des Bürgermeisters wurde zwischen Großdeutschen und Christlichsozialen ausgemacht. Seit 1928 war der Apotheker Mag. Georg Mayrhofer (Großdeutscher) Bürgermeister und er wurde am 7. April 1931 wieder gewählt. Er übte das Amt bis 1936 aus. Gemeinderäte waren Dr. Karl Sechmall (Sprengelarzt), Franz Ballasch (Postoberoffizial) und Karl Rummer (Laufmann).[419]

Die Christlichsozialen mussten gegenüber der Nationalratswahl 1930 eine beträchtliche Einbuße von 11,5 Prozentpunkten einstecken, auch die Sozialdemokraten verloren zwei Prozentpunkte. Die Hitler-Nationalsozialisten wiederum stiegen von 8,5 Prozent auf 10,7 Prozent bzw. von 77 auf 96 Stimmen.

St. Martin am Tennengebirge

	Gemeindewahl 1928			Gemeindewahl 1931		
	Stimmen	Mandate	Prozente	Stimmen	Mandate	Prozente
MW	166	13	100,0	177	13	100,0

Zum Bürgermeister wurde der Bauer Johann Scheibner wiedergewählt.

St. Veit

	Gemeindewahl 1928			Gemeindewahl 1931		
	Stimmen	Mandate	Prozente	Stimmen	Mandate	Prozente
CS	649	15	79,0	588	15	74,5
SD	173	4	21,0	201	4	25,5
	822	19	100,0	789	19	100,0

---

419 Vgl. Albert Kohlbegger: Chronik von St. Johann im Pongau. St. Johann 1983. S. 115. Vgl. auch SVBl. 9. 4. 1931. S. 7. SChr. 8. 4. 1931. S. 4.

Der Vizepräsident des Landeskulturbeirates, Rupert Pirnbacher, wurde zum vierten Mal zum Bürgermeister gewählt.[420]
Gemeinderäte:

1. Gemeinderat: Michael Obermaier, Kaufmann, CS
2. Gemeinderat: Josef Rettenwander, Bauer, CS
3. Gemeinderat: Josef Deutinger, SD

Schattbach

	Gemeindewahl 1928			Gemeindewahl 1931		
	Stimmen	Mandate	Prozente	Stimmen	Mandate	Prozente
MW	71	9	100,0	67	9	100,0

Der Sägewerksbesitzer Leonhard Rettensteiner wurde zum Bürgermeister gewählt.

Schwarzach

	Gemeindewahl 1928			Gemeindewahl 1931		
	Stimmen	Mandate	Prozente	Stimmen	Mandate	Prozente
WP	375	8	42,5	304	7	34,5
SD	508	11	57,5	492	11	55,9
Hitler	n.k.	–	–	84	1	9,6
	883	19	100,0	880	19	100,0

Spitzenkandidat der Sozialdemokraten war der Wagenschreiber der Bundesbahnen, Max Bader, der seit 1928 Bürgermeister der Gemeinde Schwarzach war.

Listenführer der Wirtschaftspartei war der Verwalter der Anstalt Schernberg, Georg Brandstätter, Listenzweiter der Kaminkehrermeister Johann Busanitz.[421] Der Wirtschaftspartei wurde von den Nationalsozialisten ein Mandat abgenommen. Die Nationalsozialisten hatten schon bei der Nationalratswahl 1930 41 Stimmen bzw. 4,4 Prozent erreicht. Schwarzach hatte als Eisenbahnort eine lange Tradition nationaler Eisenbahner.

Sinnhub

	Gemeindewahl 1928			Gemeindewahl 1931		
	Stimmen	Mandate	Prozente	Stimmen	Mandate	Prozente
MW		6		67	7	100,0

---

420 Vgl. SVBl. 17. 4. 1931. S. 6. SChr. 16. 4. 1931. S. 4.
421 Vgl. SWa. 27. 3. 1931. S. 2.

Zum Bürgermeister wurde der Bauer Josef Fischbacher gewählt. Mit rund 90 Prozent war die Christlichsoziale Partei praktisch konkurrenzlos.

Sonnberg

	Gemeindewahl 1928			Gemeindewahl 1931		
	Stimmen	Mandate	Prozente	Stimmen	Mandate	Prozente
CS	132	5	40,7	103	4	28,5
Vereinigte Arbeiter	91	4	28,1	n.k.	–	–
SD	101	4	31,2	102	3	28,3
Ständeblock	n.k.	–	–	156	6	43,2
	324	13	100,0	361	13	100,0

Bürgermeister: Josef Haid, Unterpirnitzbauer, Bauernrat, 1931–1937.[422]
Gemeinderäte:

1. Gemeinderat: Lois Kirchner, Sägewerksbesitzer, StBl,
2. Gemeinderat: Johann Rauter, Sägearbeiter, SD,
3. Gemeinderat: Rupert Pfisterer, Weberbauer, StBl.

Untertauern

	Gemeindewahl 1928			Gemeindewahl 1931		
	Stimmen	Mandate	Prozente	Stimmen	Mandate	Prozente
MW	nicht feststellbar			72	9	100,0

Zum Bürgermeister wurde wieder Alois Kohlmayr, Postmeister, der dieses Amt seit 25 Jahren innehatte, gewählt.[423]
Gemeinderäte:
1. Gemeinderat: Michael Grünwald, Loitzbauer,
2. Gemeinderat: Florian Holleis, Lürzerbauer.

Wagrain-Land

	Gemeindewahl 1928			Gemeindewahl 1931		
	Stimmen	Mandate	Prozente	Stimmen	Mandate	Prozente
MW		12		251	13	100,0

---

422 Vgl. Gottfried Steinbacher: Hüttau. Der alte Bergwerksort an der Römerstraße im Fritztal. Ortschronik Hüttau. Salzburg 1998. S. 288. SChr. 17. 4. 1931. S. 4.
423 Vgl. SVBl. 29. 4. 1931. S. 8. SChr. 28. 4. 1931. S. 4.

Michael Vordertiefenbacher, Ellmerbauer, CS, wurde zum dritten Mal zum Bürgermeister wieder gewählt.[424]

Gemeinderäte:

1. Gemeinderat: Josef Jandlbauer, Rieplerbauer, CS
2. Gemeinderat: Rupert Fritzenwallner, CS

Wagrain-Markt

	Gemeindewahl 1928			Gemeindewahl 1931		
	Stimmen	Mandate	Prozente	Stimmen	Mandate	Prozente
MW		8		159	9	100,0

Zum Bürgermeister wurde Johann Schindelmaißer, Grafenwirt, gewählt.[425] Unverständlich ist, dass in dieser Gemeinde die Sozialdemokratische Partei nicht auf einer eigenen Liste kandidierte, hatte sie doch bei der Nationalratswahl 1930 23 Prozent der Stimmen erhalten.

Gemeinderäte:

1. Gemeinderat: Linus Hochleitner, Oberförster
2. Gemeinderat: Johann Loidfellner, Arlermüller

Werfen-Land

	Gemeindewahl 1928			Gemeindewahl 1931		
	Stimmen	Mandate	Prozente	Stimmen	Mandate	Prozente
WP	400	11	57,7	365	12	60,7
SD	293	8	42,3	241	7	39,8
	693	19	100,0	606	19	100,0

Der bisherige Bürgermeister Josef Gschwandtner, Oberhagenbauer, (WP) wurde am 12. April 1931 einstimmig wieder gewählt.[426]

Gemeinderäte:

1. Gemeinderat: Rudolf Krenmayr (SD)
2. Gemeinderat: Franz Wimmer (WP)
3. Gemeinderat: Andrä Gatt (SD)
4. Gemeinderat: Johann Thaler (WP)

---

424 Vgl. SVBl. 20. 4. 1931. S. 5. SChr. 18. 4. 1931. S. 6.
425 Vgl. SVBl. 15. 4. 1931. S. 6.
426 Vgl. SWa. 29. 4. 1931. S. 4.

Werfen-Markt

	Gemeindewahl 1928			Gemeindewahl 1931		
	Stimmen	Mandate	Prozente	Stimmen	Mandate	Prozente
WP	362	10	73,3	371	10	77,8
SD	132	3	26,7	106	3	22,2
	494	13	100,0	477	13	100,0

Die Wirtschaftspartei setzte sich zusammen aus:
5 Großdeutschen: Josef Hochleitner, Kaufmann und Landwirt, Dr. Max Wöß, Notar, Ing. Rölscher, Forstrat, Sepp Mayr, Kaufmann, Sepp Kaltenegger, Kaufmann
3 Christlichsozialen: Hans Weiß, Zimmermeister, Johann Krall, Kaufmann, Johann Holzer, Zimmerpolier
2 freiheitl. Heimatblock: Ludwig Zapf, Huterzeuger, Franz Grömmer, Friseur

Josef Hochleitner (GD) wurde zum fünften Mal Bürgermeister (die Sozialdemokraten gaben leere Stimmzettel ab).

1. Gemeinderat: Hans Weiß (CS) – auch mit den Stimmen der SD
2. Gemeinderat: Dr. Max Wöß (GD) – ohne Stimmen der SD
3. Gemeinderat: Johann Zimma (SD) – mit vier Stimmen[427]

Werfenweng

	Gemeindewahl 1928			Gemeindewahl 1931		
	Stimmen	Mandate	Prozente	Stimmen	Mandate	Prozente
MW	124	9	100,0	130	9	100,0

Zum Bürgermeister wurde Josef Weißacher, Zaglauerbauer, gewählt.[428]

Pinzgau

Alm

	Gemeindewahl 1928			Gemeindewahl 1931		
	Stimmen	Mandate	Prozente	Stimmen	Mandate	Prozente
WP	328	9	100,0	169	5	38,2
CS	n.k.	–	–	189	6	42,8
Hitler	n.k.	–	–	84	2	19,0
	328	9	100,0	442	13	100,0

---

427 Vgl. SVBl. 23. 4. 1931. S. 8.
428 Vgl. SVBl. 24. 4. 1931. S. 6.

Neuer Bürgermeister wurde der Schmiedemeister Alexander Moßhammer.

Die Christlichsoziale Partei musste gegenüber der Nationalratswahl 1930 einen Verlust von 25 Prozentpunkten hinnehmen. Die Hitlerbewegung steigerte sich von 12,1 Prozent auf 19 Prozent. Die nationalsozialistischen Stimmen wurden fast zur Gänze im Sprengel Alm abgegeben, im Sprengel Bachwinkel nur sechs Stimmen, in Hintertal keine.

Bramberg

	Gemeindewahl 1928			Gemeindewahl 1931		
	Stimmen	Mandate	Prozente	Stimmen	Mandate	Prozente
CS	561	15	89,2	434	11	56,0
SD	68	1	10,8	139	3	17,9
WP	n.k.	–	–	125	3	16,2
Hitler	n.k.	–	–	77	2	9,9
	629	16	100,0	775	19	100,0

Der Bauer Markus Lanner wurde Bürgermeister.

In Bramberg hatten die Nationalsozialisten bei der Nationalratswahl 1930 21 Stimmen bzw. 2,3 Prozent erreicht. Sie konnten ihre Anteile nun fast vervierfachen.

Bruck

	Gemeindewahl 1928			Gemeindewahl 1931		
	Stimmen	Mandate	Prozente	Stimmen	Mandate	Prozente
WP	370	12	61,7	n.k.	–	–
SD	230	7	38,3	205	6	36,0
CS	n.k.	–	–	260	10	45,6
Hitler	n.k.	–	–	105	3	18,4
	600	19	100,0	570	19	100,0

Die Salzburger Wacht meldet später folgendes Wahlergebnis: CS 325 Stimmen (10 Mandate), SD 218 Stimmen (6 Mandate), Nationalsozialisten 119 Stimmen (3 Mandate).[429] Jedenfalls konnten die Christlichsozialen ihre Anteile gegenüber der Nationalratswahl 1930 erhöhen, die Nationalsozialisten stark erhöhen (71 Stimmen bzw. 9,7 Prozent). In Bruck gab es schon 1919 eine Ortsgruppe der Nationalsozialisten.

Zum Bürgermeister wurde der Bauer Anton Posch am 16. April 1931 zum fünften Mal, diesmal einstimmig, wieder gewählt. Posch übte dieses Amt seit 1921 aus. Er dürfte der nationalen Richtung angehört haben, da er 1936 im Ständestaat abberufen, von den

---

429 Vgl. SWa. 21. 4. 1931. S. 7.

Nationalsozialisten 1938 für wenige Monate jedoch wieder zum Bürgermeister berufen wurde.[430]

Zu Gemeinderäten wurden gewählt:

1. Gemeinderat: Josef Ortner (SD)
2. Gemeinderat: Josef Hutter (CS)
3. Gemeinderat: Georg Kirchner (CS)
4. Gemeinderat: Anton Mayr (NS)
5. Gemeinderat: Josef Lackner (SD)

Bruckberg

	Gemeindewahl 1928			Gemeindewahl 1931		
	Stimmen	Mandate	Prozente	Stimmen	Mandate	Prozente
CS	23	1	12,8	n.k.	–	–
WP	117	6	65,4	113	6	55,1
SD	39	2	21,8	55	2	26,8
Hitler	n.k.	–	–	37	1	18,1
	179	9	100,0	205	9	100,0

Der Bauer Josef Daxer wurde zum Bürgermeister gewählt. Mit den Stimmen der Christlichsozialen konnte die Wirtschaftspartei ihre Mandatszahl halten, während ein ungefähr gleichgroßer Teil der nationalen Wähler zu den Nationalsozialisten abwanderte.

Die Nationalsozialisten hatten schon bei der Nationalratswahl 1930 mit 28 Stimmen 15,9 Prozent erreicht.

Bucheben

	Gemeindewahl 1928			Gemeindewahl 1931		
	Stimmen	Mandate	Prozente	Stimmen	Mandate	Prozente
WP	33	9	100,0	51	5	56,7
Unpol. Bauern/ Arb. P.	n.k.	–	–	39	4	43,3
	33	9	100,0	90	9	100,0

Zum Bürgermeister wurde der Gastwirt Sebastian Klinglberger gewählt.

---

430 Vgl. Max Effenberger: Brucker Heimatbuch. Bruck an der Glocknerstraße. O. J. S. 344.

Dienten

	Gemeindewahl 1928			Gemeindewahl 1931		
	Stimmen	Mandate	Prozente	Stimmen	Mandate	Prozente
CS	139	5	56,7	154	6	100,0
SD	106	4	43,3	70	3	31,2
	245	9	100,0	224	9	100,0

Bürgermeister: Franz Haider, Ronachbäcken, Gastwirt. 1928–1938.[431]

Embach

	Gemeindewahl 1928			Gemeindewahl 1931		
	Stimmen	Mandate	Prozente	Stimmen	Mandate	Prozente
WP	203	9	70,5	n.k.	–	–
CS	n.k.	–	–	197	10	76,4
SD	85	4	29,5	61	3	23,6
	288	13	100,0	258	13	100,0

Zum Bürgermeister wurde zum 4. Mal Matthias Röck, Maschlbauer, CS, gewählt.[432] Gegenüber der Nationalratswahl 1930 legte die Christlichsoziale Partei 16,2 Prozentpunkte zu, was wohl auf die Person des Bürgermeisters zurückzuführen ist.

Gemeinderäte:

1. Gemeinderat: Alexander Hölzl, Krämerwirt, CS
2. Gemeinderat: Matthias Heimhofer, Wagnerbauer, CS

Eschenau

	Gemeindewahl 1928			Gemeindewahl 1931		
	Stimmen	Mandate	Prozente	Stimmen	Mandate	Prozente
CS	115	6	68,1	122	7	73,5
SD	54	3	31,9	44	2	26,5
	169	9	100,0	166	9	100,0

Der Bauer Josef Berger wurde zum Bürgermeister gewählt.

---

431 Vgl. Franz Portenkirchner: Heimatbuch von Dienten am Hochkönig. Dienten 1988. S. 117.
432 Vgl. SVBl. 18. 4. 1931. S. 8. SChr. 17. 4. 1931. S. 4.

Fusch

	Gemeindewahl 1928			Gemeindewahl 1931		
	Stimmen	Mandate	Prozente	Stimmen	Mandate	Prozente
CS	nicht feststellbar			178	6	67,7
Arbeiterpartei				85	3	32,3
				263	9	100,0

Zum Bürgermeister wurde zum vierten Mal Josef Mühlauer, Premsteinbauer und E-Werksbesitzer, gewählt.[433]

Hollersbach

	Gemeindewahl 1928			Gemeindewahl 1931		
	Stimmen	Mandate	Prozente	Stimmen	Mandate	Prozente
CS	153	9	100,0	n.k.	–	–
MW	n.k.	–	–	148	9	100,0
	153	9	100,0	148	9	100,0

Zum Bürgermeister wurde der Sägewerks- und Realitätenbesitzer Franz Kaltenhauser, BB, gewählt.
Gemeinderäte:[434]

1. Gemeinderat: Franz Bacher, Wimmbauer, Landtagsabgeordneter, CS
2. Gemeinderat: Sebastian Riedelsberger, Pfeilbergbauer, BB

Kaprun

	Gemeindewahl 1928			Gemeindewahl 1931		
	Stimmen	Mandate	Prozente	Stimmen	Mandate	Prozente
WP	122	5	41,1	n.k.	–	–
Unabhängige	175	8	58,9	n.k.	–	–
Einheitsliste	n.k.	–	–	1	13	100,0
	297	13	100,0	1	13	100,0

Am Wahltag erschien ein einziger Wähler vor der Wahlbehörde und wählte die 13 Gemeindevertreter.

Bei der Nationalratswahl 1930 hatte die Christlichsoziale Partei 39,6 Prozent, die Sozialdemokratische Partei 23,1 Prozent, der Schober-Block 16,6 Prozent, die Hitlerpartei 12 Prozent und der Landbund 8,4 Prozent erreicht.

---

433 Vgl. SVBl. 2. 5. 1931. S. 18.
434 Vgl. SChr. 9. 4. 1931. S. 3.

Georg Mayrhofer, Gastwirt, wurde zum Bürgermeister gewählt.[435]
Gemeinderäte:

1. Gemeinderat: Josef Hofer, Hauserbauer
2. Gemeinderat: Josef Schwaibl, Arbeiter
3. Gemeinderat: Rudolf Neumair, Kaufmann

Krimml

	Gemeindewahl 1928			Gemeindewahl 1931		
	Stimmen	Mandate	Prozente	Stimmen	Mandate	Prozente
WP	118	7	74,2	216	9	100,0
Jungbauern	41	2	25,8	n.k.	–	–
	159	9	100,0	216	9	100,0

Die Wahl des Bürgermeisters fand im Krankenzimmer des bald darauf verstorbenen Nationalrates Simon Geisler statt. Zum Bürgermeister wurde Stefan Lerch, Veitenbauer, gewählt.

Bei der Nationalratswahl 1930 erzielte die Christlichsoziale Partei 74,5 Prozent, der Schober-Block 10,2 Prozent, die Nationalsozialisten 8,0 Prozent und die Sozialdemokraten 4,5 Prozent

Gemeinderäte:

1. Gemeinderat: Simon Geisler, Bauer, CS
2. Gemeinderat: Karl Gruber-Waltl, Hotelbesitzer[436]

Leogang

	Gemeindewahl 1928			Gemeindewahl 1931		
	Stimmen	Mandate	Prozente	Stimmen	Mandate	Prozente
WP	503	15	75,3	n.k.	–	–
SD	165	4	24,7	152	4	23,6
CS	n.k.	–	–	450	14	69,7
Hitler	n.k.	–	–	43	1	6,7
	668	19	100,0	645	19	100,0

Zum Bürgermeister wurde Johann Madreiter, Embachbauer, CS, gewählt.[437] Die Nationalsozialisten hatten vier Monate zuvor bei der Nationalratswahl nur 1,9 Prozent erreicht.

---

435 Vgl. SVBl. 18. 4. 1931, S. 8. SChr. 17. 4. 1931. S. 4.
436 Vgl. SVBl. 14. 4. 1931. S. 5.
437 Vgl. SVBl. 16. 4. 1931. S. 6.

Gemeinderäte:

1. Gemeinderat: Martin Schlemer, Schuhmachermeister, CS
2. Gemeinderat: Josef Schreder, Madlbauer, CS
3. Gemeinderat: Matthias Wartbichler, Bundesbahnbediensteter, SD

Lend

	Gemeindewahl 1928			Gemeindewahl 1931		
	Stimmen	Mandate	Prozente	Stimmen	Mandate	Prozente
CS	104	2	14,8	105	2	13,4
SD	599	11	85,2	488	9	62,4
WP	n.k.	–	–	60	1	7,7
Hitler	n.k.	–	–	42	–	5,4
KP	n.k.	–	–	87	1	11,1
	703	13	100,0	782	13	100,0

In Lend sah sich der seit 1918 amtierende sozialdemokratische Bürgermeister Franz Brutar heftigen Angriffen seitens der Kommunisten ausgesetzt, die dann auch tatsächlich ein Mandat erzielten. Die KP warf den Sozialdemokraten vor allem Schulden- und Protektionswirtschaft vor.[438] Brutar blieb bis 1934 Bürgermeister. Die Nationalsozialisten steigerten sich gegenüber der Nationalratswahl von 3,7 auf 5,4 Prozent.

1. Gemeinderat: Hans Rieder, SD
2. Gemeinderat: Hans Richter, SD
3. Gemeinderat: Franz Dobert, SD

Lofer

	Gemeindewahl 1928			Gemeindewahl 1931		
	Stimmen	Mandate	Prozente	Stimmen	Mandate	Prozente
MW	nicht feststellbar			262	9	100,0

Bürgermeister wurde Ernst Stainer, Baumeister.

Die Mehrheitswahl lässt nicht erkennen, dass es ein nationalsozialistisches Wählerpotential gab: Die Hitlerpartei hatte nämlich bei der Nationalratswahl 1930 bereits 11,9 Prozent erreicht.

Gemeinderäte:[439]

---

438 Vgl. SWa. 27. 3. 1931. S. 2. Vgl. SVBl. 25. 4. 1931. S. 16.
439 Vgl. SVBl. 20. 4. 1931. S. 5.

1. Gemeinderat: Matthias Scholz, Kaminkehrermeister
2. Gemeinderat: Josef Raß, Fleischhauermeister

Maishofen

	Gemeindewahl 1928			Gemeindewahl 1931		
	Stimmen	Mandate	Prozente	Stimmen	Mandate	Prozente
WP	457	14	74,6	432	13	69,3
SD	156	5	24,4	191	6	30,7
	613	19	100,0	623	19	100,0

Die Wirtschaftspartei setzte sich zusammen aus 11 Christlichsozialen, 1 Großdeutschen und 1 Nationalsozialisten. Der bisherige Bürgermeister Bartlmä Hasenauer (CS) lehnte eine Wiederwahl ab, sodass der bisherige Vizebürgermeister und Gastwirt Bruno Faistauer (CS) einstimmig zum neuen Bürgermeister gewählt wurde.[440]

Als Gemeinderäte wurden gewählt:

1. Gemeinderat: Bartlmä Hasenauer, Stoffenbauer, CS
2. Gemeinderat: Franz Gunzl, Bahnrichter, SD
3. Gemeinderat: Franz Streitberger, Paltenbauer, CS
4. Gemeinderat: Sepp Wallinger, Lehrer, GD

Mittersill-Land

	Gemeindewahl 1928			Gemeindewahl 1931		
	Stimmen	Mandate	Prozente	Stimmen	Mandate	Prozente
WP	586	18	90,4	427	13	70,8
SD	62	1	9,6	93	3	15,4
Hitler	n.k.	–	–	83	3	13,8
	648	19	100,0	603	19	100,0

Die Wirtschaftspartei war klar von den Christlichsozialen dominiert, der Vorderguggbauer Rupert Steger (1926–1935) wurde 1931 zum dritten Mal zum Bürgermeister gewählt. Steger wurde auch nach der nationalsozialistischen Machtübernahme im März 1938 wieder zum Bürgermeister bestellt. Während es bis 1931 immer ein sehr ungleicher Kampf zwischen bürgerlicher Wirtschaftspartei und Sozialdemokraten gewesen war, drängte sich bei der Gemeindewahl 1931 erstmals die Hitlerpartei mit drei Sitzen hinein. Diese erstmals kandidierende Gruppe wurde prozentuell stärker als die Sozialdemokraten. Bei der Nationalratswahl 1930 hatte die Hitlerpartei 5,8 Prozent erreicht.

---

440 Vgl. SWa. 16. 4. 1931. S. 5.

Mit 1. Oktober 1935 wurden die Gemeinden Mittersill-Markt und Mittersill-Land zusammengelegt.[441]

Gemeinderäte:
1. Gemeinderat: Johann Langegger, Unterwimmer, WP
2. Gemeinderat: Balthasar Altenberger, Vorderstallberger, WP
3. Gemeinderat: Georg Steyrer, Waager, WP

Mittersill-Markt

	Gemeindewahl 1928			Gemeindewahl 1931		
	Stimmen	Mandate	Prozente	Stimmen	Mandate	Prozente
WP	266	9	69,6	168	6	46,0
SD	116	4	30,4	108	4	29,6
Hitler	n.k.	–	–	89	3	24,4
	382	13	100,0	365	13	100,0

Die Wirtschaftspartei hatte sich 1928 noch aus Christlichsozialen und Großdeutschen zusammengesetzt und neun Mandate erreicht. 1931 übernahm wohl die Hitler-Partei ziemlich alle deutschnationalen Wähler und erreichte drei Mandate, um die die Wirtschaftspartei, die im Wesentlichen nur mehr aus den christlichsozialen Wählern bestand, reduziert wurde. Die Nationalsozialisten hatten bei der Nationalratswahl 1930 bereits 22,7 Prozent erzielt. Mittersill zählte auch zu den illiberalen Sommerfrischen im oberen Salzachtal, die einen Juden-raus-Antisemitismus propagierten.[442]

Die Sozialdemokraten blieben gleich stark wie 1928. Bürgermeister wurde, wie schon 1928, wieder der Tischlermeister Martin Ploch (CS). 1. Gemeinderat wurde Matthias Schalk (SD), 2. Gemeinderat Franz Hochfilzer, Bauer, (CS).[443]

Neukirchen

	Gemeindewahl 1928			Gemeindewahl 1931		
	Stimmen	Mandate	Prozente	Stimmen	Mandate	Prozente
WP	409	12	88,3	355	9	65,0
SD	54	1	11,7	93	2	17,0
Hitler	n.k.	–	–	98	2	18,0
	463	13	100,0	546	13	100,0

---

441 Vgl. Roman Oberlechner: Eine Chronik der Zwischenkriegszeit. In: Michael Forcher (Hrsg.): Mittersill in Geschichte und Gegenwart. Mittersill 1985. S. 314. SChr. 16. 4. 1931. S. 4.
442 Vgl. Günter Fellner: Judenfreundlichkeit, Judenfeindlichkeit. Spielarten in einem Fremdenverkehrsland. In: Robert Kriechbaumer (Hrsg.): Der Geschmack der Vergänglichkeit. Jüdische Sommerfrische in Salzburg. Wien, Köln, Weimar 2002. S. 75.
443 Vgl. Roman Oberlechner: a.a.O. S. 314 und S. 316. Vgl. SVBl. 17. 4. 1931. S. 6.

Zum Bürgermeister wurde wieder der Pehambauer Sebastian Laner (1925–1935) gewählt. Die Nationalsozialisten, die bei der Nationalratswahl noch 8,8 Prozent erreichten, hatten wohl einen beträchtlichen Teil der nationalen Wählerschaft aus der Wirtschaftspartei übernommen. Nachdem die Christlichsozialen bei der Nationalratswahl 64,3 Prozent erreicht hatten, dürfte sich die Wählerschaft der Wirtschaftspartei fast zur Gänze aus christlichsozialen Wählern zusammengesetzt haben.

Gemeinderäte:

1. Gemeinderat: Hans Schweinberger, Gastwirt, (Bürgermeister von 1935–1938 und 1945–1969),
2. Gemeinderat: Franz Scharler,
3. Gemeinderat: Josef Rotheneicher.[444]

Niedernsill

	Gemeindewahl 1928			Gemeindewahl 1931		
	Stimmen	Mandate	Prozente	Stimmen	Mandate	Prozente
MW	334	13	100,0	358	11	100,0

Bürgermeister: Ernst Hilzensauer (GD), Ökonomierat (1903–1938).[445]

Bei der Nationalratswahl 1930 erreichte die Hitlerpartei mit 85 Stimmen 16,5 Prozent.

Piesendorf

	Gemeindewahl 1928			Gemeindewahl 1931		
	Stimmen	Mandate	Prozente	Stimmen	Mandate	Prozente
CS	507	17	87,1	439	15	75,4
SD	75	2	12,9	81	2	13,9
Hitler	n.k.	–	–	62	2	10,7
	582	19	100,0	582	19	100,0

Zum Bürgermeister wurde neuerlich der seit 1925 amtierende Bauer Johann Kapeller gewählt. Die Nationalsozialisten erreichten bei der Nationalratswahl 1930 8,4 Prozent.

---

444 Vgl. Franz Hutter: 50 Jahre Markt Neukirchen am Großvenediger 1929–1979. Zell am See 1979. S. 50.
445 Vgl. August und Barbara Rettenbacher: Chronik von Niedernsill. Niedernsill 1978. S. 50 f.

Die Detailergebnisse in den einzelnen Gemeinden

Rauris

	Gemeindewahl 1928			Gemeindewahl 1931		
	Stimmen	Mandate	Prozente	Stimmen	Mandate	Prozente
WP	552	17	87,3	328	9	48,0
SD	80	2	12,7	110	3	16,1
Nat. WP	n.k.	–	–	245	7	35,9
	632	19	100,0	683	19	100,0

Bürgermeister wurde der Bauer Franz Schubhart. In der Wirtschaftspartei dürften nur mehr die christlichsozialen Wähler verblieben sein, denn die Christlichsoziale Partei hatte bei der Nationalratswahl 54,1 Prozent erreicht. Alle nationalen Stimmen waren in der Nationalen Wirtschaftspartei vereint. Die Nationalsozialisten hatten im Herbst 1930 8,6 Prozent der Stimmen erzielt.

Saalbach

	Gemeindewahl 1928			Gemeindewahl 1931		
	Stimmen	Mandate	Prozente	Stimmen	Mandate	Prozente
CS	296	13	100,0	250	9	66,5
Christl. WP	n.k.	–	–	126	4	33,5
	296	13	100,0	376	13	100,0

Zum Bürgermeister wurde Jakob Eder, Oberwirt, wieder gewählt.[446]

Bei der Nationalratswahl hatten sich Christlichsoziale Partei (67,1 Prozent) und Heimatblock (20,8 Prozent) im Wesentlichen die Stimmen aufgeteilt. Bei der Christlichen Wirtschaftspartei dürfte es sich um eine dem Heimatblock nahe stehende Gruppierung handeln.

Saalfelden-Land

	Gemeindewahl 1928			Gemeindewahl 1931		
	Stimmen	Mandate	Prozente	Stimmen	Mandate	Prozente
CS	972	16	62,9	859	14	55,5
SD	573	9	37,1	566	9	36,5
Hitler	n.k.	–	–	124	2	8,0
	1545	25	100,0	1549	25	100,0

Bürgermeister wurde wieder der christlichsoziale Landtagsabgeordnete Bartholomäus Fersterer.[447] Die Christlichsozialen kandidierten gemeinsam mit dem Landbund in einer

---

446 Vgl. SVBl. 10. 4. 1931. S. 11. SChr. 1. 4. 1931. S. 2.
447 Vgl. SVBl. 15. 4. 1931. S. 6. SChr. 14. 4. 1931. S. 5.

Christlichsozialen Wirtschaftsliste. Die Nationalsozialisten konnten ihre Stimmen gegenüber der Nationalratswahl mehr als verdreifachen, sie hatten damals 2,4 Prozent erreicht.

Gemeinderäte:

1. Gemeinderat: Georg Kranawendter, Bundesbahnpensionist, SD
2. Gemeinderat: Rupert Pfisterer, Lindlbauer, CS
3. Gemeinderat: Johann Schweiger, Unterlettlbauer, CS
4. Gemeinderat: Georg Trixl, SD
5. Gemeinderat: Georg Gruber, Trenkenbauer, LB

Saalfelden-Markt

	Gemeindewahl 1928			Gemeindewahl 1931		
	Stimmen	Mandate	Prozente	Stimmen	Mandate	Prozente
CS	479	7	28,7	460	6	25,7
SD	852	13	50,9	960	14	53,6
Freiheitliche	342	5	20,4	n.k.	–	–
Hitler	n.k.	–	–	372	5	20,7
	1673	25	100,0	1792	25	100,0

In Saalfelden setzten die erstmals kandidierenden Nationalsozialisten dem sozialdemokratischen Landtagsabgeordneten und Bürgermeister Josef Riedler heftig zu und erhoben umfangreiche Forderungen für die Gemeinde. Mit zahlreichen Versammlungen und einem propagandistischen Trommelfeuer versuchten die Nationalsozialisten vor allem den Sozialisten Stimmen abzunehmen. »Mit Trommelfeuer und Heilgeschrei waren die Hitlerleute in den Wahlkampf gezogen und träumten vom Bürgermeisterposten; sie mussten froh sein, dass die ihre alten Mandate behaupteten … Die gesamte freisinnige Intelligenz glänzte auf der Liste der Hitlerschen Arbeiterpartei und war nicht imstande, das nötige Freisinnslicht in die Arbeiterkreise hinein zu bringen«, ätzte die Salzburger Chronik.[448] Herr Weißkopf aus München, Dr. Riehl aus Wien und Dr. Peisser aus Radstadt wurden als Redner eingesetzt. Dies brachte die bis dahin durchaus kooperativen Christlichsozialen in Zugzwang, das gleiche zu tun.[449] Das Wahlergebnis brachte den Sozialdemokraten dennoch einen Zugewinn, den Großdeutschen und den Christlichsozialen Verluste. Die Nationalsozialisten hatten schon bei der Nationalratswahl 1930 einen beträchtlichen Anteil von 13,1 Prozent erreicht. Saalfelden hatte als Eisenbahnort eine nationalsozialistische Tradition bei den nationalen Eisenbahnern. Gleich nach dem Ersten Weltkrieg gab es hier bereits eine Ortsgruppe der Nationalsozialisten. Im Zuge des Gemeindewahlkampfes 1931 warfen die Nationalsozialisten – wie in vielen anderen Fällen auch – dem sozialde-

---

448 SChr. 1. 4. 1931. S. 2.
449 Vgl. SWa. 27. 3. 1931. S. 2.

mokratischen Bürgermeister Riedler Korruption und persönliche Bereicherung vor. Der Bürgermeister wies darauf hin, dass er jahrelang keinen Groschen von der Gemeinde bezogen habe und keine einzige Fahrt für die Gemeinde in Rechnung gestellt habe.[450]

In der Gemeinderatssitzung vom 10. April 1931 wurde der sozialdemokratische Landtagsabgeordnete Josef Riedler, Fachlehrer, mit den Stimmen der Sozialdemokraten und der Christlichsozialen zum Bürgermeister wieder gewählt. Die Nationalsozialisten gaben leere Stimmzettel ab.[451]

Zu Gemeinderäten wurden gewählt:

1. Gemeinderat: Georg Haitzmann, Bundesbahnangestellter, SD
2. Gemeinderat: Anton Schwaiger, Bauer, CS
3. Gemeinderat: Johann Dezelmüller, Gasthofbesitzer, NS
4. Gemeinderat: Jakob Maier, Schuhmachermeister, SD
5. Gemeinderat: Simon Wieser, Postangestellter, SD

St. Georgen

	Gemeindewahl 1928			Gemeindewahl 1931		
	Stimmen	Mandate	Prozente	Stimmen	Mandate	Prozente
CS	236	6	68,8	223	7	72,6
SD	107	3	31,2	84	2	27,4
	343	9	100,0	307	9	100,0

Der christlichsoziale Sägewerksbesitzer und Bauer Peter Leyrer, Walchengut, wurde neuerlich zum Bürgermeister gewählt (Bürgermeister von 1928 bis 1938).[452]

Gemeinderäte:

1. Gemeinderat: Johann Katsch, Unterweberbauer, CS
2. Gemeinderat: Alois Oberschneider, Bahnwärter, SD

St. Martin bei Lofer

	Gemeindewahl 1928			Gemeindewahl 1931		
	Stimmen	Mandate	Prozente	Stimmen	Mandate	Prozente
MW	nicht feststellbar			422	19	100,0

Zum Bürgermeister wurde der seit 1919 im Amt befindliche Gastwirt und Bauer Andrä Schmuck gewählt.

---

450 Vgl. Eduard Schuster: Die Erste Republik 1918–1938. In: Chronik Saalfelden. Band 1. Saalfelden 1992. S. 362.
451 Vgl. SVBl. 11. 4. 1931. S. 13. SWa. 21. 4. 1931. S. 5. SChr. 1. 4. 1931. S. 2.
452 Vgl. Max Effenberger: Brucker Heimatbuch. Bruck an der Glocknerstraße. O. J. S. 341. SChr. 9. 4. 1931. S. 3.

Das Ergebnis bei der Nationalratswahl 1930 lautete: 45,8 Prozent Christlichsoziale Partei, 28,7 Prozent Landbund, 8,8 Prozent Hitlerbewegung, 8,3 Prozent Sozialdemokratische Partei, 6,7 Prozent Heimatblock.

Stuhlfelden

	Gemeindewahl 1928			Gemeindewahl 1931		
	Stimmen	Mandate	Prozente	Stimmen	Mandate	Prozente
WP	158	7	50,5	n.k.	–	–
Vereinigte Arbeiter	95	4	30,4	n.k.		–
SD	60	2	19,1	59	2	19,1
CS	n.k.	–	–	68	3	22,0
Verein. Bürgerliche	n.k.	–	–	182	8	58,9
	313	13	100,0	309	13	100,0

Der Bauer Johann Steiner wurde Bürgermeister.

Das Ergebnis der Nationalratswahl 1930 hatte noch ganz anders gelautet: 53,4 Prozent Christlichsoziale Partei, 23,2 Prozent Sozialdemokratische Partei, 8,7 Prozent Landbund und 8,2 Prozent Hitlerbewegung.

Taxenbach

	Gemeindewahl 1928			Gemeindewahl 1931		
	Stimmen	Mandate	Prozente	Stimmen	Mandate	Prozente
WP	632	15	75,7	n.k.	–	–
SD	203	4	24,3	155	3	19,9
CS	n.k.	–	–	418	11	53,5
Unpol. Ständebund	n.k.	–	–	114	3	14,6
Hitler	n.k.	–	–	94	2	12,0
	835	19	100,0	781	19	100,0

Die Nationalsozialisten hielten zwei Wahlversammlungen ab und hatten dazu einen NS-Referenten aus München eingeladen. Wie wenig stabil die Nationalsozialisten auf der Gemeindeebene noch waren, zeigt die Tatsache, dass ein NS-Gemeindekandidat in der Diskussion mit dem Münchner Referenten seine Sympathie zum Bolschewismus bekundete und den Referenten heftig attackierte.[453] Bei der Nationalratswahl hatte die Hitlerbewegung 6,1 Prozent erreicht, konnte also ihren Anteil verdoppeln.

---

453 Vgl. SWa. 28. 3. 1931. S. 4.

Der Christlichsoziale Josef Lackner, Forsthofbauer, wurde am 6. April 1931 mit den Stimmen der Christlichsozialen zum Bürgermeister gewählt.[454]

Zu Gemeinderäten wurden gewählt:

1. Gemeinderat: Rupert Nocker, Oberhausbauer, CS
2. Gemeinderat: Josef Rainer SD
3. Gemeinderat: Adolf Steindorfer, Schlossermeister, Unpolitischer Ständebund
4. Gemeinderat: Christian Herzog, Wengersbachbauer, CS

Thumersbach

	Gemeindewahl 1928			Gemeindewahl 1931		
	Stimmen	Mandate	Prozente	Stimmen	Mandate	Prozente
CS	106	5	50,2	63	2	29,4
WP	105	4	49,8	n.k.	–	–
Verein. Volkspartei	n.k.	–	–	67	3	31,3
Bauernbund	n.k.	–	–	84	4	39,3
	211	9	100,0	214	9	100,0

Zum Bürgermeister wurde der Gastwirt Hermann Hörl gewählt.[455]

Bei der Nationalratswahl war die Christlichsoziale Partei noch auf 52,5 Prozent gekommen, der Heimatblock auf 20 Prozent und die Hitlerbewegung hatte immerhin 18,1 Prozent erreicht.

Unken

	Gemeindewahl 1928			Gemeindewahl 1931		
	Stimmen	Mandate	Prozente	Stimmen	Mandate	Prozente
MW	328	13	100,0	329	13	100,0

Zum Bürgermeister wurde einstimmig Landeskulturrat Peter Haider gewählt. Christlichsoziale und Landbund waren in dieser Gemeinde die stärksten politischen Kräfte.

Gemeinderäte:

1. Gemeinderat: Florian Mayrgschwendtner, Gasthofbesitzer
2. Gemeinderat: Blasius Herbst, Brennerbauer[456]

---

454 Vgl. SWa. 22. 4. 1931. S. 7.
455 Vgl. SVBl. 11. 4. 1931. S. 13.
456 Vgl. SVBl. 14. 4. 1931. S. 5.

Uttendorf

	Gemeindewahl 1928			Gemeindewahl 1931		
	Stimmen	Mandate	Prozente	Stimmen	Mandate	Prozente
WP	n.k.	–	–	379	12	62,3
CS	243	6	31,2	n.k.	–	–
LB	292	7	37,4	n.k.	–	–
SD	245	6	31,4	229	7	37,7
	780	19	100,0	608	19	100,0

Die Sozialdemokraten konnten sich seit der Nationalratswahl von 29,6 Prozent auf 37,7 Prozent steigern. Die Nationalsozialisten erreichten damals 10,7 Prozent, kandidierten aber bei der Gemeindewahl nicht.

Bei der konstituierenden Sitzung des Gemeinderates am 7. April 1931 wurde der seit neun Jahren amtierende Bürgermeister Josef Maier, Großgrundbesitzer, von der Wirtschaftspartei zum vierten Mal wieder gewählt. Die Sozialdemokraten stimmten für ihren Kandidaten Josef Grani. Zu Gemeinderäten wurden gewählt:[457]

1. Gemeinderat: Josef Hirtl, SD
2. Gemeinderat: Johann Nill, WP
3. Gemeinderat: Heinrich Schlosser, WP
4. Gemeinderat: Johann Kriegegger, SD

Viehhofen

	Gemeindewahl 1928			Gemeindewahl 1931		
	Stimmen	Mandate	Prozente	Stimmen	Mandate	Prozente
WP	152	9	100,0	119	6	69,2
Hitler	n.k.	–	–	53	3	30,8
	152	9	100,0	172	9	100,0

Der Bauer Johann Hollaus wurde Bürgermeister. Die Nationalsozialisten konnten sich seit der Nationalratswahl von 18,4 Prozent auf 30,8 Prozent steigern.

---

457 Vgl. SWa. 10. 4. 1931. S. 5. SVBl. 13. 4. 1931. S. 7.

Wald

	Gemeindewahl 1928			Gemeindewahl 1931		
	Stimmen	Mandate	Prozente	Stimmen	Mandate	Prozente
WP	216	8	84,7	n.k.	–	–
SD	39	1	15,3	n.k.	–	–
Einheitsliste	n.k.	–	–	99	9	100,0
	255	9	100,0	99	9	100,0

Zum Bürgermeister wurde Johann Kaiser, Finkbauer, gewählt.[458]
Gemeinderäte:

1. Gemeinderat: Josef Straßer, Gastwirt
2. Gemeinderat: Johann Oberhauser, Mühlbauer

Zell am See

	Gemeindewahl 1928			Gemeindewahl 1931		
	Stimmen	Mandate	Prozente	Stimmen	Mandate	Prozente
WP	955	13	68,9	n.k.	–	–
SD	431	6	31,1	471	6	29,8
CS + dt. Volksp.	n.k.	–	–	605	7	38,3
Hitler	n.k.	–	–	505	6	31,9
	1386	19	100,0	1581	19	100,0

Das Ergebnis bei der Nationalratswahl 1930 in Zell am See hatte gelautet: 31,9 Prozent für die Sozialdemokraten, 23,7 Prozent für die Hitlerpartei, 21 Prozent Christlichsoziale Partei, 15,4 Prozent Schober-Block und 6,7 Prozent Heimatblock. Die Hitlerpartei konnte also nochmals beträchtlich zulegen.

Gegen den bisherigen nationalsozialistischen Bürgermeister Josef Ernst waren heftige Vorwürfe wegen Unregelmäßigkeiten bei der finanziellen Gebarung der Gemeinde erhoben worden. Am 8. April war daher eine amtliche Untersuchung und Revision durchgeführt worden, an der die Vertreter der Parteien teilnahmen. Die Vorwürfe konnten entkräftet werden, obwohl vom Vertreter der bürgerlichen Parteien, Dr. Schandlbauer, erklärt wurde, dass er die Prüfung nicht akzeptieren könne, es müssten die letzten Jahre geprüft werden. Trotzdem schienen nun die Chancen auf eine Wiederwahl von Ernst gestiegen zu sein.[459]

---

458 Vgl. SChr. 9. 4. 1931. S. 3.
459 Vgl. SVBl. 18. 4. 1931. S. 8 und SVBl. 21. 4. 1931. S. 4.

Am 15. April 1931 sollte die konstituierende Sitzung des Zeller Gemeinderates mit der Neuwahl des Bürgermeisters stattfinden. Von den 19 abgegebenen Stimmen entfielen auf den Sozialdemokraten Anton Werber sechs Stimmen, auf den Vertreter der Wirtschaftspartei Dr. Czerny sieben Stimmen und auf den Nationalsozialisten Ernst sechs Stimmen. Der zweite Wahlgang brachte das gleiche Ergebnis. Der Vorsitzende kündigte an, dass ein Regierungskommissär die Geschäfte des Bürgermeisters übernehmen werde. Bezirkshauptmann Dr. del Negro beauftragte den bisherigen Gemeindevorstand vorläufig mit der Fortführung der Geschäfte.[460]

Die besten Chancen für eine sofortige Wahl zum Bürgermeister hätte der christlichsoziale Landesregierungsrat Dr. Rudolf Hanifle gehabt. Dieser war aber zu einer Kandidatur nicht bereit, da er sich bei der Übernahme des Bürgermeisteramtes gegen Karenz seines Bezuges als Landesbeamter beurlauben lassen hätte müssen. Diese Tatsache verkomplizierte die Bürgermeisterwahl erheblich.[461]

Am 29. April 1931 fand eine neuerliche Gemeinderatssitzung statt. Beim ersten Wahlgang erhielt der Sozialdemokrat Anton Werber sechs Stimmen, Dr. Czerny von der Wirtschaftspartei sechs Stimmen, Dr. Hanifle von der christlichsozialen Wirtschaftspartei 1 Stimme und der Nationalsozialist Ernst sechs Stimmen.

Im zweiten Wahlgang lautete das Ergebnis: 10 Stimmen für den Sozialdemokraten Werber, 4 Stimmen für Ernst (NS), 2 Stimmen für Bittner (NS), 3 Stimmzettel waren leer. Das bedeutet, dass vier Vertreter der Wirtschaftspartei für den sozialdemokratischen Kandidaten stimmten. Damit war der Lokomotivführer Anton Werber zum Bürgermeister gewählt.[462]

Werber war schon einmal, von 1919 bis 1922, Bürgermeister von Zell am See gewesen und war dann vom Nationalsozialisten Josef Ernst abgelöst worden. Seitens der Nationalen wurde sowohl die Uneinigkeit im nationalsozialistischen Lager als auch die Unterstützung von Teilen der Wirtschaftspartei für den sozialdemokratischen Kandidaten angeprangert. Ernst habe gute Arbeit geleistet, in seiner Amtszeit sei Zell am See zur Stadt erhoben worden und werde nun durch einen Sozialdemokraten ersetzt, »der vor zwölf Jahren noch Wrba hieß, und ein Deutsch spricht, das vom Bürgermeisterstuhle einer deutschen Stadt aus etwas hart klingt.«[463] Diese Feststellung ist deshalb unverständlich, weil Anton Werber 1881 in Itzling geboren wurde und bereits 1908 als Lokomotivführer der Pinzgauer Lokalbahn nach Zell am See gekommen war. Er blieb bis 1934 Bürgermeister von Zell am See.[464]

Stadträte:

---

460 Vgl. SWa. 17. 4. 1931. S. 5.
461 Vgl. SVBl. 18. 4. 1931. S 8 und SVBl. 9. 5. 1931. S. 9.
462
463 SVBl. 2. 5. 1931. S. 13.
464 Vgl. Josef Kaut: Der steinige Weg. S. 254.

1. Stadtrat: Unterganschnigg, WP
2. Stadtrat: Ernst, NS
3. Stadtrat: Treichl, SD
4. Stadtrat: Heinzl, WP
5. Stadtrat: Bittner, NS

Lungau

Göriach

	Gemeindewahl 1928			Gemeindewahl 1931		
	Stimmen	Mandate	Prozente	Stimmen	Mandate	Prozente
CS	59	9	100,0	n.k.	–	–
MW	n.k.	–	–	70	9	100,0
	59	9	100,0	70	9	100,0

Der Bauer Bartlmä Zehner wurde Bürgermeister.

Haiden

	Gemeindewahl 1928			Gemeindewahl 1931		
	Stimmen	Mandate	Prozente	Stimmen	Mandate	Prozente
CS		9	100,0	n.k.	–	–
MW	n.k.	–	–	104	9	100,0
		9	100,0	104	9	100,0

Zum Bürgermeister wurde der Bauer Simon Gappmaier gewählt.

Lasaberg

	Gemeindewahl 1928			Gemeindewahl 1931		
	Stimmen	Mandate	Prozente	Stimmen	Mandate	Prozente
MW	86	9	100,0	95	9	100,0

Zum Bürgermeister wurde Josef Steinwender, Franzenbauer, gewählt.[465]

Lessach

	Gemeindewahl 1928			Gemeindewahl 1931		
	Stimmen	Mandate	Prozente	Stimmen	Mandate	Prozente
CS	69	9	100,0	44	9	100,0

---

465 Vgl. SChr. 24. 4. 1931. S. 4.

Zum Bürgermeister wurde der Moosbauer Lorenz Schröcker gewählt.

Mariapfarr

	Gemeindewahl 1928			Gemeindewahl 1931		
	Stimmen	Mandate	Prozente	Stimmen	Mandate	Prozente
MW	88	13	100,0	133	13	100,0

Zum Bürgermeister wurde wieder Jakob Macheiner gewählt.[466]
Gemeinderäte:

1. Gemeinderat: Nikolaus Noggler, Schuldirektor,
2. Gemeinderat: Josef Rainer, Pernerbauer,
3. Gemeinderat: Matthias Macheiner, Friedlbauer.

Mauterndorf

	Gemeindewahl 1928			Gemeindewahl 1931		
	Stimmen	Mandate	Prozente	Stimmen	Mandate	Prozente
CS	388	10	87,2	318	10	75,2
WP	57	1	12,8	n.k.	–	–
Dt. Volkspartei	n.k.	–	–	44	1	10,4
SD	n.k.	–	–	61	2	14,4
	445	**11**	**100,0**	**423**	**13**	**100,0**

Zum Bürgermeister wurde zum dritten Mal der christlichsoziale Volksschuldirektor Matthias Trattler gewählt (Bürgermeister von 1925–1938, 1945–1954).[467]

Mörtelsdorf

	Gemeindewahl 1928			Gemeindewahl 1931		
	Stimmen	Mandate	Prozente	Stimmen	Mandate	Prozente
MW	33	9	100,0	40	9	100,0

Der Bauer Philipp Steinwender wurde Bürgermeister.

Muhr

	Gemeindewahl 1928			Gemeindewahl 1931		
	Stimmen	Mandate	Prozente	Stimmen	Mandate	Prozente
MW	189	13	100,0	162	13	100,0

---

466 Vgl. SVBl. 17. 4. 1931. S. 6. SChr. 17. 4. 1931. S. 4.
467 Vgl. Matthias Maierbrugger: Das tausendjährige Mauterndorf. St. Michael 1983. S. 193 und S. 211.

Der Schmiedemeister Peter Brandauer wurde Bürgermeister.

Pichl

	Gemeindewahl 1928			Gemeindewahl 1931		
	Stimmen	Mandate	Prozente	Stimmen	Mandate	Prozente
MW	125	7	100,0	131	9	100,0

Bürgermeister wurde Alois Landschützer, Premsteinbauer.[468]
Gemeinderäte:

1. Gemeinderat: Thomas Kößler, Daslerbauer
2. Gemeinderat: Paul Jäger, Sterrbauer

Ramingstein

	Gemeindewahl 1928			Gemeindewahl 1931		
	Stimmen	Mandate	Prozente	Stimmen	Mandate	Prozente
WP	94	19	100,0	25	19	100,0

Zum Bürgermeister wurde Thomas Kocher, Kühbarmbauer, gewählt.[469]

St. Andrä

	Gemeindewahl 1928			Gemeindewahl 1931		
	Stimmen	Mandate	Prozente	Stimmen	Mandate	Prozente
MW	126	9	100,0	101	9	100,0

Der Gastwirt Stefan Wieland wurde zum Bürgermeister gewählt.

St. Margarethen

	Gemeindewahl 1928			Gemeindewahl 1931		
	Stimmen	Mandate	Prozente	Stimmen	Mandate	Prozente
MW	64	9	100,0	109	9	100,0

Der Bauer Johann Kollmann wurde Bürgermeister.

---

468 Vgl. SVBl. 2. 5. 1931. S. 18. SChr. 24. 4.1931. S. 4.
469 Vgl. SVBl. 2. 5. 1931. S. 18.

St. Michael-Land

	Gemeindewahl 1928			Gemeindewahl 1931		
	Stimmen	Mandate	Prozente	Stimmen	Mandate	Prozente
WP	92	13	100,0	115	9	68,1
SD	n.k.	–	–	54	4	31,9
	92	13	100,0	169	13	100,0

Bürgermeister: August Pritz, Elektromeister in Litzldorf.[470]

St. Michael-Markt

	Gemeindewahl 1928			Gemeindewahl 1931		
	Stimmen	Mandate	Prozente	Stimmen	Mandate	Prozente
CS	138	6	47,3	n.k.	–	–
GD	154	7	52,7	n.k.	–	–
WP	n.k.	–	–	198	10	74,2
SD	n.k.	–	–	69	3	25,8
	292	13	100,0	267	13	100,0

Bürgermeister: Anton Rieberger, Bäckermeister.[471]

Sauerfeld

	Gemeindewahl 1928			Gemeindewahl 1931		
	Stimmen	Mandate	Prozente	Stimmen	Mandate	Prozente
MW	84	9	100,0	73	9	100,0

Der Bauer Johann Rainer wurde Bürgermeister.

Seetal

	Gemeindewahl 1928			Gemeindewahl 1931		
	Stimmen	Mandate	Prozente	Stimmen	Mandate	Prozente
MW	69	7	100,0	61	7	100,0

Der Bauer Vinzenz Moser wurde zum Bürgermeister gewählt.

---

470 Vgl. St. Michael im Lungau. St. Michael 1984. S. 83.
471 SVBl. 2. 5. 1931. S. 18.

Die Detailergebnisse in den einzelnen Gemeinden 205

Steindorf

	Gemeindewahl 1928			Gemeindewahl 1931		
	Stimmen	Mandate	Prozente	Stimmen	Mandate	Prozente
CS	72	9	100,0	n.k.	–	–
MW	n.k.	–	–	63	9	100,0
	72	9	100,0	42	9	100,0

Zum Bürgermeister wurde der Bauer Johann Gruber gewählt.

Tamsweg

	Gemeindewahl 1928			Gemeindewahl 1931		
	Stimmen	Mandate	Prozente	Stimmen	Mandate	Prozente
WP	550	18	93,4	485	15	74,4
SD	39	1	6,6	50	1	7,7
Hitler	n.k.	–	–	117	3	17,9
	589	19	100,0	652	19	100,0

Zum Bürgermeister wurde wieder der Gastwirt und Bäckermeister Ägid Binggl (GD) gewählt. Die Nationalsozialisten erreichten auf Anhieb drei Mandate und fast 18 Prozent. Bei der Nationalratswahl 1930 waren es nur 3,8 Prozent und 27 Stimmen. Der Anteil konnte also mehr als vervierfacht werden.

Gemeinderäte:

1. Gemeinderat: Franz Haas, Regierungsrat, GD.
2. Gemeinderat: Johann Gruber, Bauer.

Die Zahl der Gemeinderäte wurde von sechs auf zwei reduziert, um die Nationalsozialisten im Gemeindevorstand zu verhindern.[472]

Thomatal

	Gemeindewahl 1928			Gemeindewahl 1931		
	Stimmen	Mandate	Prozente	Stimmen	Mandate	Prozente
CS + LB (WP)	60	9	100,0	53	9	100,0

Zum Bürgermeister wurde Valentin Schiefer, Schneiderbauer, BB, gewählt.[473]
Gemeinderäte:

---

472 Vgl. SVBl. 17. 4. 1931. S. 6.
473 Vgl. SChr. 17. 4. 1931. S. 4.

1. Gemeinderat: Johann Glanzer, Gratzbauer, LB,
2. Gemeinderat: Johann Moser, Sagmeisterbauer, BB.

Tweng

	Gemeindewahl 1928			Gemeindewahl 1931		
	Stimmen	Mandate	Prozente	Stimmen	Mandate	Prozente
CS	12	9	100,0	n.k.	–	–
WP	n.k.	–	–	83	6	75,5
Arbeitnehmer	n.k.	–	–	27	1	24,5
	12	9	100,0	110	7	100,0

Der Gastwirt Anton Sandbichler wurde Bürgermeister.

Unternberg

	Gemeindewahl 1928			Gemeindewahl 1931		
	Stimmen	Mandate	Prozente	Stimmen	Mandate	Prozente
MW	134	13	100,0	137	13	100,0

Zum Bürgermeister wurde Johann Lüftenegger, Ruppenbauer (Landbund), gewählt.[474]
Gemeinderäte:

1. Gemeinderat: Balthasar Lüftenegger, Neumaier
2. Gemeinderat: Andrä Kößlbacher
3. Gemeinderat: Johann Santner, Schilcher

Weißpriach

	Gemeindewahl 1928			Gemeindewahl 1931		
	Stimmen	Mandate	Prozente	Stimmen	Mandate	Prozente
MW	80	9	100,0	41	9	100,0

Zum Bürgermeister wurde Johann Prodinger, Sandwirt, gewählt.[475]
Gemeinderäte:

1. Gemeinderat: Josef Seitlinger, Denggbauer
2. Gemeinderat: Johann Zeller, Restbauer

---

474 Vgl. SVBl. 24. 4. 1931. S. 6. SChr. 24. 4. 1931. S. 4.
475 Vgl. SVBl. 18. 4. 1931. S. 8. SChr. 17. 4. 1931. S. 4.

Wölting

	Gemeindewahl 1928			Gemeindewahl 1931		
	Stimmen	Mandate	Prozente	Stimmen	Mandate	Prozente
MW	69	9	100,0	72	9	100,0

Bürgermeister wurde der Bauer Johann Gappmaier.

Zankwarn

	Gemeindewahl 1928			Gemeindewahl 1931		
	Stimmen	Mandate	Prozente	Stimmen	Mandate	Prozente
MW	84	9	100,0	54	9	100,0

Der Bauer Simon Jäger wurde zum Bürgermeister gewählt.

Zederhaus

	Gemeindewahl 1928			Gemeindewahl 1931		
	Stimmen	Mandate	Prozente	Stimmen	Mandate	Prozente
MW	214	9	100,0	232	9	100,0

Zum Bürgermeister wurde Josef Moser, Stefflbauer, gewählt.[476]
Gemeinderäte:

1. Gemeinderat: Matthias Moser, Müllner
2. Gemeinderat: Bartlmä Bliem, Tafernwirt
3. Gemeinderat: Andrä Bayr, Hinterhuber, BB

---

476 Vgl. SChr. 9. 4. 1931. S. 3.

9.
Zusammenfassung

- Die vom »unpolitischen Österreicher« mit großem Harmoniebedürfnis gekennzeichnete politische Kultur fand auf der Gemeindeebene, vor allem in den kleinen, bäuerlich dominierten Dörfern, ihre besondere Ausprägung. Die »unpolitische« Gemeindepolitik, die angeblich die Sachpolitik vor die Parteipolitik stellte, entsprach so ganz den Vorstellungen des Durchschnittsösterreichers, seinem latenten Antiparteienaffekt und einer schwach ausgeprägten demokratischen politischen Kultur.
- Dementsprechend verzichteten die Parteien in vielen Gemeinden auf die Aufstellung eigener Parteilisten, in 46 Gemeinden wurden Mehrheitswahlen (Direktwahl von Kandidaten ohne Parteilisten) durchgeführt, in drei Gemeinden kandidierten Einheitslisten, in 14 Gemeinden kandidierte nur eine Partei, überwiegend eine Wirtschaftspartei. Das bedeutet, dass es in nur 60 Prozent aller Salzburger Gemeinden ein ausreichendes Auswahlangebot an Parteien für die Wähler gab. Aber immerhin um fünf Prozent mehr als 1928.
- Die Wahlbeteiligung lag bei 68 Prozent und war damit um 16 Prozentpunkte niedriger als bei der Nationalratswahl. Diese geringere Wahlbeteiligung lag entscheidend auch in der Tatsache begründet, dass nicht in allen Gemeinden ein ausreichendes demokratisches Auswahlangebot vorlag. Das zeigt sich an den Gemeinden mit Mehrheitswahl, in denen die Wahlbeteiligung knapp unter 50 Prozent lag. Die Frauen, die mit 51,5 Prozent in der Wählerschaft deutlich überwogen, wiesen bei den Mehrheitswahlen eine deutlich niedrigere Wahlbeteiligung auf als die Männer.
- Christlichsoziale und Sozialdemokraten nützten ihre Chancen und Möglichkeiten bei weitem nicht aus. Die Christlichsoziale Partei kandidierte in 41 Gemeinden mit einer eigenen Liste, die Sozialdemokratische Partei in 86 Gemeinden. Legt man die Ergebnisse der Nationalratswahl 1931 zugrunde, so kann man davon ausgehen, dass die Christlichsoziale Partei in weiteren 80 Gemeinden im Falle einer eigenen Kandidatur ein so gutes Ergebnis erzielt hätte, dass ihr der Bürgermeister zugestanden wäre. Die Sozialdemokratische Partei hätte nach den Ergebnissen der Nationalratswahl in einer Reihe weiterer Gemeinden mit recht guten Ergebnissen rechnen können, wenn auch mit keinen Mehrheiten.
- Die angegebene Hauptbegründung für die Zusammenfassung von christlichsozialen und nationalen Gruppen in so genannten Wirtschaftsparteien, nämlich zur Abwehr des Vormarsches des Marxismus in die Gemeinden, ist nicht haltbar. In 63 Gemeinden kandidierten solche Wirtschaftsparteien unterschiedlichster Zusammensetzung. Die Gefahr des Verlustes bürgerlicher Bürgermeister wäre maximal in vier Gemein-

den gegeben gewesen, hätte es nicht eine Bündelung der antimarxistischen Kräfte gegeben. In Wahrheit dienten diese Wirtschaftsparteien in vielen Fällen nur dazu, den großdeutschen und anderen nationalen Parteien ihre Gemeindemandate zu sichern, die sie bei einer selbstständigen Kandidatur auf Grund des Abwanderns ihrer Wählerschaft zu den Nationalsozialisten überwiegend verloren hätten. Deshalb waren diese Wirtschaftsparteien gerade bei den Christlichsozialen ziemlich unbeliebt. Die Beteiligung nationaler, vereinzelt auch nationalsozialistischer Kandidaten innerhalb dieser Wirtschaftsparteien weichte die Abgrenzung hin zur neuen, jugendlichen, aggressiv auftretenden Hitlerbewegung auf.
- In den Wirtschaftsparteien dominierten die Bauern, seien es christlichsoziale oder nationale, vorwiegend aus dem Landbund oder dem Heimatblock. Zwei Drittel aller Bürgermeister der Wirtschaftsparteien kamen aus dem Bauernstand, ein Drittel aus dem Bereich der Wirtschaft, nur ein einziger Bürgermeister war Lehrer.
- Bei den Gemeindewahlen in Salzburg am 29. März 1931 erreichte die Nationalsozialisten-Hitlerbewegung in jenen 28 Gemeinden, in denen sie eine eigene Liste aufstellt den »takeoff-point« ihrer weiteren Massenmobilisierung, die zum Durchbruch bei der Landtagswahl am 24. April 1932 führte.
- Innerhalb der vier Monate seit der Nationalratswahl vom 9. November 1930 konnte die Hitlerbewegung in den Gemeinden, in denen sie kandidierte, ihre Stimmenzahl um 70 Prozent vermehren. Sie hat ausnahmslos in allen Gemeinden, in denen sie kandidierte – zum Teil beträchtlich –, zugelegt. Es kann begründet angenommen werden, dass die Hitlerbewegung, hätte sie bei den Gemeindewahlen so wie bei den Nationalratswahlen in allen Gemeinden kandidiert, ihren Stimmenanteil mindestens verdoppelt hätte.
- Die Hitlerbewegung hielt an dem von Adolf Hitler vorgegebenen Grundsatz, keinerlei Wahlbündnisse mit anderen Parteien einzugehen – von ganz wenigen Ausnahmen abgesehen –, konsequent fest. Das Interesse an solchen Wahlbündnissen war vor allem von den anderen nationalen Parteien sehr deutlich bekundet worden.
- Die Hitlerbewegung profitierte von den Auswirkungen der Weltwirtschaftskrise (Absatzschwierigkeiten, Preisverfall, Arbeitslosigkeit), den Gewinnen der Nationalsozialisten im Deutschen Reich und der Übernahme moderner Propagandamethoden von den deutschen Nationalsozialisten sowie der Schwäche der nationalen Parteien in Österreich, insbesondere der Großdeutschen Volkspartei.
- Die Hitlerbewegung übernahm in zunehmendem Maße die Wahlkampfmethoden der Nationalsozialisten aus dem Deutschen Reich. Die moderne, dröhnende Wahlpropaganda begann mit einer etwa zweijährigen Verspätung auch in Österreich zu greifen. Aufmärsche, zahlreiche Versammlungen, vor allem gleich nach den Weihnachtsfeiertagen, eine Welle von Plakaten und Flugzetteln, bezahlte Versammlungsanzeigen, Eintritt bei Massenversammlungen, Wandschmierereien, Einsatz von professionellen Rednern aus Deutschland, Wien, Innsbruck, Graz, das waren Wahlkampfmethoden,

die bisher in Österreich in diesem Ausmaß nicht üblich waren. Kein Wunder, dass die anderen Parteien dieser Mobilisierungskampagne ziemlich hilflos gegenüberstanden.
- In ihren Reden attackierten die Hitlerleute vor allem die Schulz-Nationalsozialisten, den Marxismus und den Bolschewismus und das »Kompromisslerische« der anderen bürgerlichen Parteien. Besonders aggressiv ging man gegen die Juden vor, speziell gegen die wenigen jüdischen Kaufleute in Salzburg und gegen Max Reinhardt. Den regierenden »Bonzen« wurden Freunderl- und Parteibuchwirtschaft, persönliche Bereicherung, Skandale und Korruptionsaffären vorgeworfen. Man ließ auch keine Zweifel darüber offen, was man vorhatte: Wenn die Hitlerbewegung ans Ruder käme, würde ein Staatsgerichtshof gründliche Arbeit leisten und die Vertreter des verhassten »Systems« alle an den Galgen bringen.
- Die Gemeinden, in denen die Hitler-NSDAP besonders erfolgreich kandidierte, weisen im Wesentlichen folgende Kriterien auf:
  - Sehr niedriger landwirtschaftlicher Bevölkerungsanteil (Maxglan, Seekirchen-Markt, Hallein, Bischofshofen, Radstadt, Schwarzach, St. Johann-Markt, Tamsweg);
  - Überdurchschnittlich hoher Anteil von Beschäftigten im Dienstleistungsbereich und von Industrie und Gewerbe (Maxglan, Seekirchen-Markt, Hallein, Bischofshofen, Radstadt, Tamsweg);
  - Hohe Anteile so genannter »Berufsloser« (Dürnberg, Hallein, Bruck);
  - Fremdenverkehrsgemeinden mit traditionellem »Sommerfrische-Antisemitismus« (Seekirchen, Badgastein, Zell am See, Tamsweg, Oberpinzgauer Gemeinden wie Mittersill);
  - Eisenbahn-Gemeinden mit langer Tradition von nationalen Eisenbahngewerkschaften (Schwarzach, Bischofshofen, Saalfelden, Taxenbach);
  - Gemeinden, die nicht unbedingt diese Kriterien aufweisen, in denen jedoch nationalsozialistische Propagandisten ansässig und aktiv waren (Radstadt, Badgastein, Viehhofen, Neukirchen).
- Das so genannte bürgerliche Lager zersplitterte sich in mindestens sechs verschiedene Gruppierungen und erreichte damit etwas mehr als die Hälfte der Stimmen und rund 55 Prozent der zu vergebenden Mandate. Die Christlichsoziale Partei konnte ihre Position gegenüber der Nationalratswahl vom November 1930 wieder etwas verbessern, das Hoch der im Schober-Block vereinten Parteien war endgültig vorbei, Großdeutsche Volkspartei, Landbund und Heimatblock verloren beträchtlich an die Nationalsozialisten. Das sozialistische Lager erreichte ungefähr ein Drittel der Stimmen, aber nicht einmal zwanzig Prozent der Mandate. Die Sozialdemokraten legten gegenüber der Nationalratswahl 1930 über zwei Prozentpunkt zu, stagnierten aber gegenüber der Gemeindewahl 1928. Die Nationalsozialisten erzielten fast sieben Prozent der Stimmen, die ihnen aber nur drei Prozent der Mandate brachten. An der so genannten Mehrheitswahl nahmen knapp sieben Prozent der Wähler teil, vergeben wurden auf diese Weise aber etwas mehr als ein Fünftel der Mandate.

- In der Stadt Salzburg konnten die Christlichsozialen gegenüber der Nationalratswahl wieder beträchtlich zulegen. Die Sozialdemokraten mussten starke Stimmenverluste und den Verlust eines Mandates hinnehmen. Die Niederlage der nationalen Blockparteien (»Nationaler Wirtschafts- und Ständeblock«) drückte sich im Verlust von zwei Mandaten aus. Die Schulzpartei verlor eines ihrer zwei Mandate. Die Hitler-Nationalsozialisten erreichten auf Anhieb 9,2 Prozent und zogen mit vier Mandaten in den Salzburger Gemeinderat ein.
- Der Bürgermeister der umkämpften Gemeinde Badgastein ging für die Sozialdemokraten verloren, ein deutschnationaler Kandidat wurde neuer Bürgermeister. Auf Grund der Uneinigkeit der christlich-nationalen Gruppierungen wurde in Zell am See ein Sozialdemokrat Bürgermeister, der bisherige nationalsozialistische Bürgermeister erhielt keine Mehrheit. Das waren die beiden einzigen Bürgermeisterwechsel vom sozialdemokratischen Lager zum bürgerlichen Lager und umgekehrt. Innerhalb des bürgerlichen Lagers gab es vereinzelt Wechsel zwischen christlichen und nationalen Parteien, wie etwa in Neumarkt.
- Die Konfliktlinien verliefen in mehrere Richtungen: von den Christlichsozialen aus allein gesehen gegen Sozialdemokraten und Nationalsozialisten, dort wo christliche und nationale Gruppierungen kooperierten, nur gegen die Sozialdemokraten. Nach der Wahl funktionierte die Konsensdemokratie wieder besser: In jenen Gemeinden, in denen die Sozialdemokraten die absolute Mehrheit erzielten, wurden die roten Bürgermeister fast überall einstimmig gewählt, ja sogar die Nationalsozialisten stimmten nicht dagegen, sondern enthielten sich der Stimme. Auch in vielen anderen Gemeinden wurden die bürgerlichen Bürgermeister einstimmig, also auch mit den Stimmen der Sozialdemokraten, gewählt. Also, auch wenn die Nationalsozialisten mit noch so lautem Getöse durchstarteten: Für die demokratischen Kräfte dieser geschundenen und geschüttelten österreichischen Republik haben sie 1931 wohl noch keine wirkliche Gefahr dargestellt.

10.

Anhang

10.1. Die Bürgermeister und ihre Berufe

Flachgau

1.	Aigen	Karl Fruhstorfer	Sägewerksbesitzer
2.	Anif	Josef Klappacher	Bäckermeister
3.	Anthering	Johann Pichler	Schmiedemeister
4.	Bergheim	Anton Fuchs	Bauer
5.	Berndorf	Johann Tiefenthaler	Brauereibesitzer
6.	Dorfbeuern	Johann Gschwandtner	Bauer
7.	Ebenau	Ignaz Höpflinger	Bauer
8.	Elixhausen	Karl Aigner	Bauer
9.	Elsbethen	Rupert Haberpeuntner	Bauer
10.	Eugendorf	Paul Rieder	Bauer
11.	Faistenau	Matthias Ebner	Bauer
12.	Fuschl	Leonhard Schmidlechner	Bauer
13.	Gnigl-Itzling	Christian Laserer	Bundesbahnoffizial i.R.
14.	Göming	Florian Költringer	Bauer
15.	Grödig	Georg Kohlstätter	Werkmeister
16.	Großgmain	Andrä Joiser	Bauer
17.	Hallwang	Johann Wörndl	Bauer
18.	Henndorf	Simon Schwaiger	Bauer
19.	Hintersee	Josef Oberascher	Holzakkordant
20.	Hof	Franz Achleitner	Bauer
21.	Koppl	Jakob Stadler	Bauer
22.	Köstendorf	Josef Schwaiberroider	Bauer
23.	Lamprechtshausen	Martin Buchner	Bauer
24.	Leopoldskron	Georg Ziegler	Bauer
25.	Mattsee	Jakob Leobacher	Bauer
26.	Maxglan	Franz Kaufmann	Buchdrucker
27.	Morzg	Jakob Hacksteiner	Tischlermeister
28.	Neumarkt	Johann Stockinger	Kaufmann
29.	Nussdorf	Johann Rosenstätter	Bauer
30.	Oberndorf	Anton Pföß	Kaufmann

31. Obertrum	Gottfried Noppinger	Bauer
32. Plainfeld	Josef Kloiber	Bauer
33. St. Georgen	Eduard Lepperdinger	Bauer
34. St. Gilgen	Josef Leitner	Bauer
35. Schleedorf	Andreas Rieder	Bauer
36. Seeham	Michael Dürager	Bauer
37. Seekirchen-Land	Johann Fuchs	Bauer
38. Seekirchen-Markt	Franz Janka	Schuhmachermeister
39. Siezenheim	Simon Ebner	Schuhmachermeister
40. Strasswalchen-Land	Franz Stockinger	Bauer
41. Strasswalchen-Markt	Friedrich Gugg	Wirt
42. Strobl	Johann Baumgartner	Hotelier
43. Thalgau	Josef Leitner	Bauer
44. Thalgauberg	Stephan Haas	Bauer

Tennengau

1. Abtenau	Thomas Auer	Bauer
2. Adnet	Matthias Hollweger	Bauer
3. Annaberg	Josef Oberauer	Bauer
4. Dürnberg	Josef Gracher	Bergarbeiter
5. Golling	Matthias Nemes	Schmiedemeister
6. Hallein	Anton Neumayr	Fachlehrer
7. Krispl	Michael Ziller	Bauer
8. Kuchl	Josef Schmied	Schmiedemeister
9. Oberalm	Anton Fiala	VS-Direktor
10. Obergäu	Thomas Buchner	Bauer
11. Puch	Rupert Schweitl	Bauer
12. Rußbach	Josef Eder	Bauer
13. Scheffau	Wolfgang Moisl	Bauer
14. St. Koloman	Johann Fötschl	Bauer
15. Torren	Johann Lienbacher	Bauer
16. Vigaun	Johann Schaber	Bauer

Pongau

1. Altenmarkt	Jakob Trojer	Bauer
2. Badgastein	Josef Mühlberger	Hotelier

3. Bischofshofen	Franz Mohshammer	ÖBB-Maschinenmeister
4. Dorfgastein	Rupert Egger	Bauer und Wirt
5. Eben	Leonhard Geringer	Bauer
6. Filzmoos	Franz Salchegger	Bauer
7. Flachau	Simon Oberreiter	Bauer
8. Forstau	Josef Buchsteiner	Bauer
9. Gasthof	Johann Zitz	Bauer
10. Goldegg	Josef Mayer	Bauer
11. Goldegg-Weng	Josef Pronebner	Bauer
12. Großarl	Johann Hettegger	Bauer
13. Hofgastein-Land	Martin Schwaiger	Wirt
14. Hofgastein-Markt	Alois Laner	VS-Direktor
15. Hüttau	Balthasar Auer	Bauer
16. Hüttschlag	Markus Huttegger	Bauer
17. Kleinarl	Lorenz Fritzenwallner	Bauer
18. Mühlbach	Stanislaus Pacher	Bergarbeiter
19. Palfen	Rupert Huber	Bauer
20. Pfarrwerfen	Josef Nitsch	Bauer
21. Radstadt-Land	Ing. Karl Holzmann	Bauer
22. Radstadt-Stadt	Andreas Scheiblbrandner	Bäckermeister
23. St. Johann-Land	Sebastian Strobl	Bauer
24. St. Johann-Markt	Mag. Georg Mayrhofer	Apotheker
25. St. Martin am Tg.	Johann Scheibner	Bauer
26. St. Veit	Rupert Pirnbacher	Bauer
27. Schattbach	Leonhard Rettensteiner	Sägewerksbesitzer
28. Schwarzach	Max Bader	Bundesbahnbediensteter
29. Sinnhub	Josef Fischbacher	Bauer
30. Sonnberg	Josef Haid	Bauer
31. Untertauern	Alois Kohlmayer	Postmeister
32. Wagrain-Land	Michael Vordertiefenbacher	Bauer
33. Wagrain-Markt	Johann Schindelmaißer	Wirt
34. Werfen-Land	Josef Gschwandtner	Bauer
35. Werfen-Markt	Josef Hochleitner	Kaufmann und Bauer
36. Werfenweng	Josef Weissacher	Bauer

Pinzgau

1. Alm	Alexander Moßhammer	Schmiedemeister
2. Bramberg	Markus Lanner	Bauer

3. Bruck	Anton Posch	Bauer
4. Bruckberg	Josef Daxer	Bauer
5. Bucheben	Sebastian Klinglberger	Wirt
6. Dienten	Franz Haider	Wirt
7. Embach	Matthias Röck	Bauer
8. Eschenau	Josef Berger	Bauer
9. Fusch	Josef Mühlauer	Bauer, E-Werksbesitzer
10. Hollersbach	Franz Kaltenhauser	Sägewerksbesitzer
11. Kaprun	Georg Mayrhofer	Gastwirt
12. Krimml	Stefan Lerch	Bauer
13. Leogang	Johann Madreiter	Bauer
14. Lend	Franz Brutar	Schuhmachermeister
15. Lofer	Ernst Stainer	Baumeister
16. Maishofen	Bruno Faistauer	Gastwirt
17. Mittersill-Land	Rupert Steger	Bauer
18. Mittersill-Markt	Martin Ploch	Tischlermeister
19. Neukirchen	Sebastian Laner	Bauer
20. Niedernsill	Ernst Hilzensauer	Bauer
21. Piesendorf	Johann Kapeller	Bauer
22. Rauris	Franz Schubhart	Bauer
23. Saalbach	Jakob Eder	Wirt
24. Saalfelden-Land	Bartlmä Fersterer	Bauer
25. Saalfelden-Markt	Josef Riedler	Fachlehrer
26. St. Georgen	Peter Leyrer	Bauer und Sägewerksbesitzer
27. St. Martin bei Lofer	Andrä Schmuck	Bauer und Gastwirt
28. Stuhlfelden	Johann Steiner	Bauer
29. Taxenbach	Josef Lackner	Bauer
30. Thumersbach	Hermann Hörl	Wirt
31. Unken	Peter Haider	Bauer
32. Uttendorf	Josef Maier	Bauer
33. Viehhofen	Johann Hollaus	Bauer
34. Wald	Johann Kaiser	Bauer
35. Zell am See	Anton Werber	Lokomotivführer

Lungau

1. Göriach	Bartlmä Zehner	Bauer
2. Haiden	Simon Gappmaier	Bauer
3. Lasaberg	Josef Steinwender	Bauer

4. Lessach	Lorenz Schröcker	Bauer
5. Mariapfarr	Jakob Macheiner	Bauer
6. Mauterndorf	Matthias Trattler	VS-Direktor
7. Mörtelsdorf	Philipp Steinwender	Bauer
8. Muhr	Peter Brandauer	Schmiedemeister
9. Pichl	Alois Landschützer	Bauer
10. Ramingstein	Thomas Kocher	Bauer
11. St. Andrä	Stefan Wieland	Wirt
12. St. Margarethen	Johann Kollmann	Bauer
13. St. Michael-Land	August Pritz	Elektromeister
14. St. Michael-Markt	Anton Rieberer	Bäckermeister
15. Sauerfeld	Johann Rainer	Bauer
16. Seetal	Vinzenz Moser	Bauer
17. Steindorf	Johann Gruber	Bauer
18. Tamsweg	Ägid Binggl	Bäckermeister
19. Thomatal	Valentin Schiefer	Bauer
20. Tweng	Anton Sandbichler	Wirt
21. Unternberg	Johann Lüftenegger	Bauer
22. Weißpriach	Johann Prodinger	Wirt
23. Wölting	Johann Gappmaier	Bauer
24. Zankwarn	Simon Jäger	Bauer
25. Zederhaus	Josef Moser	Bauer

10.2. Die Kandidatenlisten in der Landeshauptstadt Salzburg

Sozialdemokratische Arbeiterpartei

(SChr. 14. 3. 1931. S. 11)

1. Michael Dobler, Bäcker, Vizebürgermeister
2. Josef Witternigg, Hutmacher, Parteisekretär, Nationalrat
3. Anton Schönauer, Eisenbahner, Gewerkschaftsfunktionär
4. Georg Leitner, Eisenbahner
5. Alice Brandl, Bürgerschullehrerin
6. Alois Weidenhillinger, Eisenbahngewerkschafter
7. Marcel Mayer, Bundesbahnbeamter
8. Fritz Renner, Geschäftsdiener, Handelshilfsarbeiter
9. Jakob Riedl, Maurer, Sekretär der Salzburger Arbeiterkammer
10. Hans Meindl, Postmeister
11. Franz Peyerl, Gewerkschafter, Landesparteisekretär

12. Karl Maier, städtischer Arbeiter
13. Heinz Kraupner, Gewerkschaftssekretär
14. Heinrich Ullrich, Amtsdirektor i. R.
15. Florian Hoflehner

Nationaler Wirtschafts- und Ständeblock

(SChr. 14. 3. 1931. S. 11, SVBl. 25. 3. 1931. S. 9.)

1. Max Ott, Bürgermeister (Großdeutsch)
2. Dr. Albert Reitter, Rechtsanwalt (Heimatblock)
3. Karl Düregger, Telegrafenamtsdirektor (Angestelltenblock)
4. Konstantin Kreuzer, Redakteur (Ständebund)
5. Dr. Julius Buchleitner, Rechtsanwalt (Großdeutsch)
6. Franz Weinhandl, Schlossermeister (Großdeutsch)
7. Josef Holzleitner, Schulwart (Angestelltenblock)
8. Josef Fridrich, Bahninspektor (Großdeutsch)
9. Karl Czaika, Kaufmann (Großdeutsch)
10. Ing. Alfred Stoetzer, Zivilingenieur (Großdeutsch)
11. Ing. Ludwig Straniak, Städt. Baudirektor (Großdeutsch)
12. Dr. Ernst Dioszeghy, Rechtsanwalt (Ständebund)
13. Hans Hacker, Steueroffizial
14. Eugen Zobel, Postoberoffizial
15. Richard Kürth, Vizepräsident der Handels- und Gewerbekammer

Deutsche Nationalsozialistische Arbeiterpartei (Schulz-Richtung)

(SVBl. 28. 3. 1931. S. 9)

1. Josef Renner, Kreisvorsteher des D.H.V.
2. Dr. Otto Troyer, Rechtsanwalt
3. Franz Sieger, Schriftsetzer
4. Rudolf Timouschek, Kaufmann
5. Max Mayer, Hotelier Hotel Horn
6. Dr. Peter Grießmayer, Bundesbahnrat
7. Franz Luger, Geschäftsdiener, Obmann der Deutschen Arbeitergewerkschaft
8. Emil Jenicek, Sparkassenbeamter
9. Grete Diller, Telegrafenoberoffizialin
10. Heinrich Pohl, Oberkellner
11. Alfred Weißensteiner, Fahrer bei der Fa. Albus

12. Ludwig Nedoschinsky, Städtischer Direktor i. R.
13. Risa Kaut, Kreisvorsteherin des V.d.w.A.
14. Paul Leitner, Maurerpolier
15. Johann Leitner, Postoberoffizial i. R.
16. Jakob Pongruber, Rentner
17. Anton Funk, leitender Beamter der Versicherungskasse für Angestellte
18. Franz Hell, Sekretär des D.H.V.
19. Franz Heinzl, Amtsdirektor der Stadtgemeinde

Nationalsozialistische Deutsche Arbeiterpartei (Hitlerbewegung)

(SChr. 14. 3. 1931. S. 11)

1. Dr. Ing. Erich Saffert, Landesalpinspektor
2. Hans Juza, Bundesbahnbeamter
3. Dr. Otto Radauer, Zahnarzt
4. Franz Wintersteiner, Buchhalter
5. August Hofer, Fleischer
6. Franz Meusburger, Portier

Kommunistische Partei

(SChr. 14. 3. 1931. S. 11)

1. Franz Starlinger, Bauarbeiter
2. Simon Kreil, Eisenbahner
3. Berta Singer, Hilfsarbeiterin
4. Franz Anzengruber, Hilfsarbeiter

10. 3. DOKUMENTE CHRISTLICHSOZIALE PARTEI

Dokument A:

(SChr. 28. 3. 1931. S. 2.)

PROGRAMM DER CHRISTLICHSOZIALEN PARTEI FÜR DIE STADT SALZBURG.

Was fordert der Wähler vom neuen Gemeinderat der Stadt Salzburg?

1. Eine bessere Organisation im städtischen Bauamt und volle Verantwortlichkeit des leitenden Beamten.

2. Betrauung eines Beamten des Bauamtes mit der verantwortlichen Aufsicht über das gesamte Straßenwesen.
3. Die endliche Ordnung der Gehsteige.
4. Den weiteren Ausbau der Straßen im Rahmen der finanziellen Möglichkeiten und in dauerhafter Bauart.
5. Die tunlichste Vergebung von Arbeiten an die Gewerbetreibenden. Die Bauregie muss auf das Notwendigste eingeschränkt werden. Die letzten Jahre haben bewiesen, dass private Architekten besser zu bauen verstehen, daher sollen Neubauten an diese vergeben werden. Man vergleiche die beiden Teile der Scherzhauserfeldsiedlung.
6. Überschreitungen wie bei der Elisabethschule (200.000 Schilling!) dürfen nicht mehr vorkommen!
7. Die endliche Modernisierung unserer Bauordnung und dadurch Erleichterungen für Hausbesitzer und Baulustige.
8. Fortsetzung der Wohnbauten im Rahmen der finanziellen Möglichkeiten und für die wirklichen Wohnungsbedürftigen, ohne Belastung der Gemeinde.
9. Fortsetzung der Arbeiten für Errichtung eines neuen Schlachthofes.
10. Die sofortige Inangriffnahme der Vorarbeiten für die Errichtung einer Schule in Lehen.
11. Die Vergrößerung des schon zu klein gewordenen Gaswerkes.
12. Die Errichtung eines Altersheimes für jene, die nicht armenversorgungsbedürftig sind und doch eine billige Wohnung und Versorgung brauchen.
13. Die möglichste Verwendung arbeitsloser Salzburger zu notwendigen Arbeiten der Gemeinde.
14. Die Förderung aller Bestrebungen zur Umschulung arbeitsloser Jugendlicher.
15. Förderung der Turn- und Sportbewegung; Ausbau der Bäder.
16. Die Verhinderung hemmungsloser Bodenspekulation durch eine aktive Bodenpolitik der Gemeinde.
17. Die Erstellung eines Finanzplanes für die ganze vierjährige Periode.
18. Volle Durchorganisierung der Arbeiten in den Gemeindeämtern und dadurch bei gleichbleibenden Ausgaben eine Steigerung der Leistung.
19. Die Höhe des Voranschlages von 1931 (6,2 Millionen Schilling) darf nicht wesentlich überschritten werden.
20. Die Konsolidierung der mehr als acht Millionen Schilling betragenden schwebenden Schulden.
21. Die Konvertierung der nach dem heutigen Zinsfuß zu teueren Gemeindeanleihen.
22. Die Verwendung der dadurch erzielten Ersparnisse zur Bestreitung der oben geforderten Leistungen. (Eine um ein Prozent niedrigere Verzinsung der derzeitigen Schulen ergäbe schon 320.000 Schilling.)
23. Möglichste Förderung des Fremdenverkehres als der besten Erwerbsquelle für viele Tausende.

Wir stehen auf dem Grundsatze der Demokratie und lehnen jede Gewaltherrschaft von Seiten der Sozialdemokraten und Kommunisten, wie auch von Seite der Nationalsozialisten ab.

Dokument B:

(SChr. 28. 3. 1931. S. 1)

DER KAMPF UM DIE GEMEINDEN
EIN LETZTES WORT ZUM MORGIGEN WAHLTAGE

Der Wahlkampf, der den morgigen Gemeindewahlen im ganzen Lande vorausgegangen ist, hat nicht das Gepräge eines politischen *Großkampfes* getragen, wie etwa die Vorbereitungen für die letzten Nationalratswahlen. Diese Tatsache ist zum Teile erklärlich aus dem Charakter der Gemeindewahlen. Neben den allgemeinen wirtschaftlichen Sorgen, die sich in allen Gemeindeverwaltungen auswirken, spielt die Eigenart der Interessen eine besondere Rolle. Daher ist es auch erklärlich, dass der Wahlkampf in den einzelnen Gemeinden nicht das einheitliche Gepräge einer großen politischen Wahlentscheidung trägt.

Die Bedeutung der Gemeinde

Die Gemeinde nennt man mit Recht die *Zelle des wirtschaftlichen Lebens*. Gerade in der wirtschaftlichen Notzeit kommt diese Tatsache augenfällig zum Ausdrucke. Der Einfluss auf die Gestaltung der Gemeinde ist daher von größter Bedeutung auf die *wirtschaftliche*, aber auch auf die *kulturelle* Entwicklung von Volk und Heimat. Gerade darum, muss der morgigen Wahlentscheidung von Seiten der Wählerschaft größte Bedeutung beigemessen werden. Die Flauheit des Wahlkampfes, die abgesehen von einigen heiß umkämpften Orten das Gepräge der letzten Wochen war, darf unter keinen Umständen eine *schwache Wahlbeteiligung* zur Folge haben. Für jeden echt christlich eingestellten Mann und für jede Frau, die getragen ist von christlicher Überzeugung, ist daher gerade dieser Wahltag ein *Pflichttag*, an dem sie mit der Abgabe des Stimmzettels dafür eintreten, daß christliche Grundsätze auch in den Gemeindestuben zur Auswirkung kommen.

Der österreichische Marxismus

Kennzeichnend für die Wahlkampf ist wohl die Tatsache, daß der *christlichsozialen* Partei in erster Linie der Kampf angesagt wurde, daß man ihren Einfluss auf die Gemeinden zurückdrängen will. Das gilt natürlich in erster Linie von den Sozialdemokraten. Der österreichische Marxismus hat einen ganzen Heerbann von Führern aufgeboten, um seine Stellung zu behaupten und, wenn es möglich wäre, einen Vorstoß zu erreichen.

Daß Dr. Otto *Bauer*, *Glöckel* und selbst Kolomann *Wallisch* aus Bruck in Steiermark als Aufpeitscher der klassenkämpferischen Leidenschaften aufgeboten wurden, ist ein Beweis für die Richtung der sozialdemokratischen Politik in den Salzburger Gemeinden. Gerade in letzter Zeit hat die sozialdemokratische *Freidenkerbewegung* eine erhöhte Tätigkeit aufgenommen. Diese Tätigkeit fällt zusammen mit der großen Offensive der *Gottlosen aus Moskau*, die nunmehr planmäßig über Deutschland und Österreich getragen werden soll. Selbst die gemäßigten deutschen Sozialdemokraten haben sich damit einverstanden erklärt, daß die Staatsgewalt gegen diese rohe Zersetzung und Vernichtung jeder Kultur aufgeboten werde. Von unseren österreichischen Marxisten kann man einen derartigen Protest *nicht* erleben.

Die wirtschaftliche und politische Entwicklung Österreichs hat es mit sich gebracht, daß die sozialdemokratische Partei in eine offensichtliche Defensive gedrängt ist. Daher bedient sie sich vielfach einer klugen Art der Zurückhaltung, wie z. B. das Flugblatt in der Stadt Salzburg beweist. Dadurch wird natürlich die Tatsache nicht aus der Welt geschaffen, daß der sozialistische Klassenkampf die *Wirtschaft der Gemeinde zerrütten muß*, insbesondere dann, wenn die Partei unter dem Drucke des Radikalismus ihre von den Wählern verdeckten Ziele hervorkehren muß.

Der Block des Freisinnes

Im *freisinnigen Lager*, insbesondere in der *Stadt Salzburg*, haben sich sonderbare Koalitionen gebildet. Die *großdeutsche Partei* hat sich wieder hinter ein Blockgebilde versteckt. Sie will dadurch wohl jenem Schicksale entgehen, das sie in *Klagenfurt* getroffen hat. Sie verbündet sich mit den *Ständebündlern*, die nunmehr für den großdeutschen Listenführer *Ott* kämpfen sollen, dessen Finanzpolitik sie im verflossenen Gemeinderate mit beharrlicher Schärfe und oft sogar in grotesken Formen bekämpft haben. Der alldeutsche Verband in Salzburg hat es auch zustande gebracht, daß der *Heimatblock* seine grundsätzliche Einstellung gegen die veralteten Parteien und insbesondere gegen den vielgehaßten Schoberblock verlassen hat und in den, wie man sagt, nationalen Block eingetreten ist. Was man unter »nationalem Block« versteht, kann man durchaus ersehen, wie in Oberösterreich das Hauptziel des Heimatblockes hingestellt wird. Die christlichsoziale Partei von der Mehrheit im Landtage zu verdrängen. Unter »nationaler Front« versteht man in diesen Kreisen ja immer, großdeutsche oder freisinnige Mandatspolitik, die man auf Umwegen den Wählern noch schmackhaft machen will. Daß dieses unnatürliche Gebilde insbesondere gegen die christlichsoziale Partei vorgeht, nimmt nicht wunder. Hat man doch schon im bisherigen Gemeinderate gesehen, daß in *kulturellen* Fragen die alte freisinnige Front hinüberreicht bis zu den Bänken der Sozialdemokraten. Diese Tatsache allein muss jeden Wähler und jede Wählerin, die im Herbste vom Heimatblock neue Wege erwarteten, bestimmen, diesen Irrweg der idealen Heimatwehrbewegung nicht mehr mitzumachen.

Die nationalsozialistische Welle

Eine neue Note erhielt dieser Wahlkampf durch das ungestüme Auftreten des *Nationalsozialismus*. Wir erlebten die in Deutschland schon lange gebräuchlichen Aufzüge, sahen schreiende Plakate und eine Versammlung nach der anderen. Es war geradezu ein Massenaufgebot von *reichsdeutschen Rednern*, die für das Dritte Reich Adolf Hitlers warben. Man kann es vielfach erklären, daß die hoffnungslose Lage in den jungen Köpfen die richtigen Voraussetzungen für jede radikale Bewegung schafft. Was aber in den einzelnen Gemeindefragen vorgebracht wurde, geht kaum über den Standpunkt des Oppositionellen um *jeden Preis* hinaus. Wesentlicher ist die Tatsache, daß mit Vordringen der nationalsozialistischen Welle auch ihre *Weltanschauung* in die Massen getragen werden soll. Daß diese mit dem *Katholizismus*, ja mit dem Christentume überhaupt unvereinbar ist, wird wohl den meisten noch nicht zum Bewußtsein gekommen sein, die heute noch glauben, unter dem Rufe »Heil Hitler« eine neue, auch christliche Zukunft zu zimmern. Ihre Rassentheorie ist ebenso unchristlich, wie ihre Versuche, eine »deutsche Kirche« zu schaffen, die keinen Unterschied der Konfessionen mehr kennt. Gegen diese katholische Lehre sind im Laufe der Jahrtausende wahrlich schon gewaltigere Größen angerannt als die Theoretiker und Agitatoren der nationalsozialistischen Partei. So oberflächlich, so dilettantisch hat aber noch keine weltanschauliche Bewegung in das Glaubensgefüge des katholischen Christen eingegriffen, wie die nationalsozialistischen Apostel des Dritten Reiches, die das Papsttum bekämpfen, die die Sakramente »die letzte Ausschaltung menschlicher Eigenständigkeit zu Gunsten eines schemenhaften Amtes« nennen, die das »Sündengefühl als eine notwendige Begleiterscheinung physischer Bastardierung« hinstellen. Wir sind überzeugt, daß der Großteil der Mitläufer von heute noch *keine Ahnung* hat, wohin der Weg führt, daß sie es noch nicht begreifen, daß die deutschen *Bischöfe* aus Hirtensorge und Hirtenpflicht ihr klares Verbot gegen diese *neuen Irrlehren* aussprechen mußten. Daß man diese weltanschaulichen Fragen auch in den Gemeindewahlkampf getragen hat, ist ein Beweis dafür, daß sich *jeder Katholik* durch die Abgabe des Stimmzettels gegen das Vordringen dieser Bewegung wehren muß, deren Radikalismus, wie zahlreiche Beispiele in Deutschland beweisen, den radikalisierten Massen selbst *den Weg zum Kommunismus ebnet*.

Erfüllet die Wahlpflicht

Auf keinen Fall aber darf morgen die *Wahlmüdigkeit* oder die Interesselosigkeit den Anschein erwecken, als ob das christliche Volk von Salzburg an der Gestaltung der Gemeinde achtlos vorübergehe. Die Durchsetzung des öffentliche Lebens in den Gemeindestuben mit echt *christlichem* und *opferbereitem nationalen* Geiste verlangt die Erfüllung der Wahlpflicht, verlangt ihre Erfüllung durch Abgabe des *christlichsozialen Stimmzettels*.

10.4. Sozialdemokratische Arbeiterpartei

Dokument A

(SWa. 25. 3. 1931. S. 1)

Zum Gemeindewahlkampf
Auch eine sozialdemokratische Minderheit hat grossen Wert

Mit berechtigtem Stolz blicken die Sozialdemokraten in den Orten, in denen sie die Mehrheit besitzen, auf die von ihnen geleistete Arbeit zurück. Aber auch in den Gemeinden, in denen die Sozialdemokraten *eine Minderheit bilden*, ist ihre Arbeit von größter Bedeutung.

Gerade in diesen Gemeinden ist das Los des *Arbeitslosen* trauriger als anderswo, denn diese Orte haben einst alles getan, um als »rein ländliche Gemeinden« erklärt zu werden, sie tragen daher die Schuld daran, daß zahlreiche Arbeitslose nun vom Bezuge der Unterstützung gänzlich ausgeschlossen sind;

gerade in diesen Orten sind auch *die Alten, arbeitsunfähig gewordenen*, vom Bezuge der Altersfürsorge entweder ganz ausgeschlossen oder es erhalten die 65jährigen Landarbeiter nur den Bettelbetrag von fünfundzwanzig S, während sie anderswo sechsunddreißig, achtundvierzig S erhalten;

gerade in diesen Orten ist es daher von größter Bedeutung, daß Sozialdemokraten darüber wachen, daß die Gemeinde *ihre Pflicht gegenüber den Armen*, aber auch *gegenüber den Ausgesteuerten* erfüllt;

gerade in diesen Orten ist es notwendig, daß Sozialdemokraten darüber wachen, dass *Notstandsaushilfen anläßlich von Elementarschäden* nicht nach bloßer Gunst, sondern nach Recht und Gerechtigkeit verteilt werden;

gerade in diesen Orten ist es notwendig, daß alles getan wird, um *Arbeitsgelegenheit zu beschaffen*;

gerade in diesen Orten brauchen wir sozialdemokratische Vertreter, die sich für das *geistige und körperliche Wohl der Jugend, für den Ausbau des Schulwesens, für die Beistellung der notwendigen Lernbehelfe* interessieren;

gerade in diesen Gemeinden gibt es also für die sozialdemokratischen Vertreter Arbeit in Hülle und Fülle.

Und es ist eine schwierige Arbeit, eine Arbeit, die von Euern Vertrauensmänner große Opfer heischt. Diese Arbeit könnt Ihr ihnen erleichtern, *wenn Ihr geschlossen für unsere Kandidaten stimmt*, denn *je stärker* die Minderheit wird, *desto leichter* kann sie sich durchsetzen, desto leichter kann sie für Euch arbeiten.

Sagt daher nicht: Es nützt ja doch nichts – oder: Es kommt auf meine Stimme nicht an! *Das ist nicht wahr:* Denn *jede* sozialdemokratische Stimme ist von Wert.

Wenn auch eine sozialdemokratische Minderheit nicht in jedem Falle der Mehrheit Tun und Lassen diktieren kann, das hat sie sicher überall erreicht: *Sie hat manche Not gemildert, manche Träne getrocknet.*

Freilich, *Wunder wirken* können die sozialdemokratischen Gemeinderatsmitglieder nicht, wie manche, die sich als »Radikale« ansehen, in Wirklichkeit aber *große Phantasten* – oder unverbesserliche *Krakeeler und Raunzer* sind, zu glauben scheinen. Nun, es ist nichts *leichter als einen Forderungszettel mit zehn oder zwanzig Punkten* aufzustellen und zu verlangen, jeder Arbeitslose muß das *Existenzminimum* – das vom Wiener Einigungsamte mit zweihundert S monatlich festgesetzt wurde – bekommen und dazu noch einen *Wohnungszuschuss* und *unentgeltliche Heizung* und womöglich auch noch *unentgeltliche Verköstigung*. Aber wenn einer deshalb gegen die Partei der Arbeiterschaft wühlt und hetzt, weil kein *ernster Mensch solch Wunschzettel unbesehen* annehmen wird, wenn er deshalb den Versuch macht, die Einheit der Arbeiterklasse zu zertrümmern, so begeht er *ein Verbrechen an der arbeitenden Menschheit*.

10.5. Nationaler Wirtschafts- und Ständebund

Dokument A:

(SVBl. 28. 3. 1931. S. 7.)

Die Wahlbewegung

Aus dem Kreise »Nationalen Wirtschafts- und Ständebundes« geht uns diese zeitgemäße Erinnerung zu:

Wie die üppigen Versprechungen der Christlichsozialen und der Sozialdemokraten, die im Gemeinderat in der Regel vereint vorgehen, zu werten sind, ist leicht nachzuweisen. Vizebürgermeister Preis zum Beispiel, der Listenführer der Christlichsozialen, hat trotz dem Widerspruche weiter Geschäftskreise durch seine Stimmenabgabe im Gemeinderat die Baubewilligung für ein Strandcafé erwirkt; als Gegner der Leichenverbrennung dagegen hat er mitgeholfen, daß einem städtischen Beamten aus den der Gewerbeförderung gewidmeten Geldern der Sparkasse ein Kredit zur Errichtung eines *Urnenhandels* bewilligt wurde. Wo bleibt da die Vertretung gewerblicher Interessen? Unter der christlichsozialen Bürgermeisterei mit ihrer sozialdemokratischen Brüderschaft wurde die Stadt an den Rand des Abgrundes gebracht und es bedurfte der größten Anstrengungen des Bürgermeisters Ott, den Zusammenbruch zu vermeiden. Wie ernst die Lage der Stadtfinanzen damals war, geht aus dem Berichte der *Revisoren* des Obersten Rechnungshofes vom Jahre 1928 hervor, die in ihren Schlussbemerkungen folgendes erklären: »Auf Grund der Erhebungen und Feststellungen der Revisionsorgane muß die bisherige Gebarung der Stadtgemeinde Salzburg als eine recht unwirtschaftliche, in einzelnen Belangen sogar als eine *sorglose* bezeichnet werden; infolgedessen ist auch die gegenwärtige finanzielle Lage der Stadtgemeinde eine ungemein ernste. Eine Ursache dieses beklagenswerten Zustandes liegt vor allem in dem völligen Mangel einer geordneten Kreditgebarung, in einer unglückseligen Personalpolitik, in einer die Kräfte der Gemeinde weit übersteigenden Wohnbautätigkeit, einer unnötigen Zersplitterung der Verwaltungsgeschäfte, einer zwecklosen Dezentralisierung der Kassenbewirtschaftung, endlich in einer unsachgemäßen Führung einer ganzen Reihe von städtischen Betrieben ... Die Revisionsorgane sind der festen Überzeugung, daß es bei Berücksichtigung ihrer Vorschläge und bei einigem Entgegenkommen der Landesregierung – wenigstens in den nächsten Jahren – in Fragen finanzieller Natur gelingen wird, eine Gesundung der derzeit schwer notleidenden Gemeindefinanzen in absehbarer Zeit herbeizuführen, während andernfalls die Gemeinde unaufhaltsam dem finanziellen Zusammenbruch entgegen geht.«

Vernichtender kann wohl kein Urteil lauten, wie dieses über die christlichsoziale Mißwirtschaft in der Gemeinde unter Bürgermeister Preis. Hier hat die Wählerschaft zu antworten, sie hat durch die Stimmenabgabe mit aller Deutlichkeit zu erklären, daß sie nicht mehr gewillt ist, den Christlichsozialen und den mit ihnen verbündeten Sozialdemokraten die Gemeindegeschäfte anzuvertrauen, da sie nicht will, daß die Stadtfinanzen tatsächlich zusammenbrechen. Sie hat zu entscheiden, wem sie vertraut, der Führung des Bürgermeisters *Ott*, der die Gemeinde in letzter, ernstester Stunde vor dem finanziellen Zusammenbruch bewahrte, oder der christlichsozialen Führung, die die Stadtfinanzen an den Rand des Abgrunds brachte. Die Entscheidung kann bei allen Denkenden nicht anders lauten als: Heraus aus der Misswirtschaft! und deshalb alle Stimmen geschlossen für den *Nationalen Wirtschafts- und Ständeblock* unter der bewährten Führung des Hofrates *Ott*.

An den Wählerinnen und Wählern ist es, dafür zu sorgen, daß die nationale Wahlgemeinschaft entscheidenden Einfluß auf die Führung der Gemeinde nehmen kann. Dies ist nur möglich, wenn sie zahlenmäßig stark ist, um den schwarz-roten Bann zu brechen und fern reiner Parteipolitik für die große Volksgemeinschaft zu arbeiten.

K.

10.6. Deutsche Nationalsozialistische Arbeiterpartei (Schulzgruppe)

Dokument A:

(SVBl. 27. 3. 1931. S. 5 f)

Die Gemeinderatswahl in der Stadt Salzburg

Die *Deutsche Nationalsozialistische Arbeiterpartei* (nicht zu verwechseln mit der Hitlerbewegung) – Listenführer Josef *Renner*, Kreisvorsteher des D. H. V. – übermittelt uns eine längere Darstellung, in der es nach einem Hinweis auf die ungeheure Arbeitslosigkeit und nach einer entschlossenen Ablehnung jedes Bürgerkrieges u. a. heißt:

Die gemeinsame Not aller Menschen in unserem Staate und in unserer Gemeinde nötigt uns zu gemeinsamer Abwehr dieser Not. Die Forderung nach *größter Sparsamkeit* in der Gemeindewirtschaft ist *in jedem* zum Salzburger Gemeinderatswahlkampf bisher veröffentlichten Parteiprogramm enthalten. Darin stimmen also alle überein, und kein einziges Programm kann diese Forderung als einen Vorzug für sich *allein* in Anspruch nehmen. Abzuwarten wird sein, wie dann hinterher jede Partei sich diese Forderung nach Sparsamkeit auslegt. Ein gewisses *Existenzminimum* hat, wie jeder Private, auch die Gemeinde, und unter dieses Existenzminimum kann ohne Verletzung lebenswichtiger Interessen der Bevölkerung nicht heruntergegangen werden. Die wirtschaftliche Not, in die die Stadtgemeinde im letzten Jahrzehnt gekommen ist, und die Verschuldung der Stadt ist hauptsächlich auf jene großen Anforderungen zurückzuführen, die die Sozialdemokraten so wie in anderen Gemeinden (Steyr, Linz, Wiener-Neustadt usw.) auch an unsere Stadtgemeinde stellten und denen gegenüber die Christlichsozialen sich als zu nachsichtig gezeigt haben.

In verschiedenen Wahlaufrufen wird auch die *Bekämpfung von Korruption* gefordert. Verschiedenen sozialdemokratischen Gemeinderäten gelang es, Familienmitglieder im Stadtmagistrat oder in städtischen Anstalten oder Betrieben unterzubringen. Dasselbe war auch auf christlichsozialer Seite der Fall. So konnte die eine Partei der anderen nichts vorwerfen. Die Anstellungen aber erfolgten »im Präsidium«, und wenn man davon erfuhr, stand man vor einer vollendeten Tatsache.

Ein gegnerisches Flugblatt der letzten Tage besagte, es habe in der Gemeindestube die schönste Eintracht geherrscht. Gewalt ist zwar nicht angewendet worden, aber zahlreiche Maßnahmen wurden auch dann getroffen, wenn Nationalsozialisten dagegen stimmten, weil eben drei Gemeinderatsmitglieder den übrigen 37 ihren Willen nicht aufzwingen konnten. Wir waren mit sehr vielem, was geschah, *nicht einverstanden*, allein sobald Rot und Schwarz sich über eine Sache geeinigt hatten, nützte ein gegenteiliges Votum der Nationalsozialisten nichts. Als seinerzeit die *städtische Autobusunternehmung* eingeführt wurde, waren unsere Vertreter vielleicht die einzigen, die den künftigen Zusammenbruch voraussahen und dagegen stimmten. Auch als wir verlangten, daß die

Schuldtragenden an dem ersten *verunglückten Bau des Festspielhauses* zur Verantwortung gezogen werden, blieben wir ohne Erfolg. Als Max *Reinhardt*, der aus den Festspielen ohnehin großen geldlichen Nutzen zieht, durch die Benennung eines Platzes mit seinem Namen geehrt werden sollte, waren wir die einzigen im Gemeinderate, die dagegen stimmten. Als wir aber zu Ehren unseres ehemaligen Hausregimentes einen Platz mit *Rainerplatz* benannt haben wollten, stimmten andere dagegen und der Antrag ging nicht durch. Mit der *Wohnungsvergebung nach Parteiproporz* waren wir nicht einverstanden, doch wurde dies von den Mehrheitsparteien so beschlossen. Die politische Beeinflussung der Gemeindebeamten, die parteipolitische Protektion, die ungerechtfertigte Höherreihung und sonstige Bevorzugung von Parteigängern von Rot und Schwarz und die Benachteiligung Andersgesinnter konnten wir nicht hindern, wie die Nationalsozialisten überhaupt in jenen Angelegenheiten, in denen die beiden Mehrheitsparteien sich verständigt hatten oder die sich »im Präsidium« vollzogen, gegen die Überzahl der Stimmen der Mehrheitsparteien nicht aufkommen konnten. Entgegen unserem Standpunkte wurden auch für die unglaubliche Sorglosigkeit bei den Vereinbarungen mit den am Ankaufe des *Mödlhammerhauses* interessierten Leuten, die erst hinterher zur Kenntnis kam, die daran Schuldtragenden nicht zur Verantwortung gezogen.

Der Einfluß des Bürgermeisters

litt darunter, dass die hinter ihm stehende Parteigruppe zu schwach war, und daß er infolgedessen, wenn er sich an der Macht erhalten wollte, in erster Linie den Wünschen der Sozialdemokraten und Christlichsozialen oder dem, worüber diese beiden sich geeinigt hatten, im weitestgehenden Maße Rechnung tragen mußte. So trat er z. B. *entgegen unserer Stellungnahme* für die Vergebung eines großen Baues an die auswärtige sozialdemokratische Baufirma *Grundstein* ein, und ebenso für den unserer Ansicht nach für die Stadtgemeinde zu wenig vorteilhaften Vertrag mit der *Albus*.

Der Ruf nach *Brot und Arbeit* ist in den Programmen verschiedener Parteien enthalten. Es ist aber nicht der Weg angegeben, wie diese Forderung, soweit es auf die Gemeinde ankommt, in besserem Maße verwirklich werden könnte, als bisher.

Wenn man die Tätigkeit der Sozialdemokraten im Gemeinderate nach ihrer eigenen Schilderung beurteilen würde, so müsste man meinen, dass alles was an nicht Tadelnswertem in den abgelaufenen vier Jahren geschehen ist, von den Sozialdemokraten geschaffen oder von ihnen gegen den Widerstand der übrigen Parteien denselben abgerungen worden sei. In Wien mußten infolge des Umsturzes zahlreiche früher blühende Unternehmungen liquidieren und ihr Kapitalswert ging im Wege der Breitnersteuern aus dem Besitze der bisherigen Inhaber in das Kapitalsvermögen der Gemeinde Wien über, die durch den Untergang und das Elend zehntausender früher wohlhabender Unternehmer enorm reich geworden ist. Das Land Salzburg aber ist nicht kleiner geworden, in der Stadt Salzburg hat daher eine derartig große Liquidierung von Unternehmungen nicht stattgefunden, und die Stadt Salzburg ist daher nicht durch die Kapitalswerte zugrunde gegangener großer Vermögenschaften von Steuerträgern reich geworden. Die Sozialdemokraten haben aber immer wie fasziniert ihren Blick auf Wien gerichtet und vermeinen, daß dasjenige, was in dieser großen Liquidierungsstadt möglich ist, auch bei uns möglich sein müßte. Deshalb haben sie auf die Finanzkraft der Stadt seit jeher zu wenig Rücksicht genommen.

Die Darstellung wendet sich dann gegen die Aufrufe der *Hitlerbewegung*. Die Bemängelungen, die diese Partei erhebt, beruhen auf unrichtigen Voraussetzungen. Die Abtretung der Monika-Pforte samt Grundstücken an einen Bewerber wurde vom gemeinderätlichen Ausschuß einhellig abgelehnt. Die Bemängelung der Gemeindegebarung durch den Obersten Rechnungshof bezog sich auf die Zeiten des früheren Bürgermeisters und war hauptsächlich durch die Anforderungen der Sozialdemokraten, denen die Christlichsozialen zu geringen Widerstand entgegengesetzt hatten, hervorgerufen. Die Aufnahme der *Weag* in die städtischen Elektrizitätswerke geschah nicht ohne zwingenden Grund. Als das Strubklammwerk mitten im Bau durch die inzwischen eingetretene Inflation stecken blieb, gab es damals kein anderes Mittel, als einen Geldgeber mit auswärtiger Valuta zur Fertigstellung des Baues ausfindig zu machen. Auch daß die Interessen am *Bade Leopoldskron* irgendwie geschmälert werden sollen, beruht auf irrtümlichen Mitteilungen. Ebenso wurden die *Arenberggründe* keineswegs zu dem Zwecke angekauft, um dort Juden anzusiedeln, sondern um dieses schönstgelegene Verbauungsgebiet Salzburgs der Privatspekulation zu entziehen und eine Verunstaltung dieses Baugeländes unmöglich zu machen. Auch der Hitlerbewegung angehörige Gemeinderatsmitglieder könnten die *Arbeitslosigkeit* durch eine Bautätigkeit der Stadtgemeinde nicht mildern, sie könnten keine *neuen Wohnungen* schaffen, keinen Ersatz für die *elende Barackenwirtschaft* bieten, den notwendigen Bau eines *neuen Schlachthofes* nicht durchführen und nicht die *Straßen* in dauerhafter Bauart herrichten lassen, wenn sie nicht ein *Anlehen* aufnehmen. Ohne Geld kann man nicht bauen, und daß die Steuerträger das erforderliche Kapital zusammenschießen sollten, wäre doch ein unmöglicher Gedanke. Noch notwendiger als für Private sind die Anlehen für die *öffentlichen Gebietskörperschaften*, welche Aufwendungen machen müssen, die nicht nur den Steuerträgern dieses einen Jahres, sondern den Steuerträgern einer Reihe von Jahren zugute kommen und deren Kosten daher auch auf eine Reihe von Jahren aufgeteilt werden müssen. Die Wahlaufrufe der Hitlerbewegung haben merkwürdigerweise so viel mit dem Kampf gegen die *eigenen Volksgenossen* zu tun, daß ihnen zum Kampfe gegen das Judentum, zum Kampfe gegen den Klassenhaß und zum Kampfe gegen die Sozialdemokratie und den Kommunismus kein Wort mehr übrig bleibt. Die Ankündigung eines ihrer Versammlungsredner aber, daß, wenn sie zur Macht gelangt sein werden, *nicht mehr gewählt wird*, sondern daß es dann nur mehr den einen brutalen Machtwillen einer brutalen Führung gibt, zeigt, dass ihr Sieg die Gefahr eines Bürgerkrieges heraufbeschwören würde.

Die Kundgebung weist weiter darauf hin, daß die Wahlaufrufe sehr viele Unwahrheiten enthalten; die gesetzliche Einführung der *Wahrheitspflicht* wäre dringend notwendig, dann könnten die Wähler auf Grund eines wahren Tatsachenmaterials sich entscheiden, welcher Partei sie ihre Stimme geben wollen.

Die Kundgebung weist dann auf die bisherige tatkräftige Mitarbeit der nationalsozialistischen Vertreter im Gemeinderate hin.

10.7. Nationalsozialistische Deutsche Arbeiterpartei (Hitlerbewegung)

Dokument A:

(Der eiserne Besen. 16. 1. 1931. S. 1)

Komplott des Schweigens!
Salzburger Handels- und Gewerbetreibende!

Es ist kein Zweifel mehr, dass die in Salzburg tätige und vorhandene jüdische Händlerschaft für die bodenständige, deutsch-christliche, ehrlich schaffende Geschäftswelt eine eminente Lebensgefahr darstellt und dass mit der Ausbreitung der jüdischen Geschäfte die arische deutsche Kaufmannschaft und der Gewerbestand zurückgedrängt, vernichtet und proletarisiert wird.

Das Schicksal zugrunde gegangener Kaufleute und Gewerbetreibender soll ein warnendes Zeichen für alle jene sein, die heute noch gedankenlos dieser Gefahr gegenüberstehen und sie in ihrer Furchtbarkeit nicht erkennen.

Zwanzig bis dreissig selbstständige Existenzen hätten als Kaufleute und Gewerbetreibende Platz in Salzburg, wenn sich die Sprösslinge der polnischen Juden Samuel Löbl Schwarz und Luser Risson Ornstein nicht ausbreiten und in solchem Masse entwickeln hätten können.

In anderen österreichischen Städten, wo nie an eine Abwehr geschritten wurde, ist es noch ärger.

Linz, Graz, Klagenfurt, Innsbruck, Wiener-Neustadt, St. Pölten, Baden, Mödling sind wahre Tummelplätze des raffenden jüdischen Händlertums geworden.

In Salzburg kämpfen wir beinahe 10 Jahre mit Aufbietung aller Kraft, und doch müssen wir auch hier schrittweise den Juden das Terrain überlassen, weil es an Kampfgeist und Bekennermut mangelt und weil man die Gefahr nicht erkennen will, oder vermeint, allein erfolgreich den Kampf gegen Juda und seine Eroberungssucht aufnehmen zu können.

Die gesamte Tagespresse der Stadt und Land dient gegen Bezahlung dem rassefremden Gegner; hüllt sich auf dessen Weisung in eiskaltes Schweigen, wenn sie reden und laut in das Land hinausrufen soll, daß dem Gegner wieder eine Abscheulichkeit nachgewiesen worden ist.

Die Firma S. L. Schwarz wurde nach einem ganzjährigen Prozess in allen drei Gerichtsinstanzen wegen unlauteren Wettbewerbs rechtskräftig verurteilt und die Kürschnergenossenschaft sowie der ganze Gewerbeverband Salzburgs wollten den Ausgang dieses Prozesses in der Presse veröffentlichen! Wie auf Kommando weigerten sich alle Tagesblätter einmütig (»Volksblatt«, »Chronik« und »Wacht«) selbst gegen Bezahlung, diese Angelegenheit mit einem Sterbenswörtchen zur Sprache zu bringen. Der Jude Schwarz ist die beste Kunde dieser Zeitungen und dessen Brot ich esse, dessen Lied singe ich und gegen ihn wird kein Wort geschrieben.

So war es auch im Falle *Schwarz, als er mit seinem Auto einen städtischen Arbeiter über den Haufen fuhr und dessen Tod herbeiführte!* So war es auch im Falle *Ornstein, als er in der Franziskanergasse eine Frau zusammenfuhr und schwer verletzte!*

Es ist ein offenkundiges *Komplott des Schweigens* über alle Handlungen der Juden, welche diesen nachteilig sein könnten und die Zeitungsspalten werden weit geöffnet, *wenn es gilt einen christlich-deutschen Volksgenossen bis auf die Haut auszuziehen.*

Wir erinnern an den Autounfall einer Salzburger Fleischertochter und an den Unglücksfall der Jungen Lang und Raisigl, deren Angelegenheiten in sensationslüsterner Form breitgetreten und erbarmungsloser Kritik unterzogen wurden!

Ist das noch eine Objektivität? Wo ist da die Unparteilichkeit der Berichterstatter unserer Presse?

Unsere Bevölkerung denke nach und überlege sich die angeführten Fälle! Darin liegt System und planmässiges Handeln! Wohin wird dies führen, wenn das »Komplott des Schweigens« nicht gebrochen werden kann und gar nichts mehr da ist, das sich regt und wie ein mahnendes Gewissen in das Volk seine Warnungsrufe schmettert?

Das Wochenblatt zum Kampfe gegen den jüdischen Vernichtungswillen und Herrschaftswahn ist in unserem Lande »Der eiserne Besen«, der keine Puderquaste, sondern ein Besen aus Eisen ist und von den Volksangehörigen als solcher genommen und betrachtet werden soll!

Gewiss passt vielen weder die Art und Weise, noch die Rücksichtslosigkeit und Offenherzigkeit des Blattes, weil besonders die Deutschen nicht gleich geartet sind, jeder seine eigenen Ansichten über jede einzelne Frage hat und am schwersten von allen Völkern für eine Idee, für ein Ziel zu gewinnen und für den Kampf um dieses Ziel zu begeistern sind, darum gerade ist es dem Rassenfremdling so leicht gelungen, unser Volk zu zerreißen, in feindliche Lager zu spalten und zur Ohnmacht zu verdammen, auf der er seine Herrschaft schrankenlos aufbaut!

Wenn der kleine begeisterte Kämpfer und Mahner, unser Wochenblatt »Der eiserne Besen«, verrostet der müden Hand entsinkt und damit der letzte Widerstand gebrochen ist, der den Salzburger Juden seit 1923 sich entgegenstemmte, dann ist der Weg zum Triumph wie in allen anderen Landesstädten offen. Dann wird sich der jüdische Rachegeist auch in der Mozartstadt ohne Gnade und Erbarmen austoben.

Die Kaufmannschaft und unser Gewerbestand mögen über diese Auffassung nicht lächeln oder achtlos hinweggehen. Es geht um ihre Existenz und um das Wohl der kommenden Geschlechter!
Darum verlangen wir von jedem Einzelnen Verständnis in diesem Ringen und das kleine Opfer, unser Bezieher zu werden und zu bleiben.
Anzeigen (Inserate) sind zur Sicherung unseres Bestandes nötig und diese verdienen wir mehr als jede andere Zeitung! Treue um Treue!
Die Verwaltung und Schriftleitung.

An die Beamten, Angestellten und Arbeiter

ergeht hiemit gleichfalls das dringende Ersuchen, sich der Gefahr bewusst zu werden, in welcher unser gesamtes Volk schwebt, wenn es dem Judentum gelingt, den ganzen Groß- und Kleinhandel an sich zu reißen und ihn zu einem *Monopol der jüdischen Rasse* zu machen. Dann lasset jede Hoffnung sinken, daß jemals ein christlicher deutscher Mensch noch etwas anderes werden kann als ein *Diener* und *Knecht* der Fremdlinge. Vorbei ist dann die Hoffnung auf die Zukunft unserer Kinder, sie kommen aus dem Proletariat nicht mehr empor zu einer Selbständigkeit und werden die untergeordnetsten Stellen und schlecht bezahltesten Posten im Dienste des Judentums erhalten, weil auch die besseren Stellungen von den Isidors und Moritzls besetzt werden. *Dienstboten werden unsere Töchter und Hausknechte unsere Söhne* sein, für die der Jude die Entlohnung und die Preise für alle Waren diktieren wird.

Dann hat der Beamte, Angestellte und Arbeiter samt seinen Angehörigen das Los, das er sich selbst bereitete, weil er meinte, ihn ginge der Kampf gegen das jüdische Händlertum nichts an und der könne sein verdientes Geld ohne Schaden und Gefahr zu diesen hintragen, dieweilen der Volks- und Blutgenosse erbärmlich zugrunde geht! Dann ist der Fluch der bösen Tat eine Tatsache, die fortzeugend nur Böses kann gebären!

Die Aufklärung muß von Mann zu Mann, von Frau zu Frau, in alle Behausungen getragen werden, damit unser Volk erwacht, sehend wird und die Riesengefahr erkennt, in der es schwebt.

Einer unterstütze den anderen in diesem Aufklärungsdienst, dann zeigen sich bestimmt bald die Früchte und Erfolge dieser Arbeit.

Dann wird überall wieder Lebensmut und Widerstandsgeist einziehen, der die Fahne entrollt, welche dem Befreiungskampfe als Symbol voranflattert.

KEINER STEHE ABSEITS, KAUFMANN UND HANDWERKER, BEAMTER, ANGESTELLTER UND ARBEITER, WIR RUFEN EUCH, DENN ES GEHT UM EURE EXISTENZ UND HEIMAT, UM STELLUNG UND ARBEITSPLATZ, UM
Freiheit und Brot!
Unsere Parole lautet unabänderlich:

Den Kopf hoch, das Banner hinaus,
Trotz Heulen und Sturmeswettern,
Die Hand aufs Herz, wir harren aus,
Bis daß die Blitze uns zerschmettern!

Dokument B:

(Der Eiserne Besen, 20. 2. 1931. S. 5.)

SALZBURGER RUNDSCHAU.
ZU DEN WAHLEN

Die kommenden Ereignisse werfen ihre Schatten voraus und Gemeinderatswahlen sind für unsere Stadt immerhin ein Ereignis, weil es sich darum handelt, dafür zu sorgen, daß alter Modergeruch verschwindet und frische Luft in die Rathausstube einzieht. Als das letzte Mal 2 Herren vom »Ständebund« einzogen, da war eine konsequente Opposition endlich vorhanden, die sich gegen die Schuldenlawine stemmte, die unaufhaltsam heranrollte. Der »Ständebund« geht nun diesmal mit dem »Heimatblock« und kann seine Stellung leicht verdoppeln, wenn er mit seinem Partner allein bleibt. Geht er mit den »Großdeutschen und Anhang« in eine gemeinsame Gruppe und Fraktion, dann ist die Opposition begraben, weil letztere Partei im Gemeinderat Regierungspartei ist und es kommen dann nur die »Nationalsozialisten« (Hitlerbewegung) in Frage, welche auch in Salzburg – wie in Klagenfurt – einmarschieren werden. Für diese Partei kann sich die Ziffer 4 bis 6 Mann ergeben und der »Ständebund-Heimatblock« ähnlich an der Zahl. Auf diese Weise kann man das Schicksal der »Großdeutschen« und ihrer Hospitanten leicht errechnen. Die bisher 10 Mann würden ganz sicher auf die Hälfte reduziert, welche Anzahl sie auch erreichen können, wenn sie ohne Bleigewichtler in den Kampf ziehen und keine Mandate mehr wie bisher verschenken.

Es ist immerhin möglich, daß die nationalen freiheitlichen Gruppen im neuen Gemeinderat bei einem getrennten Aufmarsch 12 bis 15 Mandate heimbringen und auf diese Weise stärker würden, als die Marxisten oder Christlichsozialen! Daß für die Großdeutschen ihre bisherigen Partner kein Aktivposten mehr sind, werden sie ja schon lange wissen, da diese Gruppe ganz außerstande ist, allein im Lande einen Kampf zu führen und im Volke derart abgewirtschaftet hat, daß keine 500 Stimmen in Stadt und Land aufgebracht werden können. Wenn die Großdeutschen nicht von allen guten Geistern verlassen sind, dann verlangen sie von dem kleinen Rest der Schulzleite sofortigen Eintritt in die Partei und Aufgabe einer nicht vorhandenen selbständigen Partei, oder sie halten sich vollkommen ferne von allen Anhängseln, die der Partei keinen Nutzen, sondern höchstens nur Schaden bringen können. Das kleine bedeutungslose Schulzgrüppchen hat sich mit allen Bewegungen durch ihr Vorgehen überworfen und die Großdeutschen werden noch wissen, wer ihnen die »Unglückshafengeschichte« damals eingebrockt hat! Nun kommt für alle Antisemiten und wirklichen Nationalsozialisten die Stunde der Vergeltung für alle Besudlungen, Beschmutzungen die Jahre hindurch. Es wird ein gründliches Aufräumen werden!

Dokument C:

SVBl. 23. 3. 1931. S. 4.

DIE N.S.D.A.P. (HITLER-BEWEGUNG) – Listenführer Landes-Alpinspektor Dr. Ing. Erich Saffert – sagt in einem massenhaft verteilten Flugblatt u. a.:

Das Budget der Stadtgemeinde Salzburg liegt in Wien beim Obersten Rechnungshof und hat dort bekanntlich das größte Mißfallen und Bedenken ausgelöst. Merkwürdig, wir hatten doch in den letzten vier Jahren die schönste Eintracht in der Gemeindestube. Bei Ruhe und Ordnung hat man sachliche Arbeit leisten können – und trotzdem dieser Misserfolg? Jawohl, es wurde sachlich gearbeitet! Gemeindewohnungen wurden nach dem Parteiproporz vergeben, ein Parteibuch-Beamtentum großgezüchtet, Freunderlwirtschaft getrieben, das Gemeindevermögen verwirtschaftet und als letzte Weisheit: Anleihen aufgenommen! ... Die Hitler-Bewegung wird diesen Herren unangenehm werden! Wir werden Protektion und Freunderlwirtschaft wieder als unehrenhaft in das Begriffsregister der Gemeindestube einführen, während sie heute zum fachtechnischen Requisit gehören.

Wir fordern: Mehr Verantwortung! Der Schildbürgerstreich des Festspielhausbaues, das Defizit von mehreren hunderttausend Schillingen bei der eigenen Autobuslinie zeigen, dass anstelle der schönsten parlamentarischen Mehrheiten verantwortliche Persönlichkeiten zu treten haben. Zielbewusste Vereinfachung der Verwaltung und Betriebsführung! Hiedurch wird zweckmäßige Sparsamkeit ermöglicht. Kräftige Revision der obersten unverdient hohen (?) Beamtengehälter zugunsten der kleinen Beamten und Gemeindearbeiter! (Die geistige Arbeit scheint nicht hoch im Kurs zu stehen. Die Red.) Das Parteibuch muß weg, entscheidend haben nur Charakter und Fähigkeiten zu sein! Die Höchstzahl der Bürgermeister ist mit drei festzulegen, die Bezüge sind wesentlich zu reduzieren! Das Diätentrinkgeld der Gemeinderäte muß abgeschafft werden! Stützung des heimischen Gewerbes! Berücksichtigung bei Arbeitsvergebung, Strompreisermäßigungen usw. Wir verurteilen die Vergebung des Elektrizitätswerkes an eine privatkapitalistische Gesellschaft, die nach Profitgrundsätzen arbeitet und fordern die ehebaldigste Rückgewinnung von der Weag! Hebung des Fremdenverkehrs! Vor einiger Zeit war man nahe daran, dem Juden Veith Teile des Mönchsberges mit der Monikapforte zu verschachern. Dieselbe führende Persönlichkeit, die mit diesem Projekt liebäugelte, denkt auch daran, Max Reinhardt das Bad Leopoldskron abzutreten. Dafür soll auf Reinhardtschen

Gründen ein neues Bad ausgebaggert werden, das zirka 2.000.000 S erfordern würde. Wir aber sagen: die Naturschönheiten sind der Anziehungspunkt für die Fremden! Diese müssen geschützt werden, der widerliche Reinhardt-Kult muß ein Ende finden. Reinhardt macht einen Monat lang Festsspiele, dafür erhält er 100.000 S. Das ist eine einfache Rechnung, ein klares Geschäft. Submissionsbezeugungen sind überflüssig und entehrend. Als alleiniger Grundsatz gilt der Satz: Gemeinnutz vor Eigennutz!

Dokument D:

(Der Eiserne Besen, 27. 3. 1931. S. 13.)

JUDENTERROR IN SALZBURG!
MAX DREIFUSS UND GENOSSEN!

Als wir vor mehreren Monaten die Salzburger Judenführer und die Gründung der »*Union Österreichischer Juden*« in Salzburg unseren Lesern mitteilten, wobei wir bekannt gaben, daß der jüdische Schneider *Max Köhler-Kohn* in der *Dreifaltigkeitsgasse* (neben »Münchner Hof«) der *Obmann* ist, da lächelte vielleicht so mancher Bürger über den »alten Max« und machte sich weiter keinerlei Sorge! Aber es ist im Leben nichts neues, daß sich unter Schafpelzen manch reißender Löwe verbirgt! Hiefür sind hunderte Beweise da!

Die »Zusammenfassung jüdischer Energien« und die »Organisierung des Widerstandes« wurde vom neuen schwarzbärtigen Rabbiner in Salzburg angekündigt, als er sein Amt hierorts antrat.

Wir wußten schon damals, daß das Judentum damit die weitere *Eroberung unserer Stadt* meint und sich zu einem einflussreichen, tonangebenden Faktor emporschwingen wolle!

Ein Geschehnis von entsetzlicher Unerhörtheit, von einer Frechheit, wie sie nie dagewesen ist und die jedes Spießergehirn zum Nachdenken anregen muß, hat sich – wie wir voraussagten – vor 14 Tagen in unserer Stadt abgespielt.

Es hat sich folgendes zugetragen:

Im Kaffee Lohr am Platzl ist seit einigen Jahren ein Pächter namens Schluschni, der von Wien kam und sich in die hiesigen Verhältnisse noch nicht eingelebt zu haben scheint, weil er den fremdrassigen stadtfremden Gästen allem Anschein mehr Beachtung zuwendet und auf diese minderwertige orientalische Mischrasse mit ihrer moralischen Verkommenheit mehr Rücksicht nimmt, als auf seine arischen, deutsch-christlichen Stammgäste, deren Gesinnung er ja schon kennen müßte!

Als Oberkellner ist in diesem Geschäfte ein Herr Pohl seit Jahren zur Zufriedenheit der Gäste beschäftigt und allgemein beliebt. Dieser Mann hat sich nun mit vielen anderen seines Berufes der roten »Arbeiterkostgänger-(Sekretäre)Organisation« entzogen und ist national geworden.

Als völkisch organisierter Arbeitnehmer hat er nun gemeint, er könne von seinem ihm staats-

grundgesetzlich zugesicherten Recht der politischen Betätigung freien Gebrauch machen und als Wähler auch auf eine nationale, keineswegs allzu sehr antisemitische Liste sich aufstellen lassen!
Doch der Arier denkt und der Hebräer lenkt!
Kaum stand der Name des Oberkellners Pohl auf der Kandidatenliste in den Zeitungen, so wurden die »koscheren« Gäste im »Lohr« von einer Makkabäerwut ergriffen und bezeichneten die Handlungsweise des »Ober« als eine hakenkreuzlerische Provokation. Wozu wir bemerken, daß die Gruppe, bei der Herr Pohl an 10. Stelle kandidiert keineswegs hakenkreuzlerisch ist!
Der hiesige jüdische Mehlagent Max Dreifuß, Haydnstraße 5, ist die treibende Kraft in der »jüdischen Union« und als Gast im »Lohr« rannte er sofort zum Herrn Schluschni und protestierte gegen die Kandidatur des Herrn Oberkellners Pohl namens der Salzburger Jüden, die zum Teil ihren »Schwarzen« im »Lohr« schlürfen! Herr Schluschni ist allem Anschein nichts anderes als ein Cafetier, hat keinerlei Gesinnung oder eine Weltanschauung, kennt nur die Gäste, und das politische Leben ist ihm wurst.

Wenn Österreich eine Beute der Rafferhorde wird, wenn alles ringsum in einem Trümmerhaufen zusammenbricht, das Kaffee Lohr und Herr Schluschni bleiben nach seiner Ansicht als ragende Säulen unversehrt von allen Stürmen stehen!

Also sprach er nach des Dreifuß' Vorstellungen zu seinem Oberkellner: *»Herr Pohl, entweder Sie widerrufen in den Zeitungen sofort die Kandidatur oder verlassen mein Geschäft!«*

Am nächsten Tag erfolgte die rekommandierte, schriftliche Kündigung und ein braver deutscher »Ober« wurde das Opfer jüdischer Unduldsamkeit!

Es scheinen keinerlei Interventionen von mehreren Seiten bei Herrn Schluschni etwas genützt zu haben! Er bleibt der Vollstrecker jüdischen Willens und der gehorsame Diener des Juden Dreifuß sowie der »Union« der Salzburger Hebräer!

Die Staatspolizei, welcher der Fall zu Ohren kam, hat den Herrn Cafetier einvernommen, ob es sich in diesem Falle nicht um eine Erpressung und Übertretung des Antiterrorgesetzes handle.

Herr Schluschni wollte den Juden Max Dreifuß als Menschen hinstellen, der bloß seine Meinung und einen Wunsch geäußert habe. Doch als der Jude selbst zur Polizei musste, gestand er ohne alle Umschweife oder Ausflüchte, daß er eine kategorische Maßnahme vom Kaffeehausinhaber gegen den Oberkellner, »der unser Gegner ist und dies öffentlich zeigt« verlangt und gefordert habe! Dies sei sein Recht, einen Gegner zu bekämpfen und hiebei alle Mittel anzuwenden.

In diesem Falle hatte der Jude weitaus mehr Courage und Mut, als der Herr Arier, denn ersterer nimmt den Standpunkt der »Herrn« ein, dieweilen der andere den »ergebensten Diener« spielt. Diese Rolle würden wir nicht spielen wollen, denn sie wäre für uns eine unwürdige!

Der Fall wurde von der Polizeidirektion der Staatsanwaltschaft abgetreten und diese wird nach Untersuchung gegen den Juden und den Herrn Cafetier Anklage erheben müssen.

Wir rechnen damit, daß es zumindest in Salzburg keine »Gefesselte Justiz« gibt!

Dokument E:

(SVBl. 28. 3. 1931, S. 8).

VON DER NATIONALSOZIALISTISCHEN DEUTSCHEN ARBEITERPARTEI (HITLERBEWEGUNG)
WERDEN WIR UM AUFNAHME DIESER ENTGEGNUNG ERSUCHT

Die deutsche nationalsozialistische Arbeiterpartei (Schulzgruppe) griff unsere Bewegung in einer Weise an, daß wir die Antwort nicht schuldig bleiben können, obwohl wir unseren gemeinsamen Gegnern dieses Vergnügen gerne vorenthalten hätten. Dieselbe Partei aber, die uns vorwirft, daß wir den Wahlkampf nur gegen unsere Volksgenossen schüren, die Juden und Marxisten aber dabei gut wegkämen, widmet ihren Artikel vor allem unserer Partei. Warum handelt sie nicht im Sinne ihrer eigenen Kritik und widerlegt etwa die Gemeindepolitik der Marxisten und Schwarzen? Aber nichts von dem ist zu bemerken!

Wir sind allerdings nicht gewillt, jene Gruppen zu schonen, die sich durch ihre kompromißlerische Art schützend um den Marxismus legen, obwohl unstreitig die Schulzrichtung die gehässige Form in den Wahlkampf getragen hat. Eine solche Partei, die sich aber nur im »Flugzetteln« betätigt, braucht natürlich auch keinen Saalschutz. Sie ging ferner daran, über unsere Sturmabteilungen gänzlich irrige Anschauungen zu verbreiten. Wer wird annehmen wollen, daß unsere S.A.-Leute zum Vergnügen Saalschlachten liefern und dabei Leben und Gesundheit aufs Spiel setzen? Aber Gewalt kann nur durch Gewalt gebrochen werden und um unserer Idee zum Siege zu verhelfen, ist uns kein Opfer zu groß!

Wie steht es nun mit den angeblich »unrichtigen Voraussetzungen«, auf denen der Inhalt unserer Flugblätter fußen soll? Wir haben zum Glück einiges Material lagernd. So schrieb das »Salzburger Volksblatt« am 18. Februar 1931: »Die Kontrolle des Gemeindehaushaltes: wie kürzlich berichtet, wurde die Gebarung der Stadtgemeinde durch den Ersparungskommissär Lipscher einer eingehenden Kontrolle unterzogen. Die Überprüfung, die im Laufe dieser Woche beendet wird, erstreckt sich mit Ausnahme des Elektrizitätswerkes auf sämtliche städtische Betriebe ... Über das Ergebnis, das für die Stadtgemeinde nicht in allen Belangen erfreulich ist, wird in etwa 2 Monaten ... ein Bericht zur Verlautbarung gelangen.« Bezüglich Leopoldskron: Wir haben niemals behauptet, daß die Gemeinderatsmehrheit für dieses Projekt eingestellt sei, sondern nur, daß eine führende Persönlichkeit damit sympathisiere, und das ist Tatsache. »Die Stadtväter beschließen: Wir kaufen die Arenberggründe und versuchen (die Schulzgruppe verfälscht den Sinn durch das kleine Wörtchen »um«) dort jüdische Kunstgrößen anzusiedeln.« So schrieben wir in unseren Plakaten; ist der Versuch etwa nicht unternommen worden? Wir wollen hier auch nicht untersuchen, nach welcher Vorgeschichte das Strubklammwerk an die WEAG gekommen ist. Aber das eine steht für uns fest, daß alle Unternehmungen, die vorwiegend auf dem Reichtum der Natur und Kultur beruhen, der Allgemeinheit gehören müssen und nicht Einzelnen zur Bereicherung dienen dürfen. Sollten unsere Stadtväter tatsächlich außerstande sein, sich mit der Direktion der WEAG zu messen, die außerdem noch einen schönen, bürgerlichen Gewinn einsteckt, dann sollen sie in Erkenntnis ihrer Unfähigkeit, auf die weitere Lenkung der Stadtgemeinde verzichten. »Ohne Geld kann man nicht bauen«. Man kann aber auch variierend sagen: Man kann mit viel Geld nichts bauen, zumindest nichts Wertbeständiges. Mag sein, daß gelegentlich ein Produktivkredit – der mehr Werte bringt als er uns kostet – gerechtfertigt ist. Ganz zu verwerfen sind aber alle Anleihen, die den Zusammenbruch des heutigen Systems hinausschieben sollen und dazu bestimmt sind, Defizite zu decken. Erst nachdem dies geschehen ist, führt man einen geringen Rest der produktiven Werteschaffung zu, aus Popularitätsgründen. So kommt ein Volk in Zinsknechtschaft.

Das sind einige Grundanschauungen der Hitlerbewegung, die sich gar nicht so schlecht bewährt haben, als dies manche Gegner darstellen. Bekanntlich fand kürzlich in Braunschweig, das eine nationalsozialistische Regierung hat, eine Neuwahl statt, die einen großen Erfolg der Hitlerbewegung darstellt. Das beweist, daß die Bevölkerung mit unserer Arbeit zufrieden ist, und Thüringen wird bei der kommenden Neuwahl denselben Beweis erbringen. Wenn auch die Schulzgruppe manche Forderung der Hitlerbewegung vertreten hat, so kann ihr doch nicht der Vorwurf erspart werden, daß sie das nicht in der richtigen Weise getan hat. Wenn man sie niedergestimmt hatte, war es ihre Pflicht, das für richtig Erkannte durch Massenversammlungen ins Volk zu tragen. Das ist keine »Demagogie«, sondern verhilft nur der Wahrheit zum Siege. So hält es die Hitlerbewegung. Man mag uns anfeinden wie man will, die morgige Wahl wird es beweisen: Viel Feinde, viel Ehr!

Dokument F

<u>Zl.15.63019–30.</u> Salzburg, am 21.Jänner 1931.

Betr.: Nat.soz.deutsch.Arbeiterpartei (Hitlerbewegung), öffentliche Versammlung im Kurhaus.

An die

Landesamtsdirektion
in <u>Salzburg.</u>

Am 20./1.1931 um 8 Uhr abds. fand eine von der Nat.soz.deutsch. Arbeiterpartei (Hitlerbewegung) einberufene Versammlung im Kurhaus statt, die von ca. 450 Personen besucht war. Vor der Versammlung fand ein Werbemarsch der Sportabteilung und des Spielmannzuges der N.S.D.A.P. statt, an dem sich 42 Mann beteiligten.

Den Vorsitz in der Versammlung führte Magistratsamtsrat Franz H e g e r, 27./6.1896 in Bad-Gastein geb., Salzburg zust., r. kath., verh., Maxglan, Weizensteinerstr. Nr. 3 wohnhaft, der in seiner Einleitungsrede eines Parteimitgliedes in Deutschland gedachte, das von Kommunisten meuchlings ermordet wurde. Er forderte die Versammlungsteilnehmer auf zum Zeichen der Trauer sich von den Sitzen zu erheben. Die Anwesenden, ca. 20, Kommunisten blieben sitzen, trotzdem sie von Versammlungsteilnehmern aufgefordert wurden aufzustehen. Heger kam sodann auf seinen Ehrenbeleidigungsprozess gegen Hell und Schlamm zu sprechen und bezeichnete es als eine Feigheit, dass sich Abgeordnete hinter ihre Immunität verschanzen und andere Menschen ungestraft »beflegeln.« Der Salzburger Landtag habe ihm auf sein Auslieferungsbegehren geantwortet, dass es in dem üblichen Wirkungskreis der Abgeordneten gehöre derartige Ausdrücke zu gebrauchen.

Bezüglich eines in der christl.soz. Salzburger Tagespresse »Die Salzburger-Chronik« (17./1.1931) erschienen Artikels »Katholizismus und Nationalismus« erklärte der Vorsitzende, dass die christl.soz. Partei kein Recht habe sich als Beschützer der Religion aufzuspielen, da es mit ihr möglich ist, auf Berlin den Sitz des Gottlosenverbandes zu verlegen.

Als Referent war der Gauleiter Eduard F r a u e n f e l d, Schriftsteller, aus Wien erschienen, der über das Thema »der Freiheitskampf am Höhepunkt« sprach. Eingangs seines Referates streifte er das Republikschutzgesetz des deutschen Reiches und erklärte, dass ein solches gottlob in Oesterreich nicht bestehe und man die Herren Machthaber mit ihren gebührenden Titeln bezeichnen kann. Jedenfalls aber würde man, wenn man einen dieser Herren mit Esel bezeichnet mit dem Tierschutzverein in Konflikt geraten. Er kam sodann auf den Aufbau der Partei zu sprechen und sagte, dass man zuerst mit dem Schutt und Mist aufräumen müsse, um ein festes Fundament schaffen zu können. Die marxistischen Parteien, die sich mit dem Pacifismus befassen, haben kein Recht, Anspruch auf den Aufbau des Vaterlandes zu erheben. Ebenso ist auch der Paneuropagedanke, den der mongolische Halbaffe Graf Calergi-Coudenhove predigt und dem die Marxisten huldigen, ein Wahnsinn, denn die einem Volke gezogenen Grenzen bilden auch die Begrenzung für das Schicksal dieser Nation. Die von den Marxisten gepredigte Solidarität wird niemals Verwirklichung finden, denn kein Marxist einer anderen Nation wird bereit sein zum Wohle des dummen deutschen Marxisten zu hungern. Der beste Beweis dafür ist der Kuliaufstand in Indien, der von der sozialistischen englischen MacDonald-Regierung mit Maschinengewehren unterdrückt wurde.

Die soz.dem. Partei macht sich über die christl.soz. Partei lustig, dass diese angeblich einen Wechsel auf das Jenseits ihren Wählern gibt, von dem man nicht weiss, ob er von Gott eingelöst wird. Die S.P. hat aber keinen Grund dazu, denn auch sie wird niemals ihr Versprechen, die »Freiheit der Arbeiterschaft« zu erringen, erfüllen können. In der heutigen Zeit spricht man sehr viel vom Weltgewissen. Dieses Gewissen rührt sich aber nicht, wenn hunderte Deutsche durch fremdrassige Verseuchung und diktierte Not dem Verderben und dem Tode preisgegeben werden, wohl aber dann, wenn man einen Judenstämmling eine Watsche versetzt. Das Problem der Arbeitslosigkeit kann weder durch Pacifismus noch Paneuropa oder durch die Industrialisierung gesteuert werden, sondern nur dadurch, dass man den Arbeiter wieder zur Arbeit erzieht. In diesem Falle wäre die Einführung der Arbeitsdienstpflicht eine der besten Lösungen. Ausserdem wäre eine Verminderung der Arbeitslosen zu erzielen, wenn man aus Wien, dem Neu-Palästina an der Donau, die vielen tausende Juden wieder ausweisen würde. Davon spricht aber weder die soz.dem., noch die christl.soz. Partei, denn beide haben in ihrer Führung jüdische Bonzen. Die christl.soz. Partei hat Österreich mit dem Juden Kienbock als Finanzminister beglückt, während Vaugoin einen Sektionschef Eck und der brave Ignaz als finanziellen Berater den Juden Kuhnwald an seiner Seite hatte.

Der aufgezwungene Klassenkampf ist eine Utopie, denn die Wesensart in einer Nation bleibt sich gleich bei hoch und nieder. Einen Unterschied zwischen einem anständigen Juden mag nur Dr. Steidle erkennen, der den Juden als anständig bezeichnet, der ihm Geld gibt. Die Wirtschaftsnot wächst unaufhörlich. Fremdrassig und fremdnationale Elemente machen sich im deutschen Volke breit, während der heimische Arbeiter im Ausland oder in der Fremdenlegion dem Verderben entgegengehen muss. Dafür lässt sich ein österreichischer Staatsmann das Kreuz der Ehrenlegion in Paris verleihen. Wir Nationalsozialisten stehen auf dem Standpunkt, dass kein deutscher Staatsmann diese Auszeichnung zu tragen hat, solange deutsche Volksgruppen im Auslande verrecken, oder im Inlande durch ausländisches Diktat ein Elendsdasein fristen müssen. Der Marxismus, dessen Bonzen nicht für das Arbeiten, dafür umsomehr für das Fressen sind, sorgt auch, dass das Volk durch die Verbreitung geistiger Lues auch geistig zu Grunde gerichtet wird.

Dafür aber ist Herr Schober weitgehendst entgegenkommend und lässt sich die Uniformen für seine Polizei von Herrn Siegl Bosel liefern. Er hat sich nach rechts und nach links gesichert, indem er auf der einen Seite den Sozialdemokraten ein freundlich Gesicht zeigte, auf der anderen Seite den Christlichsozialen grösstes Entgegenkommen bewies.

Mit der christl.soz. Partei ist das Wort Korruption unzertrennlich. Ein krasser Fall ist der Bundesbahnskandal, der gezeigt hat, dass man nicht nur Maschinen, sondern auch Direktoren schmiert.

Die christl.soz. Partei mit ihrem Wurmfortsatz, der Grossdeutschen Volkspartei, hat ihren Vorläufer Lueger hundertemale verraten.

Ebenso wie die Grossdeutschen Schönerer und die Sozialdemokraten Bernersdorfer. In einem Paneuropakongress hat einst Seipel gesprochen, während er am nächsten Tag bei einer Wimpelweihe der Heimwehr ebenfalls eine Ansprache hielt. Wenn er die für diese Versammlung bestimmten Konzepte verwechselt hätte, so wäre er in beiden Versammlungen verhauen worden. Man sieht daraus die Zwiespältigkeit der Ansichten dieses Staatsmannes. Einen grossen Verrat übte auch der unselige Prälat Hauser, der dem letzten österr. Kaiser, Karl I., versicherte, dass die christl.soz. Partei hinter ihm und dem Herrscherhaus stehe, während diese Partei im November 1918 gemeinsam mit den Marxisten für die Republik stimmte und dadurch Kaiser und Herrscherhaus stürzte. Als Ersatz für die ruhmreiche österr. Armee schufen diese Volksverräter die ehem. Volkswehr, die unter Kommando des heutigen christl.soz. H.W.Führers Major Fey das Haus des Juden Rotschild in Wien bewachte, während man die heimische Bevölkerung der Willkür dieser Rotgardisten preisgab. Die Christl.Soz. haben keinen Grund uns Religionsfeindlichkeit in die Schuhe zu schieben, denn so gute Christen wie Ahrer und Kienböck sind wir auch. Diese Partei hat nur den Namen Gott dazu missbraucht, um einen Mantel über ihre schmutzigen Geschäfte breiten zu können.

Die Grossdeutsche Volkspartei hat ihren Nationalismus Lügen gestraft. Der Justizminister hat dem Hochverräter Belauhn in Steinhof ein auskämmliches Internat geschaffen, Justizminister Slama hat den Juden Halsmann begnadigt, der Gesandte Frank hat eine Jüdin Levit geheiratet. Diese Partei predigt Ruhe und Ordnung, damit ruhig weitergestohlen werden kann.

Die Heimatwehr, einst durchdrungen von hohen Zielen, wurde verseucht, als sie von den Alpen in die Donauebenen hinunterstieg. Sie hat an Wert verloren, als sie sich als politische Partei entpuppte.

Wenn Starhemberg Vaugoin als den Mann der starken Hand begrüsst, so bezeichnen wir Vaugoin als den Mann des schwarzen Terrors.

Wäre die Heimatwehr bei ihren ursprünglichen Zielen geblieben und hätten die Führer nicht so hochtrabende Worte gebraucht, die sie in der nächsten Viertelstunde widerriefen, dann hätte eine gemeinsame Front mit der N.S.D.A.P. geschaffen werden können und es würden heute 16 Nationalsozialisten als Nationalräte im Parlamente sitzen und die Möglichkeit haben ein ausschlaggebendes Wort zu sprechen.

Er erklärte, dass die N.S.D.A.P. als Kampfbewegung bereits führend in Oesterreich geworden ist. Der erste grosse Erfolg war die Durchsetzung des Aufführungsverbotes für den Remarque-Film. Wenn die Partei so weiterarbeitet, dann wird sie bei den nächsten Wahlen auf Erfolge rechnen können und den derzeitigen parlamentarischen Parteien ihr schmutziges Handwerk legen. Mit einem Appell an die Versammlungsteilnehmer, sich fest um die Hakenkreuzfahne zu scharren und am Aufbau des Vaterlandes mitzuwirken, schloss er um 10 1/4 Uhr sein Referat.

Als Debattenrednerin meldete sich die Stimmpädagogin Hermine S c h l e c h t e r, 21. 1. 1893 Steyr geb., Wien zust., r. kath., 1., Schrannengasse Nr. 11 wh., zum Worte, die als Mitglied der österreichischen Volkspartei und des Verbandes der Sparer und Kleinrentner die Frage stellte, was die N.S.D.A.P. in dieser Angelegenheit zu tun gedenke. Sie erklärte, dass sich kein einziger arischer Mandatar oder Staatsmann gefunden habe, der sich für diese Opfer verwendete. Sie waren daher gezwungen den Juden Dr. Zahlmann als ihren Führer zu nehmen, dem bereits grosse Verdienste in dieser Hinsicht zukommen.

Als zweiter Debattenredner trat ein Heimwehrführer aus Schwarzach-St.Veit auf, der zwar die N.S.D.A.P begrüsste, aber sich dagegen verwahrte, dass der Referent die H.W. herabsetze. Die H.W. war die einzige Bewegung, die den Bolschewismus in Oesterreich aufgehalten habe. Wäre die nicht gewesen, dann gäbe es heute kein Antiterrorgesetz und keine Verfassungsreform. Die 8 Mandatare haben den Mut aufgebracht Anträge einzubringen, die Bezüge der Nationalräte herabzusetzen. Am 15. Julie 1927, als Dr. Otto Bauer Seipel zwang zurückzutreten, war es die H.W., die geschlossen hinter dem Bundeskanzler Seipel stand. Die Heimatwehr hat restloses Vertrauen zu ihrem Bundesführer Starhemberg (Pfui-Nieder mit Starhemberg-Rufe).

Hierauf ergriff der Referent das Schlusswort und erwiderte auf die Anfrage der Stimmpädagogin Schlechter, dass die N.S.D.A.P. mit der Besserung der allgemeinen Lage des Volkes auch eine Besserung der Kleinrentner und Sparer erreichen wird. Sie habe keine Möglichkeit, ihre Kräfte mit der Lösung von Einzelfragen zu verzetteln, da sonst das grosse Ziel leiden würde. Bezüglich des Dr. Zahlmann sagte er, dass sich die Kleinrentner nicht einbilden sollen, dass ein Jude um ihretwegen die Führung übernommen hat. Die Heimatwehr hat 3 Jahre lang den Marsch auf Wien angekündigt, ihn immer aber wieder vom Programme abgesetzt. Starhemberg erklärte, das Ruder nie aus der Hand zu geben, dafür flog er aber von der Regierung hinaus. Die Legende vom 15. Juli entspricht nicht ganz den Tatsachen, da es nicht die H.W. allein war, die damals den Strassenterror gebrochen hat, sondern zum Grossteil andere nationale Verbände und Gewerkschaften. Ausserdem hat die H.W. von heute nichts gemein mit der damaligen. Die Macht des Marxismus zu brechen ist ihr nicht gelungen, dafür aber die schlafenden Bürgerlichen etwas wachzurütteln. Man könne einen Heimwehrmann grün lackieren wie man will, sein Herz bleibt trotzdem rot, wenn man ihn so gewinnen will, wie man es bei der Alpine-Montan gemacht hat. Der Faschisten-Meineid von Korneuburg ist eine von der N.S.D.A.P. entliehene These. Die von der H.W. in der Verfassungsreform erzielten neuen und umgeänderten Gesetze bedeuten teilweise eine Verschlechterung gegen die früheren, wie z.Bsp. das Pressgesetz, das heute schon wieder reformbedürftig ist. Die ganze Verfassungsreform ist ein Stümperwerk. Starhemberg selbst ist ein äusserst idealer und ehrlicher Mann, verlor aber an Wert, als er sich von seiner Umgebung zu viel beeinflussen liess und von ihr betrogen wurde. Der Heimwehrminister Starhemberg hat zur Anfrage betreffend die Einreiseerlaubnis Hitlers erklärt, er könne das als Minister nicht allein machen. Wenn er eben ein Minister ohne Portefeuille ist, dann soll er auf den Ministersessel verzichten. Derselbe Minister hat im Oktober 1930 bei der Kärntner-Befreiungsfeier ein Aufmarschverbot herausgegeben, das aber nur für die N.S.D.A.P. Gültigkeit hatte, während andere Verbände geschlossen aufmarschierten. Die in losen Gruppen zum Heldenplatz ziehenden Nationalsozialisten wurden von 50 marxistischen Polizisten unter Führung des Ob.Pol.Rates Dr. Denk niedergeknüppelt und blutiggeschlagen. Die H.W. hat einst Schober als den starken Mann gepriesen, während sie ein Jahr später Karl dem Dicken huldigte und wenn der Name Schober fiel epileptische Anfälle bekam. Schober bedeutet für Oesterreich dasselbe, wie 1923 Kahr für München bedeutet hat. Die H.W. hat das Recht auf Unparteilichkeit verloren, denn sie hat sich zuviel dem schwarzen Geschmeiss an den Hals geworfen.

Mit der Absingung des Horst-Wessel-Liedes wurde die Versammlung um 11 ½ Uhr vom Vorsitzenden Franz Heger geschlossen.

Die anwesenden Gegner machten keinerlei Zwischenrufe und es kam während und nach der Versammlung zu keinen Zwischenfällen.

Die Sportabteilung und der Spielmannzug marschierten geschlossen ohne Spiel in das Vereinsheim Gasth. Mödlhammer, wo sie sich auflösten.

Der Hofrat und Polizeidirektor
Steinhäusl

Zur Kanzlei: 27.Jan.1931
27.Jan.1931
eingeschrieben:
verglic n:
bestellt:he

DOKUMENT G:

Zl.156/21–30.   Salzburg, am 4.Februar 1931.

Betr.: Nat.soz.deutsch.Arbeiter
partei (Hitlerbewegung), öffentliche Versammlung.

An die

L a n d e s a m t s d i r e k t i o n
in

S a l z b u r g.

Am 3.2.1931 um 8 Uhr abds. fand im städtischen Kurhaus eine von der Nat.soz.deutschen Arbeiterpartei (Hitlerbewegung) einberufene öffentliche Versammlung statt, die von ca. 400 Personen besucht war. Den Vorsitz in der Versammlung führte Magistrats-Amtsrat Franz H e g e r, 27.6.1986 in Badgastein geb., Salzburg zust., Weizensteinerstrasse Nr.3 wohnhaft, der in seinen einleitenden Worten zum Thema erklärte, dass es nicht nötig sei in einer derartig wirtschaftlichen Notlage sich zu befinden, wenn die österreichischen Regierungen, Regierungen des Mutes und der Tat gewesen wären, anstatt vor den roten und jüdischen Bonzen im Staube zu kriechen. Bezüglich der kommenden Gemeinderatswahlen gab der Vorsitzende der Erwartung Ausdruck, dass zum mit dem Eintritt nationalsozialistischer Gemeinderäte in der Gemeindestube mit der schwarz-roten Kuppelei endgültig Schluss werde.

Als Referent war der Gemeinderat aus Graz, Gauleiter der N.S.D.A.P. Walter Oberhaidacher erschienen, der zu dem Thema »Die österreichische Wirtschaftskrise – die Folge der österreichischen Misswirtschaft« Stellung nahm. In den Kreisen der Politiker war man stets der Ansicht, dass diese Wirtschaftskrise nur mit wirtschaftlichen Mitteln bekämpft werden könne, bis endlich der Drahtzieher Dr. Seipel erkannt hat, dass es sich dabei auch um eine politische Krise handelt. Er begann sodann seine bekannten Vortragsreisen in das Ausland zu unternehmen. Die Not in Oesterreich steigt immens, während die öffentliche Hand, unsere Regierung, keine Not fühlt, nichts für die Not des Volkes tut, dafür aber den Ausgaben des Staatshaushaltes keine Grenzen setzt, so dass Oesterreich heute an zweiter Stelle in Europa steht, in Bezug auf die Höhe der Ausgaben in der Staatshaushaltsführung.

Um diesen enormen Anforderungen gerecht zu werden presst der Staat das werktätige Volk aus. Ist aus dem Volke nichts mehr zu holen, dann setzten unsere Staatsmänner ihrer verwerflichen Politik dadurch die Krone auf, dass sie in das Ausland reisen und auf Konto des österreichischen Bürgers Schulden zu machen. Die Schuldenlast für den einzelnen Kopf des Werktätigen in Oesterreich hat jährlich eine Höhe von 6.000 S erreicht und dazu noch 50 S monatliche Zinsen und Zinskosten.

Eine der schwersten Belastungen für den schaffenden Oesterreicher stellt die berühmte Schober-Investitionsanleihe vom Juni 1930 dar. Die politischen Parteien haben keinerlei Interesse dieser Krise an den Leib zu rücken, da einerseits die Marxisten an der Not des Volkes interessiert sind, damit es in ihrem Lager verbleibe, andererseits aber die Bürgerlichen zu faul sind, sich eigene Gedanken zu machen. Dadurch ist die Wirtschaftskrise in Österreich auch eine Geisteskrise geworden. Im heutigen Staate sind zwei Gruppen Menschen zu unterscheiden und zwar jene, die verdienen und jene die dienen. Ein Heer von Doppel- und Mehrfachverdienern macht sich breit. Die hohen Amtsstellen in den österr. Ministerien erinnern ihr Volk ständig an das Sparen, während man oben skrupellos mit dem sauerverdienten und erarbeiteten Steuergelde des Volkes Orgien feiert. Das Oesterreich vor dem Kriege mit seinen 52 Millionen Einwohnern hatte im ganzen 180 Ministerialräte, Sektionschefs und Sektionsräte, während das Oesterreich von heut mit seinen 6 1/2 Millionen Einwohnern 468 derartige Stellen besitzt.

Als am 15. Juli 1927 das Bundesheer gerufen wurde die Krawalle einzudämmen, erwog man den Soldaten in Zukunft bei derartigen Anlässen eine Gefahrenzulage zu gewähren. Es blieb jedoch, bei der Erwägung, die Soldaten erhielten nichts, dafür aber die Kanzleigenerale des Herrn Vaugoin – Hecht und Schiebl.

Die berühmte Juni Investitionsanleihe von 1930 weckte im österreichischen Gewerbetreibenden die Hoffnung, dass dadurch eine entsprechende Belebung und ein Aufbau der Wirtschaft erfolgen werde. Bis heute ist aber das reine Gegenteil der Fall, dann Herr Schober hat es für gut befunden zuerst den Banken ihre hungrigen Mäuler zu füllen. Wenn auch der damalige Finanzminister Juch zu dem Abzug von 2 Millionen Schilling erklärte, dies sei eine Folge, dass die Anleihe in London überzeichnet wurde, so weiss heute jeder Oesterreicher, dass dies von ihm eine bewusste Lüge und einen gemeinen Betrug am Volke darstellt. Durch diese Anleihe hat der österreichische Staat durch 27 Jahre jährlich 57 Millionen Schilling Steuergelder mehr aufzubringen.

Er besprach sodann kurz den Bau der Pack- und Tauernstrasse. Der Tag des Baubeginnes stelle für Oesterreich ein geschichtliches Ereignis dar und zwar wohl deshalb, weil an diesem Tage die Landeshauptmänner von Steiermark und Salzburg einen Spaten in der Hand hatten, was man bei diesen Herren nicht jeden Tag zu sehen bekommt. Dieser eine Spatenstich kostete 5.000 S, denn das nach dieser Zeremonie gefolgte Festessen für die an der Feier teilgenommenen Vertreter des Staates und der Länder verschlang eine Summe von 20.000 S. Der Spatenstich wurde aber nicht im Tale vollzogen, sondern oben auf der Passhöhe der Packstrasse. Es ist dies wieder ein Beweis dafür, dass unsere Politiker und Staatsmänner immer von oben aufzubauen beginnen und vergessen zuerst ein Fundament zu schaffen. Die Folge davon ist, dass mit derartigen Plänen nie ein Ziel erreicht werden kann. Ein Redner kam sodann auf die politischen Parteien zu sprechen. Bezüglich des Marxismus erklärte er, dass dessen Programmpunkt »Nieder mit dem Kapitalismus« von den Sozialdemokraten nicht ernst genommen wird. Eine Erklärung Dr. Otto Bauers, dass die österreichische Sozialdemokratie stolz darauf sei, dass gerade marxistisch verwaltete Städte und Länder am leichtesten Auslandsanleihen erhalten, beweise, dass der Marxismus nicht Feind dem Kapital sein könne, denn sonst wäre es nicht möglich von den Kapitalisten Geld zu erhalten. Auch Dr. Julius Deutsch erklärte einmal auf eine Anfrage, dass 80 Jahre Geschichte ein Nichts in der Weltgeschichte darstellen, man heute nicht verlangen könne, dass die Sozialdemokratie den Kapitalismus nach so kurzer Zeit hätte niederringen können. Dadurch wird der Prolet gezwungen sein, wie bei der christlichen Religion ebenfalls 2.000 Jahre zu warten, bis der Marxismus die Macht hat den Kapitalismus tatsächlich niederzuringen.

Die christl.soz.Partei, die mit der AUSnahme während der Aera Schober in der Regierung vertreten war, vermöchte ebenfalls nicht dieser Krise an den Leib zu rücken. Sie stellt allerdings Wechsel für das Jenseits aus, von denen man nicht weiss, ob sie eingelöst werden. Würde dem doch der Fall sein, dann wäre bestimmt der christl.soz. Defraudant Dr. Ahrer mit diesen Wechseln nach Kuba durchgebrannt. Dr. Seipel findet an dem Skandal Dr. Ahrers nichts weiter auszusetzen und könnte jederzeit österreichischer Minister werden, wenn er nicht mit einer falschen Frau nach Kuba durchgebrannt wäre. Die 5 1/2 Millionen Schilling, die jährlich dafür aufgebracht werden müssen, um das Loch, das Dr. Ahrer in das österr. Budget riss, zu stopfen, sind Dr. Seipel eine Bagatelle – eine schwere Sünde jedoch lud Dr. Ahrer dadurch auf sich, dass er mit einer anderen Frau nach Kuba ging. Eine christl.soz. Blüte ist der ehem. Landeshauptmann von Steiermark

Priesching, der die Steirer um viele Millionen betrogen und bestohlen hat. Diese christl.soz. Partei, die mit der Religion Schindluder treibt, hat am wenigsten Grund sich als die Retterin in dieser Wirtschaftskrise aufzuspielen.

Es erübrigt sich über die grossdeutsche Volkspartei zu sprechen, denn sie ist ein Aas, Aas stinkt uns zu viel und darum wollen wir darin nicht herumwühlen. Es bliebe sodann noch übrig über Schober, den Tausendsassa, der vor einem Jahre gemeint hat Oesterreich zu retten, zu sprechen. Er gleicht dem Goldmacher Tausend auf ein Haar, nur mit dem Unterschied, dass er nicht Gold zu machen versteht, wohl aber Gold aus dem Ausland zu bringen, das wir Steuerzahler für ihn bezahlen dürfen. Er verstand es alle Nationalen, die deutschen und die jüdischen Nationalen zusammen zu fassen. Es gelang ihm auch den Landbund einzufangen, der bald ersehen musste, dass er mit der Vertretung der Bauerninteressen allein nicht existieren kann. Von Dr. Schober hat Österreich schon viel Unangenehmes erlebt und wird noch Unangenehmeres erleben müssen, denn er hat sich mit den ausländischen Geldgebern zu weit eingelassen.

Die Heimatwehr hat durch ihren Hin- und Herkurs die Richtung verloren und ist heute als Machtfaktor restlos ausgeschieden.

Alle diese Parteien werden nicht vermögen der Wirtschaftskrise ein Ende zu bereiten, solange sie nur ihre Parteiinteressen vertreten.

Nach einigen abschliessenden Worten beendete er um $^1\!/_2$ 10 Uhr sein Referat:

Als Debattenrednerin meldete sich die Musikpädagogin Hermine S c h l e c h t e r , Schranneng. Nr. 11, zum Wort, die als Mitglied der österr. Volkspartei im Namen der Kleinrentner einige Anfragen stellen wollte. Nachdem sie erst bei kürzlich stattgefundenen N.S.D.A.P.-Versammlungen genügende Aufklärungen erhielt, hat ihr der Vorsitzende Heger, über Zustimmung der Versammlungsteilnehmer, das Wort nicht erteilt. Hierauf ergriff Oberhaidacher das Schlusswort, das in einem Appell, der Freiheitsbewegung sich anzuschliessen, ausklang.

Der Vorsitzende schloss die Versammlung um 10 Uhr abends mit der Absingung des Deutschlandliedes. Es ereigneten sich keinerlei Vorfälle. Zur Versammlung marschierte der Spielmannszug mit einer 35 Mann starken Abteilung der Sportabteilung, die den Saalschutz übernahmen und nach der Versammlung geschlossen in das Vereinsheim Gasth. Mödlhammer marschierten.

Der Hofrat und Polizeidirektor:
S t e i n h ä u s l

Zur Kanzlei: 9.Feb.1931
9.Feb.1931
eingeschrieben:
verglichen:
bestellt:

Anhang

Dokument H

Zl. 15630/25–30.   Salzburg, am 6. März 1931.

Betr.: Nationalsozialistische
Deutsche Arbeiterpartei (Hitler-
Bewegung), Wählerversammlung im Kurhaus.

An die

Landesamtsdirektion
in
Salzburg.

Am 5./3. 1931 um 8 Uhr abds. hielt die N.S.D.A.P. (Hitlerbewegung) im städtischen Kurhause ihre erste Wählerversammlung anlässlich der bevorstehenden Gemeinderatswahlen ab. Den Vorsitz in der von ca. 500 Personen besuchten Versammlung führte Magistratsamtsrat Franz H e g e r, 27./6. 1896 in Bad-Gastein geb., Salzburg zust., Maxglan, Weizensteinerstr. Nr. 3 wohnhaft. Er begrüsste es, dass bei den letzten Wahlen an den Hochschulen die nat.soz.deutsch.Arb.Partei überall als stärkste Gruppe hervorgegangen ist. Er kam auch auf den Grosskampftag der kommunistischen Internationale zu sprechen und verurteilte das Verhalten der soz.dem. Bonzen in der am 25./2.31 im Kurhause stattgefundenen Arbeitslosenversammlung, die so recht einen Beweis erbrachte, wie das jüdische Führertum die Volksgenossen gegeneinander hetzt. Am bedauerlichsten aber ist es, dass die bürgerliche Presse den Sozialdemokraten bei diesem Vorfalle die Stange hält und es gewissermassen gut heisst, dass sie mit Sesseln und Gummiknütteln die Ordnung so rasch hergestellt haben. Bezüglich der kommenden Gemeinderatswahlen bemerkte er, dass sich die Mittelparteien, die im Absterben begriffen sind, zu einer Einheitsfront zusammengeschlossen haben.

Als Referent fungierte Magister Walter R e n t m e i s t e r aus Wien. Er verglich in seiner Einleitung den Stefansdom als das Symbol des Deutschtums, das aus vielen Einzelteilen zu einem grossen, ganzen, herrlichen Gefüge wurde. Der Gegensatz hiezu bildet eine moderne Wohnbaukiste, in die man Menschen zu einem kümmerlichen Dasein hineinpfercht. Im selben Verhältnis dazu steht das heutige Deutschland und Oesterreich insbesonders innerhalb deren Grenzen man das Volk zu einem Jammerdasein verurteilt hat. Seit 12 Jahren sind die herrlichsten Versprechungen an der Tagesordnung, der Erfolg davon aber ist ein Heer von Arbeitslosen und Darbenden. Der Oesterreicher ist bereits so weit gekommen, die Politik als überflüssig zu betrachten, da ihre Vertreter bis jetzt noch nicht den Beweis erbracht haben, dass sie aus diesem Elend einen Ausweg zu finden in der Lage sind. Die einzelnen Parteien mögen an sich ganz gute Programme haben, jedoch aber fehlt es an der Durchführung bei den Führern. Die nat.soz.deutsch.Arb.

Partei ist sich zu gut, ein Aufputz für die sterbenden bürgerlichen Parteikadaver zu sein. Die Bürgerlichen bekämpfen fortwährend, dem Scheine halber, die klassenkämpferischen Ziele der Marxisten, während sie selbst in das gleiche Horn stossen. Die heutigen Führer, die keine Verantwortung tragen, haben den Beweis grösster Unfähigkeit erbracht und sind nur in einem gut, auf Konto des Volkes Schulden zu machen. Schuldenmachen, Dummheit, Korruption – das ist die Demokratie von 1918 bis 1931. Es ist vollkommen widersinnig uns abzustreiten, dass wir nicht die genügenden Erfahrungen hätten ein Volk zu führen, oder einen Staat zu leiten, denn auch die derzeitigen Führer, die so massgebende Vorgänge als Beispiele hatten, von denen sie lernen konnten, haben bis heute noch nicht bewiesen, dass sie die entsprechende Befähigung, das Amt eines Staatsmannes zu vertreten, besitzen. Der Staat sagt man sei omnipotent, d.h. allmächtig, wir aber sind der Ansicht, dass der Staat impotent ist, denn er ist zu nichts fähig; trotz seiner Polizeigewalt, seiner Gummiknüttel wird er von selbst zusammenbrechen.

Es ist heute unter dem derzeitigen System taktlos den Bundesbürger zu Fleiss und Arbeit anzuspornen, da er für seine mehrgeleistete Arbeit unerschwingliche Steuern zu zahlen hat, während man den anderen Nichtstuern und Geldkräftigen die grösstmöglichsten Steuernachlässe zubilligt. Der Wert des Volkes wird durch die Wahl bestimmt. Der Bundesbürger, der Jahr und Tag unbekannt und geächtet irgendwo ein Hungerdasein fristet, hat an dem grossen Tag, wo das souveräne Volk sein Schicksal bestimmen darf, momentan Geltung erhalten und in überaus zuvorkommender Weise bewirbt man sich um seine Gunst. Hat der Wähler seine Bürgerpflicht erfüllt, dann darf er wieder in der Versenkung verschwinden. An diesem Tag tritt so recht zu Tage was die Demokratie ist. Es heisst nur den Parteikadaver zu konservieren und den Beitrag für die Sitzfleischorganisation, genannt Parlament, zu leisten. Die gegnerischen Parteien werfen uns ständig vor, darunter hauptsächlich die Bürgerlichen, dass die Nationalsozialisten zu arge Brausköpfe seien. Wir sind eben junger Most, der gährt, werden aber niemals Wein werden, den sich die Bürgerlichen so gern in ihre Schläuche füllen wollen.

Die Stehaufmandeln von Parlamentariern, die das Volk um viele tausende Schillinge bestehlen, bemühen sich krampfhaft den Nationalsozialisten von führender Stelle fernzuhalten. Sie fürchten, dass sie überall z. Bsp. auch in Klagenfurt den Antrag einbringen würden, die Diäten zum Wohle der Armen sämtlichen Gemeinderäten zu streichen und dieses Amt als Ehrenamt zu betrachten. Demokratie ist nicht Volkswohl, sondern Futterkrippe. Sämtliche Standesparteien, die aufgetreten sind, vermochten nicht das Geringste für ihren Stand zu tun, denn das Standesschicksal ist vom Volksschicksal nicht zu trennen. Der heutige Staat ist nichts weiter als das Vollzugsorgan für die unersättlichen Weltgeldmächte. Die Predigt von der Freihandelspolitik bedeutet einen einzigen grossen Schaden für den eigenen Inlandshandel.

Der Staat ist heute das Gebilde der missratenen Parteien. Ueberall wirkt sich das Parteiensystem aus, so bereits auch in der Schule, wie der Schulstreik in Niederösterreich beweist. Der Lehrer ist heute nicht mehr Pädagoge, sondern Parteimensch und die Kinder sollen von ihrer Jugend auf schon zu Gesinnungseunuchen erzogen werden. In den sozialen Fragen treten dieselben Erscheinungen zu Tage, wie es insbesondere bei den einzelnen Krankenkassen wahrzunehmen ist. Ein Heer von Bonzen und Doppelverdienern mästet sich dort, während der kranke Arbeiter nichts erhält und wenn nötig seinem Untergange preisgegeben wird. Der Kampf gegen den Kapitalismus, der von den Marxisten gepredigt wird, ist heute eine abgedroschene Phrase, denn 80 Jahre wurde dieser Kampf umsonst geführt und er ist als verloren zu betrachten. Verloren hat diesen Kampf nicht der Arbeiter, sondern die Führer, die hundsgemeine Verräter sind.

Die Christlichsozialen schieben uns immer in die Schuhe, dass durch uns die Religion in Gefahr sei. Den Christlichsozialen ist nicht so sehr um die Religion zu tun, sondern viel mehr darum, mit der Religion Handel zu treiben und recht viele Glaubensgenossen in die Reihen ihrer Partei zu bringen.

Da sich der Staat aus den Wirrnissen und der Not keinen Ausweg mehr findet, so rät man heute dem Volke den Geburtenrückgang zu fördern und sich zu entvölkern. Wenn weniger Menschen sind, dann ist auch der Not leichter beizukommen. Die Natur schreibt uns vor, hie Hammer, hie Ambos. Da gibt es aber Menschengruppen, die weder das eine noch das andere sein wollen, d. h. weder Sowjetstern noch Hackenkreuzanhänger. Diese Menschen predigen immer Ruhe und Ordnung; diese Ruhe und Ordnung stellen sie sich so vor, dass der erwerbslose und darbende Volksgenosse zum Strick greift, sich ins Wasser stürzt oder auf eine andere Weise aus dem Leben ins Jenseits befördert und durch sein Verschwinden dem Staat große Ersparungen bringt. Mit diesem Nachtwächterdasein muss endlich aufgeräumt werden, denn Beweise für die bereits eingesetzte katastrophale Entvölkerung und Degeneration des Deutschtums sind vorhanden.

Wenn die N.S.D.A.P. einmal zur Macht gelangt, wird ein neuer Staatsgerichtshof seine Arbeit leisten. Die Frage, wo warst du während Millionen draussen bluteten, wird beantwortet werden müssen – ich habe geschoben und das Volk betrogen, – was hast du getan während das Volk in der Nachkriegszeit in Not und Elend darbte wird beantwortet werden müssen – ich war Führer und Volksverräter. Daher mit diesen Schweinehunden auf den Galgen. Es mag ja gerade nicht schön sein Menschen hängen zu sehen, aber es ist bestimmt noch weniger schön, wenn sich einzelne Gauner bereichern, während das Volk zum langsamen Siechtum verurteilt ist. Durch den Staatsgerichtshof soll nur dem betrogenen Volke Gerechtigkeit verschafft werden. Diese Volksbegauner, die heute zweierlei Justiz kennen, die eine für die Allgewaltigen und die Bonzen (Staatsmänner), die andere für Hungerleider, haben allen Grund uns zu bekämpfen, denn für sie kommt noch der rächende Tag. Der Nationalsozialismus wird trachten das deutsche Volk, den Arbeiter zu freien Herren zu machen, die vor niemanden den Rücken beugen müssen, als nur vor Gott. Es ist höchste Zeit, dass endlich einmal damit aufgehört wird, dass ein 80-Millionenvolk wie ein Trampeltier vierfüssig hinter der jüdischen Bundeslade herkriecht.

Nach dem Referate Rentmeisters meldete sich in der Debatte der Techniker Johann M a y e r, 23. 5. 1909 Salzburg geb. u. zust., Siegmund-Haffnergasse Nr. 4 wohnhaft, zu

Wort, der sich dagegen verwahrte, dass bei N.S.D.A.P. Versammlungen ständig behauptet wird, die Mittelparteien hätten jüdisches Geld zur Führung des Wahlkampfes erhalten. Auch trat er den Angriffen, die gegen Nat.Rat Prodinger gerichtet werden, entschieden entgegen und verlangte Beweise über die vorgebrachten Argumente.

In Beantwortung dieser Anfragen erklärte Rentmeister, man soll über Tote nichts Schlechtes reden, den praktisch genommen existieren diese Parteien ja nicht mehr. Es ist nicht unbedingt notwendig, dass man gerade Geld von den Juden erhält, man kann auch wie beispielsweise der Schoberblock von der jüdischen Presse unterstützt werden. Die Juden haben doch ein eigenes Flugblatt herausgegeben, in dem sie ihre Glaubensgenossen aufforderten, den Schoberblock zu wählen, da Schober der einzige sei, der die jüdischen Interessen entsprechend vertreten hat und vertreten wird. Beim Zionistenkongress war doch Schober der grösste Steigbügelhalter für die Juden. Die Juden loben niemanden, der ihnen nicht zu Gefallen ist. Es ist bedauerlich, dass die Akademiker von heute sich auch noch von dem spiessbürgerlichen Eigendünkel einlullen lassen, wie vor 10 Jahren, dass zwischen den Intellektuellen und dem Arbeiter eine grosse Kluft sei. Mit einem kurzen Aufruf sich enger der Partei anzuschliessen, beendigte er sein Referat.

Der Vorsitzende schloß nach der Absingung des Horst-Wessel-Liedes um 1/2 11 Uhr die ohne Zwischenfall verlaufene Versammlung. Vor der Versammlung fand ein Werbemarsch des Spielmannszuges und der Sportabteilung statt. Den Saalschutz versahen 20 uniformierte S.A. Leute.

Der Hofrat und Polizeidirektor:
S t e i n h ä u s l

Dokument I:

<u>Zl. 15.630/26</u>   Salzburg, am 13. März 1931.

Betr.: Nationalsozialistische
deutsche Arbeiterpartei (Hitlerbewegung) II. Wählerversammlung.

An die

L a n d e s a m t s d i r e k t i o n
in
<u>S a l z b u r g.</u>

Am 12./3.1931 um 8 Uhr abends fand im grossen Saal des städtischen Kurhauses die zweite Wählerversammlung der N.S.D.A.P. Hitlerbewegung statt, die von ca. 450 Personen besucht war. Vor der Versammlung fand ein Werbemarsch der Sportabteilung mit Spielmannszug in der Stärke von 48 Mann statt, die auch den Saalschutz übernahmen.

Den Vorsitz in der Versammlung führte Magistrats-Amtsrat Franz H e g e r, 27.6.1896 in Badgastein geb., Salzburg zust., r. kath., verh., Maxglan, Weizensteinerstr. Nr. 3 wohnhaft. Er verurteilte es, dass die schwarze Tante, die christlichsoziale Salzburger-Presse, über den Zusammenstoss zwischen Nationalsozialisten und Kommunisten bzw. Reichsbannerleuten in Reichenhall am 6./3.31 sich wieder bemüssigt gefühlt hat gegen die N.S.D.A.P. in ihrem Zeitungsartikel Stellung zu nehmen.

Als erster Referent sprach der Bürgermeister von Zell am See Josef E r n s t, Steueroberverwalter, 11./11.1882 St. Wolfgang geb., Zell a. S. zust. u. wohnhaft, der in seinen Ausführungen die allgemeine politische und wirtschaftliche Lage Österreichs erörterte. Er erklärte die Wirtschaft müsse die Dienerin der Politik sein und es ist vollkommen verfehlt, dass sich unsere Parlamentarier nur mit Tagesfragen befassen anstatt die Krise an der Wurzel zu fassen. Ueber dieses Elend hilft uns auch das Auswanderungsproblem des Ministers Thaler nicht hinweg. Auch durch Anleihen kann die österreichische Wirtschaft nicht angekurbelt werden, ebensowenig aber wird dieselbe gehoben durch den neueingesetzten Ersparungsdiktator Loebell. Dass man für dieses Amt wieder einen Juden berufen hat, ist bezeichnend für die Rassenverwandtschaft unserer Regierung mit diesen Glaubensgenossen. Loebell wird sich hüten seinen höheren und gleichgestellten Kollegen ein Haar zu krümmen und wird nur in unteren und Nebenämtern mit seinen Ersparungsmassnahmen anfangen. Man vergisst, dass man den Schmutz zuerst von oben herunterkehren muss. Eine Regierung, die nicht weiss, wo sie anfangen soll dem Staat und dem Volk zu helfen, hat das Recht auf Anerkennung und Achtung verwirkt. Die Jauchenspritze, die man gegen die N.S.D.A.P. loslässt ist, ein Beweis, dass die Bewegung doch einen Wert hat. Er gab sodann Weisungen für die kommenden neuen Nat.soz. Gemeinderäte. Für die Salzburger ist in erster Linie ein Hauptaugenmerk auf den Fremdenverkehr zu richten. Es ist aber mit einem anderen System, als mit dem bisherigen zu arbeiten und ist es vollkommen verfehlt nur jene Betriebe, die aus dem Fremdenverkehr direkten Nutzen ziehen mit Steuern und Abgaben schwer zu belasten. Ausserdem ist dem Wohn- und Siedlungswesen Beachtung zu schenken und soll die einzelne Gemeinde sorgen die Bautätigkeit durch Abgabe von billigen Baugründen zu fördern und dadurch der Arbeitslosigkeit entgegentreten. Ferner soll der Erziehung der Jugend besondere Aufmerksamkeit zugewendet werden. Vor allem ist es notwendig, die Jugend nicht international und nicht pazifistisch zu erziehen. Zur Linderung der Not der Arbeitslosen ist es zweckmässig, dass die Gemeinden für produktive Arbeitslosenfürsorge Sorge treffen. Wenn der Staat und die Gemeinden gemeinsam ein Drei- bis Vierfaches der für den Einzelnen ausbezahlten Arbeitslosenunterstützung auswerfen, so kann einerseits die Not einer grossen Gruppe Arbeitsloser gelindert werden, andererseits aber immens viel für die einzelnen Gemeinden an Bauten, Strasseninstandsetzungen u. dgl. geschaffen werden.

Dadurch würde vermieden, dass der Arbeitslose zum Faulenzer erzogen wird. Wird der Arbeitslosigkeit und der Not nicht entsprechend entgegengetreten, so wird der Boden für den Kommunismus vorbereitet. Aufgabe der N.S.D.A.P.-Abgeordneten ist es, eine Volksgemeinschaft zu schaffen, geleitet von dem Grundsatz »Gemeinnutz geht vor Eigennutz«.

Als zweiter Referent sprach Ingenieur Heinrich S u s k e, aus Innsbruck. Er besprach die grossen Wirtschaftsmanöver der amerikanischen Trusts, die nur dazu angelegt sind, die Not in Europa zu vermehren. Russland hat kein Interesse in Oesterreich und Deutschland für die Verminderung der Not einzutreten, sondern sorgt dafür, dass dieselbe wachse, weil dadurch für ihren Kommunismus und Bolschewismus die Bahnen in Zentraleuropa geöffnet werden. Für den Untergang eines Volkes ist es bezeichnend, wenn in einem Staate man niedere Löhne, hohe Zölle und hohe Steuern schafft. Diesen Untergang beschleunigen unsere eigenen Parlamentarier am meisten. Diese Steuerfabriksarbeiter am Franzensring lassen uns ein schönes Stück Geld kosten. Solange wir mit den Segnungen des österr. Bürgertums nach den Polizeiidealen von Ruhe und Ordnung beglückt werden, sieht es mit uns mies aus. Ein krasses Beispiel für die gute Arbeit unserer Steuerfabriksarbeiter geben die Statistiken über die Höhe der Steuern in anderen Staaten. Pro Kopf und Jahr entfallen in Bulgarien 56 Schilling, Italien 196 S, Deutschland 308 S und in Oesterreich, das an Ausmass und Bevölkerungszahl Bulgarien gleicht, 336 Schilling. Diese Herren am Franzensring meinen, dass wir für sie und nicht sie für uns da sind. Während uns die Inflation fast schuldenfrei machte, haben uns diese Herren durch die fortwährenden Anleihen mit einem Schuldenkonto von 1.700 Millionen Schilling neuerlich belastet. Die Genossen Ahrer, Bosel u.s.w. bringen unsere Steuergelder zuerst ins Ausland, von wo sie unsere Regierung mit 8 bis 9 % Zinsen zurückholt. Um aber dieses Geld zu erhalten verlangt man Ruhe und Ordnung im Staat. 1930 brachte uns das grosse Verdienst des Polizeipräsidenten von Wien, der für Ruhe und Ordnung so schwärmt, eine Anleihe von 700 Millionen Schilling, die wir Steuerträger in 21 Jahren mit Zins und Zinseszinsen im Gesamtbetrage von 2.044 Millionen Schilling rückzahlen dürfen. Schober hat selbst erklärt, die Bankherren sind bereit Oesterreich entgegenzukommen, wenn Ruhe und Ordnung herrscht. Die grosse österr. Tagespresse sorgt eifrig dafür, dass Anleihen gemacht werden, dass man für Ruhe und Ordnung sorgt und neue Schulden uns auflastet, da sie hiefür vom internationalen Kapital entsprechend honoriert wird. Würden keine Anleihen aufgenommen, so möchte das gute Geschäft der Banken ein Ende nehmen. Der uns vorgeworfenen Demagogie ist damit entgegenzusetzen, dass es auch eine Demagogie der Feigheit gibt, die darin besteht, uns zu verheimlichen, wie es eigentlich mit uns bestellt ist. Dieser Vorwurf trifft sämtliche herrschenden, politischen Parteien. Die Parlamentarier haben den Weg zum Volk verloren. Das Bürgertum hat in feiger Angst vor den Sozialdemokraten falsche Wege eingeschlagen. Ueber die Not unserer Bauern hilft uns auch das Notopfer nicht hinweg, am allerwenigsten aber dann, wenn die Verteilung so gehandhabt wird, wie man sie bei dem letzten Notopfer für die Landwirtschaft gepflogen hat. Nachdem sich unsere Führer keinen Ausweg mehr finden, so befassen sie sich mit dem Gedanken die Zahl der Esser herabzumindern, die Kinderlosigkeit zu fördern, Volksgenossen auswandern zu lassen oder sie zum Selbstmord zu treiben. Die Christlichsozialen, die seit 12 Jahren die Bauern retten und stets den Landwirtschaftsminister gestellt haben, beginnen heute selbst an der Wiederaufrichtung des Bauernstandes zu zweifeln. Thaler ist der zweite österreichische Minister in Amerika und befasst man sich mit der Absicht ein Pensionat für österr. Minister dort zu schaffen. Er hat auch den Vornamen Andreas wie Andreas Hofer vor 120 Jahren, aber mit dem Unterschiede, dass er nicht die Fremden hinausjagt, sondern seinen Volksgenossen ratet, auszuwandern. 150.000 Juden haben sich in Oesterreich breit gemacht. Die Regierung hat nicht den Mut der Einbürgerung dieser Leute entgegenzutreten und schaut ruhig zu wie diese dem deutschen Volksgenossen den Erwerb wegnehmen.

Unsere Parlamentarier finden nur zu den Wahlzeiten zu ihrem Volke zurück. Da beginnen diese Männlein zu gackern, denn sie haben zu dieser Zeit die Mission neue Kandidaten auszubrüten. Am allermeisten gackert aber die eine Henne, die das Taferl im Schnabel trägt mit der Aufschrift »Ruhe und Ordnung«. Sie ist eine sehr alte Henne, der aber der Papa zu früh gestorben ist und unbefruchtete Eier in das Nest legt. Der Papa ist die gute Idee, die dieser Henne zu früh gestorben ist. Um aber mit diesen Eiern doch noch etwas Gutes anzufangen ist sie eifrig bemüht bessere Eier zu suchen, die dann am warmen Mutterbusen der alten Henne zu einem zweckmässigen Lebewesen werden. Ein Ei aber hat diese Henne abgestossen, das jetzt als alleinstehendes Ei herumrennt und als deutschnationalsozialistische Arbeiterpartei, Schlammgruppe, in den Wahlkampf zieht.

Die nat.soz.deutsche Arbeiterpartei (Hitlerbewegung) hat keinerlei Interesse dieses Ei gross zu ziehen, sondern ist es ihre Aufgabe die alte Zucht auszurotten und eine neue zu bringen.

Der Vorsitzende beendete um 1/2 11 Uhr nachts nach Absingung des Deutschlandliedes die ohne Zwischenfall verlaufene Versammlung. Die Sportabteilung und der Spielmannszug marschierten geschlossen in das Vereinsheim Mödlhammer.

Der Hofrat und Polizeidirektor:
S t e i n h ä u s l

10.8. Wahlberechtigte und abgegebene gültige Stimmen in den Salzburger Gemeinden

(Abkürzungen: WBR/M = Wahlberechtigte männlich, WBR/W = Wahlberechtigte weiblich, WBR/G = Wahlberechtigte gesamt, GSt/M = abgegebene gültige Stimmen männlich, GSt/W = abgegebene gültige Stimmen weiblich, GSt/G = abgegebene gültige Stimmen gesamt, WBT/M = Wahlbeteiligung männlich, WBT/W = Wahlbeteiligung weiblich, WBT/G = Wahlbeteiligung gesamt)

Stadt-Salzburg

	WBR/M	WBR/W	WBR/G	GSt/M	GSt/W	GSt/G	WBT/M	WBT/W	WBT/G
	12.149	15.479	27.628	9.138	11.253	20.391	75,2 %	72,7 %	73,8 %

Flachgau

Gemeinde	WBR/M	WBR/W	WBR/G	GSt/M	GSt/W	GSt/G	WBT/M	WBT/W	WBT/G
Aigen	1.030	1.136	2.166	789	813	1.602	76,6%	71,6%	74,0%
Anif	314	349	663	269	250	519	85,7%	71,6%	78,3%
Anthering	334	360	694	249	226	475	74,6%	62,8%	68,4%
Bergheim	435	453	888	338	329	667	77,7%	72,6%	75,1%
Berndorf	276	266	542	74	15	89	26,8%	5,6%	16,4%
Dorfbeuern	279	305	584	133	110	243	47,7%	36,1%	41,6%
Ebenau	113	112	225	89	69	158	78,8%	61,6%	70,2%
Elixhausen	138	153	291	68	42	110	49,3%	27,5%	37,8%
Elsbethen	141	163	304	64	73	137	45,4%	44,8%	45,1%
Eugendorf	412	474	886	234	187	421	56,8%	39,5%	47,5%
Faistenau	410	349	759	224	67	291	54,6%	19,2%	38,3%
Fuschl	118	125	243	106	107	213	89,8%	85,6%	87,7%
St.Georgen b. O.	418	461	879	306	301	607	73,2%	65,3%	69,1%
St. Gilgen	588	626	1.214	514	498	1.012	87,4%	79,6%	83,4%
Gnigl	3.419	3.462	6.881	2.810	2.877	5.687	82,2%	83,1%	82,6%
Göming	105	94	199	39	0	39	37,1%	0,0%	19,6%
Grödig	621	586	1.207	565	532	1.097	91,0%	90,8%	90,9%
Großgmain	217	220	437	192	169	361	88,5%	76,8%	82,6%
Hallwang	661	541	1.202	386	381	767	58,4%	70,4%	63,8%
Henndorf	371	361	732	238	194	432	64,2%	53,7%	59,0%
Hintersee	94	97	191	80	55	135	85,1%	56,7%	70,7%
Hof	246	240	486	149	69	218	60,6%	28,8%	44,9%
Köstendorf	755	877	1.632	502	476	978	66,5%	54,3%	59,9%
Koppl	195	153	348	120	53	173	61,5%	34,6%	49,7%
Lamprechtshausen	626	662	1.288	516	482	998	82,4%	72,8%	59,9%
Leopoldskron	406	425	831	269	264	533	66,3%	62,1%	64,1%
Mattsee	296	347	643	87	26	113	29,4%	7,5%	17,6%
Maxglan	2.481	2.757	5.238	1994	2218	4212	80,4%	80,4%	80,4%
Morzg	597	644	1241	478	514	992	80,1%	79,8%	79,9%
Neumarkt	214	249	463	182	207	389	85,0%	83,1%	84,0%
Nußdorf	326	358	684	131	20	151	40,2%	5,6%	22,1%
Oberndorf	628	753	1381	457	528	985	72,8%	70,1%	71,3%
Obertrum	422	428	850	87	79	166	20,6%	18,5%	19,5%

Gemeinde	WBR/M	WBR/W	WBR/G	GSt/M	GSt/W	GSt/G	WBT/M	WBT/W	WBT/G
Plainfeld	71	68	139	46	30	76	64,8%	44,1%	54,7%
Schleedorf	135	134	269	35	9	44	25,9%	6,7%	16,4%
Seeham	178	202	380	160	137	297	89,9%	67,8%	78,2%
Seekirchen-Markt	295	368	663	239	291	530	81,0%	79,1%	79,9%
Seekirchen-Land	675	682	1357	482	403	885	71,4%	59,1%	65,2%
Siezenheim	1110	1104	2214	882	819	1701	79,5%	74,2%	76,8%
Straßwalchen-Markt	389	406	795	315	310	625	81,0%	76,4%	78,6%
Straßwalchen-Land	616	638	1254	382	259	641	62,0%	40,6%	51,1%
Strobl	478	493	971	352	338	690	73,6%	68,6%	71,1%
Thalgau	628	656	1284	504	484	988	80,3%	73,8%	76,9%
Thalgauberg	102	94	196	69	27	96	67,6%	28,7%	49,0%
Summe	22.363	23.431	45.794	16.205	22.363	38.568	72,5%	95,4%	84,2%

Tennengau

Gemeinde	WBR/M	WBR/W	WBR/G	GSt/M	GSt/W	GSt/G	WBT/M	WBT/W	WBT/G
Abtenau	1.051	1.140	2.191	398	229	627	37,9%	20,1%	28,6%
Adnet	455	494	949	335	316	651	73,6%	64,0%	68,6%
Annaberg	339	360	699	35	3	38	10,3%	0,8%	5,4%
Dürnberg	207	208	415	158	132	290	76,3%	63,5%	69,9%
Golling	258	286	544	215	232	447	83,3%	81,1%	82,2%
Hallein	2.350	2.734	5.084	2.057	2.330	4.387	87,5%	85,2%	86,3%
Krispl	166	147	313	139	81	220	83,7%	55,1%	70,3%
Kuchl	661	739	1.400	146	141	287	22,1%	19,1%	20,5%
Oberalm	650	668	1.318	587	580	1.167	90,3%	86,8%	88,5%
Obergäu	185	154	339	125	109	234	67,6%	70,8%	69,0%
Puch	336	321	657	264	222	486	78,6%	69,2%	74,0%
Russbach	138	151	289	76	40	116	55,1%	26,5%	40,1%
Sankt Koloman	241	256	497	171	156	327	71,0%	60,9%	65,8%
Scheffau	146	122	268	20	10	30	13,7%	8,2%	11,2%
Torren	175	161	336	129	110	239	73,7%	68,3%	71,1%
Vigaun	255	262	517	219	189	408	85,9%	72,1%	78,9%
Summe	7.613	8.203	15.816	5.074	4.880	9.954	66,6%	59,5%	62,9%

Pongau

Gemeinde	WBR/M	WBR/W	WBR/G	GSt/M	GSt/W	GSt/G	WBT/M	WBT/W	WBT/G
Altenmarkt	233	219	452	151	123	274	64,8%	56,2%	60,6%
Badgastein	1.284	1.245	2.529	1.128	1.066	2.194	87,9%	85,6%	86,8%
Bischofshofen	1.845	1.714	3.559	1.648	1.541	3.189	89,3%	89,9%	89,6%
Dorfgastein	271	275	546	205	193	398	75,6%	70,2%	72,9%
Eben	109	116	225	90	80	170	82,6%	69,0%	75,6%
Filzmoos	206	102	308	101	63	164	49,0%	61,8%	53,2%
Flachau	370	313	683	154	108	262	41,6%	34,5%	38,4%
Forstau	81	67	148	65	44	109	80,2%	65,7%	73,6%
Gasthof	90	90	180	52	53	105	57,8%	58,9%	58,3%
Goldegg	306	289	595	199	143	342	65,0%	49,5%	57,5%
Goldeggweng	133	111	244	18	0	18	13,5%	0,0%	7,4%
Großarl	480	519	999	374	277	651	77,9%	53,4%	65,2%
Hofgastein Markt	425	480	905	377	402	779	88,7%	83,8%	86,1%
Hofgastein Land	466	464	930	344	276	620	73,8%	59,5%	66,7%
Hüttau	157	168	325	115	112	227	73,2%	66,7%	69,8%
Hüttschlag	160	156	316	69	5	74	43,1%	3,2%	23,4%
St.Johann Markt	479	514	993	441	457	898	92,1%	88,9%	90,4%
St. Johann Land	640	580	1.220	413	329	742	64,5%	56,7%	60,8%
Kleinarl	106	89	195	81	61	142	76,4%	68,5%	72,8%
St. Martin b. Hüttau	208	190	398	110	67	177	52,9%	35,3%	44,5%
Mühlbach am Hkg.	772	509	1.281	570	376	946	73,8%	73,9%	73,8%
Palfen	93	102	195	61	69	130	65,6%	67,6%	66,7%
Pfarrwerfen	540	527	1.067	432	368	800	80,0%	69,8%	75,0%
Radstadt Stadt	358	400	758	301	322	623	84,1%	80,5%	82,2%
Radstadt Land	425	419	844	295	241	536	69,4%	57,5%	63,5%
Schattbach	70	54	124	45	22	67	64,3%	40,7%	54,0%
Schwarzach	542	478	1.020	409	469	878	75,5%	98,1%	86,1%
Sinnhub	45	43	88	36	31	67	80,0%	72,1%	76,1%
Sonnberg	237	215	452	201	160	361	84,8%	74,4%	79,9%
Untertauern	65	63	128	40	32	72	61,5%	50,8%	56,3%
St. Veit	529	553	1.082	382	407	789	72,2%	73,6%	72,9%
Wagrain Markt	100	117	217	79	80	159	79,0%	68,4%	73,3%
Wagrain Land	315	303	618	164	87	251	52,1%	28,7%	40,6%
Werfen Markt	262	293	555	226	251	477	86,3%	85,7%	85,9%
Werfen Land	432	399	831	342	264	606	79,2%	66,2%	72,9%
Werfenweng	90	86	176	67	63	130	74,4%	73,3%	73,9%
Summe	12.924	12.262	25.186	9.785	8.642	18.427	75,7%	70,5%	73,2%

Pinzgau

Gemeinde	WBR/M	WBR/W	WBR/G	GSt/M	GSt/W	GSt/G	WBT/M	WBT/W	WBT/G
Bramberg	498	503	1.001	401	374	775	80,5%	74,4%	77,4%
Bruck	462	376	838	330	240	570	71,4%	63,8%	68,0%
Bruckberg	165	133	298	123	82	205	74,5%	61,7%	68,8%
Bucheben	64	53	117	50	40	90	78,1%	75,5%	76,9%
Dienten	139	125	264	126	98	224	90,6%	78,4%	84,8%
Embach	243	198	441	144	114	258	59,3%	57,6%	58,5%
Eschenau	113	109	222	86	80	166	76,1%	73,4%	74,8%
Fusch	228	189	417	146	117	263	64,0%	61,9%	63,1%
St. Georgen	218	219	437	159	148	307	72,9%	67,6%	70,3%
Hollersbach	105	109	214	84	64	148	80,0%	58,7%	69,2%
Kaprun	204	186	390	1	0	1	0,5%	0,0%	0,3%
Krimml	196	196	392	116	100	216	59,2%	51,0%	55,1%
Leogang	479	521	1.000	341	304	645	71,2%	58,3%	64,5%
Lend	518	380	898	452	330	782	87,3%	86,8%	87,1%
Lofer	198	187	385	143	119	262	72,2%	63,6%	68,1%
Maishofen	453	382	835	347	276	623	76,6%	72,3%	74,6%
Maria Alm	288	330	618	221	221	442	76,7%	67,0%	71,5%
St. Martin bei Lofer	393	399	792	274	148	422	69,7%	37,1%	53,3%
Mittersill Markt	217	227	444	183	182	365	84,3%	80,2%	82,2%
Mittersill Land	462	443	905	338	265	603	73,2%	59,8%	66,6%
Neukirchen	402	415	817	290	256	546	72,1%	61,7%	66,8%
Niedernsill	326	317	643	211	147	358	64,7%	46,4%	55,7%
Piesendorf	445	454	899	295	287	582	66,3%	63,2%	64,7%
Rauris	484	467	951	370	313	683	76,4%	67,0%	71,8%
Saalbach	293	281	574	197	179	376	67,2%	63,7%	65,5%
Saalfelden Markt	993	1.034	2.027	882	910	1.792	88,8%	88,0%	88,4%
Saalfelden Land	1.005	1.025	2.030	804	745	1.549	80,0%	72,7%	76,3%
Stuhlfelden	242	211	453	182	127	309	75,2%	60,2%	68,2%
Taxenbach	560	518	1.078	424	357	781	75,7%	68,9%	72,4%
Thumersbach	130	126	256	116	98	214	89,2%	77,8%	83,6%
Unken	314	335	649	193	136	329	61,5%	40,6%	50,7%
Uttendorf	491	471	962	334	274	608	68,0%	58,2%	63,2%
Viehhofen	121	99	220	98	74	172	81,0%	74,7%	78,2%
Wald	182	169	351	68	31	99	37,4%	18,3%	28,2%
Zell am See	872	939	1.811	768	813	1.581	88,1%	86,6%	87,3%
Summe	12.503	12.126	24.629	9.297	8.049	17.346	74,4%	66,4%	70,4%

Lungau

Gemeinde	WBR/M	WBR/W	WBR/G	GSt/M	GSt/W	GSt/G	WBT/M	WBT/W	WBT/G
St. Andrä	116	124	240	67	34	101	57,8%	27,4%	42,1%
Göriach	83	91	174	56	14	70	67,5%	15,4%	40,2%
Haiden	67	64	131	49	55	104	73,1%	85,9%	79,4%
Lasaberg	79	96	175	56	39	95	70,9%	40,6%	54,3%
Lessach	147	148	295	43	1	44	29,3%	0,7%	14,9%
St. Margarethen	121	132	253	71	38	109	58,7%	28,8%	43,1%
Mariapfarr	187	256	443	79	54	133	42,2%	21,1%	30,0%
Mauterndorf	268	319	587	205	218	423	76,5%	68,3%	72,1%
St. Michael Markt	236	258	494	158	109	267	66,9%	42,2%	54,0%
St. Michael Land	283	290	573	106	63	169	37,5%	21,7%	29,5%
Mörtelsdorf	84	82	166	38	2	40	45,2%	2,4%	24,1%
Muhr	157	146	303	105	57	162	66,9%	39,0%	53,5%
Pichl	90	87	177	66	65	131	73,3%	74,7%	74,0%
Ramingstein	386	442	828	23	2	25	6,0%	0,5%	3,0%
Sauerfeld	105	113	218	61	12	73	58,1%	10,6%	33,5%
Seethal	39	36	75	33	28	61	84,6%	77,8%	81,3%
Steindorf	68	70	138	42	21	63	61,8%	30,0%	45,7%
Tamsweg	370	438	808	309	343	652	83,5%	78,3%	80,7%
Thomatal	108	108	216	34	19	53	31,5%	17,6%	24,5%
Tweng	68	60	128	52	58	110	76,5%	96,7%	85,9%
Unternberg	195	210	405	90	47	137	46,2%	22,4%	33,8%
Weißpriach	72	76	148	30	11	41	41,7%	14,5%	27,7%
Wölting	68	59	127	46	26	72	67,6%	44,1%	56,7%
Zankwarn	90	98	188	39	15	54	43,3%	15,3%	28,7%
Zederhaus	257	266	523	150	82	232	58,4%	30,8%	44,4%
Summe	**3.744**	**4.069**	**7.813**	**2.008**	**1.413**	**3.421**	**53,6%**	**34,7%**	**43,8%**

11.

Abkürzungsverzeichnis

CS, cs	Christlichsozial(e), christlichsozial
CSP	Christlichsoziale Partei
DHV	Deutscher Handelsgehilfen Verband
EL	Einheitsliste
GD	Großdeutsche Volkspartei, großdeutsch
GRW	Gemeinderatswahl(en)
HB, HBl	Heimatblock
Hrsg.	Herausgeber(in)
HW	Heimwehr(en)
KP	Kommunistische Partei, kommunistisch
LB	Landbund
LPSbg	Verhandlungen des Salzburger Landtages
LP	Landtagsprotokoll(e)
LTW	Landtagswahl
nat.	national
n.k.	nicht kandidiert
NRW	Nationalratswahl
NS, ns	Nationalsozialist(en), nationalsozialistisch
NSDAP	Nationalsozialistische Deutsche Arbeiterpartei
ÖVP	Österreichische Volkspartei
P	Partei(en)
SChr	Salzburger Chronik
SD, sd	Sozialdemokrat(en), sozialdemokratisch
SDAP	Sozialdemokratische Arbeiterpartei
SVBl	Salzburger Volksblatt
SWa	Salzburger Wacht
StB	Ständeblock
WP	Wirtschaftspartei
WP	Wahlperiode

12.

Quellen- und Literaturverzeichnis

12.1. Unveröffentlichte Quellen

Salzburger Landesarchiv. Präsidialakten. 32 C/1931.
Salzburger Landesarchiv. BH Tamsweg. L–1 1070/1931.
Salzburger Landesarchiv. BH Zell am See. J/6–11/ K 1 + 2/ 1931.
Salzburger Landesarchiv. P.-Archiv. 15–16a.
Salzburger Landesarchiv. P.-Archiv. Plakatarchiv.
Salzburger Landesarchiv. Strafakt des Landesgerichtes Salzburg. Vr 429/1931.
Salzburger Landesarchiv. Protokolle der Verhandlungen des Salzburger Landtages. 4. Session der 3. Wahlperiode 1930/31.

12.2. Veröffentlichte Quellen

Ausweis über die Ergebnisse der Nationalratswahlen 1930 mit Gegenüberstellung zu den Landtagswahlen 1927 und den Nationalratswahlen 1927. Herausgegeben vom Land Salzburg. Salzburg 1930.
Das Programm der »Österreichischen Volkspartei«. 2. Flugschrift der »Österreichischen Volkspartei«. Wien o. J.
Die Arbeit der Sozialdemokraten im Salzburger Gemeinderate. Ein Rückblick auf die Funktionsperiode 1927–1931. Herausgegeben von Franz Peyerl. Flugblatt. Stadtarchiv Salzburg.
Die Ergebnisse der österreichischen Volkszählung vom 22. März 1934. Salzburg. Bearbeitet vom Bundesamt für Statistik. In: Statistik des Bundesstaates Österreich. Heft 6. Wien 1935.
Die Nationalratswahlen vom 9. November 1930. Statistische Nachrichten. Sonderheft. Herausgegeben vom Bundesamt für Statistik unter Mitwirkung der Kammern für Handel, Gewerbe und Industrie, der Kammern für Arbeiter und Angestellte, der n. ö. Landes-Landwirtschaftskammer. Wien 1931.
Landesgesetzblatt für Salzburg. Nr. 45 /1922.

12.3. Handbücher und Nachschlagewerke

Biographisches Handbuch der österreichischen Parlamentarier 1918–1993. Herausgegeben von der Parlamentsdirektion. Wien 1993.
Floimair, Roland (Hrsg.): Daten & Fakten. Bundesland Salzburg. Wer, was und wo im Land Salzburg. Schriftenreihe des Landespressebüros. Salzburg Informationen Nr. 118. Salzburg 1999.
Görlitz, Axel, Rainer Prätorius (Hrsg.): Handbuch Politikwissenschaft. Grundlagen – Forschungsstand – Perspektiven. Reinbek bei Hamburg 1987.
Hundert Jahre selbständiges Land Salzburg. Herausgegeben vom Salzburger Landtag. Salzburg 1961.
Kleindel, Walter: Österreich. Daten zur Geschichte und Kultur. Wien, Heidelberg 1978.
Kleindel, Walter: Die Chronik Österreichs. Dortmund 1984.
Kleindel, Walter: Das große Buch der Österreicher. Wien 1987.
Österreichischer Amtskalender für das Jahr 1932. 11. Jahrgang. Wien 1932.
Tálos, Emmerich, Herbert Dachs, Ernst Hanisch, Anton Staudinger, Anton (Hrsg.): Handbuch des politischen Systems Österreichs. Erste Republik 1918–1933. Wien 1995.
Wahlen und Parteien in Österreich – Österreichisches Wahlhandbuch. Hrsg. von R. Stiefbold, A. Leupold-Löwenthal, G. Ross, W. Liebem und D. Marvick. Bd. III. Wahlstatistik. Wien 1966.

12.4. Zeitungen und Zeitschriften

Arbeiter-Zeitung, 1931.
Der eiserne Besen. Österreichisches Wochenblatt für Stadt und Land. 1931.
Reichspost, 1931.
Salzburger Chronik, 1930, 1931.
Salzburger Volksblatt, 1930, 1931.
Salzburger Wacht, 1930, 1931.
Salzburger Volksbote, 1931.

12.5. Literatur

Ackerl, Isabella: Das Kampfbündnis der Nationalsozialistischen Deutschen Arbeiterpartei mit der Großdeutschen Volkspartei vom 15. Mai 1933. In: Das Jahr 1934: 25. Juli. Protokoll des Symposiums in Wien am 8. Oktober 1974. Wien 1975.
Albrich, Thomas, Wolfgang Meixner: Zwischen Legalität und Illegalität. Zur Mitglie-

derentwicklung, Alters- und Sozialstruktur der NSDAP in Tirol und Vorarlberg vor 1938. In: Zeitgeschichte 5–6/22. Jahrgang/1995.

Alien, Albert, Urs Jeggle: Die Dorfgemeinschaft als Not- und Terrorzusammenhang. In: Wehling, Hans-Georg (Hrsg.): Dorfpolitik. Opladen 1978.

Ammerer, Gerhard (Hrsg.): Puch bei Hallein. Geschichte und Gegenwart einer Salzburger Gemeinde. Puch 1998.

Beer, Siegfried: Der »unmoralische« Anschluß. Britische Österreichpolitik zwischen Containment und Appeasement 1931–1934. Wien, Köln, Graz 1988.

Bracher, Karl Dietrich: Die deutsche Diktatur. Entstehung, Struktur, Folgen des Nationalsozialismus. Köln, Berlin 1969.

Bracher, Karl Dietrich: Die Technik der nationalsozialistischen Machtergreifung. In: Der Weg ins Dritte Reich 1918–1933. München, Zürich 1983.

Brettenthaler, Josef: Oberalm. Ein Salzburger Markt einst und jetzt. Salzburg 1978.

Broszat, Martin: Die Machtergreifung. Der Aufstieg der NSDAP und die Zerstörung der Weimarer Republik. Deutsche Geschichte der neuesten Zeit. München 1990.

Bruckmüller, Ernst, Ernst Hanisch, Roman Sandgruber, Norbert Weigl: Geschichte der österreichischen Land- und Forstwirtschaft im 20. Jahrhundert. Wien 2002.

Botz, Gerhard: Faschistische Bewegungen und Lohnabhängige in Österreich. In: Arbeiterbewegung und Faschismus. Der Februar 1934 in Österreich. Internationale Tagung der Historiker der Arbeiterbewegung. (»X. Linzer Konferenz« 1974). Wien 1976.

Botz, Gerhard u. a. (Hrsg.): Bewegung und Klasse. Wien 1978.

Brettenthaler, Josef: Oberalm. Ein Salzburger Markt einst und jetzt. Salzburg 1978.

Bytwerk, Randall L.: Die nationalsozialistische Versammlungspraxis. In: Diesener, Gerald, Rainer Gries (Hrsg.): Propaganda in Deutschland. Zur Geschichte der politischen Massenbeeinflussung im 20. Jahrhundert. Darmstadt 1996.

Carsten, F. L.: Faschismus in Österreich. Von Schönerer zu Hitler. München 1978.

Chronik der Gemeinde Elixhausen. Elixhausen 1991.

Chronik Saalfelden. Band 1. Saalfelden 1992.

Dachs, Herbert: Wahlkämpfe in Österreichs Bundesländern 1945–1970. In: Jahresbericht 1998. Dr.-Wilfried-Haslauer-Bibliothek. Forschungsinstitut für politisch-hisxtorische Studien. Salzburg 1999.

Diesener, Gerald, Rainer Gries (Hrsg.): Propaganda in Deutschland. Zur Geschichte der politischen Massenbeeinflussung im 20. Jahrhundert. Darmstadt 1996.

Dirninger, Christian: Konjunkturelle Dynamik und struktureller Wandel in der wirtschaftlichen Entwicklung des Landes Salzburg im 20. Jahrhundert. In: Dopsch, Heinz, Hans Spatzenegger (Hrsg.): Geschichte Salzburgs. Stadt und Land. Band II. Neuzeit und Zeitgeschichte. Teil 4. Salzburg 1988.

Dirninger, Christian: Determinanten und Strukturelemente der Wirtschaftsentwicklung im 20. Jahrhundert. In: KARONA Grafik GesmbH (Hrsg.): Chronik der Salzburger Wirtschaft. Salzburg 1988.

Dopsch, Heinz (Hrsg.): Vom Stadtrecht zur Bürgerbeteiligung. Festschrift 700 Jahre Stadtrecht von Salzburg. Salzburg 1987.

Dopsch, Heinz, Robert Hoffmann: Geschichte der Stadt Salzburg. Salzburg, München 1996.

Dopsch, Heinz, Hans Spatzenegger (Hrsg.): Geschichte Salzburgs. Stadt und Land. Band II. Neuzeit und Zeitgeschichte. 2. Teil. Salzburg 1988.

Dopsch, Heinz, Hans Spatzenegger (Hrsg.): Geschichte Salzburgs. Stadt und Land. Band II. Neuzeit und Zeitgeschichte. 4. Teil. Salzburg 1991.

Dopsch, Elisabeth und Heinz (Hrsg.): 1300 Jahre Seekirchen. Geschichte und Kultur einer Salzburger Marktgemeinde. Seekirchen am Wallersee 1996.

Effenberger, Max: Brucker Heimatbuch. Bruck an der Glocknerstraße. O. J.

Effenberger, Max: Die schlimmen Jahre von 1938 bis 1945. In: Forcher, Michael (Hrsg.): Mittersill in Geschichte und Gegenwart. Mitterill 1985. S. 343.

Faber, Erwin, Imanuel Geis: Arbeitsbuch zum Geschichtsstudium. Heidelberg 1983.

Falch, Sabine: »Legaler Sturz des Systems von unten her auf dem Wege über die Länder und Gemeinden.« Zu den NS-Erfolgen bei den Gemeinderatswahlen in Tirol 1932 und 1933. In: Zeitgeschichte 5–6/22. Jahrgang/1995.

Falter, Jürgen W.: War die NSDAP die erste deutsche Volkspartei? In: Prinz, Michael, Rainer Zitelmann: Nationalsozialismus und Modernisierung. Darmstadt 1991.

Falter, Jürgen W.: Hitlers Wähler. München 1991.

Falter, Jürgen W., Dirk Hänisch: Wahlerfolge und Wählerschaft der NSDAP in Österreich von 1927 bis 1932. Soziale Basis und parteipolitische Herkunft. In: Zeitgeschichte, 15. Jahr, Heft 6, März 1988.

Faris, Ellsworth: Takeoff Point for the National Socialist Party: The Landtag Election in Baden, 1929. In: Central European History. Vol. 8. 1975.

Felber, Pankraz: Schönes Göming – alte Heimat. Göming o. J.

Fellner, Günter: Judenfreundlichkeit, Judenfeindlichkeit. Spielarten in einem Fremdenverkehrsland. In: Kriechbaumer, Robert (Hrsg.): Der Geschmack der Vergänglichkeit. Jüdische Sommerfrische in Salzburg. Wien, Köln, Weimar 2002.

Floimair, Roland (Hrsg.): Von der Monarchie bis zum Anschluß. Eine Lesebuch zur Geschichte Salzburgs. Salzburg 1993.

Forcher, Michael (Hrsg.): Mittersill in Geschichte und Gegenwart. Mittersill 1985.

Gfrerer, Hans: Annaberg. Eine Chronik der Gemeinde. Annaberg 1989.

Grödig. Aus der Geschichte eines alten Siedlungsraumes am Untersberg. Grödig 1990.

Gulick, Charles A.: Österreich von Habsburg zu Hitler. Wien 1976.

Günther, Wilhelm u. a.: 5000 Jahre Kupferbergbau Mühlbach am Hochkönig – Bischofshofen. Mühlbach am Hochkönig. O. J.

Haas, Hanns: Vom Liberalismus zum Deutschnationalismus. In: Dopsch, Heinz, Hans Spatzenegger (Hrsg.): Geschichte Salzburgs. Stadt und Land. Band II. Neuzeit und Zeitgeschichte. 2. Teil. Salzburg 1988.

Haas, Hanns: Arbeiterschaft und Arbeiterbewegung. In: Dopsch, Heinz, Hans Spatzenegger (Hrsg.): Geschichte Salzburg. Stadt und Land. Band II: Neuzeit und Zeitgeschichte. 2. Teil. Salzburg 1988.

Halleiner Geschichtsblätter. 3. Chronik der Stadt 1927–1938. Hallein 1984.

Hänisch, Dirk: Die soziale Wählerbasis der NSDAP und der übrigen Parteien in der Ersten österreichischen Republik im Vergleich zum Deutschen Reich. In: Politik und Milieu. Wahl- und Elitenforschung im historischen und interkulturellen Vergleich. Historisch-sozialwissenschaftliche Forschungen. Hrsg. von Heinrich Best. St. Katharinen 1989.

Hänisch, Dirk: Die österreichischen NSDAP-Wähler. Eine empirische Analyse ihrer politischen Herkunft und ihres Sozialprofils. Böhlaus Zeitgeschichtliche Bibliothek. Band 35. Wien, Köln, Weimar 1998.

Hanisch, Ernst: Franz Rehrl – Sein Leben. In: Huber, Wolfgang (Hrsg.): Franz Rehrl, Landeshauptmann von Salzburg 1922–1938. Salzburg 1975.

Hanisch, Ernst: Zur Frühgeschichte des Nationalsozialismus in Salzburg (1913–1925). In: Mitteilungen der Gesellschaft für Salzburger Landeskunde. 117. Vereinsjahr/1977. Salzburg 1978.

Hanisch, Ernst: Die sozialdemokratische Fraktion im Salzburger Landtag 1918–1934. In: Botz, Gerhard u. a. (Hrsg.): Bewegung und Klasse. Wien 1978.

Hanisch, Ernst: Regionale Zeitgeschichte. Einige theoretische und methodologische Überlegungen. In: Zeitgeschichte. 7/1979/80.

Hanisch, Ernst: Die Christlich-soziale Partei für das Land Salzburg 1918–1934. In: Mitteilungen der Gesellschaft für Salzburger Landeskunde. 124. Vereinsjahr. Salzburg 1984.

Hanisch, Ernst: Die Erste Republik. In: Dopsch, Heinz, Hans Spatzenegger (Hrsg.): Geschichte Salzburgs. Stadt und Land. Band II. Neuzeit und Zeitgeschichte. 2. Teil. Salzburg 1988.

Hanisch, Ernst: Im Zeichen des allgemeinen Wahlrechtes. In: Dopsch, Heinz, Hans Spatzenegger (Hrsg.): Geschichte Salzburgs. Stadt und Land. Band II. Neuzeit und Zeitgeschichte. 3. Teil. Salzburg 1988.

Hanisch, Ernst: Im Zeichen des allgemeinen Wahlrechts (1918–1934). In: Dopsch, Heinz, Hans Spatzenegger (Hrsg.): Geschichte Salzburgs. Stadt und Land. Band II. Neuzeit und Zeitgeschichte. 4. Teil. Salzburg 1991.

Hanisch, Ernst: Der lange Schatten des Staates. Österreichische Gesellschaftsgeschichte im 20. Jahrhundert. Wien 1994.

Ernst Hanisch: »Das wilde Land« – Bürgerkrieg und Nationalsozialismus in Seekirchen. In: Dopsch, Elisabeth und Heinz (Hrsg.): 1300 Jahre Seekirchen. Geschichte und Kultur einer Salzburger Marktgemeinde. Seekirchen am Wallersee 1996.

Hänisch, Ernst: Ein Versuch, den Nationalsozialismus zu »verstehen«. In: Pelinka, Anton, Erika Weinzierl (Hrsg.): Das große Tabu. Österreichs Umgang mit seiner Vergangenheit. Wien 1997.

Hanisch, Ernst: Gau der guten Nerven. Die nationalsozialistische Herrschaft in Salzburg 1938–1945. Salzburg, München 1997.

Hanisch, Ernst: Die Politik und die Landwirtschaft. In: Bruckmüller, Ernst, Ernst Hanisch, Roman Sandgruber, Norbert Weigl: Geschichte der österreichischen Land- und Forstwirtschaft im 20. Jahrhundert. Wien 2002.

Hanisch, Ernst, Ulrike Fleischer: Im Schatten berühmter Zeiten. Salzburg in den Jahren Georg Trakls (1887–1914). Salzburg 1986.

Heimat Anthering. Aus der Geschichte einer Flachgauer Gemeinde. Herausgegeben von der Gemeinde Anthering. 1990.

Hinterseer, Sebastian: Bad Hofgastein und die Geschichte Gasteins. Salzburg 1977.

Hinterseer, Sebastian: Heimatbuch Dorfgastein. Salzburg 1981.

Hitler, Adolf: Mein Kampf. Band 2. Die nationalsozialistische Bewegung. München 1927.

Hörmann, Fritz: Chronik Bischofshofen. Vom Markt zur Stadt. Band II. Bischofshofen 2001.

Hoffmann, Robert, Erich Urbanek: Golling. Geschichte einer Salzburger Marktgemeinde. Golling 1991.

Holtmann, Everhard: Kommunalpolitik im politischen System der Bundesrepublik. In: Aus Politik und Zeitgeschichte. Beilage zur Wochenzeitung Das Parlament. B 25/90.

Holtmann, Everhard: Politisierung der Kommunalpolitik und Wandlungen im lokalen Parteiensystem. In: Aus Politik und Zeitgeschichte. Beilage zur Wochenzeitung Das Parlament. B 22–23/92.

Huber, Hans, Anton Alexander Lettner: Die Gemeinderatswahl in der Stadt Salzburg vom 29. 3. 1931. Seminararbeit am Institut für Geschichte an der Universität Salzburg. WS 1999/2000.

Huber, Wolfgang (Hrsg.): Franz Rehrl. Landeshauptmann von Salzburg 1922–1938. Salzburg 1975.

Hutter, Franz: 50 Jahre Markt Neukirchen am Großvenediger 1929–1979. Zell am See 1979.

Jackson, Gabriel: Zivilisation und Barbarei. Europa im 20. Jahrhundert. Frankfurt am Main, Leipzig 1999.

Jagschitz, Gerhard: Zur Struktur der NSDAP in Österreich vor dem Juliputsch 1934. In: Jedlicka, Ludwig, Rudolf Neck (Hrsg.): Das Jahr 1934: 25. Juli. Protokoll des Symposiums in Wien am 8. Oktober 1974. Wien 1975.

Jagschitz, Gerhard: Der Putsch. Die Nationalsozialisten 1934 in Österreich. Graz, Wien, Köln 1976.

Jagschitz, Gerhard: Die Nationalsozialistische Partei. In: Tálos, Emmerich, Herbert Dachs, Ernst Hanisch, Anton Staudinger (Hrsg.): Handbuch des politischen Systems Österreichs. Erste Republik 1918–1933. Wien 1995.

Jakob, Waltraud: Salzburger Zeitungsgeschichte. Salzburg Dokumentationen Nr. 39. Salzburg 1979.

Jedlicka, Ludwig: Die Außenpolitik der Ersten Republik. In: Jedlicka, Ludwig, Rudolf Neck: Vom Justizpalast zum Heldenplatz. Studien und Dokumentationen 1927 bis 1938. Wien 1975.

Kadrnoska, Franz (Hrsg.): Aufbruch und Untergang. Österreichische Kultur zwischen 1918 und 1938.

Karl, Robert: Elsbethen. Ein Ort im Wandel der Zeiten. Elsbethen 1994.

Kaut, Josef: Der steinige Weg. Geschichte der sozialistischen Arbeiterbewegung im Lande Salzburg. Salzburg 1982.

Kohlbegger, Albert (Hrsg.): Chronik von St. Johann im Pongau. St. Johann 1983.

Kriechbaumer, Robert (Hrsg.): Der Geschmack der Vergänglichkeit. Jüdische Sommerfrische in Salzburg. Wien, Köln, Weimar 2002.

Kriechbaumer, Robert, Oswald Panagl (Hrsg.): Wahlkämpfe. Sprache und Politik. Wien, Köln, Weimar 2002.

Krisch, Laurenz: Die Wahlerfolge der Nationalsozialisten in der Spätphase der Ersten Republik im Pongau und im Pinzgau. Eine empirische Analyse zur Struktur der NSDAP-Wählerschaft. In: Mitteilungen der Gesellschaft für Salzburger Landeskunde. 140. Vereinsjahr. Salzburg 2000.

Krisch, Laurenz: Zersprengt die Dollfußketten. Die Entwicklung des Nationalsozialismus in Bad Gastein bis 1938. Wien, Köln, Weimar 2003.

Lackner, Josef: Die Erste Republik. In: Kohlbegger, Albert (Hrsg.): Chronik von St. Johann im Pongau. St. Johann 1983.

Laireiter, Matthias: Heimat Großarl. Großarl 1987.

Lang, Johannes, Max Schneider: Auf der Gmain. Chronik der Gemeinden Bayerisch Gmain und Großgmain. Bayerisch Gmain, Großgmain 1995.

Lankheit, Klaus A. (Hrsg.): Hitler. Reden, Schriften, Anordnungen. Band III/3. München, New Providence, London, Paris 1994.

Lankheit, Klaus A.: »Für uns Nationalsozialisten muß das eine warnende Lehre sein.« Hitler, Legalität und österreichische Heimwehr 1928–31. In: Zeitgeschichte 5. 26. Jahrgang. September/Oktober 1999.

Liefering. Herausgegeben von der Peter-Pfenninger-Schenkung Liefering. Salzburg 1997.

Lijphart, Arend: Democracy in Plural Societies. A Comparative Exploration. New Haven, London 1977.

Longerich, Peter: Der rasche Aufstieg der NSDAP 1929/30. In: Studt, Christoph (Hrsg.): Das Dritte Reich. Ein Lesebuch zur deutschen Geschichte 1933–1945. München 1998.

Maierbrugger, Matthias: Das tausendjährige Mauterndorf. St. Michael 1983.

Malina, Peter: Lokalkommunikation und Regionalgeschichte. Zur Annäherung an die Geschichte lokaler Räume und ihrer Kommunikationsstrukturen. Zeitgeschichte. 2/14. Jahrgang/ 1986.

Mattl, Siegfried: Krise und sozialer Protest. Die Widerstandshandlungen österreichischer Bauern gegen das behördliche Exekutionssystem in den Jahren 1931 bis 1933. In: Zeitgeschichte. 1/2. 20. Jahrgang/1993.

Maxglan. Ein Salzburger Stadtteil. Herausgegeben vom Salzburger Bildungswerk Maxglan. Salzburg 1990.

Meier, Christian, Jörn Rüsen: Historische Methode. Theorie der Geschichte. Beiträge zur Historik. Band 5. München 1988.

Mittendorfer, Reinhard: Nationalsozialistische Aufstandsversuche im Land Salzburg und ihre Abwehr. Hausarbeit aus Geschichte. Universität Salzburg. 1976.

Müller, Franz: Drittes Heimatbuch von Wals-Siezenheim. Salzburg 1976.

Naßmacher, Karl-Heinz: Parteien in der Lokalpolitik. In: Sozialwissenschaftliche Studien für Unterricht und Studium. 1981. Ausgabe 1.

Netsch, Ludwig: Gemeinderatswahlen in der Stadt Salzburg. Phil. Diss. an der Universität Salzburg. Salzburg 1987.

Oberlechner, Roman: Eine Chronik der Zwischenkriegszeit. In: Forcher, Michael (Hrsg.): Mittersill in Geschichte und Gegenwart. Mittersill 1985.

Pauley, Bruce F.: Hahnenschwanz und Hakenkreuz. Der Steirische Heimatschutz und der österreichische Nationalsozialismus 1918–1934. Wien, München, Zürich 1972.

Pauley, Bruce F.: Der Weg in den Nationalsozialismus. Ursprünge und Entwicklung in Österreich. Wien 1988.

Pelinka, Anton, Erika Weinzierl (Hrsg.): Das große Tabu. Österreichs Umgang mit seiner Vergangenheit. Wien 1997.

Portenkirchner, Franz: Heimatbuch von Dienten am Hochkönig. Dienten 1988.

Prinz, Michael, Rainer Zitelmann (Hrsg.): Nationalsozialismus und Modernisierung. Darmstadt 1991.

Resch, Anton, Gaubeauftragter für die DAF (Hrsg.): Von der NS-Betriebszellen-Organisation zur Deutschen Arbeitsfront. Gau Salzburg. O. J. (1939).

Resch, Ursula K. M.: Das Aufbäumen der Handwerker gegen die Proletarisierung. Eine Wirtschafts- und Sozialgeschichte des Salzburger Handwerks in der Ersten Republik. In: Salzburg. Geschichte & Politik. Mitteilungen der Dr.-Hans-Lechner-Forschungsgesellschaft. 1994/2–3.

Rettenbacher, August und Barbara: Chronik von Niedernsill. Niedernsill 1978.

Rettenbacher, August und Barbara: Chronik von St. Koloman in der Taugl. St. Koloman 1982.

Reutter, Lutz-Rainer: Kommunalpolitik im Parteienvergleich. In: Aus Politik und Zeitgeschichte. Beilage zur Wochenzeitung Das Parlament. B 34/76.

Rohe, Karl: Historische Wahlforschung. In: Nohlen, Dieter, Rainer-Olaf Schulze: Politikwissenschaft. Theorien – Methoden – Begriffe. Abhängigkeit – Multiple Regression. Pipers Wörterbuch zur Politik. 1. München, Zürich 1989.

Sandgruber, Roman: Ökonomie und Politik. Österreichische Wirtschaftsgeschichte vom Mittelalter bis zur Gegenwart. Wien 1995.

Schausberger, Franz: Eine Stadt lernt Demokratie. Bürgermeister Josef Preis und die Salzburger Kommunalpolitik 1919–1927. Salzburg 1988.

Schausberger, Franz: Josef Hauthaler. Salzburger Bauernführer in schwersten Zeiten. Salzburg 1990.

Schausberger, Franz: Die Salzburger Landtagswahl vom 24. April 1932. 1. Teil. In: Salzburg. Geschichte & Politik. 2/1991.

Schausberger, Franz: Krise, Protest und Propaganda. Der Landtagswahlkampf 1932 im Bundesland Salzburg. In: Salzburg. Geschichte & Politik. 1/1992.

Schausberger, Franz: Vom Stoffenbauern zum Staatssekretär. Zum politischen Werdegang Bartlmä Hasenauers bis 1938. In: Salzburg. Geschichte & Politik. 3/1993.

Schausberger, Franz: Vom Mehrparteien- zum Vielparteiensystem. Die Gemeinderatswahlen in Salzburg 1992. In: Österreichisches Jahrbuch für Politik. 1992. Wien, München 1993.

Schausberger, Franz: Antiparlamentarisches Denken und Nationalsozialismus in der Ersten Republik. In: Salzburg. Geschichte & Politik. Mitteilungen der Dr.-Hans-Lechner-Forschungsgesellschaft. 1994/1.

Schausberger, Franz: Ins Parlament, um es zu zerstören. Das »parlamentarische« Ag(it)ieren der Nationalsozialisten in den Landtagen von Wien, Niederösterreich, Salzburg und Vorarlberg nach den Landtagswahlen 1932.

Schausberger, Franz: Von der radikalen Sprache zum gewaltsamen Radikalismus – Regionale Wahlkämpfe in der Ersten Republik im Bundesland Salzburg. In: Kriechbaumer, Robert, Oswald Panagl (Hrsg.): Wahlkämpfe. Sprache und Politik. Wien, Köln, Weimar 2002.

Schneeberger, Franziska: Golling 1918 bis 1945. In: Hoffmann, Robert, Erich Urbanek: Golling. Geschichte einer Salzburger Marktgemeinde. Golling 1991.

Schreiner, Helmut: Franz Rehrl im Salzburger Landtag. In: Wolfgang Huber (Hrsg.): Franz Rehrl. Landeshauptmann von Salzburg 1922–1938. Salzburg 1975.

Schulz, Gerhard: Europa und der Globus. Städte, Staaten und Imperien seit dem Altertum. Stuttgart, München 2001.

Schulze, Rainer-Olaf: Wahlforschung. In: Nohlen, Dieter, Rainer-Olaf Schulze: Politikwissenschaft. Theorien – Methoden – Begriffe. Nation-building – Zweiparteiensystem. Pipers Wörterbuch zur Politik. 1. München, Zürich 1989.

Schulze, Winfried: Mikrohistorie versus Makrohistorie? Anmerkungen zu einem aktuellen Thema. In: Meier, Christian, Jörn Rüsen: Historische Methode. Theorie der Geschichte. Beiträge zur Historik. Band 5. München 1988.

Schuster, Eduard: Die Erste Republik 1918–1938. In: Chronik Saalfelden. Band 1. Saalfelden 1992.

Schwaiger, Arthur: Das liberale und nationale Lager. In: Chronik Saalfelden. Band 1. Saalfelden 1992.

Schwarz, Friedrich: Die NS-Bewegung in Anthering. In: Heimat Anthering. Aus der Geschichte einer Flachgauer Gemeinde. Herausgegeben von der Gemeinde Anthering 1990.

Seigmann, Anton: Heimatbuch Hallwang. Hallwang 1989.

Stadler, Georg: 1200 Jahre Heimat Berndorf. Berndorf 1989.

Staudinger, Anton, Wolfgang C. Müller, Barbara Steininger: Die Christlichsoziale Partei. In: Tálos, Emmerich, Herbert Dachs, Ernst Hanisch, Anton Staudinger (Hrsg.): Handbuch des politischen Systems Österreichs. Erste Republik 1918–1933. Wien 1995.

Stehrer, Johann (Hrsg.): Strobl am Wolfgangsee. Naturraum, Geschichte und Kultur einer Gemeinde im Salzkammergut. Strobl am Wolfgangsee 1998.

Steinbacher, Gottfried (Hrsg.): Hüttau. Der alte Bergwerksort an der Römerstraße im Fritztal. Ortschronik Hüttau. Salzburg 1998.

Steinkellner, Friedrich: Die Gemeinde Maxglan vom Kriegsende 1918/19 bis zur Eingemeindung 1935. In: Maxglan. Ein Salzburger Stadtteil. Herausgegeben vom Salzburger Bildungswerk Maxglan. Salzburg 1990.

Steinkellner, Friedrich: Zur politischen, sozialen und wirtschaftlichen Entwicklung der Gemeinde Henndorf im 20. Jahrhundert. In: Weiss, Alfred Stefan, Karl Ehrenfellner, Sabine Falk (Hrsg.): Henndorf am Wallersee. Kultur und Geschichte einer Salzburger Gemeinde. Henndorf 1992.

Steinkellner, Friedrich: Von der Monarchie in die Nazi-Diktatur. Gemeindeleben in schwierigen Zeiten. In: Ammerer, Gerhard (Hrsg.): Puch bei Hallein. Geschichte und Gegenwart einer Salzburger Gemeinde. Puch 1998.

Steinwender, Ignaz: Die Geschichte einer Verführung. Kirche und Nationalsozialismus im Salzburger Bezirk Lungau, 1930–1945. Frankfurt am Main 2003.

Stiefel, Dieter: Arbeitslosigkeit. Soziale, politische und wirtschaftliche Auswirkungen – am Beispiel Österreichs 1918–1938. Berlin 1979.

St. Michael im Lungau. St. Michael 1984.

Strasser, Christian: Antisemitismus am Wallersee. In: Kriechbaumer, Robert (Hrsg.): Der Geschmack der Vergänglichkeit. Jüdische Sommerfrische in Salzburg. Wien, Köln, Weimar 2002.

Studt, Christoph (Hrsg.): Das Dritte Reich. Ein Lesebuch zur deutschen Geschichte 1933–1945. München 1998.

Tyrell, Albrecht: Führer befiehl ... Selbstzeugnisse aus der ›Kampfzeit‹ der NSDAP. Düsseldorf 1969.

Vigaun. Von Natur, Kultur und Kur. Vigaun 1990.

Voigt, Rüdiger: Kommunalpolitik im ländlichen Raum. In: Aus Politik und Zeitgeschichte. Beilage zur Wochenzeitung Das Parlament. B 46–47/86.

Voithofer, Richard: Drum schließt Euch frisch an Deutschland an ... Die Großdeutsche Volkspartei in Salzburg 1920–1936. Wien, Köln, Weimar 2000.

Wasmeier, Christian: Der Weg durch dunkle Zeiten. Strobl von den 30er Jahren bis nach Ende des Zweiten Weltkrieges. In: Stehrer, Johann (Hrsg.): Strobl am Wolfgangsee. Naturraum, Geschichte und Kultur einer Gemeinde im Salzkammergut. Strobl am Wolfgangsee 1998.

Weber, Fritz: Hauptprobleme der wirtschaftlichen und sozialen Entwicklung Österreichs in der Zwischenkriegszeit. In: Kadrnoska, Franz (Hrsg.): Aufbruch und Untergang. Österreichische Kultur zwischen 1918 und 1938. Wien, München, Zürich 1981.

Wehling, Hans-Georg (Hrsg.): Dorfpolitik. Opladen 1978.

Weis, Paul: Die großdeutsche Volkspartei – zwischen Mitglieder und Wählerpartei. In: Zeitgeschichte. Heft 5/6. 23. Jahrgang. Mai/Juni 1996.

Weiss, Alfred Stefan, Karl Ehrenfellner, Sabine Falk (Hrsg.): Henndorf am Wallersee. Kultur und Geschichte einer Salzburger Gemeinde. Henndorf 1992.

Westle, Bettina: Wahlen. In: Görlitz, Axel, Rainer Prätorius (Hrsg.): Handbuch Politikwissenschaft. Grundlagen – Forschungsstand – Perspektiven. Reinbek bei Hamburg 1987.

Wiltschegg, Walter: Die Heimwehr. Eine unwiderstehliche Volksbewegung? Wien 1985.

Winkler, Heinrich August: Weimar 1918–1933. Die Geschichte der ersten deutschen Demokratie. München 1993.

Zaisberger. Friederike, Fritz Koller (Hrsg.): Die alte Stadt im Gebirge. 700 Jahre Radstadt. Salzburg 1989.

Bildnachweis

Privatarchiv Laurenz Krisch: Abb. 27, 28.
Salzburger Landesarchiv, Plakatarchiv: Abb. 1, 4, 7, 8, 9, 10, 11, 12.
Salzburger Museum Carolino Augusteum: Abb. 25.

14.

Personenregister

Achleitner, Franz 147
Achleitner, Johann 157
Aicher, Emilie 149
Aigner, Karl 141
Albori, Eduard Freiherr von 75
Altenberger, Balthasar 191
Auer, Balthasar 175
Auer, Thomas 158

Bacher, Franz 187
Bader, Max 180
Ballasch, Franz 179
Baminger, Karl 112
Bankhamer, Karl 139
Bauer, Otto 47, 83, 222, 242
Bauer, Vinzenz 170
Baumgartner, Edgar 49
Baumgartner, Johann 157
Bayer, Franz 170
Bayr, Andrä 207
Berger, Johann 155
Berger, Josef 186
Berghammer, Sebastian 147
Binder, Franz 176
Binggl, Ägid 205
Bliem, Bartlmä 207
Bracher, Karl Dietrich 91
Brandauer, Peter 203
Brandner, August 162
Brandstätter, Georg 180
Brauneis, Josef 162
Brötzner, Georg 155
Brugger, Matthias 155
Brutar, Franz 189
Buchleitner, Julius 86–88
Buchner, Thomas 164
Buchsteiner, Josef 172
Bürgler, Fritz 172
Busanitz, Johann 180

Christian, Josef 173

Clessin, Heinrich 51
Curtius, Julius 22

Danneberg, Robert 45 f., 49
Daxer, Josef 185
Daxinger, Matthias 157
Deutinger, Josef 180
Deutsch, Julius 49
Dezelmüller, Johann 195
Dobert, Franz 189
Dobler, Michael 84 f., 98 f.
Dohle, Oskar 8
Domanig, Max 162
Dözelmüller, Hans 121
Dreifuss, Max 97, 235 f.
Drexel, Karl 37
Dubsky, Heinrich, Graf 75
Dürager, Michael 153

Ebner, Hans 75
Ebner, Matthias 142
Ebner, Simon 155
Edelmayer, Rudolf 51
Eder, Jakob 193
Eder, Johann 172
Eder, Josef 165
Egger, Rupert 171
Eibl, Peter 159
Eibl, Rupert 164
Eidenhammer, Johann 154
Eisl, Gregor 140
Eisl, Johann 157
Ellenbogen, Wilhelm 49
Elshuber, August 75
Emminger, Karl 46
Emprechtinger, Josef 174
Ender, Otto 21
Ernst, Josef 65, 72, 110, 199, 251

Fagerer, Franz 161, 163
Falch, Sabine 10

Falter, Jürgen W. 12
Fersterer, Bartholomäus 193
Fiala, Anton 164
Fiala, Franz 83
Fiala, Ignaz 177
Fischbacher, Josef 181
Flöckner, Kaspar 142
Fötschl, Johann 165
Frauenfeld, Alfred Eduard 73, 91, 239
Frauenlob, Franz 138
Freundlich, Emmy 44
Frieb, Hermann 149
Friedl, Rupert 142
Friesacher, Michael 139
Fritzenwallner, Lorenz 175
Fritzenwallner, Rupert 182
Fruhstorfer, Karl 138
Fuchs, Anton 139
Fuchs, Johann 154
Fuchs, Peter 147
Fux, August 162

Gappmaier, Johann 207
Gappmaier, Simon 201
Gatt, Andrä 182
Geisler, Simon 188
Geraus, Oskar 75
Geringer, Leonhard 171
Gerstenberger, Rudplf 64, 73
Gierlinger, Andrä 140
Gieslingen, Wladimir Freiherr Giesl von 71 f., 116, 138
Gietzinger, Max 152
Glanzer, Johann 206
Glöckel, Otto, 47, 83 f., 222
Gmachl, Georg 140
Gmachl, Matthias 150
Gmachl, Max 162 f.
Gmeiner, Josef 139
Goebbels, Joseph 63

Gracher, Josef 159
Graml, Alois 140
Grani, Josef 198
Graschitz, Josef 143
Greisberger, Anton 158
Greisberger, Georg 151
Grill, Josef 157
Grömmer, Franz 183
Gruber, Georg 194
Gruber, Johann 205
Gruber, Toni 65, 73
Gruber-Waltl, Karl 188
Grünwald, Michael 181
Gschwandtner, Johann 140
Gschwandtner, Josef 182
Gschwandtner, Matthias 170
Gschwandtner, Sebastian 176
Gugg, Friedrich 156
Gumpold, Nikolaus 162 f.
Günther, Josef 149
Gunzl, Franz 190

Haas, Franz 205
Haas, Stephan 158
Haberl, Augustin 140
Haberpeuntner, Rupert 141
Haberstatter, Peter 177
Hackl, Joseph 36
Hacksteiner, Josef 149
Haid, Josef 181
Haider, Franz 165, 186
Haider, Peter 197
Haitzmann, Georg 195
Hanifle, Rudolf 200
Hänisch, Dirk 10
Hanisch, Ernst 8, 35, 88
Harand, Irene 107
Hasenauer, Bartlmä 190
Hauptmann, Marie 44
Hauser, Jakob 139
Heger, Franz 239, 243, 247, 251
Heimhofer, Matthias 186
Hell, Franz 52, 97
Hennermann, Johann 144
Herbst, Blasius 197
Herzog, Christian 197
Hettegger, Johann 173
Hilzensauer, Ernst 192

Hirtl, Josef 198
Hitler, Adolf 17, 26, 54–56, 58, 210, 223
Hochfilzer, Franz 191
Hochleitner, Adolf 160
Hochleitner, Josef 183
Hochleitner, Linus 182
Hochradl, Josef 152
Hochwimmer, Martin 177
Hodurk, Alfred 149
Hofer, Andreas 253
Höfer, Johann 162
Hofer, Josef 187
Högler, Josef 154
Hollaus, Johann 198
Holleis, Florian 181
Hollweger, Matthias 158
Holzer, Johann 183
Hölzl, Alexander 186
Holzmann, Karl 177
Holzmann, Peter 176
Holzner, Jakob 143
Höpflinger, Ignaz 141
Hörl, Hermann 197
Huber, Rudolf 75
Huber, Rupert 176
Huber, Sepp 160
Hueber, Anton 86
Hueber, Franz 75
Huttegger, Markus 175
Hutter, Josef 185

Jackson, Gabriel 8
Jäger, Josef 171
Jäger, Paul 203
Jäger, Simon 207
Jandlbauer, Josef 182
Janka, Franz 154
Jennewein, Anton 119
Joiser, Andrä 145

Kaindl, Ludwig 162
Kaiser, Johann 199
Kaltenegger, Sepp 183
Kaltenhauser, Franz 187
Kapeller, Johann 192
Katsch, Johann 195
Katschtaler, Johann 173

Kaufmann, Franz 149
Kemetinger, Barthlmä 149
Kerschtaler, Hermann 144
Kirchberger, Johann 176
Kirchner, Georg 185
Kirchner, Johann 177
Kirchner, Lois 181
Klappacher, Josef 138
Klaushofer, Josef 142
Klaushofer, Sebastian 143
Klausner, Josef 148
Klinglberger, Sebastian 185
Kloiber, Josef 151
Knoblich, Adolf 162
Kocher, Thomas 203
Köhler-Kohn, Max 235
Kohlmayr, Alois 181
Kohlstätter, Georg 144 f.
Koller, Fritz 8
Kollmann, Johann 203
Költringer, Florian 144
Kommar, Franz 164
Kößlbacher, Andrä 206
Kößler, Thomas 203
Kößner, Georg 172
Krall, Johann 183
Kranawendter, Georg 194
Krenmayr, Rudolf 182
Kriegegger, Johann, 198
Krisch, Laurenz 8, 11 f., 113, 122
Kudlacek, Dominik 170
Kürth, Richard 51

Lackner, Josef 185, 197
Landschützer, Alois 203
Laner, Alois 174
Laner, Sebastian 192
Langegger, Johann 191
Lanner, Markus 184
Lassnig, Walter 108, 167–169
Lechner, Georg 176
Leitner, Heinrich 149
Leitner, Josef 152, 157
Lenz, Josef 173
Leobacher, Jakob 148
Lepperdinger, Eduard 152
Lerch, Stefan 188
Leukert, Heinrich, Rudolf 149

Leyrer, Peter 195
Lienbacher, Johann 166
Lijphart, Arend 40
Lindl, Josef 148
Lirk, August 160
Loidfellner, Johann 182
Lüftenegger, Balthasar 206

Macheiner, Jakob 202
Macheiner, Matthias 202
Madreiter, Johann 188
Maier, Jakob 173, 195
Maier, Josef 198
Manhartseder, Anton 83
Matzke, Josef 170
Mayer, Johann 249
Mayr, Anton 185
Mayr, Sepp 183
Mayrgschwendtner, Florian 197
Mayrhofer, Johann 177, 179
Mayrhofer, Thomas 87
Meikl, Simon 178
Menz, Otto, 65, 67
Meyr, Josef 172
Misl, Wolfgang 165
Mitterwallner, Martin 172
Mohshammer, Franz 170
Moises, Josef 173
Moldan, Christian 163
Mösenbichler, Franz 142
Moser, Johann 176, 206
Moser, Josef 207
Moser, Matthias 207
Moser, Vinzenz 204
Moser, Wilhelm 158
Moßhammer, Alexander 184
Mühlauer, Josef 187
Mühlberger, Josef 168 f.
Mulitzer, Kaspar 172
Müller, Adolf 146

Nemes, Matthias 160
Neumair, Rudolf 188
Neumayer, Johann 154
Neumayr, Anton 161–163
Niederstraßer, Johann 148
Nill, Johann 198
Nocker, Rupert 197

Noggler, Nikolaus 202
Noppinger, Gottfried 151

Oberascher, Josef 146
Oberauer, Josef 159
Oberhaidacher, Walter 65, 72, 91, 244, 246
Oberhauser, Johann 199
Oberhauser, Rudolf 74
Oberlindober, Hans 73, 92
Obermaier, Josef 155
Obermaier, Michael 180
Oberreiter, Simon 171
Oberschneider, Alois 195
Ontl, Josef 75
Ortner, Georg 178
Ortner, Josef 185
Ott, Max 77 f., 81 f., 84, 86, 88 f., 98 f., 226

Pacher, Stanislaus 175
Palfinger, Rudolf 51
Pann, Jakob 145
Peisser, Max 63, 65, 71 f., 119, 178, 194
Pfisterer, Rupert 181, 194
Pflaum, Anton 173
Pföß, Anton 151
Pichler, Benedikt 148
Pichler, Johann 139, 178
Pichler, Josef 144
Pieringer, Eduard 143
Pirnbacher, Rupert 180
Plainer, Johann 153
Plattner, Leo 170
Ploch, Martin 191
Pohl, Heinrich 97
Pongruber, Gregor 151
Posch, Anton 121, 184
Preis, Josef 77 f., 82, 98 f., 226
Preußler, Robert 47
Pritz, August 204
Prodinger, Hans 16, 51
Prodinger, Johann 206
Proft, Gabriele 44
Promegger, Leonhard 173
Pronebner, N.N. 172
Pungg, Johann, 148

Rainer, Alois 174
Rainer, Johann 204
Rainer, Josef 197, 202
Ramböck, Engelbert 152
Ramek, Rudolf 37
Randacher, August 152
Raß, Josef 190
Rast, Josef 145
Rauter, Johann 181
Rechfeld, Albert 81
Rehrl, Franz 23, 32, 37, 41, 80, 140
Rehrl, Josef 165
Reinhardt, Max 67, 81, 84, 211, 228, 234
Reinstadler, Engelbert 143
Reiter, Johann 158
Reitlechner, Josef 86
Reitter, Albert 88 f.
Remarque, Erich Maria 22
Renner, Josef 94 f., 227
Renner, Karl 49
Rentmeister, Walter 54, 73, 91, 247, 250
Resch, Anton 49, 169
Resch, Matthias 142
Rettensteiner, Leonhard 180
Rettensteiner, Rupert 171
Rettenwander, Josef 180
Rieberger, Anton 204
Riedelsberger, Sebastian 187
Rieder, Andreas 153
Rieder, Hans 189
Rieder, Paul 142
Riedl, Rudolf 73
Riedler, Josef 195
Riehl, Walter 16 f., 73, 194
Röck, Matthias 186
Roidthaler, Franz 63, 161–163
Rosenstatter, Johann 150
Rotheneicher, Josef 192
Rotter, Ferdinand 152
Rummer, Karl 179
Rundholzer, Matthias 154
Rußbaumer, Josef 176

Saffert, Erich 81, 99, 234
Salchegger, Franz 171

Personenregister

Sandbichler, Anton 206
Santner, Johann 206
Schaber, Johann 166
Schalk, Matthias 191
Schallmoser, Korbinian 144
Scharitzer, Karl 18, 52
Scharler, Franz 192
Schaumburger, Josef 151
Scheiblbrandner, Andreas 177 f.
Scheibner, Johann 179
Schiefer, Valentin 205
Schießl, Anton 178
Schindlmaißer, Johann 182
Schink, Johann 156
Schlam, Nikolaus 17, 94
Schlechter, Hermine 107, 241 f., 246
Schlemer, Martin, 189
Schließleder, Josef 178
Schlosser, Heinrich 198
Schlosser, Wilhelm 169
Schlusche, Otto 97 f.
Schmied, Adolf 148
Schmied, Josef 163
Schmiedlechner, Georg 164
Schmiedlechner, Johann 158
Schmiedlechner, Leonhard 143
Schmuck, Andrä 195
Schnellinger, Josef 163
Schnöll, Matthias 155
Schnöll, Rupert 158
Schober, Johannes 21 f.
Scholler, Hans 144
Scholler, Johann 144
Scholz, Matthias 190
Schönerer, Georg Ritter von 16
Schreder, Josef 189
Schröcker, Lorenz 202
Schroffner, Matthias 151
Schubert, Friedrich, 89
Schubhart, Franz 193
Schulz, Karl 17
Schürer, Josef 163
Schürff, Hans 88
Schwaiberroider, Josef 147
Schwaibl, Josef 187
Schwaiger, Anton 195
Schwaiger, Martin 173

Schwaiger, Simon 146
Schwaighofer, Johann 147
Schwaighofer, Matthias 156
Schwärz, Josef 144
Schwarz, Samuel Löbl 68
Schwarzenbacher, Johann 121
Schweiger, Johann 194
Schweinberger, Hans 192
Schweitl, Rupert 165
Sechmall, Karl 179
Seibert, Heinrich 36 f., 81
Seidl, Josef 163
Seipel, Ignaz 21 f., 65, 242, 244 f.
Seitlinger, Josef 206
Seitz, Karl 22, 49, 161
Seiwald, Josef 163
Sigl, Hans 143
Siller, Michael 165
Sinnhuber, Johann 147
Speiser, Paul 149
Speiser, Paul 49, 64
Sporn, Karl 162
Stadler, Josef 147
Stadler, Philipp 152
Stadler, Theo 72
Stainer, Ernst 189
Starhemberg, Ernst Rüdiger Fürst 75, 241 f.
Steger, Rupert 121 f., 190
Stehrer, Franz 157
Steinbacher, Jörg 36
Steinberger, Kaspar 166
Steindorfer, Adolf 197
Steiner, Johann 196
Steinwender, Ignaz 10
Steinwender, Josef 201
Steinwender, Philipp 202
Stemeseder, Johann 151
Steyrer, Georg 191
Stockinger, Franz 156
Stockinger, Hans 150
Straßer, Gregor 151
Straßer, Josef 199
Streitberger, Franz 190
Streyhammer, Bruno 121
Strobl, Sebastian 178
Sunkler, Andrä 164
Suske, Heinrich 73, 92, 252

Swoboda, Josef 164

Thaler, Johann 182
Tiefenthaler, Johann 140
Traintinger, Johann 139
Trattler, Matthias 202
Trixl, Georg 194
Trojer, Jakob 167
Troyer, Otto 94

Vaugoin, Carl 21, 241
Viehhauser, Matthias 173
Vogl, Alexander 164
Vogl, Otto 139
Voithofer, Richard 10

Wacht, Gratian 155
Wagenbichler, Alois 75
Wagner, Erich 18
Waldmann, Georg 166
Walkner, Matthias 146, 162
Wallinger, Josef 166
Wallinger, Sepp 190
Wallisch, Kolomann 222
Wallmann, Rupert 166
Wallner, Anton 162 f.
Wallner, Vinzenz 147
Wartbichler, Matthias 189
Weberstorfer, Matthias 145
Weiß, Hans 183
Weißacher, Josef 183
Weißkopf, N.N. 194
Werber, Anton 110, 200
Wieland, Stefan 203
Wienerroider, Josef 147
Wieser, Simon 195
Wiesinger, Alois 157
Wimmer, Franz 182
Windhager, Anton 152, 155
Winkler, Hans 174
Winkler, Matthias 153
Winklhofer, Simon 142
Wintersteiger, Anton 120, 169
Witternigg, Anna 44
Witternigg, Josef 46, 83–85
Wörndl, Johann 145
Wörndl, Stefan 158
Wöß, Max 183

Zalman, Moritz 107
Zapf, Ludwig 183
Zehner, Bartlmä 201
Zeller, Johann 206
Ziegler, Georg 148
Ziegler, Johann 158
Ziegler, Josef 174
Ziller, Josef 138
Ziller, Michael 163
Zimma, Johann 183
Zitz, Johann 172
Zöls, Emmerich 162
Zuckerstätter, Ferdinand 157
Zwinger, Peter 147

Ortsregister

Abtenau 158
Adnet 158
Aigen 116, 137 f.
Alm 39, 121, 183
Altenmarkt 167
Anif 24, 116, 138
Annaberg 159
Anthering 139

Bad Hofgastein 174
Baden 230
Badgastein (Bad Gastein) 11, 35, 43 f., 49 f., 108–110, 119, 126, 167, 168 f., 211 f., 247, 251
Bergheim 139
Berndorf 140
Bischofshofen 43, 54, 65, 169 f., 211
Bramberg 65, 184
Braunschweig 26 f.
Bruck 39, 121, 184, 211, 222
Bruckberg 185
Bucheben 185
Dienten 186
Dorfbeuern 140
Dorfgastein 170
Dürnberg 39, 118 f., 159, 211

Eben 171
Ebenau 140 f.
Elixhausen 141
Elsbethen 141
Embach 186
Eschenau 186
Eugendorf 141

Faistenau 107, 127, 142
Filzmoos 171
Flachau 171, 213
Flachgau 19, 45, 50, 115 f., 129, 131, 132, 154, 254

Forstau 171
Fusch 31, 187
Fuschl 143

Gasthof 172
Gnigl 43, 96, 143
Goldegg 172
Golling 18, 111 f., 119, 160, 164, 166
Göming 144
Göriach 201
Graz 16, 210, 230
Grödig 40, 107, 144
Großarl 173
Großgmain 24, 50, 106 f., 145

Haiden 201
Hallein 18, 35, 37, 43, 49, 63, 104, 118 f., 126, 160, 211
Hallwang 145
Henndorf 146
Hintersee 146
Hof 146
Hofgastein 50, 54, 127, 173
Hollersbach 65, 187
Hötting 10
Hüttau 174 f.
Hüttschlag 175

Innsbruck 10, 210, 230, 252
Itzling 43, 96, 143

Kaprun 33, 40, 126, 187
Klagenfurt 29, 230
Kleinarl 39, 175
Koppl 147
Köstendorf 147
Krimml 188
Krispl 163
Kuchl 33, 40, 126 f., 163

Lamprechtshausen 147
Landeck 10
Lasaberg 201
Lend 43, 126, 189
Leogang 39, 188
Leopoldskron 148
Lessach 201
Linz 227, 230
Lofer 40, 128, 189
Lungau 10, 13, 25, 43, 45, 65, 67, 122, 129–131, 133, 216, 258
Lungötz 159

Maishofen 54, 190
Mariapfarr 202
Mattsee 148, 153
Mautnerdorf 107, 202
Maxglan 39, 43, 64, 104, 114, 116 f., 126, 148, 211
Mittersill 39, 121 f., 190 f., 211
Mödling 88, 230
Mörtelsdorf 202
Morzg 40, 149
Mühlbach 43
Muhr 202
Mürzzuschlag 65

Neukirchen 191, 211
Neumarkt 150
Niedernsill 192
Nußdorf 150

Oberalm 40, 164
Obergäu 164
Oberndorf 150
Oberpinzgau 65, 211
Obertrum 151

Palfen 176
Pfarrwerfen 176
Pichl 203

Piesendorf 192
Pinzgau 11, 29, 45, 120, 129, 132, 215, 257
Plainfeld 151
Pongau 11 f., 35, 45, 50, 119, 129 f., 132, 214, 256
Puch 164 f.

Radstadt 50, 65, 71, 73, 119, 176–178, 211
Ramingstein 203
Rauris 193
Rußbach 165

Saalbach 193
Saalfelden 43 f., 73, 104, 121, 193 f., 211
Sauerfeld 204
Schattbach 180
Scheffau 165
Schleedorf 153
Schwarzach 43, 180, 211
Seeham 39, 153
Seekirchen 116, 118, 154 f., 211
Seetal 204
Siezenheim 116, 155
Sinnhub 180

Sonnberg 107, 181
St. Andrä 203
St. Georgen 152, 195
St. Gilgen 152 f.
St. Johann 49 f., 106, 178 f., 211
St. Koloman 165
St. Margarethen 203
St. Martin am Tennengebirge 36
St. Martin bei Lofer 39 f., 195
St. Michael 50, 122, 203
St. Pölten 230
St. Veit 179
St. Wolfgang 251
Steindorf 205
Steyr 227
Straßwalchen 156
Strobl 54, 156 f.
Stuhlfelden 196

Tamsweg 67, 122, 205, 211
Taxenbach 39, 107, 196, 211
Tennengau 118, 131 f., 214, 255
Thalgau 157
Thalgauberg 158
Thomatal 205
Thumersbach 107, 197
Tirol 10

Torren 166
Tweng 206

Unken 40, 197
Unterauern 128, 181
Unternberg 206
Uttendorf 198

Viehhofen 121, 198, 211
Vigaun 166

Wagrain 181 f.
Wald 33, 40, 126 f., 199
Weißpriach 206
Werfen 40, 42, 182 f.
Werfenweng 183
Wien 22, 24, 70, 89, 210, 229, 247
Wiener-Neustadt 227, 230
Wölting 207

Zankwarn 207
Zederhaus 207
Zell am See 13, 35, 65, 72, 110, 121, 135, 199 f., 211

Schriftenreihe des Forschungsinstitutes für politisch-historische Studien der Dr.-Wilfried-Haslauer-Bibliothek

Hrsg.: Robert Kriechbaumer, Franz Schausberger, Hubert Weinberger.
Band 11–20: hrsg. v. Wilfried Haslauer, Robert Kriechbaumer u. Hubert Weinberger.

Eine Auswahl:

Bd. 13: Herbert Dachs, Ernst Hanisch, Roland Floimair, Franz Schausberger (Hrsg.)
Die Ära Haslauer
Salzburg in den siebziger und achtziger Jahren
2001. 17 x 24 cm. 700 Seiten. 17 schw.-w. Abb., 73 Tab., Gb.
ISBN 3-205-99377-2

Bd. 14: Robert Kriechbaumer (Hrsg.)
Der Geschmack der Vergänglichkeit
Jüdische Sommerfrische in Salzburg
2002. 17 x 24 cm. 364 Seiten. 47 schw.-w. Abb., 17 Tab. 7 Graf. Gb.
ISBN 3-205-99455-8

Bd. 15: Oswald Panagl, Robert Kriechbaumer (Hrsg.)
Wahlkämpfe
Sprache und Politik
2002. 17 x 24 cm. 224 Seiten. 12 schw.-w. u. 15 farb. Abb. Br.
ISBN 3-205-99456-6

Bd. 16: Robert Kriechbaumer, Franz Schausberger (Hrsg.)
Fast eine Insel der Seligen
Handlungsspielräume regionaler Finanz- und Wirtschaftspolitik am Ende des 20. Jahrhunderts am Beispiel Salzburgs
2002. 17 x 24 cm. 168 Seiten. 19 schw.-w. Abb. Br.
ISBN 3-205-99476-0

Bd. 17: Robert Kriechbaumer
Ein Vaterländisches Bilderbuch
2002. 21 x 27 cm. Ca. 272 Seiten. Ca. 220 schw.-w. Abb. Br.
ISBN 3-205-77011-0

Bd. 18: Franz Schausberger (Hrsg.)
Engagement und Bürgersinn
Helmut Schreiner zum Gedenken
2002. 17 x 24 cm. 496 Seiten. 36 schw.-w. Abb., Gb.
3-205-77072-2

www.boehlau.at   www.boehlau.de

Bd. 19: Laurenz Krisch
Zersprengt die Dollfußketten
Die Entwicklung des Nationalsozialismus in Bad Gastein bis 1938
2003. 17 x 24 cm. 272 Seiten., 16 schw.-w. Abb., 156 Tab. u. Graf., Gb.
ISBN 3-205-77129-X

Bd. 20: Oswald Panagl, Robert Kriechbaumer (Hrsg.)
Stachel wider den Zeitgeist
Politisches Kabarett, Flüsterwitz und subversive Textsorten
2004. 17 x 24 cm. 216 Seiten, Br.
ISBN 3-205-77199-0

Bd. 21: Oskar Dohle, Nicole Slupetzky
Arbeiter für den Endsieg
Zwangsarbeit im Reichsgau Salzburg 1939-1945
2004. 17 x 24 cm. 254 Seiten, 47 schw.-w. Abb., Br.
ISBN 3-205-77255-5

Bd. 22: Robert Kriechbaumer
Die Ära Kreisky
Österreich 1970–1983
2004. 17 x 24 cm. 568 Seiten, 31 Karikaturen. Gb.
ISBN 3-205-77262-8

Bd. 23: Robert Kriechbaumer
Österreich! und Front Heil!
Aus den Akten des Generalsekretariats der Vaterländischen Front
Innenansichten eines Regimes
2004. 17 x 24 cm. 436 Seiten, Gb.
ISBN 3-205-77324-1

Bd. 24: Manfried Rauchensteiner, Robert Kriechbaumer (Hrsg.)
Die Gunst des Augenblicks
Neuere Forschungen zu Staatsvertrag und Neutralität
2005. 17 x 24 cm. 564 Seiten, Gb.
ISBN 3-205-77323-3

Bd. 25: Ulrike Engelsberger, Robert Kriechbaumer (Hrsg.)
Als der Westen golden wurde
Salzburg 1945–1955 in US-amerikanischen Fotografien
2005. 21 x 27 cm. 270 Seiten, 263 schw.-w. Abb., Gb.
ISBN 3-205-77325-X

www.boehlau.at   www.boehlau.de